U0856375

CHINA CITY STATISTICAL YEARBOOK

中国城市统计年鉴

国家统计局城市社会经济调查司 编

图书在版编目（CIP）数据

中国城市统计年鉴. 2022 = CHINA CITY STATISTICAL YEARBOOK 2022 : 汉英对照 / 国家统计局城市社会经济调查司编. -- 北京 : 中国统计出版社, 2023.3
ISBN 978-7-5230-0107-3

Ⅰ. ①中… Ⅱ. ①国… Ⅲ. ①城市－统计资料－中国－2022－年鉴－汉、英 Ⅳ. ①C832-54

中国国家版本馆 CIP 数据核字(2023)第 036990 号

中国城市统计年鉴 2022
China City Statistical Yearbook 2022

作　　者/国家统计局城市社会经济调查司
责任编辑/许立舫
执行编辑/刘　琛
封面设计/李雪燕
出版发行/中国统计出版社有限公司
通信地址/北京市丰台区西三环南路甲 6 号　邮政编码/100073
发行电话/邮购（010）63376909　书店（010）68783171
网　　址/ http://www.zgtjcbs.com/
印　　刷/河北鑫兆源印刷有限公司
经　　销/新华书店
开　　本/880mm×1230mm　1/16
字　　数/685 千字
印　　张/21
版　　别/2023 年 3 月第 1 版
版　　次/2023 年 3 月第 1 次印刷
定　　价/358.00 元

《中国城市统计年鉴 2022》

编委会与编辑部

China City Statistical Yearbook 2022

EDITORIAL BOARD AND EDITORIAL STAFF

编辑说明

《中国城市统计年鉴》是全面反映中国城市社会经济发展情况的资料性年刊。《中国城市统计年鉴 2022》收录了 2021 年全国各级城市社会经济发展等方面的主要统计数据，数据来源于各城市的相关部门。

本年鉴内容共分四个部分：第一部分是全国城市行政区划，列有不同区域、不同级别的城市分布情况；第二、三部分分别是地级以上城市统计资料和县级城市统计资料，具体包括人口、资源环境、经济发展、科技创新、人民生活、公共服务、基础设施等方面的数据；第四部分是附录，为主要统计指标解释。需要说明的是，从 1997 年开始，地级以上城市和县级城市分别采用不同的统计制度，有些指标在两类城市之间不具有可比性，故本年鉴将地级以上城市和县级城市统计资料分为独立的两部分。此外，根据数据发布相关规定，经征求有关部门的意见，停止发布一些指标，如“专利申请数”“按产业、行业划分的城镇单位就业人员”等，暂停发布一些指标，如“R&D 内部经费支出”等，并对部分指标名称及指标解释进行了调整。

本年鉴所涉及的全国或全部城市统计资料，均未包括香港特别行政区、澳门特别行政区和台湾省。年鉴表中所列“全市”为城市的全部行政区域，包括城区、辖县、辖市；“市辖区”包括所有城区，不包括辖县和辖市。本年鉴各表中的空格表示该项统计指标数据不详或无该项数据。

本年鉴适用于各级政府管理部门、城市规划设计部门、城市社会经济研究机构、市政建设及房地产机构、各种中介服务及信息咨询机构等单位的工作者，也是大专院校师生、工商界人士、境外投资者以及关心中国城市发展的各界人士的重要参考资料。

本年鉴的编辑出版得到了国家统计局农村社会经济调查司、各省（区、市）统计局、各调查总队、各市统计局和调查队以及中国统计出版社的鼎力支持，在此表示衷心的感谢。

本年鉴编印工作量大，出版时间紧，难免有不当之处，诚恳欢迎广大读者批评指正。

国家统计局城市社会经济调查司

2022 年 12 月

EDITOR'S NOTES

China City Statistical Yearbook is an annual statistical publication. *China City Statistical Yearbook 2022* reflects comprehensively the economic and social development of cities in China. It covers the main socio-economic statistical data of cities at all levels for 2021, the data comes from the relevant departments of each city.

The Yearbook contains four parts: Part I is the administrative division of all cities, listing city distribution by region and level; Part II and Part III are the statistical data of cities at prefecture level and above, and county-level respectively on population, resources and environment, economy development, scientific and technological innovation, people's livelihood, public service, infrastructure; Part IV is appendix of explanatory notes on main statistical indicators. It is necessary to point out that cities at prefecture level and above and county-level have used different indicator systems of statistics since 1997, and some indicators in two categories of cities are not comparable. So the data of cities at prefecture level and above and the data of cities at county-level are divided into two independent parts in the yearbook.In addition, according to the relevant regulations of data release, after consulting the relevant departments, we stopped publishing some indicators, such as "number of patent applications", "persons Employed in urban units according to three strata of industry and sector in detail", and suspended some indicators, such as "R&D internal expenditure", and adjusted some indicators and indicators.

The national data in this yearbook does not include those of Hong Kong Special Administrative Region, Macao Special Administrative Region and Taiwan Province. "Total City" listed in the data refers to all administrative regions of the city, including the city districts, counties and the city at lower level; "Districts under City" includes all the city districts, not including counties and the city at lower level. The blank forms in the tables in this yearbook indicates that relevant statistical data are unknown or not available.

The Yearbook is compiled for the users working in government departments, city planning departments, institutes of urban socio-economic research, municipal construction and real estate agencies, intermediary services, information consulting agencies and other so on, and it is an important reference book for college teachers and students, businessmen, overseas investors as well as users paying close attention to the development of Chinese cities.

The editing and publishing of the yearbook have been fully supported by the Department of Rural Surveys of NBS, Bureaus of Statistics and Survey Offices of NBS at provincial prefecture and county level, and China Statistics Press. Here we would like to express our heartfelt thanks to them.

Department of Urban Surveys
National Bureau of Statistics of China
December, 2022

目　　录

CONTENTS

三、县级城市统计资料
Statistical Data of County-level Cities

一、全国城市行政区划

Divisions of Administrative Areas of Cities in China

一、全国城市行政区划
Divisions of Administrative Areas of Cities in China

1-1 城市行政区划和区域分布
Administrative Division and Regional Distribution of Cities

地 区	Region	城市合计 Total	按行政级别分组 Grouped by Administrative Levels			
			直辖市 Municipality Directly under the Central Government	副省级市 Vice-provincial City	地级市 Prefecture-level City	县级市 County-level City
全国总计	**National Total**	**691**	**4**	**15**	**278**	**394**
北 京	Beijing	1	1			
天 津	Tianjin	1	1			
河 北	Hebei	32			11	21
山 西	Shanxi	22			11	11
内蒙古	Inner Mongolia	20			9	11
辽 宁	Liaoning	30		2	12	16
吉 林	Jilin	28		1	7	20
黑龙江	Heilongjiang	33		1	11	21
上 海	Shanghai	1	1			
江 苏	Jiangsu	34		1	12	21
浙 江	Zhejiang	31		2	9	20
安 徽	Anhui	25			16	9
福 建	Fujian	20		1	8	11
江 西	Jiangxi	23			11	12
山 东	Shandong	42		2	14	26
河 南	Henan	38			17	21
湖 北	Hubei	38		1	11	26
湖 南	Hunan	32			13	19
广 东	Guangdong	41		2	19	20
广 西	Guangxi	24			14	10
海 南	Hainan	9			4	5
重 庆	Chongqing	1	1			
四 川	Sichuan	37		1	17	19
贵 州	Guizhou	16			6	10
云 南	Yunnan	26			8	18
西 藏	Tibet	6			6	
陕 西	Shaanxi	17		1	9	7
甘 肃	Gansu	17			12	5
青 海	Qinghai	7			2	5
宁 夏	Ningxia	7			5	2
新 疆	Xinjiang	32			4	28

1-2 分地区城市情况一览表
List of City's Basic Conditions by Region

省级单位 Province	地级及以上城市 City at Prefecture Level and above	下辖的县级城市 County-level City	省级单位 Province	地级及以上城市 City at Prefecture Level and above	下辖的县级城市 County-level City
北京 Beijing					汾阳 Fenyang
天津 Tianjin			**内蒙古**	呼和浩特 Hohhot	
河北 Hebei	石家庄 Shijiazhuang	辛集 Xinji	**Inner Mongolia**	包头 Baotou	
		晋州 Jinzhou		乌海 Wuhai	
		新乐 Xinle		赤峰 Chifeng	
	唐山 Tangshan	遵化 Zunhua		通辽 Tongliao	霍林郭勒 Huolinguole
		迁安 Qian'an		呼伦贝尔 Hulunbuir	满洲里 Manzhouli
	秦皇岛 Qinhuangdao				扎兰屯 Zhalantun
	邯郸 Handan	武安 Wuan			牙克石 Yakeshi
	邢台 Xingtai	南宫 Nangong			根河 Genhe
		沙河 Shahe			额尔古纳 Eerguna
	保定 Baoding	定州 Dingzhou		鄂尔多斯 Erdos	
		涿州 Zhuozhou		乌兰察布 Ulanqab	丰镇 Fengzhen
		安国 Anguo		巴彦淖尔 Bayannur	
		高碑店 Gaobeidian			(二连浩特) Erlianhaote
	张家口 Zhangjiakou				(乌兰浩特) Wulanhaote
	承德 Chengde	平泉 Pingquan			(锡林浩特) Xilinhaote
	沧州 Cangzhou	任丘 Renqiu			(阿尔山) Aershan
		泊头 Botou	**辽宁**	沈阳 Shenyang	新民 Xinmin
		黄骅 Huanghua	**Liaoning**	大连 Dalian	瓦房店 Wafangdian
		河间 Hejian			庄河 Zhuanghe
	廊坊 Langfang	霸州 Bazhou		鞍山 Anshan	海城 Haicheng
		三河 Sanhe		抚顺 Fushun	
	衡水 Hengshui	深州 Shenzhou		本溪 Benxi	
山西 Shanxi	太原 Taiyuan	古交 Gujiao		丹东 Dandong	东港 Donggang
	大同 Datong				凤城 Fengcheng
	阳泉 Yangquan			锦州 Jinzhou	凌海 Linghai
	长治 Changzhi	潞城 Lucheng			北镇 Beizhen
	晋城 Jincheng	高平 Gaoping		营口 Yingkou	大石桥 Dashiqiao
	朔州 Shuozhou				盖州 Gaizhou
	晋中 Jinzhong	介休 Jiexiu		阜新 Fuxin	
	忻州 Xinzhou	原平 Yuanping		辽阳 Liaoyang	灯塔 Dengta
	临汾 Linfen	侯马 Houma		盘锦 Panjin	
		霍州 Huozhou		铁岭 Tieling	调兵山 Diaobingshan
	运城 Yuncheng	永济 Yongji			开原 Kaiyuan
		河津 Hejin		朝阳 Chaoyang	北票 Beipiao
	吕梁 Lvliang	孝义 Xiaoyi			凌源 Lingyuan

注：加括号的城市为省(自治区)直辖县级市，或地区(自治州、盟)管辖的县级市。
a) The cities with brackets are county-level cities directly under provinces(autonomous regions) or under regions(autonomous prefectures,leagues).

1−2 续表 1 continued

省级单位 Province	地级及以上城市 City at Prefecture Level and above	下辖的县级城市 County-level City	省级单位 Province	地级及以上城市 City at Prefecture Level and above	下辖的县级城市 County-level City
	葫芦岛 Huludao	兴城 Xingcheng		黑河 Heihe	北安 Beian
吉林 Jilin	长春 Changchun	榆树 Yushu			五大连池 Wudalianchi
		德惠 Dehui			嫩江 Nenjiang
	吉林 Jilin	桦甸 Huadian		绥化 Suihua	安达 Anda
		蛟河 Jiaohe			肇东 Zhaodong
		舒兰 Shulan			海伦 Hailun
		磐石 Panshi			(抚远) Fuyuan
	四平 Siping	公主岭 Gongzhuling	**上海 Shanghai**		
		双辽 Shuangliao	**江苏 Jiangsu**	南京 Nanjing	
	辽源 Liaoyuan			无锡 Wuxi	江阴 Jiangyin
	通化 Tonghua	梅河口 Meihekou			宜兴 Yixing
		集安 Ji'an		徐州 Xuzhou	新沂 Xinyi
	白山 Baishan	临江 Linjiang			邳州 Pizhou
	白城 Baicheng	洮南 Taonan		常州 Changzhou	溧阳 Liyang
		大安 Daan		苏州 Suzhou	常熟 Changshu
	松原 Songyuan	扶余 Fuyu			张家港 Zhangjiagang
		(延吉) Yanji			昆山 Kunshan
		(图们) Tumen			太仓 Taicang
		(敦化) Dunhua		南通 Nantong	启东 Qidong
		(珲春) Hunchun			如皋 Rugao
		(龙井) Longjing		连云港 Lianyungang	
		(和龙) Helong		淮安 Huaian	
黑龙江 Heilongjiang	哈尔滨 Harbin	尚志 Shangzhi		盐城 Yancheng	东台 Dongtai
		五常 Wuchang		扬州 Yangzhou	仪征 Yizheng
	齐齐哈尔 Qiqihar	讷河 Nehe			高邮 Gaoyou
	鸡西 Jixi	密山 Mishan		镇江 Zhenjiang	丹阳 Danyang
		虎林 Hulin			扬中 Yangzhong
	鹤岗 Hegang				句容 Jurong
	双鸭山 Shuangyashan			泰州 Taizhou	兴化 Xinghua
	大庆 Daqing				泰兴 Taixing
	伊春 Yichun	铁力 Tieli			靖江 Jingjiang
	佳木斯 Jiamusi	同江 Tongjiang		宿迁 Suqian	
		富锦 Fujin	**浙江 Zhejiang**	杭州 Hangzhou	建德 Jiande
	七台河 Qitaihe			宁波 Ningbo	余姚 Yuyao
	牡丹江 Mudanjiang	绥芬河 Suifenhe			慈溪 Cixi
		海林 Hailin		温州 Wenzhou	瑞安 Ruian
		宁安 Ning'an			乐清 Leqing
		穆棱 Muling			龙港 Longgang
		东宁 Dongning		嘉兴 Jiaxing	海宁 Haining
					平湖 Pinghu

1-2 续表 2 continued

省级单位 Province	地级及以上城市 City at Prefecture Level and above	下辖的县级城市 County-level City	省级单位 Province	地级及以上城市 City at Prefecture Level and above	下辖的县级城市 County-level City
		桐乡 Tongxiang		龙岩 Longyan	漳平 Zhangping
	湖州 Huzhou			宁德 Ningde	福安 Fu'an
	绍兴 Shaoxing	诸暨 Zhuji			福鼎 Fuding
		嵊州 Shengzhou	**江西**	南昌 Nanchang	
	金华 Jinhua	兰溪 Lanxi	**Jiangxi**	景德镇 Jingdezhen	乐平 Leping
		义乌 Yiwu		萍乡 Pingxiang	
		东阳 Dongyang		九江 Jiujiang	瑞昌 Ruichang
		永康 Yongkang			共青城 Gongqingcheng
	衢州 Quzhou	江山 Jiangshan		新余 Xinyu	
	舟山 Zhoushan			鹰潭 Yingtan	贵溪 Guixi
	台州 Taizhou	临海 Linhai		赣州 Ganzhou	瑞金 Ruijin
		温岭 Wenling			龙南 Longnan
		玉环 Yuhuan		上饶 Shangrao	德兴 Dexing
	丽水 Lishui	龙泉 Longquan		抚州 Fuzhou	
安徽	合肥 Hefei	巢湖 Chaohu		吉安 Ji'an	井冈山 Jinggangshan
Anhui	芜湖 Wuhu	无为 Wuwei		宜春 Yichun	樟树 Zhangshu
	蚌埠 Bengbu				丰城 Fengcheng
	淮南 Huainan				高安 Gaoan
	马鞍山 Ma'anshan				(庐山) Lushan
	淮北 Huaibei		**山东**	济南 Jinan	
	铜陵 Tongling		**Shandong**	青岛 Qingdao	胶州 Jiaozhou
	安庆 Anqing	桐城 Tongcheng			平度 Pingdu
	黄山 Huangshan				莱西 Laixi
	阜阳 Fuyang	界首 Jieshou		淄博 Zibo	
	亳州 Bozhou			枣庄 Zaozhuang	滕州 Tengzhou
	宿州 Suzhou			东营 Dongying	
	滁州 Chuzhou	天长 Tianchang		烟台 Yantai	龙口 Longkou
		明光 Mingguang			莱阳 Laiyang
	六安 Lu'an				莱州 Laizhou
	池州 Chizhou				招远 Zhaoyuan
	宣城 Xuancheng	宁国 Ningguo			栖霞 Qixia
		广德 Guangde			海阳 Haiyang
福建	福州 Fuzhou	福清 Fuqing		潍坊 Weifang	青州 Qingzhou
Fujian	厦门 Xiamen				诸城 Zhucheng
	莆田 Putian				寿光 Shouguang
	三明 Sanming	永安 Yong'an			高密 Gaomi
	泉州 Quanzhou	石狮 Shishi			昌邑 Changyi
		晋江 Jinjiang			安丘 Anqiu
		南安 Nan'an		济宁 Jining	曲阜 Qufu
	漳州 Zhangzhou				邹城 Zoucheng
	南平 Nanping	邵武 Shaowu		泰安 Tai'an	新泰 Xintai
		武夷山 Wuyishan			肥城 Feicheng
		建瓯 Jian'ou		德州 Dezhou	乐陵 Laoling

1−2 续表 3 continued

省级单位 Province	地级及以上城市 City at Prefecture Level and above	下辖的县级城市 County-level City
		禹城 Yucheng
	威海 Weihai	荣成 Rongcheng
		乳山 Rushan
	聊城 Liaocheng	临清 Linqing
	临沂 Linyi	
	日照 Rizhao	
	菏泽 Heze	
	滨州 Binzhou	
河南 Henan	郑州 Zhengzhou	巩义 Gongyi
		新密 Xinmi
		荥阳 Xingyang
		新郑 Xinzheng
		登封 Dengfeng
	开封 Kaifeng	
	洛阳 Luoyang	
	平顶山 Pingdingshan	汝州 Ruzhou
		舞钢 Wugang
	安阳 Anyang	林州 Linzhou
	鹤壁 Hebi	
	新乡 Xinxiang	辉县 Huixian
		卫辉 Weihui
		长垣 Changyuan
	焦作 Jiaozuo	沁阳 Qinyang
		孟州 Mengzhou
	濮阳 Puyang	
	许昌 Xuchang	禹州 Yuzhou
		长葛 Changge
	漯河 Luohe	
	三门峡 Sanmenxia	义马 Yima
		灵宝 Lingbao
	商丘 Shangqiu	永城 Yongcheng
	南阳 Nanyang	邓州 Dengzhou
	信阳 Xinyang	
	周口 Zhoukou	项城 Xiangcheng
	驻马店 Zhumadian	
		(济源) Jiyuan
湖北 Hubei	武汉 Wuhan	
	黄石 Huangshi	大冶 Daye
	十堰 Shiyan	丹江口 Danjiangkou
	荆州 Jingzhou	石首 Shishou
		洪湖 Honghu
		松滋 Songzi
		监利 Jianli
	宜昌 Yichang	宜都 Yidu
		当阳 Dangyang
		枝江 Zhijiang
	襄阳 Xiangyang	老河口 Laohekou
		枣阳 Zaoyang
		宜城 Yicheng
	鄂州 Ezhou	
	荆门 Jingmen	钟祥 Zhongxiang
	孝感 Xiaogan	应城 Yingcheng
		安陆 Anlu
		汉川 Hanchuan
	黄冈 Huanggang	麻城 Macheng
		武穴 Wuxue
	咸宁 Xianning	赤壁 Chibi
	随州 Suizhou	广水 Guangshui
		(利川) Lichuan
		(恩施) Enshi
		(仙桃) Xiantao
		(天门) Tianmen
		(潜江) Qianjiang
湖南 Hunan	长沙 Changsha	浏阳 Liuyang
		宁乡 Ningxiang
	株洲 Zhuzhou	醴陵 Liling
	湘潭 Xiangtan	湘乡 Xiangxiang
		韶山 Shaoshan
	衡阳 Hengyang	耒阳 Leiyang
		常宁 Changning
	邵阳 Shaoyang	武冈 Wugang
		邵东 Shaodong
	岳阳 Yueyang	汨罗 Miluo
		临湘 Linxiang
	益阳 Yiyang	沅江 Yuanjiang
	常德 Changde	津市 Jinshi
	郴州 Chenzhou	资兴 Zixing
	永州 Yongzhou	
	怀化 Huaihua	洪江 Hongjiang
	张家界 Zhangjiajie	
	娄底 Loudi	冷水江 Lengshuijiang
		涟源 Lianyuan
		(吉首) Jishou
		(祁阳) Qiyang

1-2 续表 4 continued

省级单位 Province	地级及以上城市 City at Prefecture Level and above	下辖的县级城市 County-level City
广东 Guangdong	广州 Guangzhou	
	韶关 Shaoguan	乐昌 Lechang
		南雄 Nanxiong
	深圳 Shenzhen	
	珠海 Zhuhai	
	汕头 Shantou	
	佛山 Foshan	
	江门 Jiangmen	台山 Taishan
		鹤山 Heshan
		开平 Kaiping
		恩平 Enping
	湛江 Zhanjiang	廉江 Lianjiang
		雷州 Leizhou
		吴川 Wuchuan
	惠州 Huizhou	
	茂名 Maoming	高州 Gaozhou
		化州 Huazhou
		信宜 Xinyi
	肇庆 Zhaoqing	四会 Sihui
	潮州 Chaozhou	
	梅州 Meizhou	兴宁 Xingning
	中山 Zhongshan	
	东莞 Dongguan	
	汕尾 Shanwei	陆丰 Lufeng
	河源 Heyuan	
	阳江 Yangjiang	阳春 Yangchun
	清远 Qingyuan	连州 Lianzhou
		英德 Yingde
	揭阳 Jieyang	普宁 Puning
	云浮 Yunfu	罗定 Luoding
广西 Guangxi	南宁 Nanning	
	柳州 Liuzhou	
	桂林 Guilin	
	梧州 Wuzhou	岑溪 Cenxi
	北海 Beihai	
	防城港 Fangchenggang	东兴 Dongxing
	钦州 Qinzhou	
	玉林 Yulin	北流 Beiliu
	贵港 Guigang	桂平 Guiping
	百色 Baise	靖西 Jingxi
		平果 Pingguo

省级单位 Province	地级及以上城市 City at Prefecture Level and above	下辖的县级城市 County-level City
	来宾 Laibin	合山 Heshan
	崇左 Chongzuo	凭祥 Pingxiang
	贺州 Hezhou	
	河池 Hechi	
		(横州) Hengzhou
海南 Hainan	海口 Haikou	
	三亚 Sanya	
	三沙 Sansha	
	儋州 Danzhou	
		(五指山) Wuzhishan
		(琼海) Qionghai
		(文昌) Wenchang
		(万宁) Wanning
		(东方) Dongfang
重庆 Chongqing		
四川 Sichuan	成都 Chengdu	都江堰 Dujiangyan
		彭州 Pengzhou
		邛崃 Qionglai
		崇州 Chongzhou
	自贡 Zigong	
	攀枝花 Panzhihua	
	泸州 Luzhou	
	德阳 Deyang	广汉 Guanghan
		什邡 Shifang
		绵竹 Mianzhu
	绵阳 Mianyang	江油 Jiangyou
	广元 Guangyuan	
	遂宁 Suining	射洪 Shehong
	内江 Neijiang	隆昌 Longchang
	资阳 Ziyang	简阳 Jianyang
	乐山 Leshan	峨嵋山 Emeishan
	宜宾 Yibin	
	南充 Nanchong	阆中 Langzhong
	达州 Dazhou	万源 Wanyuan
	广安 Guang'an	华蓥 Huaying
	雅安 Yaan	
	眉山 Meishan	
	巴中 Bazhong	
		康定 Kangding
		马尔康 Maerkang
		(西昌) Xichang
		(会理) Huili

1-2 续表 5 continued

省级单位 Province	地级及以上城市 City at Prefecture Level and above	下辖的县级城市 County-level City
贵　州 Guizhou	贵　阳　Guiyang	清　镇　Qingzhen
	六盘水　Liupanshui	盘　州　Panzhou
	遵　义　Zunyi	赤　水　Chishui
		仁　怀　Renhuai
	安　顺　Anshun	
	铜　仁　Tongren	
	毕　节　Bijie	
		(凯　里)　Kaili
		(兴　义)　Xingyi
		(福　泉)　Fuquan
		(都　匀)　Duyun
		(黔　西)　Qianxi
云　南 Yunnan	昆　明　Kunming	安　宁　Anning
	玉　溪　Yuxi	澄　江　Chengjiang
	曲　靖　Qujing	宣　威　Xuanwei
	昭　通　Zhaotong	
	丽　江　Lijiang	
	保　山　Baoshan	腾　冲　Tengchong
	普　洱　Puer	
	临　沧　Lincang	
		(大　理)　Dali
		(楚　雄)　Chuxiong
		(芒　市)　Mangshi
		(瑞　丽)　Ruili
		(开　远)　Kaiyuan
		(个　旧)　Gejiu
		(景　洪)　Jinghong
		(文　山)　Wenshan
		(蒙　自)　Mengzi
		(弥　勒)　Mile
		(香格里拉)　Shangri-La
		(泸　水)　Lushui
		(禄　丰)　Lufeng
西　藏 Tibet	拉　萨　Lhasa	
	日喀则　Xigazê	
	昌　都　Qamdo	
	林　芝　Nyingchi	
	山　南　Lhoka	
	那　曲　Nagqu	
陕　西 Shaanxi	西　安　Xi'an	
	铜　川　Tongchuan	
	宝　鸡　Baoji	
	咸　阳　Xianyang	兴　平　Xingping
	延　安　Yan'an	子　长　Zichang
	汉　中　Hanzhong	
	渭　南　Weinan	韩　城　Hancheng
		华　阴　Huayin
	榆　林　Yulin	神　木　Shenmu
	商　洛　Shangluo	
	安　康　Ankang	
		(旬　阳)　Xunyang
甘　肃 Gansu	兰　州　Lanzhou	
	嘉峪关　Jiayuguan	
	金　昌　Jinchang	
	白　银　Baiyin	
	天　水　Tianshui	
	武　威　Wuwei	
	张　掖　Zhangye	
	平　凉　Pingliang	
	酒　泉　Jiuquan	玉　门　Yumen
		敦　煌　Dunhuang
	庆　阳　Qingyang	
	定　西　Dingxi	
	陇　南　Longnan	
		(临　夏)　Linxia
		(合　作)　Hezuo
青　海 Qinghai	西　宁　Xining	
	海　东　Haidong	
		(格尔木)　Golmud
		(德令哈)　Delingha
		(玉　树)　Yushu
		(同　仁)　Tongren
宁　夏 Ningxia	银　川　Yinchuan	灵　武　Lingwu
	石嘴山　Shizuishan	
	吴　忠　Wuzhong	青铜峡　Qingtongxia
	固　原　Guyuan	
	中　卫　Zhongwei	
新　疆 Xinjiang	乌鲁木齐　Urumqi	
	克拉玛依　Karamay	
	吐鲁番　Turpan	
	哈　密　Hami	
		(石河子)　Shihezi
		(可克达拉)　Cocodala
		(昌　吉)　Changji
		(奎　屯)　Kuitun
		(伊　宁)　Yining
		(塔　城)　Tacheng
		(昆　玉)　Kunyu
		(阿勒泰)　Aletai
		(博　乐)　Bole
		(库尔勒)　Korla
		(阿克苏)　Akesu
		(阿图什)　Artux
		(喀　什)　Kashi
		(和　田)　Hetian
		(阜　康)　Fukang
		(乌　苏)　Wusu
		(阿拉尔)　Alar
		(图木舒克)　Tumushuke
		(北　屯)　beitun
		(阿拉山口)　Alashankou
		(铁门关)　Tiemenguan
		(霍尔果斯)　Horgos
		(五家渠)　Wujiaqu
		(双　河)　Shuanghe
		(胡杨河)　Huyanghe
		(库　车)　Kuche
		(新　星)　Xinxing
		(沙　湾)　Shawan

二、地级以上城市统计资料

Statistical Data of Cities at Prefecture Level and Above

(一)人口
Population

2-1 人口数
Household Resident Population

单位：万人 (10 000 persons)

城市	City	户籍人口 Household Resident Population		城镇户籍人口 Urban Household Resident Population	
		全市 Total City	市辖区 Districts under City	全市 Total City	市辖区 Districts under City
北京市	**Beijing**	**1414**	**1414**	**1201**	**1201**
天津市	**Tianjin**	**1152**	**1152**	**833**	**833**
河北省	**Hebei**				
石家庄市	Shijiazhuang	1051	430	548	341
唐山市	Tangshan	751	333	377	213
秦皇岛市	Qinhuangdao	300	148	150	105
邯郸市	Handan	1061	246	513	184
邢台市	Xingtai	800	208	358	129
保定市	Baoding	1208	290	534	178
张家口市	Zhangjiakou	458	155	186	97
承德市	Chengde	379	60	141	49
沧州市	Cangzhou	781	61	316	57
廊坊市	Langfang	494	89	266	57
衡水市	Hengshui	459	112	175	72
山西省	**Shanxi**				
太原市	Taiyuan	395	312	316	284
大同市	Datong	316	177	177	138
阳泉市	Yangquan	131	69	76	58
长治市	Changzhi	339	162	138	98
晋城市	Jincheng	222	42	100	38
朔州市	Shuozhou	162	68	60	23
晋中市	Jinzhong	335	65	140	39
运城市	Yuncheng	513	72	142	38
忻州市	Xinzhou	305	55	103	30
临汾市	Linfen	429	82	151	47
吕梁市	Lvliang	392	29	126	19
内蒙古自治区	**Inner Mongolia**				
呼和浩特市	Hohhot	255	149	163	139
包头市	Baotou	224	159	152	139
乌海市	Wuhai	44	44	40	40
赤峰市	Chifeng	454	127	139	65
通辽市	Tongliao	315	84	95	43
鄂尔多斯市	Erdos	165	32	59	29
呼伦贝尔市	Hulunbuir	250	37	161	36
巴彦淖尔市	Bayannur	172	52	66	25
乌兰察布市	Ulanqab	264	32	86	26
辽宁省	**Liaoning**				
沈阳市	Shenyang	765	625	765	625
大连市	Dalian	604	414	425	354
鞍山市	Anshan	333	144	179	127
抚顺市	Fushun	201	131	139	118

2-1 续表 1 continued

单位：万人 (10 000 persons)

城市	City	户籍人口 Household Resident Population		城镇户籍人口 Urban Household Resident Population	
		全市 Total City	市辖区 Districts under City	全市 Total City	市辖区 Districts under City
本溪市	Benxi	141	86	100	78
丹东市	Dandong	229	76	105	61
锦州市	Jinzhou	288	95	122	83
营口市	Yingkou	228	94	121	78
阜新市	Fuxin	180	72	76	66
辽阳市	Liaoyang	171	83		
盘锦市	Panjin	129	102	84	77
铁岭市	Tieling	283	41	122	37
朝阳市	Chaoyang	328	61	80	37
葫芦岛市	Huludao	271	95	96	58
吉林省	**Jilin**				
长春市	Changchun	852	448	399	323
吉林市	Jilin	402	177	212	133
四平市	Siping	209	66	89	47
辽源市	Liaoyuan	114	44	57	38
通化市	Tonghua	210	43	108	40
白山市	Baishan	113	51	84	42
松原市	Songyuan	272	55	88	41
白城市	Baicheng	185	48	80	30
黑龙江省	**Heilongjiang**				
哈尔滨市	Harbin	943	552	526	418
齐齐哈尔市	Qiqihar	517	127	196	102
鸡西市	Jixi	165	74	108	62
鹤岗市	Hegang	96	58	78	53
双鸭山市	Shuangyashan	137	45	88	42
大庆市	Daqing	272	136	142	115
伊春市	Yichun	108	41	94	41
佳木斯市	Jiamusi	228	74	119	55
七台河市	Qitaihe	75	45	46	36
牡丹江市	Mudanjiang	244	85	147	65
黑河市	Heihe	154	18	89	13
绥化市	Suihua	513	80	126	25
上海市	**Shanghai**	**1493**	**1493**	**1313**	**1313**
江苏省	**Jiangsu**				
南京市	Nanjing	734	734	595	595
无锡市	Wuxi	515	281	443	277
徐州市	Xuzhou	1035	346	649	266
常州市	Changzhou	388	310	292	244
苏州市	Suzhou	762	396	623	332
南通市	Nantong	752	313	510	243
连云港市	Lianyungang	533	226	313	167
淮安市	Huai'an	555	349	330	231

2-1 续表 2 continued

单位：万人 (10 000 persons)

城 市	City	户籍人口 Household Resident Population		城镇户籍人口 Urban Household Resident Population	
		全市 Total City	市辖区 Districts under City	全市 Total City	市辖区 Districts under City
盐城市	Yancheng	804	242	507	179
扬州市	Yangzhou	452	232	316	206
镇江市	Zhenjiang	268	103	187	87
泰州市	Taizhou	493	163	321	126
宿迁市	Suqian	591	178	319	108
浙江省	**Zhejiang**				
杭州市	Hangzhou	835	697	593	542
宁波市	Ningbo	618	311	419	232
温州市	Wenzhou	833	177	439	140
嘉兴市	Jiaxing	372	98	224	65
湖州市	Huzhou	269	113	126	56
绍兴市	Shaoxing	447	224	231	136
金华市	Jinhua	495	101	240	49
衢州市	Quzhou	256	85	95	34
舟山市	Zhoushan	96	71	57	44
台州市	Taizhou	606	164	282	92
丽水市	Lishui	270	42	90	19
安徽省	**Anhui**				
合肥市	Hefei	793	312	456	304
芜湖市	Wuhu	388	215	205	137
蚌埠市	Bengbu	387	116	159	81
淮南市	Huainan	390	168	198	118
马鞍山市	Ma'anshan	228	82	124	67
淮北市	Huaibei	219	104	124	73
铜陵市	Tongling	169	90	82	55
安庆市	Anqing	526	73	210	58
黄山市	Huangshan	149	47	56	27
滁州市	Chuzhou	454	57	190	42
阜阳市	Fuyang	1074	232	308	98
宿州市	Suzhou	660	194	182	69
六安市	Lu'an	584	220	145	67
亳州市	Bozhou	669	172	162	40
池州市	Chizhou	161	67	63	29
宣城市	Xuancheng	276	86	91	28
福建省	**Fujian**				
福州市	Fuzhou	723	301	426	254
厦门市	Xiamen	283	283	247	247
莆田市	Putian	367	249	181	128
三明市	Sanming	287	57	109	34
泉州市	Quanzhou	771	123	416	90
漳州市	Zhangzhou	526	181	270	116
南平市	Nanping	315	85	116	40
龙岩市	Longyan	317	109	150	64
宁德市	Ningde	356	54	136	27

2-1 续表 3 continued

单位：万人 (10 000 persons)

城　市	City	户籍人口 Household Resident Population		城镇户籍人口 Urban Household Resident Population	
		全市 Total City	市辖区 Districts under City	全市 Total City	市辖区 Districts under City
江西省	**Jiangxi**				
南昌市	Nanchang	540	318	303	235
景德镇市	Jingdezhen	171	48	85	41
萍乡市	Pingxiang	199	88	98	65
九江市	Jiujiang	522	105	208	72
新余市	Xinyu	125	90	56	43
鹰潭市	Yingtan	129	64	54	35
赣州市	Ganzhou	984	235	327	120
吉安市	Ji'an	538	60	230	36
宜春市	Yichun	600	117	253	50
抚州市	Fuzhou	431	172	173	78
上饶市	Shangrao	789	230	326	126
山东省	**Shandong**				
济南市	Jinan	817	716	494	461
青岛市	Qingdao	846	547	546	422
淄博市	Zibo	434	290	272	208
枣庄市	Zaozhuang	426	250	209	120
东营市	Dongying	198	114	116	82
烟台市	Yantai	649	252	359	
潍坊市	Weifang	920	199	496	136
济宁市	Jining	895	208	454	147
泰安市	Tai'an	569	165	302	102
威海市	Weihai	256	139	156	96
日照市	Rizhao	310	139	148	87
临沂市	Linyi	1201	294	513	188
德州市	Dezhou	596	127	201	72
聊城市	Liaocheng	648	191	256	90
滨州市	Binzhou	397	111	194	65
菏泽市	Heze	1027	239	449	119
河南省	**Henan**				
郑州市	Zhengzhou	911	467	566	398
开封市	Kaifeng	565	173	220	116
洛阳市	Luoyang	752	326	362	234
平顶山市	Pingdingshan	570	111	223	90
安阳市	Anyang	631	124	236	99
鹤壁市	Hebi	171	66	73	48
新乡市	Xinxiang	668	112	279	102
焦作市	Jiaozuo	372	98	181	79
濮阳市	Puyang	435	76	137	57
许昌市	Xuchang	513	135	213	81

2-1 续表 4 continued

单位：万人 (10 000 persons)

城市	City	户籍人口 Household Resident Population		城镇户籍人口 Urban Household Resident Population	
		全市 Total City	市辖区 Districts under City	全市 Total City	市辖区 Districts under City
漯河市	Luohe	266	135	103	67
三门峡市	Sanmenxia	226	63	95	36
南阳市	Nanyang	1231	205	387	90
商丘市	Shangqiu	1012	192	309	104
信阳市	Xinyang	910	159	250	67
周口市	Zhoukou	1258	215	369	94
驻马店市	Zhumadian	967	87	311	53
湖北省	**Hubei**				
武汉市	Wuhan	934	934	703	703
黄石市	Huangshi	273	61	134	60
十堰市	Shiyan	340	118	100	57
宜昌市	Yichang	388	128	186	86
襄阳市	Xiangyang	587	229	284	131
鄂州市	Ezhou	112	112	56	56
荆门市	Jingmen	286	58	124	38
孝感市	Xiaogan	504	94	172	59
荆州市	Jingzhou	628	107	275	85
黄冈市	Huanggang	725	35	156	22
咸宁市	Xianning	304	63	130	34
随州市	Suizhou	245	66	115	40
湖南省	**Hunan**				
长沙市	Changsha	760	387	539	341
株洲市	Zhuzhou	397	132	196	86
湘潭市	Xiangtan	282	84	130	68
衡阳市	Hengyang	785	102	265	74
邵阳市	Shaoyang	817	69	220	46
岳阳市	Yueyang	562	110	207	86
常德市	Changde	592	133	213	60
张家界市	Zhangjiajie	168	54	51	25
益阳市	Yiyang	463	132	183	59
郴州市	Chenzhou	527	80	215	53
永州市	Yongzhou	635	116	164	45
怀化市	Huaihua	519	41	120	27
娄底市	Loudi	448	61	124	39
广东省	**Guangdong**				
广州市	Guangzhou	1012	1012	817	817
韶关市	Shaoguan	337	92	154	65
深圳市	Shenzhen	631	631	631	631
珠海市	Zhuhai	148	148	130	130
汕头市	Shantou	578	570	395	389
佛山市	Foshan	484	484	453	453
江门市	Jiangmen	403	149	220	113

2-1 续表 5 continued

单位：万人 (10 000 persons)

城市	City	户籍人口 Household Resident Population 全市 Total City	户籍人口 Household Resident Population 市辖区 Districts under City	城镇户籍人口 Urban Household Resident Population 全市 Total City	城镇户籍人口 Urban Household Resident Population 市辖区 Districts under City
湛江市	Zhanjiang	866	174	326	107
茂名市	Maoming	829	309	393	149
肇庆市	Zhaoqing	458	149	178	83
惠州市	Huizhou	406	184	233	136
梅州市	Meizhou	542	98	223	59
汕尾市	Shanwei	356	52	179	31
河源市	Heyuan	372	34	106	33
阳江市	Yangjiang	303	124	122	65
清远市	Qingyuan	452	153	180	86
东莞市	Dongguan	279		269	
中山市	Zhongshan	199		177	
潮州市	Chaozhou	275	170	159	112
揭阳市	Jieyang	713	214	347	141
云浮市	Yunfu	302	70	121	32
广西壮族自治区	**Guangxi**				
南宁市	Nanning	801	420	380	276
柳州市	Liuzhou	397	189	201	141
桂林市	Guilin	542	137	227	101
梧州市	Wuzhou	355	81	167	61
北海市	Beihai	183	72	68	43
防城港市	Fangchenggang	102	60	41	26
钦州市	Qinzhou	419	155	101	49
贵港市	Guigang	567	207	142	60
玉林市	Yulin	743	118	255	63
百色市	Baise	423	73	111	28
贺州市	Hezhou	249	124	46	22
河池市	Hechi	433	102	111	34
来宾市	Laibin	269	115	71	34
崇左市	Chongzuo	251	38	53	11
海南省	**Hainan**				
海口市	Haikou	216	216	154	154
三亚市	Sanya	71	71	48	48
三沙市	Sansha				
儋州市	Danzhou	107		37	
重庆市	**Chongqing**	**3415**	**2488**	**1693**	**1391**
四川省	**Sichuan**				
成都市	Chengdu	1556	965	1056	807
自贡市	Zigong	317	146	114	71
攀枝花市	Panzhihua	108	64	56	49
泸州市	Luzhou	507	153	202	117
德阳市	Deyang	381	94	141	54

2-1 续表 6 continued

单位：万人 (10 000 persons)

城市	City	户籍人口 Household Resident Population		城镇户籍人口 Urban Household Resident Population	
		全市 Total City	市辖区 Districts under City	全市 Total City	市辖区 Districts under City
绵阳市	Mianyang	527	176	193	112
广元市	Guangyuan	295	92	82	38
遂宁市	Suining	358	145	108	53
内江市	Neijiang	403	138	111	48
乐山市	Leshan	347	116	135	61
南充市	Nanchong	715	194	205	90
眉山市	Meishan	341	120	133	57
宜宾市	Yibin	550	230	207	106
广安市	Guang'an	453	125	111	46
达州市	Dazhou	649	174	238	72
雅安市	Ya'an	152	62	70	27
巴中市	Bazhong	362	134	105	48
资阳市	Ziyang	337	106	59	26
贵州省	**Guizhou**				
贵阳市	Guiyang	445	281	308	247
六盘水市	Liupanshui	360	68	140	43
遵义市	Zunyi	829	232	374	137
安顺市	Anshun	307	132	126	63
毕节市	Bijie	955	173	377	78
铜仁市	Tongren	449	55	177	34
云南省	**Yunnan**				
昆明市	Kunming	589	335	410	304
曲靖市	Qujing	672	144	279	81
玉溪市	Yuxi	222	75	98	41
保山市	Baoshan	265	95	121	43
昭通市	Zhaotong	632	98	180	37
丽江市	Lijiang	124	16	35	11
普洱市	Pu'er	254	25	53	13
临沧市	Lincang	242	33	59	13
西藏自治区	**Tibet**				
拉萨市	Lhasa	58	33	27	24
日喀则市	Xigazê	82	13	13	6
昌都市	Qamdo	79	12	9	4
林芝市	Nyingchi	21	5	6	4
山南市	Lhoka	36	7	7	3
那曲市	Nagqu				
陕西省	**Shaanxi**				
西安市	Xi'an	999	864		
铜川市	Tongchuan	78	69	40	37
宝鸡市	Baoji	373	190		
咸阳市	Xianyang	455	54	201	47

2-1 续表 7 continued

单位：万人 (10 000 persons)

城市	City	户籍人口 Household Resident Population 全市 Total City	户籍人口 Household Resident Population 市辖区 Districts under City	城镇户籍人口 Urban Household Resident Population 全市 Total City	城镇户籍人口 Urban Household Resident Population 市辖区 Districts under City
渭南市	Weinan	538	95	239	43
延安市	Yan'an	233	68	92	35
汉中市	Hanzhong	380	114	153	55
榆林市	Yulin	386	63	87	27
安康市	Ankang	302	103	124	49
商洛市	Shangluo	249	56	119	21
甘肃省	**Gansu**				
兰州市	Lanzhou	336	216	248	202
嘉峪关市	Jiayuguan	21	21	20	20
金昌市	Jinchang	45	22	27	17
白银市	Baiyin	180	50	75	38
天水市	Tianshui	372	132	154	73
武威市	Wuwei	187	104	77	53
张掖市	Zhangye	131	52	55	22
平凉市	Pingliang	232	53	84	28
酒泉市	Jiuquan	99	42	49	24
庆阳市	Qingyang	270	40	77	17
定西市	Dingxi	303	47	95	16
陇南市	Longnan	284	60	90	29
青海省	**Qinghai**				
西宁市	Xining	213	154	138	114
海东市	Haidong	173	41	47	15
宁夏回族自治区	**Ningxia**				
银川市	Yinchuan	210	134	157	119
石嘴山市	Shizuishan	74	43	45	37
吴忠市	Wuzhong	144	42	49	22
固原市	Guyuan	146	47	39	20
中卫市	Zhongwei	122	42	38	19
新疆维吾尔自治区	**Xinjiang**				
乌鲁木齐市	Urumqi				
克拉玛依市	Karamay	32	32	31	31
吐鲁番市	Turpan				
哈密市	Hami				

(二)资源环境
Resources and Environment

2-2 建成区面积及水资源总量
Built-up Area and Total Water Resources

城　　市	City	建成区面积(平方公里) Built-up Area (sq.km)	水资源总量(亿立方米) Total Water Resources (10^8cu.m)
		市辖区 Districts under City	全市 Total City
北京市	**Beijing**		**61**
天津市	**Tianjin**	**1237**	**40**
河北省	**Hebei**		
石家庄市	Shijiazhuang	335	44
唐山市	Tangshan	276	47
秦皇岛市	Qinhuangdao	147	30
邯郸市	Handan	192	37
邢台市	Xingtai	157	37
保定市	Baoding	228	46
张家口市	Zhangjiakou	102	19
承德市	Chengde	81	70
沧州市	Cangzhou	90	21
廊坊市	Langfang	80	12
衡水市	Hengshui	77	13
山西省	**Shanxi**		
太原市	Taiyuan	340	
大同市	Datong	156	
阳泉市	Yangquan		5
长治市	Changzhi	96	27
晋城市	Jincheng		37
朔州市	Shuozhou	50	7
晋中市	Jinzhong	104	14
运城市	Yuncheng	66	
忻州市	Xinzhou	37	20
临汾市	Linfen	89	
吕梁市	Lvliang	33	16
内蒙古自治区	**Inner Mongolia**		
呼和浩特市	Hohhot	273	10
包头市	Baotou	212	6
乌海市	Wuhai	62	3
赤峰市	Chifeng	120	44
通辽市	Tongliao	63	34
鄂尔多斯市	Erdos	118	29
呼伦贝尔市	Hulunbuir	86	316
巴彦淖尔市	Bayannur	51	56
乌兰察布市	Ulanqab	75	13
辽宁省	**Liaoning**		
沈阳市	Shenyang	570	35
大连市	Dalian	444	58
鞍山市	Anshan	177	52

2-2 续表 1 continued

城 市	City	建成区面积（平方公里）Built-up Area (sq.km) 市辖区 Districts under City	水资源总量（亿立方米）Total Water Resources (10^8cu.m) 全市 Total City
抚顺市	Fushun	123	35
本溪市	Benxi	109	47
丹东市	Dandong	75	126
锦州市	Jinzhou	77	28
营口市	Yingkou	180	21
阜新市	Fuxin	77	15
辽阳市	Liaoyang	101	19
盘锦市	Panjin	107	8
铁岭市	Tieling	70	28
朝阳市	Chaoyang	62	16
葫芦岛市	Huludao	95	28
吉林省	**Jilin**		
长春市	Changchun	562	55
吉林市	Jilin	196	59
四平市	Siping	65	26
辽源市	Liaoyuan	56	10
通化市	Tonghua	65	58
白山市	Baishan	40	80
松原市	Songyuan	54	23
白城市	Baicheng	47	35
黑龙江省	**Heilongjiang**		
哈尔滨市	Harbin	491	138
齐齐哈尔市	Qiqihar	131	
鸡西市	Jixi	80	42
鹤岗市	Hegang	56	
双鸭山市	Shuangyashan	58	34
大庆市	Daqing	255	30
伊春市	Yichun	97	94
佳木斯市	Jiamusi	97	100
七台河市	Qitaihe	69	8
牡丹江市	Mudanjiang	82	
黑河市	Heihe	20	
绥化市	Suihua	45	44
上海市	**Shanghai**	**1242**	**54**
江苏省	**Jiangsu**		
南京市	Nanjing	868	28
无锡市	Wuxi	356	31
徐州市	Xuzhou	290	64
常州市	Changzhou	279	29
苏州市	Suzhou	481	42
南通市	Nantong	300	35

2-2 续表 2 continued

城　市	City	建成区面积（平方公里）Built-up Area (sq.km) 市辖区 Districts under City	水资源总量（亿立方米）Total Water Resources (10^8cu.m) 全市 Total City
连云港市	Lianyungang	223	47
淮安市	Huai'an	216	48
盐城市	Yancheng	173	77
扬州市	Yangzhou	192	27
镇江市	Zhenjiang	147	18
泰州市	Taizhou	158	25
宿迁市	Suqian	118	54
浙江省	**Zhejiang**		
杭州市	Hangzhou	802	191
宁波市	Ningbo	389	154
温州市	Wenzhou	284	181
嘉兴市	Jiaxing	163	36
湖州市	Huzhou	132	54
绍兴市	Shaoxing	263	102
金华市	Jinhua	113	119
衢州市	Quzhou	80	126
舟山市	Zhoushan	70	18
台州市	Taizhou	159	142
丽水市	Lishui	45	223
安徽省	**Anhui**		
合肥市	Hefei	507	51
芜湖市	Wuhu	253	41
蚌埠市	Bengbu	155	22
淮南市	Huainan	128	22
马鞍山市	Ma'anshan	103	21
淮北市	Huaibei	90	12
铜陵市	Tongling	91	22
安庆市	Anqing	161	113
黄山市	Huangshan	71	108
滁州市	Chuzhou	111	43
阜阳市	Fuyang	156	37
宿州市	Suzhou	92	48
六安市	Lu'an	81	112
亳州市	Bozhou	75	32
池州市	Chizhou	44	84
宣城市	Xuancheng	70	115
福建省	**Fujian**		
福州市	Fuzhou	354	79
厦门市	Xiamen	406	6
莆田市	Putian	110	24
三明市	Sanming	76	116

2-2 续表 3 continued

城 市	City	建成区面积（平方公里）Built-up Area (sq.km)	水资源总量（亿立方米）Total Water Resources (10^8cu.m)
		市辖区 Districts under City	全市 Total City
泉州市	Quanzhou	251	53
漳州市	Zhangzhou	121	50
南平市	Nanping	49	232
龙岩市	Longyan	77	68
宁德市	Ningde	45	128
江西省	**Jiangxi**		
南昌市	Nanchang	366	83
景德镇市	Jingdezhen	101	67
萍乡市	Pingxiang	52	37
九江市	Jiujiang	163	162
新余市	Xinyu	84	28
鹰潭市	Yingtan	59	41
赣州市	Ganzhou	208	181
吉安市	Ji'an	67	363
宜春市	Yichun	89	187
抚州市	Fuzhou	109	167
上饶市	Shangrao	104	307
山东省	**Shandong**		
济南市	Jinan	794	39
青岛市	Qingdao	762	21
淄博市	Zibo	333	26
枣庄市	Zaozhuang	157	28
东营市	Dongying	166	13
烟台市	Yantai	398	39
潍坊市	Weifang	195	29
济宁市	Jining	249	44
泰安市	Tai'an	164	30
威海市	Weihai	197	21
日照市	Rizhao	126	18
临沂市	Linyi	262	78
德州市	Dezhou	168	32
聊城市	Liaocheng	156	32
滨州市	Binzhou	151	20
菏泽市	Heze	168	55
河南省	**Henan**		
郑州市	Zhengzhou	670	29
开封市	Kaifeng	141	16
洛阳市	Luoyang	294	58
平顶山市	Pingdingshan	73	37
安阳市	Anyang	92	44
鹤壁市	Hebi	66	15

2-2 续表 4 continued

城　市	City	建成区面积(平方公里) Built-up Area (sq.km) 市辖区 Districts under City	水资源总量(亿立方米) Total Water Resources (10^8cu.m) 全市 Total City
新乡市	Xinxiang	128	38
焦作市	Jiaozuo	118	24
濮阳市	Puyang	65	16
许昌市	Xuchang	134	13
漯河市	Luohe		12
三门峡市	Sanmenxia	61	32
南阳市	Nanyang	165	122
商丘市	Shangqiu		24
信阳市	Xinyang	107	112
周口市	Zhoukou	115	33
驻马店市	Zhumadian	104	54
湖北省	**Hubei**		
武汉市	Wuhan	926	52
黄石市	Huangshi	85	38
十堰市	Shiyan	117	144
宜昌市	Yichang	191	118
襄阳市	Xiangyang	206	82
鄂州市	Ezhou	38	12
荆门市	Jingmen	69	42
孝感市	Xiaogan	97	42
荆州市	Jingzhou	100	95
黄冈市	Huanggang	62	130
咸宁市	Xianning	107	110
随州市	Suizhou	84	34
湖南省	**Hunan**		
长沙市	Changsha	572	99
株洲市	Zhuzhou	163	99
湘潭市	Xiangtan	90	35
衡阳市	Hengyang	150	94
邵阳市	Shaoyang	78	172
岳阳市	Yueyang	121	128
常德市	Changde	131	139
张家界市	Zhangjiajie	39	87
益阳市	Yiyang	94	119
郴州市	Chenzhou	80	148
永州市	Yongzhou	74	1728
怀化市	Huaihua	66	257
娄底市	Loudi	54	75
广东省	**Guangdong**		
广州市	Guangzhou	1366	51
韶关市	Shaoguan	124	150

2-2 续表 5 continued

城 市	City	建成区面积(平方公里) Built-up Area (sq.km)	水资源总量(亿立方米) Total Water Resources (10^8cu.m)
		市辖区 Districts under City	全市 Total City
深圳市	Shenzhen		13
珠海市	Zhuhai	153	16
汕头市	Shantou	247	10
佛山市	Foshan	164	25
江门市	Jiangmen	158	94
湛江市	Zhanjiang	112	79
茂名市	Maoming	135	96
肇庆市	Zhaoqing	208	105
惠州市	Huizhou	310	
梅州市	Meizhou		63
汕尾市	Shanwei	37	26
河源市	Heyuan	41	57
阳江市	Yangjiang	113	77
清远市	Qingyuan		173
东莞市	Dongguan		15
中山市	Zhongshan		16
潮州市	Chaozhou		15
揭阳市	Jieyang	158	28
云浮市	Yunfu		56
广西壮族自治区	**Guangxi**		
南宁市	Nanning	328	98
柳州市	Liuzhou	258	152
桂林市	Guilin	135	361
梧州市	Wuzhou	73	79
北海市	Beihai	86	17
防城港市	Fangchenggang	51	73
钦州市	Qinzhou	91	74
贵港市	Guigang	90	50
玉林市	Yulin	78	44
百色市	Baise	69	194
贺州市	Hezhou	57	72
河池市	Hechi	46	174
来宾市	Laibin	54	81
崇左市	Chongzuo	40	83
海南省	**Hainan**		
海口市	Haikou	213	23
三亚市	Sanya	58	12
三沙市	Sansha		
儋州市	Danzhou		26
重庆市	**Chongqing**	**1645**	**751**

2-2 续表 6 continued

城　市	City	建成区面积（平方公里）Built-up Area (sq.km)	水资源总量（亿立方米）Total Water Resources (10^8cu.m)
		市辖区 Districts under City	全市 Total City
四川省	**Sichuan**		
成都市	Chengdu	1039	91
自贡市	Zigong	132	22
攀枝花市	Panzhihua	84	30
泸州市	Luzhou	174	65
德阳市	Deyang	99	38
绵阳市	Mianyang	182	142
广元市	Guangyuan	68	160
遂宁市	Suining	90	23
内江市	Neijiang	100	
乐山市	Leshan	76	102
南充市	Nanchong	167	96
眉山市	Meishan	68	64
宜宾市	Yibin	180	80
广安市	Guang'an	66	7
达州市	Dazhou	145	189
雅安市	Ya'an	45	160
巴中市	Bazhong	64	149
资阳市	Ziyang	54	36
贵州省	**Guizhou**		
贵阳市	Guiyang	455	46
六盘水市	Liupanshui	90	55
遵义市	Zunyi	159	179
安顺市	Anshun	75	54
毕节市	Bijie	52	138
铜仁市	Tongren	55	147
云南省	**Yunnan**		
昆明市	Kunming	456	48
曲靖市	Qujing	103	87
玉溪市	Yuxi	38	35
保山市	Baoshan	38	121
昭通市	Zhaotong	47	110
丽江市	Lijiang	25	58
普洱市	Pu'er	27	219
临沧市	Lincang	23	95
西藏自治区	**Tibet**		
拉萨市	Lhasa		82
日喀则市	Xigazê	35	337
昌都市	Qamdo	20	
林芝市	Nyingchi	16	
山南市	Lhoka	26	683
那曲市	Nagqu		

2-2 续表 7 continued

城 市	City	建成区面积(平方公里) Built-up Area (sq.km)	水资源总量(亿立方米) Total Water Resources (10^8cu.m)
		市辖区 Districts under City	全市 Total City
陕西省	**Shaanxi**		
西安市	Xi'an	806	61
铜川市	Tongchuan	49	6
宝鸡市	Baoji	114	74
咸阳市	Xianyang	76	7
渭南市	Weinan	83	13
延安市	Yan'an	71	13
汉中市	Hanzhong	51	143
榆林市	Yulin	78	27
安康市	Ankang	45	100
商洛市	Shangluo	34	47
甘肃省	**Gansu**		
兰州市	Lanzhou	227	4
嘉峪关市	Jiayuguan	70	5
金昌市	Jinchang	47	5
白银市	Baiyin	68	1
天水市	Tianshui	60	17
武威市	Wuwei	34	12
张掖市	Zhangye	46	26
平凉市	Pingliang	42	10
酒泉市	Jiuquan	62	41
庆阳市	Qingyang	30	6
定西市	Dingxi	26	13
陇南市	Longnan	14	81
青海省	**Qinghai**		
西宁市	Xining	108	17
海东市	Haidong	45	17
宁夏回族自治区	**Ningxia**		
银川市	Yinchuan	194	1
石嘴山市	Shizuishan	103	1
吴忠市	Wuzhong	57	1
固原市	Guyuan	45	5
中卫市	Zhongwei	31	1
新疆维吾尔自治区	**Xinjiang**		
乌鲁木齐市	Urumqi	536	11
克拉玛依市	Karamay	79	5
吐鲁番市	Turpan	24	13
哈密市	Hami	52	12

2–3 城市建设用地状况(市辖区)
Land Used for Urban Construction(Districts under City)

单位：平方公里 (sq.km)

城　　市	City	城市建设用地面积 Area of Land Used for Urban Construction	居住用地面积 Area of Land Used for Living
北京市	**Beijing**		
天津市	**Tianjin**	**1079**	**302**
河北省	**Hebei**		
石家庄市	Shijiazhuang	332	128
唐山市	Tangshan	266	62
秦皇岛市	Qinhuangdao	143	40
邯郸市	Handan	190	47
邢台市	Xingtai	151	51
保定市	Baoding	221	66
张家口市	Zhangjiakou	98	23
承德市	Chengde	77	20
沧州市	Cangzhou	85	31
廊坊市	Langfang	79	25
衡水市	Hengshui	76	27
山西省	**Shanxi**		
太原市	Taiyuan	339	97
大同市	Datong	203	55
阳泉市	Yangquan	59	16
长治市	Changzhi	81	37
晋城市	Jincheng		
朔州市	Shuozhou	34	17
晋中市	Jinzhong	64	25
运城市	Yuncheng	45	14
忻州市	Xinzhou	36	11
临汾市	Linfen	65	27
吕梁市	Lvliang	32	11
内蒙古自治区	**Inner Mongolia**		
呼和浩特市	Hohhot	243	78
包头市	Baotou	196	59
乌海市	Wuhai	55	20
赤峰市	Chifeng	108	29
通辽市	Tongliao	63	14
鄂尔多斯市	Erdos	104	27
呼伦贝尔市	Hulunbuir	83	27
巴彦淖尔市	Bayannur	51	22
乌兰察布市	Ulanqab	61	19
辽宁省	**Liaoning**		
沈阳市	Shenyang		
大连市	Dalian		
鞍山市	Anshan	177	60

2-3 续表 1 continued

单位：平方公里 (sq.km)

城 市	City	城市建设用地面积 Area of Land Used for Urban Construction	居住用地面积 Area of Land Used for Living
抚顺市	Fushun	123	30
本溪市	Benxi	92	23
丹东市	Dandong	124	33
锦州市	Jinzhou	107	42
营口市	Yingkou	178	38
阜新市	Fuxin	77	21
辽阳市	Liaoyang	101	39
盘锦市	Panjin	123	34
铁岭市	Tieling	69	27
朝阳市	Chaoyang	62	19
葫芦岛市	Huludao	91	19
吉林省	**Jilin**		
长春市	Changchun	557	161
吉林市	Jilin	196	61
四平市	Siping	64	23
辽源市	Liaoyuan	42	35
通化市	Tonghua	45	21
白山市	Baishan	37	14
松原市	Songyuan	51	17
白城市	Baicheng	47	12
黑龙江省	**Heilongjiang**		
哈尔滨市	Harbin	459	149
齐齐哈尔市	Qiqihar	131	43
鸡西市	Jixi	80	47
鹤岗市	Hegang	49	17
双鸭山市	Shuangyashan	58	16
大庆市	Daqing	238	62
伊春市	Yichun	96	35
佳木斯市	Jiamusi	90	30
七台河市	Qitaihe	57	21
牡丹江市	Mudanjiang	62	24
黑河市	Heihe	20	6
绥化市	Suihua	37	12
上海市	**Shanghai**	**1083**	**373**
江苏省	**Jiangsu**		
南京市	Nanjing	1875	557
无锡市	Wuxi	312	95
徐州市	Xuzhou	288	87
常州市	Changzhou	278	65
苏州市	Suzhou	480	141
南通市	Nantong	288	87

2-3 续表 2 continued

单位：平方公里 (sq.km)

城　　市	City	城市建设用地面积 Area of Land Used for Urban Construction	居住用地面积 Area of Land Used for Living
连云港市	Lianyungang	222	80
淮安市	Huai'an	211	47
盐城市	Yancheng	165	52
扬州市	Yangzhou	192	53
镇江市	Zhenjiang	170	42
泰州市	Taizhou	153	41
宿迁市	Suqian	117	26
浙江省	**Zhejiang**		
杭州市	Hangzhou	873	262
宁波市	Ningbo	428	98
温州市	Wenzhou	204	57
嘉兴市	Jiaxing	150	41
湖州市	Huzhou	126	46
绍兴市	Shaoxing	251	92
金华市	Jinhua	113	36
衢州市	Quzhou	91	20
舟山市	Zhoushan	59	23
台州市	Taizhou	142	47
丽水市	Lishui	43	14
安徽省	**Anhui**		
合肥市	Hefei	454	136
芜湖市	Wuhu	241	56
蚌埠市	Bengbu	155	50
淮南市	Huainan	128	43
马鞍山市	Ma'anshan	146	38
淮北市	Huaibei	99	36
铜陵市	Tongling	86	24
安庆市	Anqing	155	45
黄山市	Huangshan	60	21
滁州市	Chuzhou	111	29
阜阳市	Fuyang	146	49
宿州市	Suzhou	90	28
六安市	Lu'an	81	26
亳州市	Bozhou	75	21
池州市	Chizhou	44	16
宣城市	Xuancheng	70	17
福建省	**Fujian**		
福州市	Fuzhou		
厦门市	Xiamen	410	106
莆田市	Putian	106	52
三明市	Sanming	68	23

2-3 续表 3 continued

单位：平方公里 (sq.km)

城 市	City	城市建设用地面积 Area of Land Used for Urban Construction	居住用地面积 Area of Land Used for Living
泉州市	Quanzhou	277	91
漳州市	Zhangzhou	110	35
南平市	Nanping	49	17
龙岩市	Longyan	75	27
宁德市	Ningde	44	14
江西省	**Jiangxi**		
南昌市	Nanchang	365	106
景德镇市	Jingdezhen	100	44
萍乡市	Pingxiang	52	19
九江市	Jiujiang	142	44
新余市	Xinyu	84	21
鹰潭市	Yingtan	51	16
赣州市	Ganzhou	109	45
吉安市	Ji'an	67	15
宜春市	Yichun	89	33
抚州市	Fuzhou	106	35
上饶市	Shangrao	104	36
山东省	**Shandong**		
济南市	Jinan	611	233
青岛市	Qingdao	701	172
淄博市	Zibo	360	126
枣庄市	Zaozhuang	148	62
东营市	Dongying	141	61
烟台市	Yantai	372	115
潍坊市	Weifang	172	57
济宁市	Jining	264	85
泰安市	Tai'an	164	54
威海市	Weihai	177	57
日照市	Rizhao	116	45
临沂市	Linyi	227	60
德州市	Dezhou	155	47
聊城市	Liaocheng	193	67
滨州市	Binzhou	147	55
菏泽市	Heze	161	56
河南省	**Henan**		
郑州市	Zhengzhou	653	166
开封市	Kaifeng	108	57
洛阳市	Luoyang		
平顶山市	Pingdingshan	73	29
安阳市	Anyang	91	29
鹤壁市	Hebi	65	15

2-3 续表 4 continued

单位：平方公里 (sq.km)

城　　市	City	城市建设用地面积 Area of Land Used for Urban Construction	居住用地面积 Area of Land Used for Living
新乡市	Xinxiang		
焦作市	Jiaozuo	118	40
濮阳市	Puyang	65	23
许昌市	Xuchang	131	48
漯河市	Luohe	102	40
三门峡市	Sanmenxia	58	23
南阳市	Nanyang	165	49
商丘市	Shangqiu		
信阳市	Xinyang	104	35
周口市	Zhoukou	105	34
驻马店市	Zhumadian	92	39
湖北省	**Hubei**		
武汉市	Wuhan		
黄石市	Huangshi	67	25
十堰市	Shiyan	117	35
宜昌市	Yichang	191	53
襄阳市	Xiangyang	183	56
鄂州市	Ezhou	37	8
荆门市	Jingmen	69	15
孝感市	Xiaogan	57	16
荆州市	Jingzhou	100	25
黄冈市	Huanggang	60	19
咸宁市	Xianning	159	93
随州市	Suizhou	84	32
湖南省	**Hunan**		
长沙市	Changsha	466	190
株洲市	Zhuzhou	149	48
湘潭市	Xiangtan	126	49
衡阳市	Hengyang	150	52
邵阳市	Shaoyang	77	29
岳阳市	Yueyang	113	33
常德市	Changde	115	39
张家界市	Zhangjiajie	38	16
益阳市	Yiyang	74	31
郴州市	Chenzhou	73	34
永州市	Yongzhou	69	16
怀化市	Huaihua	54	20
娄底市	Loudi	54	17
广东省	**Guangdong**		
广州市	Guangzhou		
韶关市	Shaoguan	124	44

2-3 续表 5 continued

单位：平方公里 (sq.km)

城市	City	城市建设用地面积 Area of Land Used for Urban Construction	居住用地面积 Area of Land Used for Living
深圳市	Shenzhen		
珠海市	Zhuhai		
汕头市	Shantou	310	162
佛山市	Foshan	189	61
江门市	Jiangmen	158	31
湛江市	Zhanjiang	85	31
茂名市	Maoming	105	38
肇庆市	Zhaoqing	96	36
惠州市	Huizhou	298	104
梅州市	Meizhou		19
汕尾市	Shanwei	26	10
河源市	Heyuan	47	23
阳江市	Yangjiang	104	35
清远市	Qingyuan		
东莞市	Dongguan		
中山市	Zhongshan		
潮州市	Chaozhou	107	30
揭阳市	Jieyang	113	45
云浮市	Yunfu		
广西壮族自治区	**Guangxi**		
南宁市	Nanning		
柳州市	Liuzhou	258	65
桂林市	Guilin	133	43
梧州市	Wuzhou	69	21
北海市	Beihai	85	29
防城港市	Fangchenggang	50	12
钦州市	Qinzhou	90	18
贵港市	Guigang	179	78
玉林市	Yulin	74	28
百色市	Baise	65	21
贺州市	Hezhou	57	14
河池市	Hechi	43	10
来宾市	Laibin	53	13
崇左市	Chongzuo	32	7
海南省	**Hainan**		
海口市	Haikou	391	183
三亚市	Sanya	112	31
三沙市	Sansha		
儋州市	Danzhou		
重庆市	**Chongqing**	**1493**	**442**

2-3 续表 6 continued

单位：平方公里 (sq.km)

城 市	City	城市建设用地面积 Area of Land Used for Urban Construction	居住用地面积 Area of Land Used for Living
四川省	**Sichuan**		
成都市	Chengdu	978	332
自贡市	Zigong	129	42
攀枝花市	Panzhihua	83	23
泸州市	Luzhou	174	40
德阳市	Deyang	98	30
绵阳市	Mianyang	182	56
广元市	Guangyuan	67	17
遂宁市	Suining	87	30
内江市	Neijiang	103	35
乐山市	Leshan	82	34
南充市	Nanchong	167	62
眉山市	Meishan	66	24
宜宾市	Yibin	160	34
广安市	Guang'an	65	25
达州市	Dazhou	104	27
雅安市	Ya'an	43	10
巴中市	Bazhong	38	14
资阳市	Ziyang	53	10
贵州省	**Guizhou**		
贵阳市	Guiyang	261	109
六盘水市	Liupanshui	67	30
遵义市	Zunyi		
安顺市	Anshun	74	27
毕节市	Bijie		
铜仁市	Tongren	51	20
云南省	**Yunnan**		
昆明市	Kunming	491	169
曲靖市	Qujing	101	38
玉溪市	Yuxi		
保山市	Baoshan	38	11
昭通市	Zhaotong	43	13
丽江市	Lijiang	25	5
普洱市	Pu'er	38	5
临沧市	Lincang	22	8
西藏自治区	**Tibet**		
拉萨市	Lhasa		
日喀则市	Xigazê		
昌都市	Qamdo	9	1
林芝市	Nyingchi	13	1
山南市	Lhoka		
那曲市	Nagqu		

2–3 续表 7 continued

单位：平方公里 (sq.km)

城市	City	城市建设用地面积 Area of Land Used for Urban Construction	居住用地面积 Area of Land Used for Living
陕西省	**Shaanxi**		
西安市	Xi'an	689	246
铜川市	Tongchuan	49	12
宝鸡市	Baoji	111	27
咸阳市	Xianyang	75	22
渭南市	Weinan	74	29
延安市	Yan'an	41	18
汉中市	Hanzhong	50	14
榆林市	Yulin		
安康市	Ankang	45	13
商洛市	Shangluo		
甘肃省	**Gansu**		
兰州市	Lanzhou	224	72
嘉峪关市	Jiayuguan	110	13
金昌市	Jinchang	47	8
白银市	Baiyin	66	17
天水市	Tianshui	60	11
武威市	Wuwei	34	14
张掖市	Zhangye	47	12
平凉市	Pingliang	42	14
酒泉市	Jiuquan	47	12
庆阳市	Qingyang	27	10
定西市	Dingxi	25	6
陇南市	Longnan	13	7
青海省	**Qinghai**		
西宁市	Xining	102	29
海东市	Haidong	34	15
宁夏回族自治区	**Ningxia**		
银川市	Yinchuan	374	106
石嘴山市	Shizuishan	83	22
吴忠市	Wuzhong	47	15
固原市	Guyuan	41	11
中卫市	Zhongwei	29	9
新疆维吾尔自治区	**Xinjiang**		
乌鲁木齐市	Urumqi	456	128
克拉玛依市	Karamay	75	24
吐鲁番市	Turpan	24	10
哈密市	Hami	52	20

2-4 绿地面积及建成区绿化覆盖面积(市辖区)
Area of Green Land and Green Covered Area of Built-up Area(Districts under City)

城　市	City	绿地面积(公顷) Area of Green Land (hectare)	公园绿地面积 Area of Parks and Green Land	建成区绿化覆盖率(%) Green Covered Area as % of Completed Area (%)
北京市	**Beijing**	**93127**	**36397**	**49.29**
天津市	**Tianjin**	**43693**	**11198**	**38.30**
河北省	**Hebei**			
石家庄市	Shijiazhuang	15566	5147	40.45
唐山市	Tangshan	11146	3754	43.53
秦皇岛市	Qinhuangdao	6377	2439	41.20
邯郸市	Handan	8879	3569	45.62
邢台市	Xingtai	6891	1862	42.12
保定市	Baoding	9609	2548	43.67
张家口市	Zhangjiakou	3945	1093	40.98
承德市	Chengde	3910	1162	42.64
沧州市	Cangzhou	3472	903	43.42
廊坊市	Langfang	5050	1000	47.59
衡水市	Hengshui	4512	1008	43.53
山西省	**Shanxi**			
太原市	Taiyuan	13478	4985	46.59
大同市	Datong	6167	2180	42.84
阳泉市	Yangquan	2454	719	43.57
长治市	Changzhi	4418	1415	46.70
晋城市	Jincheng	2170	907	46.06
朔州市	Shuozhou	1968	646	43.70
晋中市	Jinzhong	8503	998	42.29
运城市	Yuncheng	2669	756	44.43
忻州市	Xinzhou	1484	501	44.00
临汾市	Linfen	2120	744	41.99
吕梁市	Lvliang	1359	467	43.07
内蒙古自治区	**Inner Mongolia**			
呼和浩特市	Hohhot	16959	4219	43.21
包头市	Baotou	9720	2975	44.71
乌海市	Wuhai	2567	1113	43.00
赤峰市	Chifeng	4596	1879	40.79
通辽市	Tongliao	2405	979	42.62
鄂尔多斯市	Erdos	4662	1575	43.09
呼伦贝尔市	Hulunbuir	1303	491	37.33
巴彦淖尔市	Bayannur	1682	465	36.90
乌兰察布市	Ulanqab	7243	991	39.10
辽宁省	**Liaoning**			
沈阳市	Shenyang	22155	6855	40.68
大连市	Dalian	19584	4439	45.42
鞍山市	Anshan	7093	1976	41.59

2-4 续表 1 continued

城　市	City	绿地面积（公顷） Area of Green Land (hectare)	公园绿地面积 Area of Parks and Green Land	建成区绿化覆盖率(%) Green Covered Area as % of Completed Area (%)
抚顺市	Fushun	4779	1315	44.00
本溪市	Benxi	23246	1016	53.45
丹东市	Dandong	2934	837	40.41
锦州市	Jinzhou	3989	1417	39.65
营口市	Yingkou	6990	1159	41.06
阜新市	Fuxin	3311	922	43.44
辽阳市	Liaoyang	4302	926	45.38
盘锦市	Panjin	4276	1221	43.87
铁岭市	Tieling	2810	634	39.60
朝阳市	Chaoyang	2009	753	34.64
葫芦岛市	Huludao	3804	923	41.53
吉林省	**Jilin**			
长春市	Changchun	44813	6393	42.17
吉林市	Jilin	7501	1781	43.25
四平市	Siping	2490	618	39.96
辽源市	Liaoyuan	1865	533	41.19
通化市	Tonghua	2433	771	41.95
白山市	Baishan	11275	381	34.95
松原市	Songyuan	2342	608	41.25
白城市	Baicheng	1997	336	42.26
黑龙江省	**Heilongjiang**			
哈尔滨市	Harbin	15401	5167	33.07
齐齐哈尔市	Qiqihar	8487	1736	44.21
鸡西市	Jixi	2827	746	40.10
鹤岗市	Hegang	3455	759	43.09
双鸭山市	Shuangyashan	2382	632	43.69
大庆市	Daqing	13933	2116	43.89
伊春市	Yichun	3454	1652	38.76
佳木斯市	Jiamusi	3742	875	43.50
七台河市	Qitaihe	3196	621	46.17
牡丹江市	Mudanjiang	3419	780	29.20
黑河市	Heihe	780	219	43.12
绥化市	Suihua	1227	369	29.10
上海市	**Shanghai**	**171215**	**22463**	
江苏省	**Jiangsu**			
南京市	Nanjing	94081	11212	45.00
无锡市	Wuxi	20239	4262	43.50
徐州市	Xuzhou	17749	3685	43.30
常州市	Changzhou	12819	3196	43.90
苏州市	Suzhou	24339	5978	43.30
南通市	Nantong	13406	4029	43.30

2-4 续表 2 continued

城　市	City	绿地面积(公顷) Area of Green Land (hectare)	公园绿地面积 Area of Parks and Green Land	建成区绿化覆盖率(%) Green Covered Area as % of Completed Area (%)
连云港市	Lianyungang	21437	1630	42.50
淮安市	Huai'an	9824	2609	43.20
盐城市	Yancheng	8422	2282	44.00
扬州市	Yangzhou	9334	2486	44.90
镇江市	Zhenjiang	9581	1614	43.20
泰州市	Taizhou	6654	1638	43.20
宿迁市	Suqian	10887	1525	45.00
浙江省	**Zhejiang**			
杭州市	Hangzhou	50407	11124	39.74
宁波市	Ningbo	17801	5443	43.42
温州市	Wenzhou	9883	3162	37.60
嘉兴市	Jiaxing	6911	1518	39.69
湖州市	Huzhou	5541	1791	44.64
绍兴市	Shaoxing	10025	2566	43.50
金华市	Jinhua	4774	1288	42.21
衢州市	Quzhou	3213	688	44.05
舟山市	Zhoushan	14434	1069	44.36
台州市	Taizhou	6632	1925	42.61
丽水市	Lishui	1818	493	42.83
安徽省	**Anhui**			
合肥市	Hefei	21146	6680	44.18
芜湖市	Wuhu	11425	2560	46.68
蚌埠市	Bengbu	6289	1455	44.12
淮南市	Huainan	5289	1744	39.03
马鞍山市	Ma'anshan	6416	1192	45.89
淮北市	Huaibei	4802	1349	45.50
铜陵市	Tongling	7111	1004	43.59
安庆市	Anqing	6819	1204	42.48
黄山市	Huangshan	13507	624	48.10
滁州市	Chuzhou	5682	1314	43.63
阜阳市	Fuyang	7353	1982	43.20
宿州市	Suzhou	5696	1122	42.66
六安市	Lu'an	3514	996	44.22
亳州市	Bozhou	4225	740	43.18
池州市	Chizhou	1945	624	45.45
宣城市	Xuancheng	4604	689	44.10
福建省	**Fujian**			
福州市	Fuzhou	14201	5426	43.09
厦门市	Xiamen	23907	5789	45.65
莆田市	Putian	4651	1320	45.60
三明市	Sanming	3062	649	44.18

2-4 续表 3 continued

城 市	City	绿地面积(公顷) Area of Green Land (hectare)	公园绿地面积 Area of Parks and Green Land	建成区绿化覆盖率(%) Green Covered Area as % of Completed Area (%)
泉州市	Quanzhou	9941	2194	43.62
漳州市	Zhangzhou	5114	1534	44.32
南平市	Nanping	1997	505	43.68
龙岩市	Longyan	3221	857	45.94
宁德市	Ningde	1796	551	42.71
江西省	**Jiangxi**			
南昌市	Nanchang	14642	4053	43.00
景德镇市	Jingdezhen	5315	872	51.87
萍乡市	Pingxiang	2406	764	49.94
九江市	Jiujiang	7380	1337	49.19
新余市	Xinyu	3950	979	50.13
鹰潭市	Yingtan	2331	590	45.09
赣州市	Ganzhou	11166	2805	49.86
吉安市	Ji'an	2964	929	46.62
宜春市	Yichun	4051	1155	48.55
抚州市	Fuzhou	5039	1457	50.34
上饶市	Shangrao	4860	1700	49.78
山东省	**Shandong**			
济南市	Jinan	29872	8360	41.71
青岛市	Qingdao	42661	10465	43.11
淄博市	Zibo	20228	3966	45.17
枣庄市	Zaozhuang	7614	1648	43.09
东营市	Dongying	9911	2621	42.73
烟台市	Yantai	16252	4710	43.69
潍坊市	Weifang	11675	3255	42.60
济宁市	Jining	10434	2949	43.46
泰安市	Tai'an	7395	2578	45.08
威海市	Weihai	9588	2757	46.00
日照市	Rizhao	5350	1673	43.90
临沂市	Linyi	13504	4645	42.49
德州市	Dezhou	7412	2257	43.27
聊城市	Liaocheng	9948	1610	42.53
滨州市	Binzhou	5319	2046	47.18
菏泽市	Heze	8161	1531	
河南省	**Henan**			
郑州市	Zhengzhou	26866	10980	41.63
开封市	Kaifeng	6234	1554	45.47
洛阳市	Luoyang	11322	4463	44.35
平顶山市	Pingdingshan	2993	1186	42.64
安阳市	Anyang	3466	1043	42.38
鹤壁市	Hebi	2752	1059	47.27

2-4 续表 4 continued

城　市	City	绿地面积 (公顷) Area of Green Land (hectare)	公园绿地面积 Area of Parks and Green Land	建成区绿化覆盖率(%) Green Covered Area as % of Completed Area (%)
新乡市	Xinxiang	4988	1021	42.00
焦作市	Jiaozuo	4355	1365	42.99
濮阳市	Puyang	2573	941	40.81
许昌市	Xuchang	4643	1011	41.74
漯河市	Luohe	2608	1142	42.91
三门峡市	Sanmenxia	2511	738	44.63
南阳市	Nanyang	9010	2750	44.62
商丘市	Shangqiu	4177	1838	43.00
信阳市	Xinyang	5178	961	45.65
周口市	Zhoukou	4467	1970	40.24
驻马店市	Zhumadian	4186	1015	45.89
湖北省	**Hubei**			
武汉市	Wuhan	37059	16209	43.07
黄石市	Huangshi	3224	900	41.00
十堰市	Shiyan	4844	1181	43.12
宜昌市	Yichang	7642	1653	45.02
襄阳市	Xiangyang	8159	2376	44.35
鄂州市	Ezhou	1428	486	43.20
荆门市	Jingmen	2654	808	41.21
孝感市	Xiaogan	1993	667	39.29
荆州市	Jingzhou	3385	1190	37.19
黄冈市	Huanggang	1255	403	42.88
咸宁市	Xianning	4292	646	42.00
随州市	Suizhou	3262	578	42.72
湖南省	**Hunan**			
长沙市	Changsha	17888	6371	34.14
株洲市	Zhuzhou	6456	1813	40.97
湘潭市	Xiangtan	3521	1174	41.95
衡阳市	Hengyang	7931	2020	42.95
邵阳市	Shaoyang	3236	1012	43.15
岳阳市	Yueyang	4847	1270	43.35
常德市	Changde	4357	1195	37.35
张家界市	Zhangjiajie	1601	319	39.00
益阳市	Yiyang	3733	836	41.11
郴州市	Chenzhou	3399	996	46.69
永州市	Yongzhou	2793	726	39.95
怀化市	Huaihua	2360	1615	40.29
娄底市	Loudi	1950	511	41.09
广东省	**Guangdong**			
广州市	Guangzhou	148540	32360	43.60
韶关市	Shaoguan	5242	1099	42.40

2-4 续表 5 continued

城　市	City	绿地面积（公顷）Area of Green Land (hectare)	公园绿地面积 Area of Parks and Green Land	建成区绿化覆盖率(%) Green Covered Area as % of Completed Area (%)
深圳市	Shenzhen	96868	21990	43.00
珠海市	Zhuhai	31470	4469	46.37
汕头市	Shantou	9401	3357	42.63
佛山市	Foshan	7545	3861	46.12
江门市	Jiangmen	13409	2582	45.91
湛江市	Zhanjiang	4700	1620	44.46
茂名市	Maoming	5545	1624	43.96
肇庆市	Zhaoqing	5371	1725	42.07
惠州市	Huizhou	11856	4383	41.22
梅州市	Meizhou	2841		42.90
汕尾市	Shanwei	1515	481	44.45
河源市	Heyuan	1699	468	42.62
阳江市	Yangjiang	15623	1343	42.52
清远市	Qingyuan	5821	904	39.93
东莞市	Dongguan			
中山市	Zhongshan			
潮州市	Chaozhou	4467	1170	41.83
揭阳市	Jieyang	6838	1423	44.20
云浮市	Yunfu	1289	537	41.59
广西壮族自治区	**Guangxi**			
南宁市	Nanning	12365	5148	35.26
柳州市	Liuzhou	10512	2446	44.00
桂林市	Guilin	4809	1448	40.81
梧州市	Wuzhou	4178	926	43.02
北海市	Beihai	5567	829	41.88
防城港市	Fangchenggang	1955	673	42.97
钦州市	Qinzhou	11378	464	40.21
贵港市	Guigang	3241	608	41.66
玉林市	Yulin	2732	1076	39.68
百色市	Baise	2631	499	39.51
贺州市	Hezhou	2135	419	41.44
河池市	Hechi	1695	401	39.29
来宾市	Laibin	1877	419	38.90
崇左市	Chongzuo	1474	426	40.09
海南省	**Hainan**			
海口市	Haikou	7775	2554	41.00
三亚市	Sanya	2262	851	42.32
三沙市	Sansha			
儋州市	Danzhou			
重庆市	**Chongqing**	**73383**	**27504**	**42.56**

2-4 续表 6 continued

城　市	City	绿地面积（公顷）Area of Green Land (hectare)	公园绿地面积 Area of Parks and Green Land	建成区绿化覆盖率(%) Green Covered Area as % of Completed Area (%)
四川省	**Sichuan**			
成都市	Chengdu	39272	13648	43.91
自贡市	Zigong	5230	1879	44.20
攀枝花市	Panzhihua	3292	964	42.11
泸州市	Luzhou	7615	3339	42.55
德阳市	Deyang	3523	1007	41.63
绵阳市	Mianyang	6937	2055	41.53
广元市	Guangyuan	3943	908	41.69
遂宁市	Suining	6061	956	42.87
内江市	Neijiang	3660	1199	38.36
乐山市	Leshan	7308	1243	42.42
南充市	Nanchong	6651	2145	47.88
眉山市	Meishan	2855	863	44.25
宜宾市	Yibin	6652	2643	41.23
广安市	Guang'an	2572	742	44.06
达州市	Dazhou	4352	985	41.00
雅安市	Ya'an	1704	354	40.34
巴中市	Bazhong	2684	1176	45.18
资阳市	Ziyang	1929	592	40.11
贵州省	**Guizhou**			
贵阳市	Guiyang	15230	4594	43.29
六盘水市	Liupanshui	3129	675	41.43
遵义市	Zunyi	6504	1961	41.45
安顺市	Anshun	3039	1152	43.40
毕节市	Bijie	1998	740	40.54
铜仁市	Tongren	2165	676	41.18
云南省	**Yunnan**			
昆明市	Kunming	19060	5018	44.99
曲靖市	Qujing	3888	1090	40.03
玉溪市	Yuxi	2055	665	41.83
保山市	Baoshan	1679	436	41.52
昭通市	Zhaotong	1714	440	40.96
丽江市	Lijiang	954	412	41.95
普洱市	Pu'er	1046	280	41.73
临沧市	Lincang	759	187	37.68
西藏自治区	**Tibet**			
拉萨市	Lhasa			
日喀则市	Xigazê	833	189	
昌都市	Qamdo	330	101	38.76
林芝市	Nyingchi			34.97
山南市	Lhoka	311	63	38.00
那曲市	Nagqu			

2-4 续表 7 continued

城　　市	City	绿地面积（公顷）Area of Green Land (hectare)	公园绿地面积 Area of Parks and Green Land	建成区绿化覆盖率(%) Green Covered Area as % of Completed Area (%)
陕西省	**Shaanxi**			
西安市	Xi'an	43222	8774	43.00
铜川市	Tongchuan	1951	513	40.00
宝鸡市	Baoji	5292	1502	43.37
咸阳市	Xianyang	5228	1741	39.52
渭南市	Weinan	247	76	41.08
延安市	Yan'an	2538	583	39.24
汉中市	Hanzhong	2080	796	40.67
榆林市	Yulin	2741	1014	38.12
安康市	Ankang	1757	430	40.28
商洛市	Shangluo	1081	321	44.61
甘肃省	**Gansu**			
兰州市	Lanzhou	8369	2930	41.95
嘉峪关市	Jiayuguan	2812	862	100.00
金昌市	Jinchang	1678	475	40.44
白银市	Baiyin	2415	429	38.84
天水市	Tianshui	2140	842	40.00
武威市	Wuwei	1178	413	37.62
张掖市	Zhangye	2060	656	40.13
平凉市	Pingliang	1575	494	42.61
酒泉市	Jiuquan	2172	573	40.99
庆阳市	Qingyang	1006	292	34.50
定西市	Dingxi	762	397	33.01
陇南市	Longnan	162	119	37.23
青海省	**Qinghai**			
西宁市	Xining	4657	1888	40.25
海东市	Haidong	1190	287	31.21
宁夏回族自治区	**Ningxia**			
银川市	Yinchuan	8013	2567	41.56
石嘴山市	Shizuishan	6488	1290	44.65
吴忠市	Wuzhong	3053	544	42.56
固原市	Guyuan	1874	825	41.28
中卫市	Zhongwei	2197	395	43.82
新疆维吾尔自治区	**Xinjiang**			
乌鲁木齐市	Urumqi	33524	5027	39.92
克拉玛依市	Karamay	5920	598	43.83
吐鲁番市	Turpan	992	174	43.50
哈密市	Hami	2140	466	41.22

2-5 工业颗粒物排放量和二氧化硫及氮氧化物排放量(全市)
Industrial Particulate Emission, Industry Sulphur Dioxide Produced and Industry Nitrogen Dioxide Emission(Total City)

单位：吨 (ton)

城 市	City	工业颗粒物排放量 Volume of Industrial Particulate Emission	工业二氧化硫排放量 Volume of Sulphur Dioxide Emission	工业氮氧化物排放量 Volume of Nitrogen Dioxide Emission
北京市	**Beijing**		**1004**	**9590**
天津市	**Tianjin**	**8189**	**8138**	**24821**
河北省	**Hebei**			
石家庄市	Shijiazhuang	11231	10340	21442
唐山市	Tangshan	48473	44097	105876
秦皇岛市	Qinhuangdao	13160	5597	12950
邯郸市	Handan	16427	29582	41527
邢台市	Xingtai	5628	3770	9656
保定市	Baoding	4668	4434	12758
张家口市	Zhangjiakou	3666	8819	14757
承德市	Chengde	13575	11225	19259
沧州市	Cangzhou	6461	5166	12370
廊坊市	Langfang	3741	3067	5013
衡水市	Hengshui	1067	1302	1690
山西省	**Shanxi**			
太原市	Taiyuan	15484	8360	19360
大同市	Datong	8893	6230	12345
阳泉市	Yangquan	1202	4056	5674
长治市	Changzhi	11053	8515	22364
晋城市	Jincheng	2653	4331	9455
朔州市	Shuozhou	20697	4203	10159
晋中市	Jinzhong	13206	11285	13514
运城市	Yuncheng	17607	18284	29050
忻州市	Xinzhou	36354	8413	13004
临汾市	Linfen	13224	10513	12524
吕梁市	Lvliang	39490	19627	26263
内蒙古自治区	**Inner Mongolia**			
呼和浩特市	Hohhot	6144	10233	17520
包头市	Baotou	32983	30257	45904
乌海市	Wuhai	20944	6700	15874
赤峰市	Chifeng	59981	10716	17260
通辽市	Tongliao	79808	25779	22270
鄂尔多斯市	Erdos	231587	29352	48936
呼伦贝尔市	Hulunbuir	125549	10970	18298
巴彦淖尔市	Bayannur	25194	7570	10888
乌兰察布市	Ulanqab	12398	12475	28347
辽宁省	**Liaoning**			
沈阳市	Shenyang	3584	8643	16805
大连市	Dalian	7610	9267	23750
鞍山市	Anshan	22077	15108	36326

2-5 续表 1 continued

单位：吨 (ton)

城 市	City	工业颗粒物排放量 Volume of Industrial Particulate Emission	工业二氧化硫排放量 Volume of Sulphur Dioxide Emission	工业氮氧化物排放量 Volume of Nitrogen Dioxide Emission
抚顺市	Fushun	7579	5672	8701
本溪市	Benxi	11639	11143	26888
丹东市	Dandong	2774	2125	4089
锦州市	Jinzhou	6322	5945	6701
营口市	Yingkou	16983	15740	29658
阜新市	Fuxin	3538	4212	4593
辽阳市	Liaoyang	8265	3899	11326
盘锦市	Panjin	1662	1932	8308
铁岭市	Tieling	3871	4231	7962
朝阳市	Chaoyang	16083	10533	16410
葫芦岛市	Huludao	3153	3452	6695
吉林省	**Jilin**			
长春市	Changchun	7624	14452	21838
吉林市	Jilin	14128	10698	18851
四平市	Siping	3652	3005	9179
辽源市	Liaoyuan	1576	1312	7220
通化市	Tonghua	17031	3692	10226
白山市	Baishan	2163	2792	3515
松原市	Songyuan	6919	2051	4058
白城市	Baicheng	662	1359	2999
黑龙江省	**Heilongjiang**			
哈尔滨市	Harbin	6136	7172	17177
齐齐哈尔市	Qiqihar	9838	11550	11122
鸡西市	Jixi	1048	7238	6727
鹤岗市	Hegang	14273	3599	4465
双鸭山市	Shuangyashan	18670	4252	8579
大庆市	Daqing	4860	4384	14427
伊春市	Yichun	7542	5041	7825
佳木斯市	Jiamusi	4559	3203	4955
七台河市	Qitaihe	1802	2647	7287
牡丹江市	Mudanjiang	5437	2424	4782
黑河市	Heihe	1931	2425	3154
绥化市	Suihua	2254	2823	5040
上海市	**Shanghai**			
江苏省	**Jiangsu**			
南京市	Nanjing	19862	11144	22424
无锡市	Wuxi	8790	7096	18396
徐州市	Xuzhou	8532	8700	15283
常州市	Changzhou	16011	5436	12047
苏州市	Suzhou	15546	21619	43463
南通市	Nantong	3791	3830	8189

2-5 续表 2 continued

单位：吨 (ton)

城 市	City	工业颗粒物排放量 Volume of Industrial Particulate Emission	工业二氧化硫排放量 Volume of Sulphur Dioxide Emission	工业氮氧化物排放量 Volume of Nitrogen Dioxide Emission
连云港市	Lianyungang	2685	3383	6948
淮安市	Huai'an			
盐城市	Yancheng			
扬州市	Yangzhou	5070	4012	12600
镇江市	Zhenjiang	3083	5868	9709
泰州市	Taizhou	2029	2530	6238
宿迁市	Suqian	1562	2047	3274
浙江省	**Zhejiang**			
杭州市	Hangzhou	10768	3195	13956
宁波市	Ningbo	12935	8343	22182
温州市	Wenzhou	1566	4043	7650
嘉兴市	Jiaxing	6854	4769	14057
湖州市	Huzhou	7566	4136	10291
绍兴市	Shaoxing	2749	4448	10359
金华市	Jinhua	8587	3597	9476
衢州市	Quzhou	6841	4421	12298
舟山市	Zhoushan	1601	1408	5201
台州市	Taizhou	4103	3119	6701
丽水市	Lishui	1844	850	1866
安徽省	**Anhui**			
合肥市	Hefei	4594	4553	9899
芜湖市	Wuhu	12360	8806	19882
蚌埠市	Bengbu	717	1885	4086
淮南市	Huainan	2416	11362	10470
马鞍山市	Ma'anshan	10196	11003	24539
淮北市	Huaibei	4255	5740	7719
铜陵市	Tongling	8974	2066	8769
安庆市	Anqing	2578	3084	5557
黄山市	Huangshan	1272	490	59
滁州市	Chuzhou	4586	4339	9432
阜阳市	Fuyang	3854	10403	7245
宿州市	Suzhou	2598	3686	5400
六安市	Lu'an	3449	2879	5759
亳州市	Bozhou	1326	2121	2198
池州市	Chizhou	7808	6950	13259
宣城市	Xuancheng	5238	2267	4651
福建省	**Fujian**			
福州市	Fuzhou	18922	12635	28970
厦门市	Xiamen	556	402	2473
莆田市	Putian	977	1621	4926
三明市	Sanming	13345	7521	24015

2–5 续表 3 continued

单位：吨 (ton)

城　市	City	工业颗粒物排放量 Volume of Industrial Particulate Emission	工业二氧化硫排放量 Volume of Sulphur Dioxide Emission	工业氮氧化物排放量 Volume of Nitrogen Dioxide Emission
泉州市	Quanzhou	9506	12229	34208
漳州市	Zhangzhou	5337	7730	14033
南平市	Nanping	5059	3701	5043
龙岩市	Longyan	16852	4783	16194
宁德市	Ningde	3845	5965	9843
江西省	**Jiangxi**			
南昌市	Nanchang	2823	4932	8184
景德镇市	Jingdezhen	1895	2230	6129
萍乡市	Pingxiang	7737	5317	10661
九江市	Jiujiang	8983	6534	22492
新余市	Xinyu	4668	10861	17097
鹰潭市	Yingtan	1021	2477	2619
赣州市	Ganzhou	11262	8515	12391
吉安市	Ji'an	6112	6957	8788
宜春市	Yichun	9090	11352	35271
抚州市	Fuzhou	2136	3673	4101
上饶市	Shangrao	19186	8364	14138
山东省	**Shandong**			
济南市	Jinan	11047	9458	22763
青岛市	Qingdao	2724	2897	8387
淄博市	Zibo	4241	4847	15936
枣庄市	Zaozhuang	5176	2692	8095
东营市	Dongying	2256	7532	16870
烟台市	Yantai	9626	15478	14926
潍坊市	Weifang	6876	6327	17944
济宁市	Jining	4090	6051	13151
泰安市	Tai'an	6356	8558	11500
威海市	Weihai	1102	3184	5187
日照市	Rizhao	11946	7169	20095
临沂市	Linyi	12471	12301	27924
德州市	Dezhou	9791	4871	9953
聊城市	Liaocheng	3954	6505	14945
滨州市	Binzhou	6470	18073	23722
菏泽市	Heze	4584	9139	12662
河南省	**Henan**			
郑州市	Zhengzhou	6632	5067	10690
开封市	Kaifeng	362	1408	1910
洛阳市	Luoyang	4876	5606	10369
平顶山市	Pingdingshan	11233	5255	6447
安阳市	Anyang	7328	6709	14851
鹤壁市	Hebi	1003	1282	2310

2-5 续表 4 continued

单位：吨 (ton)

城 市	City	工业颗粒物排放量 Volume of Industrial Particulate Emission	工业二氧化硫排放量 Volume of Sulphur Dioxide Emission	工业氮氧化物排放量 Volume of Nitrogen Dioxide Emission
新乡市	Xinxiang	3296	2435	6866
焦作市	Jiaozuo	2582	3731	6632
濮阳市	Puyang	558	1228	2716
许昌市	Xuchang	4037	3081	5605
漯河市	Luohe	157	586	1152
三门峡市	Sanmenxia	940	2869	5437
南阳市	Nanyang	3448	2876	5743
商丘市	Shangqiu	2119	3581	4013
信阳市	Xinyang	2029	1663	3050
周口市	Zhoukou	609	2938	2812
驻马店市	Zhumadian	1253	888	1783
湖北省	**Hubei**			
武汉市	Wuhan	6081	8725	21541
黄石市	Huangshi	8556	7246	15927
十堰市	Shiyan	1663	797	2555
宜昌市	Yichang	8380	8050	15593
襄阳市	Xiangyang	3745	2838	7643
鄂州市	Ezhou	5924	3602	8779
荆门市	Jingmen	3989	4024	8922
孝感市	Xiaogan	1722	3414	5637
荆州市	Jingzhou	2130	2686	4826
黄冈市	Huanggang	2667	1631	6741
咸宁市	Xianning	2183	2653	7513
随州市	Suizhou	736	611	1080
湖南省	**Hunan**			
长沙市	Changsha	2303	1043	3341
株洲市	Zhuzhou	3850	4994	8277
湘潭市	Xiangtan	8264	9103	14377
衡阳市	Hengyang	7026	4595	7211
邵阳市	Shaoyang	3373	2827	4775
岳阳市	Yueyang	5098	2858	6294
常德市	Changde	3765	2785	6677
张家界市	Zhangjiajie	1360	271	841
益阳市	Yiyang	2575	1526	4411
郴州市	Chenzhou		8280	8070
永州市	Yongzhou	3989	1486	5396
怀化市	Huaihua	2440	1289	2484
娄底市	Loudi	11794	9410	19308
广东省	**Guangdong**			
广州市	Guangzhou	4736	1822	12206
韶关市	Shaoguan	7180	9160	15053

2-5 续表 5 continued

单位：吨 (ton)

城　市	City	工业颗粒物排放量 Volume of Industrial Particulate Emission	工业二氧化硫排放量 Volume of Sulphur Dioxide Emission	工业氮氧化物排放量 Volume of Nitrogen Dioxide Emission
深圳市	Shenzhen	1065	1560	4972
珠海市	Zhuhai	2589	2121	5514
汕头市	Shantou	600	2266	4982
佛山市	Foshan	4265	2962	12202
江门市	Jiangmen	3051	2300	11612
湛江市	Zhanjiang	6600	5926	15928
茂名市	Maoming	1449	4120	6059
肇庆市	Zhaoqing	5081	2376	16165
惠州市	Huizhou	5136	5959	16882
梅州市	Meizhou	9860	5237	12067
汕尾市	Shanwei	523	2709	5219
河源市	Heyuan	1032	1602	3053
阳江市	Yangjiang	5536	3769	10418
清远市	Qingyuan	16222	7647	25321
东莞市	Dongguan	3926	4135	11300
中山市	Zhongshan	1126	10026	8664
潮州市	Chaozhou	554	1648	3745
揭阳市	Jieyang	488	2134	5012
云浮市	Yunfu			
广西壮族自治区	**Guangxi**			
南宁市	Nanning	6649	2761	11699
柳州市	Liuzhou			
桂林市	Guilin	3193	3065	6745
梧州市	Wuzhou	2997	2504	5275
北海市	Beihai	3613	4319	7142
防城港市	Fangchenggang	5901	3484	13414
钦州市	Qinzhou			
贵港市	Guigang			
玉林市	Yulin	4688	2488	10482
百色市	Baise	4595	23715	13492
贺州市	Hezhou	1516	1797	3578
河池市	Hechi	8358	3160	4866
来宾市	Laibin	5078	5724	7088
崇左市	Chongzuo	4161	1810	10324
海南省	**Hainan**			
海口市	Haikou	32	266	188
三亚市	Sanya	924	187	496
三沙市	Sansha			
儋州市	Danzhou	793	604	5194
重庆市	**Chongqing**	**46178**	**41733**	**70029**

2-5 续表 6 continued

单位：吨 (ton)

城　　市	City	工业颗粒物排放量 Volume of Industrial Particulate Emission	工业二氧化硫排放量 Volume of Sulphur Dioxide Emission	工业氮氧化物排放量 Volume of Nitrogen Dioxide Emission
四川省	**Sichuan**			
成都市	Chengdu	5522	3374	11201
自贡市	Zigong	688	994	1445
攀枝花市	Panzhihua	31279	33002	20106
泸州市	Luzhou			
德阳市	Deyang			
绵阳市	Mianyang	3763	2207	6278
广元市	Guangyuan	2872	1541	3013
遂宁市	Suining	749	1396	1922
内江市	Neijiang			
乐山市	Leshan	14537	13256	26129
南充市	Nanchong	1227	865	1612
眉山市	Meishan	3474	2311	5419
宜宾市	Yibin	7841	7137	10081
广安市	Guang'an	6162	2464	7216
达州市	Dazhou	11822	12831	16093
雅安市	Ya'an	1695	1652	2341
巴中市	Bazhong	647	682	1044
资阳市	Ziyang	466	455	644
贵州省	**Guizhou**			
贵阳市	Guiyang	4963	11123	8436
六盘水市	Liupanshui	14324	20643	20283
遵义市	Zunyi	20174	22526	16489
安顺市	Anshun			
毕节市	Bijie		25526	25984
铜仁市	Tongren			
云南省	**Yunnan**			
昆明市	Kunming	22989	19075	23666
曲靖市	Qujing	24284	25741	28798
玉溪市	Yuxi	11605	8895	19918
保山市	Baoshan	4787	4820	6357
昭通市	Zhaotong	8011	7583	8540
丽江市	Lijiang	1666	1444	2785
普洱市	Pu'er	4708	2459	4104
临沧市	Lincang	2009	655	3577
西藏自治区	**Tibet**			
拉萨市	Lhasa	1730	398	1579
日喀则市	Xigazê	993	196	613
昌都市	Qamdo	210	165	302
林芝市	Nyingchi			
山南市	Lhoka		195	1030
那曲市	Nagqu			

2-5 续表 7 continued

单位：吨 (ton)

城　市	City	工业颗粒物排放量 Volume of Industrial Particulate Emission	工业二氧化硫排放量 Volume of Sulphur Dioxide Emission	工业氮氧化物排放量 Volume of Nitrogen Dioxide Emission
陕西省	**Shaanxi**			
西安市	Xi'an	802	1154	2595
铜川市	Tongchuan	3970	3157	8137
宝鸡市	Baoji	3709	2502	7597
咸阳市	Xianyang	5576	2865	5925
渭南市	Weinan	108602	9319	21137
延安市	Yan'an	6044	4039	5456
汉中市	Hanzhong	3972	3899	6356
榆林市	Yulin			
安康市	Ankang	1969	943	1432
商洛市	Shangluo	2815	1211	2835
甘肃省	**Gansu**			
兰州市	Lanzhou	5245	12922	15039
嘉峪关市	Jiayuguan			
金昌市	Jinchang	6072	9182	5064
白银市	Baiyin	4303	5471	8834
天水市	Tianshui	2053	1788	3593
武威市	Wuwei	2993	1617	2779
张掖市	Zhangye	1249	1460	3551
平凉市	Pingliang	3237	4094	7483
酒泉市	Jiuquan	3490	2488	5383
庆阳市	Qingyang	544	1604	2029
定西市	Dingxi	52	116	427
陇南市	Longnan	5314	1334	3044
青海省	**Qinghai**			
西宁市	Xining	8629	26792	11793
海东市	Haidong	3401	6855	3755
宁夏回族自治区	**Ningxia**			
银川市	Yinchuan			
石嘴山市	Shizuishan	35700	26211	30665
吴忠市	Wuzhong	9572	8953	14356
固原市	Guyuan	943	2038	2112
中卫市	Zhongwei	6749	7804	11123
新疆维吾尔自治区	**Xinjiang**			
乌鲁木齐市	Urumqi	15441	6779	14855
克拉玛依市	Karamay	1194	3897	9783
吐鲁番市	Turpan			
哈密市	Hami	147652	4875	9004

2-6 细颗粒物年平均浓度和污水及生活垃圾处理率(全市)
Annual Mean Concentration of PM2.5, Ratio of Waste Water and Domestic Garbage Treatment(Total City)

城 市	City	细颗粒物年平均浓度(微克/立方米) Annual Mean Concentration of $PM_{2.5}$ (ug/m^3)	污水处理厂集中处理率(%) Ratio of Waste Water Centralized Treated of Sewage Work(%)	生活垃圾无害化处理率(%) Rate of Domestic Garbage Harmless Treatment (%)
北京市	**Beijing**	**33**	**95.59**	**100.00**
天津市	**Tianjin**	**39**	**96.80**	**100.00**
河北省	**Hebei**			
石家庄市	Shijiazhuang	46	99.70	100.00
唐山市	Tangshan	43	99.20	100.00
秦皇岛市	Qinhuangdao	34	97.10	100.00
邯郸市	Handan	45	99.64	100.00
邢台市	Xingtai	43	98.22	100.00
保定市	Baoding	43	99.85	100.00
张家口市	Zhangjiakou	23	96.51	100.00
承德市	Chengde	30	97.30	100.00
沧州市	Cangzhou	40	99.97	100.00
廊坊市	Langfang	37	98.78	100.00
衡水市	Hengshui	42	99.20	100.00
山西省	**Shanxi**			
太原市	Taiyuan	44		
大同市	Datong	28	91.00	99.78
阳泉市	Yangquan	43	93.89	100.00
长治市	Changzhi	38	95.67	100.00
晋城市	Jincheng	35	99.40	100.00
朔州市	Shuozhou	31	97.85	100.00
晋中市	Jinzhong	37	97.45	94.33
运城市	Yuncheng	48	96.00	100.00
忻州市	Xinzhou	40	96.58	100.00
临汾市	Linfen	53	99.46	100.00
吕梁市	Lvliang	27	100.00	99.74
内蒙古自治区	**Inner Mongolia**			
呼和浩特市	Hohhot	28	97.91	99.91
包头市	Baotou	30	96.33	100.00
乌海市	Wuhai	26	98.50	100.00
赤峰市	Chifeng	22	95.58	100.00
通辽市	Tongliao	29	98.41	100.00
鄂尔多斯市	Erdos	22	98.73	100.00
呼伦贝尔市	Hulunbuir	17	97.49	99.52
巴彦淖尔市	Bayannur	25	99.10	100.00
乌兰察布市	Ulanqab	21	97.64	98.59
辽宁省	**Liaoning**			
沈阳市	Shenyang	38	99.00	100.00
大连市	Dalian	28	98.22	100.00
鞍山市	Anshan	39	96.54	100.00

2-6 续表 1 continued

城 市	City	细颗粒物年平均浓度（微克/立方米）Annual Mean Concentration of $PM_{2.5}$ (ug/m^3)	污水处理厂集中处理率（%）Ratio of Waste Water Centralized Treated of Sewage Work(%)	生活垃圾无害化处理率（%）Rate of Domestic Garbage Harmless Treatment (%)
抚顺市	Fushun	40	92.51	95.86
本溪市	Benxi	30	99.09	100.00
丹东市	Dandong	28	78.35	75.00
锦州市	Jinzhou	42	98.01	96.77
营口市	Yingkou	37	97.23	100.00
阜新市	Fuxin	34	100.00	100.00
辽阳市	Liaoyang	37	98.46	100.00
盘锦市	Panjin	34	99.40	100.00
铁岭市	Tieling	34	100.00	100.00
朝阳市	Chaoyang	31	99.95	100.00
葫芦岛市	Huludao	38	96.00	100.00
吉林省	**Jilin**			
长春市	Changchun	31	96.68	100.00
吉林市	Jilin	32	98.84	100.00
四平市	Siping	28	98.87	100.00
辽源市	Liaoyuan	32	96.47	100.00
通化市	Tonghua	23	98.22	100.00
白山市	Baishan	25	95.17	100.00
松原市	Songyuan	23	100.00	100.00
白城市	Baicheng	23	96.72	100.00
黑龙江省	**Heilongjiang**			
哈尔滨市	Harbin	37	95.47	100.00
齐齐哈尔市	Qiqihar	20	92.76	100.00
鸡西市	Jixi	30		
鹤岗市	Hegang	23	99.32	100.00
双鸭山市	Shuangyashan	26	96.02	100.00
大庆市	Daqing	27	74.86	100.00
伊春市	Yichun	23	99.39	100.00
佳木斯市	Jiamusi	29	100.00	95.00
七台河市	Qitaihe	29	95.30	100.00
牡丹江市	Mudanjiang	29	98.57	100.00
黑河市	Heihe	15	96.88	100.00
绥化市	Suihua	33	99.74	100.00
上海市	**Shanghai**	**27**		**100.00**
江苏省	**Jiangsu**			
南京市	Nanjing	29	98.00	100.00
无锡市	Wuxi	29	98.00	100.00
徐州市	Xuzhou	42	94.00	100.00
常州市	Changzhou	35	100.00	100.00
苏州市	Suzhou	28	93.00	100.00
南通市	Nantong	30	95.00	100.00

2-6 续表 2 continued

城 市	City	细颗粒物年平均浓度（微克/立方米）Annual Mean Concentration of $PM_{2.5}$ (ug/m^3)	污水处理厂集中处理率(%) Ratio of Waste Water Centralized Treated of Sewage Work(%)	生活垃圾无害化处理率(%) Rate of Domestic Garbage Harmless Treatment (%)
连云港市	Lianyungang	32	97.00	100.00
淮安市	Huai'an	36	90.00	100.00
盐城市	Yancheng		93.00	100.00
扬州市	Yangzhou	33	93.00	100.00
镇江市	Zhenjiang	35	94.00	100.00
泰州市	Taizhou		94.00	100.00
宿迁市	Suqian	38	97.00	100.00
浙江省	**Zhejiang**			
杭州市	Hangzhou	28	97.09	100.00
宁波市	Ningbo	21	94.94	100.00
温州市	Wenzhou	22	97.87	100.00
嘉兴市	Jiaxing	26	98.07	100.00
湖州市	Huzhou	25	98.44	100.00
绍兴市	Shaoxing	27	97.72	100.00
金华市	Jinhua	26	97.46	100.00
衢州市	Quzhou	24	97.37	100.00
舟山市	Zhoushan	15	92.31	100.00
台州市	Taizhou	21	97.39	100.00
丽水市	Lishui	21	97.33	100.00
安徽省	**Anhui**			
合肥市	Hefei	32	95.70	100.00
芜湖市	Wuhu	34	95.79	100.00
蚌埠市	Bengbu	37	95.29	100.00
淮南市	Huainan	42	95.80	100.00
马鞍山市	Ma'anshan	35	95.31	100.00
淮北市	Huaibei	41	95.82	100.00
铜陵市	Tongling	34	98.41	100.00
安庆市	Anqing	33	96.98	100.00
黄山市	Huangshan	20	96.20	100.00
滁州市	Chuzhou	35	97.09	100.00
阜阳市	Fuyang	44	97.00	100.00
宿州市	Suzhou	41	93.64	100.00
六安市	Lu'an	32	95.40	100.00
亳州市	Bozhou	38	96.59	100.00
池州市	Chizhou	31	96.97	100.00
宣城市	Xuancheng	30	96.89	100.00
福建省	**Fujian**			
福州市	Fuzhou	21	96.82	100.00
厦门市	Xiamen	20	100.00	100.00
莆田市	Putian	22	97.62	100.00
三明市	Sanming	17	85.15	100.00

2-6 续表 3 continued

城 市	City	细颗粒物年平均浓度（微克/立方米）Annual Mean Concentration of $PM_{2.5}$ (ug/m^3)	污水处理厂集中处理率(%) Ratio of Waste Water Centralized Treated of Sewage Work(%)	生活垃圾无害化处理率(%) Rate of Domestic Garbage Harmless Treatment (%)
泉州市	Quanzhou	19	93.51	100.00
漳州市	Zhangzhou	24	97.27	100.00
南平市	Nanping	18	96.97	100.00
龙岩市	Longyan	17	97.09	100.00
宁德市	Ningde	16	89.75	100.00
江西省	**Jiangxi**			
南昌市	Nanchang	31	95.80	100.00
景德镇市	Jingdezhen	25	95.33	100.00
萍乡市	Pingxiang	36	98.49	100.00
九江市	Jiujiang	33	99.31	100.00
新余市	Xinyu	31	97.58	100.00
鹰潭市	Yingtan	26	96.25	100.00
赣州市	Ganzhou	23	92.95	100.00
吉安市	Ji'an	27	95.38	100.00
宜春市	Yichun	31	97.53	100.00
抚州市	Fuzhou	26	95.21	100.00
上饶市	Shangrao	28	94.49	100.00
山东省	**Shandong**			
济南市	Jinan	40	98.20	100.00
青岛市	Qingdao	28		100.00
淄博市	Zibo	47	98.46	100.00
枣庄市	Zaozhuang	45	102.00	100.00
东营市	Dongying	36	98.02	100.00
烟台市	Yantai	27	97.97	100.00
潍坊市	Weifang	38	98.46	100.00
济宁市	Jining	47	98.26	100.00
泰安市	Tai'an	42	98.10	100.00
威海市	Weihai	24	98.13	100.00
日照市	Rizhao	31	98.22	100.00
临沂市	Linyi	43	98.31	100.00
德州市	Dezhou	42	98.33	100.00
聊城市	Liaocheng	46	98.23	100.00
滨州市	Binzhou	40	98.26	100.00
菏泽市	Heze	48		
河南省	**Henan**			
郑州市	Zhengzhou	42	99.68	100.00
开封市	Kaifeng	47	96.35	100.00
洛阳市	Luoyang	43	99.63	98.78
平顶山市	Pingdingshan	46	98.96	100.00
安阳市	Anyang	49	99.11	100.00
鹤壁市	Hebi	50	99.65	100.00

2-6 续表 4 continued

城 市	City	细颗粒物年平均浓度（微克/立方米） Annual Mean Concentration of $PM_{2.5}$ (ug/m^3)	污水处理厂集中处理率 (%) Ratio of Waste Water Centralized Treated of Sewage Work(%)	生活垃圾无害化处理率 (%) Rate of Domestic Garbage Harmless Treatment (%)
新乡市	Xinxiang	47	98.67	100.00
焦作市	Jiaozuo	45	97.35	100.00
濮阳市	Puyang	51	98.41	99.68
许昌市	Xuchang	44	98.93	100.00
漯河市	Luohe	49	99.99	100.00
三门峡市	Sanmenxia	42	98.77	100.00
南阳市	Nanyang	46	98.31	99.64
商丘市	Shangqiu	45	96.30	98.83
信阳市	Xinyang	38	99.18	100.00
周口市	Zhoukou	44	97.14	99.68
驻马店市	Zhumadian	42	98.76	99.71
湖北省	**Hubei**			
武汉市	Wuhan	37	97.40	100.00
黄石市	Huangshi	33	97.20	100.00
十堰市	Shiyan	31	98.83	100.00
宜昌市	Yichang	34	96.80	100.00
襄阳市	Xiangyang	49	96.90	100.00
鄂州市	Ezhou	36	99.58	100.00
荆门市	Jingmen	44	97.29	100.00
孝感市	Xiaogan	33	98.02	99.98
荆州市	Jingzhou	35	97.18	100.00
黄冈市	Huanggang	31	82.89	100.00
咸宁市	Xianning	29	95.56	100.00
随州市	Suizhou	36	97.31	100.00
湖南省	**Hunan**			
长沙市	Changsha	43	98.20	100.00
株洲市	Zhuzhou	40	96.70	100.00
湘潭市	Xiangtan	43	98.31	100.00
衡阳市	Hengyang	31	97.51	100.00
邵阳市	Shaoyang	38	98.00	100.00
岳阳市	Yueyang	36	96.86	100.00
常德市	Changde	41	98.90	100.00
张家界市	Zhangjiajie	27	96.25	100.00
益阳市	Yiyang	36	99.70	100.00
郴州市	Chenzhou	27	98.10	100.00
永州市	Yongzhou	28	98.10	100.00
怀化市	Huaihua	27	94.66	99.66
娄底市	Loudi	37	97.75	100.00
广东省	**Guangdong**			
广州市	Guangzhou	24	98.30	100.00
韶关市	Shaoguan	22	100.00	100.00

2-6 续表 5 continued

城　市	City	细颗粒物年平均浓度(微克/立方米) Annual Mean Concentration of $PM_{2.5}$ (ug/m^3)	污水处理厂集中处理率(%) Ratio of Waste Water Centralized Treated of Sewage Work(%)	生活垃圾无害化处理率(%) Rate of Domestic Garbage Harmless Treatment (%)
深圳市	Shenzhen	18	98.28	100.00
珠海市	Zhuhai	20	98.12	100.00
汕头市	Shantou	20	98.70	100.00
佛山市	Foshan	23	95.40	100.00
江门市	Jiangmen	23	96.15	100.00
湛江市	Zhanjiang		96.71	100.00
茂名市	Maoming	21	100.00	100.00
肇庆市	Zhaoqing	22	93.94	100.00
惠州市	Huizhou	19	94.68	100.00
梅州市	Meizhou	20	95.00	100.00
汕尾市	Shanwei	18	95.56	100.00
河源市	Heyuan	21	92.86	100.00
阳江市	Yangjiang	21	119.44	100.00
清远市	Qingyuan	23	96.06	100.00
东莞市	Dongguan	22	97.17	100.00
中山市	Zhongshan	20	84.06	100.00
潮州市	Chaozhou	23	106.68	100.00
揭阳市	Jieyang	27	97.01	100.00
云浮市	Yunfu	24	96.85	100.00
广西壮族自治区	**Guangxi**			
南宁市	Nanning	28	93.84	100.00
柳州市	Liuzhou		87.92	100.00
桂林市	Guilin	29	100.00	100.00
梧州市	Wuzhou	26	78.35	100.00
北海市	Beihai	24	98.67	100.00
防城港市	Fangchenggang	23	73.99	100.00
钦州市	Qinzhou	28	96.76	100.00
贵港市	Guigang		81.61	100.00
玉林市	Yulin	30	94.02	100.00
百色市	Baise	29	90.21	100.00
贺州市	Hezhou	27	98.33	100.00
河池市	Hechi	26	91.87	100.00
来宾市	Laibin	33	94.12	100.00
崇左市	Chongzuo	30	74.71	100.00
海南省	**Hainan**			
海口市	Haikou	14	100.00	100.00
三亚市	Sanya	12	100.00	100.00
三沙市	Sansha		97.00	100.00
儋州市	Danzhou	15	114.71	100.00
重庆市	**Chongqing**	**35**	**98.66**	**100.00**

2-6 续表 6 continued

城市	City	细颗粒物年平均浓度(微克/立方米) Annual Mean Concentration of $PM_{2.5}$ (ug/m^3)	污水处理厂集中处理率(%) Ratio of Waste Water Centralized Treated of Sewage Work(%)	生活垃圾无害化处理率(%) Rate of Domestic Garbage Harmless Treatment (%)
四川省	**Sichuan**			
成都市	Chengdu	40	95.39	100.00
自贡市	Zigong	44	95.23	100.00
攀枝花市	Panzhihua	31	59.92	100.00
泸州市	Luzhou		94.48	100.00
德阳市	Deyang	33	95.95	100.00
绵阳市	Mianyang	35	96.44	100.00
广元市	Guangyuan	24	97.34	100.00
遂宁市	Suining	30	100.00	100.00
内江市	Neijiang	34	94.55	100.00
乐山市	Leshan	37	100.00	100.00
南充市	Nanchong	37	96.56	100.00
眉山市	Meishan	34	96.96	100.00
宜宾市	Yibin	44	96.22	100.00
广安市	Guang'an	34	98.99	100.00
达州市	Dazhou	35	96.08	97.50
雅安市	Ya'an	28	96.80	99.75
巴中市	Bazhong	28	99.70	100.00
资阳市	Ziyang	28	97.02	100.00
贵州省	**Guizhou**			
贵阳市	Guiyang	24	98.90	100.00
六盘水市	Liupanshui	24	96.48	99.50
遵义市	Zunyi	24	95.87	85.34
安顺市	Anshun		96.30	98.44
毕节市	Bijie		93.17	
铜仁市	Tongren	22	95.54	77.94
云南省	**Yunnan**			
昆明市	Kunming	24	96.60	100.00
曲靖市	Qujing	20	98.36	100.00
玉溪市	Yuxi	21	97.12	100.00
保山市	Baoshan	23	96.40	100.00
昭通市	Zhaotong	22	98.40	100.00
丽江市	Lijiang	12	96.74	100.00
普洱市	Pu'er	20	98.77	100.00
临沧市	Lincang	28	99.82	100.00
西藏自治区	**Tibet**			
拉萨市	Lhasa	10	99.80	
日喀则市	Xigazê	8	54.66	99.57
昌都市	Qamdo	8	62.42	98.72
林芝市	Nyingchi	8	96.56	100.00
山南市	Lhoka			
那曲市	Nagqu			

2-6 续表 7 continued

城　市	City	细颗粒物年平均浓度(微克/立方米) Annual Mean Concentration of $PM_{2.5}$ (ug/m^3)	污水处理厂集中处理率(%) Ratio of Waste Water Centralized Treated of Sewage Work(%)	生活垃圾无害化处理率(%) Rate of Domestic Garbage Harmless Treatment (%)
陕西省	**Shaanxi**			
西安市	Xi'an	41	96.94	99.90
铜川市	Tongchuan	36		
宝鸡市	Baoji	40	97.20	99.94
咸阳市	Xianyang	48	97.43	99.69
渭南市	Weinan	44	95.47	100.00
延安市	Yan'an	27	95.52	99.13
汉中市	Hanzhong	27	95.56	100.00
榆林市	Yulin	26	96.06	100.00
安康市	Ankang	29		
商洛市	Shangluo	24	99.28	100.00
甘肃省	**Gansu**			
兰州市	Lanzhou	32	96.26	100.00
嘉峪关市	Jiayuguan		99.00	99.00
金昌市	Jinchang	18	98.00	100.00
白银市	Baiyin	23	94.40	100.00
天水市	Tianshui	25	100.00	100.00
武威市	Wuwei	28	97.45	100.00
张掖市	Zhangye	25	98.29	100.00
平凉市	Pingliang	17	97.98	100.00
酒泉市	Jiuquan	23	98.70	100.00
庆阳市	Qingyang	23	97.07	100.00
定西市	Dingxi	22	97.83	100.00
陇南市	Longnan	18	93.94	100.00
青海省	**Qinghai**			
西宁市	Xining	32	94.92	99.05
海东市	Haidong	33	96.49	96.52
宁夏回族自治区	**Ningxia**			
银川市	Yinchuan	27	98.00	100.00
石嘴山市	Shizuishan	33	100.00	100.00
吴忠市	Wuzhong	27	97.07	100.00
固原市	Guyuan	20	98.68	100.00
中卫市	Zhongwei	27	99.53	99.46
新疆维吾尔自治区	**Xinjiang**			
乌鲁木齐市	Urumqi	40	99.31	100.00
克拉玛依市	Karamay	23	99.71	100.00
吐鲁番市	Turpan			
哈密市	Hami	28	95.52	99.96

(三)经济发展
Economic Development

2-7 地区生产总值
Gross Regional Product

城 市	City	地区生产总值(当年价格)(亿元) Gross Regional Product (Current Prices) (100 000 000 yuan)		人均地区生产总值(元) Per Capita GRP (yuan)		地区生产总值增长率(%) GRP Growth Rate (%)	
		全 市 Total City	市辖区 Districts under City	全 市 Total City	市辖区 Districts under City	全 市 Total City	市辖区 Districts under City
北京市	**Beijing**	**40270**	**40270**	**183980**	**183980**	**8.50**	**8.50**
天津市	**Tianjin**	**15695**	**15695**	**113732**	**113732**	**6.60**	**6.60**
河北省	**Hebei**						
石家庄市	Shijiazhuang	6490	3943	57830	68490	6.58	6.79
唐山市	Tangshan	8231	4612	106784	113400	6.70	5.90
秦皇岛市	Qinhuangdao	1844	1242	58774	65923	6.80	5.50
邯郸市	Handan	4115	1714	43817	46120	6.90	6.90
邢台市	Xingtai	2427	766	34193	36534	6.15	6.03
保定市	Baoding	4402	1688	38157	50883	7.83	7.38
张家口市	Zhangjiakou	1728	845	42049	47601	6.25	6.08
承德市	Chengde	1697	442	50749	60005	6.05	8.39
沧州市	Cangzhou	4163	1099	57009	114581	7.00	6.40
廊坊市	Langfang	3553	1077	64460	93622	6.55	4.84
衡水市	Hengshui	1703	578	40561	50829	6.80	6.48
山西省	**Shanxi**						
太原市	Taiyuan	5122	4630	95646	101069	9.20	8.60
大同市	Datong	1686	1243	54391	61117	7.50	14.50
阳泉市	Yangquan	917	605	69731	82876	6.75	6.06
长治市	Changzhi	2311	1264	73001	74913	11.00	11.10
晋城市	Jincheng	1912	421	87265	72713	11.60	8.00
朔州市	Shuozhou	1421	708	89299		9.80	22.10
晋中市	Jinzhong	1844	339	54456	37319	6.80	8.30
运城市	Yuncheng	2053	360	43201	38241	9.10	8.10
忻州市	Xinzhou	1344	223	50290	38688	10.60	7.20
临汾市	Linfen	1909	401	48438	42092	8.46	7.75
吕梁市	Lvliang	2071	205	61200	44569	9.20	11.40
内蒙古自治区	**Inner Mongolia**						
呼和浩特市	Hohhot	3121	2174	89828	83830	6.50	6.60
包头市	Baotou	3293	2918	121331	127312	8.50	8.61
乌海市	Wuhai	718	718	128923	128923	5.10	5.10
赤峰市	Chifeng	1975	832	49069	56869	5.70	5.30
通辽市	Tongliao	1411	322	49346	45056	4.00	4.50
鄂尔多斯市	Erdos	4716	981	218118	141119	7.00	10.20
呼伦贝尔市	Hulunbuir	1355	255	60887	62352	5.50	5.05
巴彦淖尔市	Bayannur	983	320	64144	54617	4.30	5.80
乌兰察布市	Ulanqab	904	238	53871	63890	2.40	2.70
辽宁省	**Liaoning**						
沈阳市	Shenyang	7249	6636	79706	83806	6.95	7.04
大连市	Dalian	7826	6224	104751		8.20	8.01
鞍山市	Anshan	1888	1015	57188		4.50	11.73

2-7 续表 1 continued

城市	City	地区生产总值(当年价格)(亿元) Gross Regional Product (Current Prices) (100 000 000 yuan)		人均地区生产总值(元) Per Capita GRP (yuan)		地区生产总值增长率(%) GRP Growth Rate (%)	
		全市 Total City	市辖区 Districts under City	全市 Total City	市辖区 Districts under City	全市 Total City	市辖区 Districts under City
抚顺市	Fushun	870	727	47338	55736	1.00	1.00
本溪市	Benxi	894	645	68340	75591	5.80	5.50
丹东市	Dandong	854	325	39402	40050	6.25	5.74
锦州市	Jinzhou	1148	645	42809	57392	6.15	6.04
营口市	Yingkou	1403	936	60484	80665	2.00	0.74
阜新市	Fuxin	545	260	33376	33376	6.40	5.30
辽阳市	Liaoyang	860	559	54105	64146	-1.00	-1.20
盘锦市	Panjin	1383	1199	99443	102783	0.50	3.30
铁岭市	Tieling	716	163	30389	36035	6.06	6.90
朝阳市	Chaoyang	945	243	33086	35441	5.50	6.10
葫芦岛市	Huludao	842	394	34823	42055	6.00	6.80
吉林省	**Jilin**						
长春市	Changchun	7103	5898	78255	101271	6.15	5.55
吉林市	Jilin	1550	998	43333	52204	6.95	6.77
四平市	Siping	554	188	31003	30354	7.85	7.13
辽源市	Liaoyuan	463	216	47007	47105	7.55	6.69
通化市	Tonghua	568	233	44308	52430	6.75	6.76
白山市	Baishan	541	235	57948	53647	6.39	-0.40
松原市	Songyuan	818	269	36877	38135	7.55	7.90
白城市	Baicheng	549	175	35996	37430	7.75	8.64
黑龙江省	**Heilongjiang**						
哈尔滨市	Harbin	5352	4137	53823	59436	5.50	5.02
齐齐哈尔市	Qiqihar	1225	475	30559	34225	6.60	6.00
鸡西市	Jixi	604	207	40808	30880	7.10	7.30
鹤岗市	Hegang	354	189	40338	35293	7.00	8.00
双鸭山市	Shuangyashan	516	182	43270	39591	6.30	3.10
大庆市	Daqing	2620	2138	94790	122691	6.20	5.80
伊春市	Yichun	319	136	36982	38579	7.30	9.10
佳木斯市	Jiamusi	816	201	38247	23512	7.50	3.10
七台河市	Qitaihe	231	175	34055	36254	5.20	4.50
牡丹江市	Mudanjiang	875	292	38719	31767	6.10	5.00
黑河市	Heihe	637	40	50206	34097	6.20	6.90
绥化市	Suihua	1178	207	31915	30157	6.30	6.70
上海市	**Shanghai**	**43215**	**43215**	**173600**	**173600**	**8.10**	**8.10**
江苏省	**Jiangsu**						
南京市	Nanjing	16356	16356	174520	174520	8.00	8.00
无锡市	Wuxi	14003	7341	187415	166672	9.00	9.00
徐州市	Xuzhou	8117	4087	89634	113844	9.00	8.00
常州市	Changzhou	8808	7546	165724	166964	9.00	9.00
苏州市	Suzhou	22718	10694	177505	158586	8.70	9.00
南通市	Nantong	11027	5633	142721	150584	9.00	9.00

2-7 续表 2 continued

城 市	City	地区生产总值(当年价格)(亿元) Gross Regional Product (Current Prices) (100 000 000 yuan)		人均地区生产总值(元) Per Capita GRP (yuan)		地区生产总值增长率(%) GRP Growth Rate (%)	
		全 市 Total City	市辖区 Districts under City	全 市 Total City	市辖区 Districts under City	全 市 Total City	市辖区 Districts under City
连云港市	Lianyungang	3728	2218	81015	99846	9.00	9.00
淮安市	Huai'an	4550	3011	99768	106144	10.00	9.00
盐城市	Yancheng	6617	2646	98593	111154	8.00	7.00
扬州市	Yangzhou	6696	4015	146562	151879	7.00	7.00
镇江市	Zhenjiang	4763	2152	148204	169648	9.00	10.00
泰州市	Taizhou	6025	2589	133323	149365	10.00	10.00
宿迁市	Suqian	3719	1376	74476	84652	9.00	10.00
浙江省	**Zhejiang**						
杭州市	Hangzhou	18109	17010	149857	156657	8.49	8.54
宁波市	Ningbo	14595	9259	153922	181530	8.20	7.90
温州市	Wenzhou	7585	2952	78879	97305	7.70	7.30
嘉兴市	Jiaxing	6355	1698	116323	110180	8.50	8.10
湖州市	Huzhou	3645	1665	107534	105957	9.50	9.30
绍兴市	Shaoxing	6795	4069	127875	134755	8.73	8.67
金华市	Jinhua	5355	1015	75524	68722	9.76	8.34
衢州市	Quzhou	1876	865	82174	95512	8.66	8.25
舟山市	Zhoushan	1704	1050	146611	118541	8.40	5.10
台州市	Taizhou	5786	2056	87089	94411	8.28	6.99
丽水市	Lishui	1710	454	68101	80484	8.30	8.90
安徽省	**Anhui**						
合肥市	Hefei	11413	7697	121187	149419	9.20	8.60
芜湖市	Wuhu	4303	3410	117526	142281	11.60	10.00
蚌埠市	Bengbu	1989	1074	60117	80128	-2.10	-0.08
淮南市	Huainan	1457	873	48008	52581	5.70	4.94
马鞍山市	Ma'anshan	2439	1368	113010	136787	9.08	7.06
淮北市	Huaibei	1223	682	62019	65506	3.41	4.99
铜陵市	Tongling	1166	977	89112	116346	7.21	7.34
安庆市	Anqing	2657	887	63707	108918	6.60	8.60
黄山市	Huangshan	957	463	71928	85910	9.06	9.01
滁州市	Chuzhou	3362	973	84263	124317	9.88	9.06
阜阳市	Fuyang	3072	961	37524	45133	9.00	8.90
宿州市	Suzhou	2168	895	40688	50466	8.55	7.60
六安市	Lu'an	1923	879	43690	44541	10.95	10.75
亳州市	Bozhou	1973	762	39509	49824	8.61	8.80
池州市	Chizhou	1004	548	75191	89618	10.20	10.70
宣城市	Xuancheng	1834	502	73548	65179	10.10	9.00
福建省	**Fujian**						
福州市	Fuzhou	11324	6851	135298	166975	8.35	8.06
厦门市	Xiamen	7034	7034	134491	134491	8.05	8.05
莆田市	Putian	2883	2325	89672	100698	6.35	6.44
三明市	Sanming	2953	674	118852	165130	5.80	7.10

2-7 续表 3 continued

城市	City	地区生产总值(当年价格)(亿元) Gross Regional Product (Current Prices) (100 000 000 yuan)		人均地区生产总值(元) Per Capita GRP (yuan)		地区生产总值增长率(%) GRP Growth Rate (%)	
		全市 Total City	市辖区 Districts under City	全市 Total City	市辖区 Districts under City	全市 Total City	市辖区 Districts under City
泉州市	Quanzhou	11304	2503	128165	143257	8.10	3.12
漳州市	Zhangzhou	5025	2844	99218	133507	7.65	8.37
南平市	Nanping	2118	707	79162	89033	6.45	4.98
龙岩市	Longyan	3082	1421	112886	121205	7.70	7.30
宁德市	Ningde	3151	1099	100034	174657	13.25	29.75
江西省	**Jiangxi**						
南昌市	Nanchang	6651	4977	104788	117139	8.70	8.70
景德镇市	Jingdezhen	1102	532	59041	90839	8.70	8.68
萍乡市	Pingxiang	1108	708	61386	79039	8.30	8.00
九江市	Jiujiang	3736	1368	81551	116399	8.80	8.40
新余市	Xinyu	1155	939	96025	101160	8.30	7.90
鹰潭市	Yingtan	1144	552	99069	89811	9.30	8.62
赣州市	Ganzhou	4169	1713	46452	66082	9.10	9.54
吉安市	Ji'an	2526	426	56789	65746	9.00	9.70
宜春市	Yichun	3191	520	63957	46245	8.90	9.20
抚州市	Fuzhou	1795	766	49885	51625	8.00	7.94
上饶市	Shangrao	3043	1276	47081	61904	9.00	9.20
山东省	**Shandong**						
济南市	Jinan	11432	10955	123075	129897	7.15	7.10
青岛市	Qingdao	14136	11232	138849	154592	8.30	7.90
淄博市	Zibo	4201	3005	89238	88656	9.40	8.80
枣庄市	Zaozhuang	1952	1093	50613	47917	8.30	8.17
东营市	Dongying	3442	2429	156852	169350	8.50	7.20
烟台市	Yantai	8712	4813	122818	150667	8.00	9.80
潍坊市	Weifang	7011	2256	74606	89333	9.67	8.33
济宁市	Jining	5070	1844	60728	82214	8.50	8.40
泰安市	Tai'an	2997	1139	54917	58146	6.10	6.98
威海市	Weihai	3464	2114	118925	121635	7.50	8.50
日照市	Rizhao	2212	1575	74434	101445	6.80	6.50
临沂市	Linyi	5466	2501	49585	67708	8.70	9.00
德州市	Dezhou	3489	1067	62223	71509	8.30	8.50
聊城市	Liaocheng	2643	1212	44485	60420	8.40	9.20
滨州市	Binzhou	2872	924	73078	77573	8.30	8.30
菏泽市	Heze	3977	1216	45366	54443	8.80	8.70
河南省	**Henan**						
郑州市	Zhengzhou	12691	7241	100092	108539	4.70	4.20
开封市	Kaifeng	2557	988	53173	56923	7.20	6.70
洛阳市	Luoyang	5447	3272	77110	92406	4.80	7.50
平顶山市	Pingdingshan	2694	958	54122	78781	7.08	3.96
安阳市	Anyang	2435	941	44690	52530	4.97	4.11
鹤壁市	Hebi	1065	508	67803	74567	6.68	7.20

2-7 续表 4 continued

城市	City	地区生产总值(当年价格)(亿元) Gross Regional Product (Current Prices) (100 000 000 yuan)		人均地区生产总值(元) Per Capita GRP (yuan)		地区生产总值增长率(%) GRP Growth Rate (%)	
		全市 Total City	市辖区 Districts under City	全市 Total City	市辖区 Districts under City	全市 Total City	市辖区 Districts under City
新乡市	Xinxiang	3233	1032	52028	74344	6.60	6.90
焦作市	Jiaozuo	2137	751	60643	69135	4.40	4.50
濮阳市	Puyang	1772	706	47131	72999	8.40	7.40
许昌市	Xuchang	3655	1047	83415	78110	5.50	5.50
漯河市	Luohe	1721	1106	72560	83159	9.10	9.00
三门峡市	Sanmenxia	1583	602	77701	97627	7.48	7.50
南阳市	Nanyang	4342	1111	44894	53295	9.00	8.90
商丘市	Shangqiu	3083	661	39678	34714	4.00	3.10
信阳市	Xinyang	3065	784	49345	51982	6.50	6.96
周口市	Zhoukou	3496	620	39126	35214	6.30	7.60
驻马店市	Zhumadian	3083	575	44266	55553	7.21	5.49
湖北省	**Hubei**						
武汉市	Wuhan	17717	17717	135251	135251	12.15	12.15
黄石市	Huangshi	1866	948	75943	109894	13.00	13.50
十堰市	Shiyan	2164	1373	67973	97719	11.50	10.50
宜昌市	Yichang	5023	2113	127091	131235	16.80	14.90
襄阳市	Xiangyang	5309	2824	100824	121455	14.70	15.10
鄂州市	Ezhou	1162	1162	107968	107968	12.85	12.85
荆门市	Jingmen	2121	746	83441	94788	10.80	11.80
孝感市	Xiaogan	2562	488	60556	49829	13.40	12.40
荆州市	Jingzhou	2716	941	52735	75906	11.96	10.60
黄冈市	Huanggang	2541	302	43550	64013	13.80	16.53
咸宁市	Xianning	1752	415	66194	64220	12.79	11.36
随州市	Suizhou	1241	572	61102	82723	12.00	11.80
湖南省	**Hunan**						
长沙市	Changsha	13271	8484	130745	139902	7.50	7.70
株洲市	Zhuzhou	3420	1795	87852	103651	8.27	7.83
湘潭市	Xiangtan	2548	1351	93793	122417	7.80	7.70
衡阳市	Hengyang	3840	1399	57909	102856	8.10	8.00
邵阳市	Shaoyang	2462	461	37783	57183	8.50	7.90
岳阳市	Yueyang	4403	2019	87268	151040	8.10	10.80
常德市	Changde	4054	1816	77118	123959	7.70	6.70
张家界市	Zhangjiajie	580	285	38333	49170	4.50	3.61
益阳市	Yiyang	2019	862	52597	69286	8.30	8.70
郴州市	Chenzhou	2770	809	59342	79948	8.80	9.40
永州市	Yongzhou	2261	637	43122	55845	7.48	8.38
怀化市	Huaihua	1818	430	39767	60519	8.40	8.20
娄底市	Loudi	1826	652	47893	86581	7.70	8.50
广东省	**Guangdong**						
广州市	Guangzhou	28232	28232	150366	150366	8.10	8.10
韶关市	Shaoguan	1554	758	54377	73594	8.60	7.20

2-7 续表 5 continued

城 市	City	地区生产总值(当年价格)(亿元) Gross Regional Product (Current Prices) (100 000 000 yuan)		人均地区生产总值(元) Per Capita GRP (yuan)		地区生产总值增长率(%) GRP Growth Rate (%)	
		全 市 Total City	市辖区 Districts under City	全 市 Total City	市辖区 Districts under City	全 市 Total City	市辖区 Districts under City
深圳市	Shenzhen	30665	30665	173663	173663	6.70	6.70
珠海市	Zhuhai	3882	3882	157914	157914	6.90	6.90
汕头市	Shantou	2930	2895	53106	53097	6.10	6.10
佛山市	Foshan	12157	12157	127085	127085	8.30	8.30
江门市	Jiangmen	3601	2013	74722	93907	8.40	9.10
湛江市	Zhanjiang	3560	1756	50814	90092	8.52	8.70
茂名市	Maoming	3698	1863	59648	72973	7.60	7.20
肇庆市	Zhaoqing	2650	1383	64269	82561	10.52	11.08
惠州市	Huizhou	4977	3337	82113	95022	10.10	9.40
梅州市	Meizhou	1308	525	33764	52811	5.54	5.13
汕尾市	Shanwei	1288	363	48095	77846	12.72	11.02
河源市	Heyuan	1274	523	44886	74063	8.00	10.30
阳江市	Yangjiang	1516	905	58005	69661	8.31	9.30
清远市	Qingyuan	2007	1015	50459	58195	8.10	5.42
东莞市	Dongguan	10855		103284		8.19	
中山市	Zhongshan	3566		80157		8.20	
潮州市	Chaozhou	1245	920	48427	52462	9.30	8.50
揭阳市	Jieyang	2265	1102	40470	58932	6.14	5.46
云浮市	Yunfu	1139	380	47685	58842	8.12	8.48
广西壮族自治区	**Guangxi**						
南宁市	Nanning	5121	4141	58241	68855	6.10	5.80
柳州市	Liuzhou	3057	2338	73328	92516	2.00	1.07
桂林市	Guilin	2311	975	46767	56344	6.57	5.15
梧州市	Wuzhou	1369	693	48463	80442	10.00	10.90
北海市	Beihai	1504	1153	80710	115897	8.80	8.20
防城港市	Fangchenggang	816	648	77548	101369	9.38	10.40
钦州市	Qinzhou	1648	726	49804	51742	10.00	8.60
贵港市	Guigang	1502	789	34632	46111	6.50	7.96
玉林市	Yulin	2071	685	35639	55707	9.90	8.80
百色市	Baise	1569	544	43892	69581	9.80	9.40
贺州市	Hezhou	909	558	45044	52346	13.90	17.90
河池市	Hechi	1042	385	30461	41741	7.50	9.00
来宾市	Laibin	833	413	40091	44572	10.50	11.60
崇左市	Chongzuo	989	239	47336	54705	9.80	7.30
海南省	**Hainan**						
海口市	Haikou	2057	2057	70999	70999	11.30	11.30
三亚市	Sanya	835	835	79809	79809	12.10	12.10
三沙市	Sansha						
儋州市	Danzhou	832		86169		19.80	
重庆市	**Chongqing**	**27894**	**24226**	**86879**	**95256**	**8.30**	**8.10**

2-7 续表 6 continued

城市	City	地区生产总值(当年价格)(亿元) Gross Regional Product (Current Prices) (100 000 000 yuan)		人均地区生产总值(元) Per Capita GRP (yuan)		地区生产总值增长率(%) GRP Growth Rate (%)	
		全市 Total City	市辖区 Districts under City	全市 Total City	市辖区 Districts under City	全市 Total City	市辖区 Districts under City
四川省	**Sichuan**						
成都市	Chengdu	19917	16336	94622	105222	8.59	8.55
自贡市	Zigong	1601	990	64595	76608	8.30	9.40
攀枝花市	Panzhihua	1134	824	93406	102126	8.30	8.30
泸州市	Luzhou	2406	1328	56507	79070	8.50	8.60
德阳市	Deyang	2657	970	76824	93563	8.69	8.71
绵阳市	Mianyang	3350	1864	68696	82968	8.70	8.98
广元市	Guangyuan	1116	539	48638	61002	8.20	9.10
遂宁市	Suining	1520	649	54300	51358	8.20	8.40
内江市	Neijiang	1606	573	51377	48520	8.49	8.62
乐山市	Leshan	2205	981	69850	79146	8.20	8.80
南充市	Nanchong	2602	952	46589	49308	7.80	8.10
眉山市	Meishan	1548	727	52337	58885	8.40	8.20
宜宾市	Yibin	3148	1940	68481	89258	8.87	9.53
广安市	Guang'an	1418	410	43558	42036	8.10	8.38
达州市	Dazhou	2352	745	43646	40232	8.30	3.40
雅安市	Ya'an	841	345	58617	55241	8.40	8.70
巴中市	Bazhong	743	312	27510	29466	3.30	3.60
资阳市	Ziyang	891	385	38717	44653	8.10	7.90
贵州省	**Guizhou**						
贵阳市	Guiyang	4711	3786	77919	83186	6.60	6.90
六盘水市	Liupanshui	1474	347	48715	43712	8.20	6.00
遵义市	Zunyi	4170	1307	63170	55383	10.30	8.80
安顺市	Anshun	1079	587	43763	48158	9.03	8.34
毕节市	Bijie	2181	541	31736	41572	6.80	6.50
铜仁市	Tongren	1463	342	44440	56412	8.60	9.60
云南省	**Yunnan**						
昆明市	Kunming	7223	5677	85146	95032	3.70	3.80
曲靖市	Qujing	3394	1502	59194	82731	12.00	19.00
玉溪市	Yuxi	2352	1202	104780	241770	9.06	8.44
保山市	Baoshan	1166	421	48074	46618	6.10	3.10
昭通市	Zhaotong	1462	411	28932	45461	10.10	9.10
丽江市	Lijiang	570	198	45475	68722	8.20	8.30
普洱市	Pu'er	1029	240	43007	57483	6.70	4.60
临沧市	Lincang	908	184	40458	49943	7.40	5.00
西藏自治区	**Tibet**						
拉萨市	Lhasa	742	460	85210		6.70	
日喀则市	Xigazê	348	135	43495	83354	6.40	6.70
昌都市	Qamdo	279	82	36634	54588	7.80	7.70
林芝市	Nyingchi	209	105	87215	116985	6.90	6.90
山南市	Lhoka	237	76	66808	93127	6.90	7.50
那曲市	Nagqu						

2-7 续表 7 continued

城 市	City	地区生产总值(当年价格)(亿元) Gross Regional Product (Current Prices) (100 000 000 yuan)		人均地区生产总值(元) Per Capita GRP (yuan)		地区生产总值增长率(%) GRP Growth Rate (%)	
		全 市 Total City	市辖区 Districts under City	全 市 Total City	市辖区 Districts under City	全 市 Total City	市辖区 Districts under City
陕西省	**Shaanxi**						
西安市	Xi'an	10688	10374	83689	88530	4.10	4.10
铜川市	Tongchuan	439	397	62108	62351	7.50	7.34
宝鸡市	Baoji	2549	1494	77210	80482	6.00	6.20
咸阳市	Xianyang	2581	748	61002	77860	8.50	10.17
渭南市	Weinan	2087	511	44785	55888	8.20	9.80
延安市	Yan'an	2005	562	88127	64871	8.10	7.10
汉中市	Hanzhong	1769	656	55279	60510	8.20	6.40
榆林市	Yulin	5435	1355	149899	139359	7.90	10.90
安康市	Ankang	1209	407	48687	45605	7.50	7.80
商洛市	Shangluo	852	152	41812	32082	9.50	9.20
甘肃省	**Gansu**						
兰州市	Lanzhou	3231	2528	73807	79001	6.10	9.70
嘉峪关市	Jiayuguan	326	326	103773	103773	5.10	5.10
金昌市	Jinchang	429	328	98205	125542	8.00	8.10
白银市	Baiyin	571	341	37919	64144	8.40	8.10
天水市	Tianshui	750	430	25279	35552	7.30	7.00
武威市	Wuwei	600	377	41361	42752	8.05	7.21
张掖市	Zhangye	526	230	46726	44336	7.00	7.20
平凉市	Pingliang	554	171	30192	34115	7.80	6.90
酒泉市	Jiuquan	763	232	72356	51006	8.90	9.20
庆阳市	Qingyang	885	284	40810	55116	5.20	4.60
定西市	Dingxi	501	129	19915	30557	8.34	8.30
陇南市	Longnan	503	154	20974	28265	7.00	7.30
青海省	**Qinghai**						
西宁市	Xining	1549	1386	62638	70803	8.10	8.40
海东市	Haidong	555	212	40828	128179	6.10	7.00
宁夏回族自治区	**Ningxia**						
银川市	Yinchuan	2263	1335	78794	69898	6.30	6.70
石嘴山市	Shizuishan	617	416	81943	86947	7.20	6.90
吴忠市	Wuzhong	762	236	54933	51148	8.30	8.50
固原市	Guyuan	375	159	32733	33554	6.10	6.70
中卫市	Zhongwei	505	236	47083	58807	6.40	10.90
新疆维吾尔自治区	**Xinjiang**						
乌鲁木齐市	Urumqi	3692	3661	90794	91703	6.10	6.10
克拉玛依市	Karamay	1072	1072	205941	205941	5.20	5.20
吐鲁番市	Turpan	433	132	62115	41508	6.25	7.05
哈密市	Hami	727	500	108157	87867	10.10	7.60

2-8 地区生产总值构成
Composition of Gross Regional Product

单位：%　　　　(%)

城　市	City	第一产业占地区生产总值的比重 Primary Industry as Percentage to GRP		第二产业占地区生产总值的比重 Secondary Industry as Percentage to GRP		第三产业占地区生产总值的比重 Tertiary Industry as Percentage to GRP	
		全　市 Total City	市辖区 Districts under City	全　市 Total City	市辖区 Districts under City	全　市 Total City	市辖区 Districts under City
北京市	**Beijing**	**0.28**	**0.28**	**18.05**	**18.05**	**81.67**	**81.67**
天津市	**Tianjin**	**1.43**	**1.43**	**37.30**	**37.30**	**61.26**	**61.26**
河北省	**Hebei**						
石家庄市	Shijiazhuang	7.78	2.26	32.47	27.82	59.75	69.95
唐山市	Tangshan	7.37	3.97	55.24	54.55	37.38	41.48
秦皇岛市	Qinhuangdao	13.02	6.04	35.63	35.91	51.36	58.05
邯郸市	Handan	9.53	6.36	46.44	43.47	44.03	50.18
邢台市	Xingtai	13.64	7.83	39.51	41.25	46.85	50.91
保定市	Baoding	11.77	5.09	36.69	43.07	51.54	51.84
张家口市	Zhangjiakou	16.09	7.46	27.72	27.69	56.19	64.97
承德市	Chengde	22.04	1.36	34.00	47.74	43.96	51.13
沧州市	Cangzhou	8.00	1.55	41.51	50.32	50.49	48.23
廊坊市	Langfang	6.08	1.95	33.61	31.48	60.32	66.67
衡水市	Hengshui	13.98	4.50	34.29	38.75	51.79	56.92
山西省	**Shanxi**						
太原市	Taiyuan	0.88	0.30	41.25	38.73	57.87	60.97
大同市	Datong	6.05	2.33	42.47	43.36	51.48	54.38
阳泉市	Yangquan	1.64	0.50	51.69	48.43	46.67	51.07
长治市	Changzhi	4.02	2.45	59.84	56.49	36.13	40.98
晋城市	Jincheng	4.03	0.24	60.36	31.59	35.62	68.17
朔州市	Shuozhou	6.62	2.68	45.39	46.19	48.06	51.13
晋中市	Jinzhong	8.08	5.90	51.14	28.32	40.73	65.78
运城市	Yuncheng	16.46	6.94	39.70	27.50	43.84	65.28
忻州市	Xinzhou	8.71	6.28	50.52	30.04	40.77	64.13
临汾市	Linfen	7.91	3.24	49.82	25.44	42.27	71.07
吕梁市	Lvliang	5.07	1.95	65.23	51.22	29.70	47.32
内蒙古自治区	**Inner Mongolia**						
呼和浩特市	Hohhot	4.39	1.33	33.74	25.44	61.90	73.18
包头市	Baotou	3.46	1.23	47.71	48.01	48.80	50.75
乌海市	Wuhai	0.97	0.97	71.17	71.17	27.99	27.99
赤峰市	Chifeng	19.04	10.70	33.92	37.62	47.04	51.68
通辽市	Tongliao	23.60	14.60	31.89	25.78	44.51	59.63
鄂尔多斯市	Erdos	3.14	0.20	65.27	40.77	31.57	59.12
呼伦贝尔市	Hulunbuir	24.13	3.14	33.21	36.86	42.66	60.00
巴彦淖尔市	Bayannur	24.92	20.94	33.37	28.44	41.71	50.63
乌兰察布市	Ulanqab	16.48	2.10	41.48	44.54	41.92	52.94
辽宁省	**Liaoning**						
沈阳市	Shenyang	4.50	2.25	35.45	36.51	60.05	61.24
大连市	Dalian	6.56	3.26	42.19	41.60	51.25	55.14
鞍山市	Anshan	6.36	0.79	41.79	51.13	51.80	47.98

2-8 续表 1 continued

单位：% (%)

城市	City	第一产业占地区生产总值的比重 Primary Industry as Percentage to GRP		第二产业占地区生产总值的比重 Secondary Industry as Percentage to GRP		第三产业占地区生产总值的比重 Tertiary Industry as Percentage to GRP	
		全市 Total City	市辖区 Districts under City	全市 Total City	市辖区 Districts under City	全市 Total City	市辖区 Districts under City
抚顺市	Fushun	7.01	1.79	47.70	52.41	45.29	45.80
本溪市	Benxi	6.15	2.17	48.88	55.81	44.97	42.02
丹东市	Dandong	20.02	5.54	25.88	25.54	54.10	68.92
锦州市	Jinzhou	18.55	2.64	25.78	34.26	55.66	63.10
营口市	Yingkou	8.41	2.67	45.26	49.57	46.40	47.76
阜新市	Fuxin	22.57	1.54	26.79	34.62	50.64	64.23
辽阳市	Liaoyang	11.16	3.40	44.77	53.49	44.07	43.11
盘锦市	Panjin	8.46	5.59	52.86	54.13	38.68	40.28
铁岭市	Tieling	24.16	3.07	28.35	26.38	47.49	70.55
朝阳市	Chaoyang	24.13	8.23	29.10	31.69	46.77	60.08
葫芦岛市	Huludao	17.58	5.58	36.70	49.75	45.72	44.92
吉林省	**Jilin**						
长春市	Changchun	7.38	1.49	41.69	46.73	50.95	51.78
吉林市	Jilin	12.90	3.01	36.45	43.79	50.65	53.21
四平市	Siping	32.49	3.19	20.40	37.23	47.11	59.57
辽源市	Liaoyuan	11.02	0.93	29.37	37.50	59.83	61.57
通化市	Tonghua	11.80	1.72	29.23	32.62	58.98	65.67
白山市	Baishan	12.38	8.51	26.80	29.79	60.81	61.70
松原市	Songyuan	27.51	4.83	19.93	33.09	52.44	62.08
白城市	Baicheng	27.14	14.29	17.85	25.71	55.01	60.00
黑龙江省	**Heilongjiang**						
哈尔滨市	Harbin	11.73	5.10	23.15	26.64	65.10	68.26
齐齐哈尔市	Qiqihar	30.78	7.16	23.84	31.58	45.31	61.26
鸡西市	Jixi	33.94	4.35	25.17	50.24	40.89	45.41
鹤岗市	Hegang	27.97	7.94	32.20	48.68	39.83	43.39
双鸭山市	Shuangyashan	38.57	14.29	26.94	48.35	34.50	37.36
大庆市	Daqing	9.58	2.71	52.60	59.78	37.82	37.51
伊春市	Yichun	37.62	21.32	18.81	23.53	43.26	55.88
佳木斯市	Jiamusi	45.59	14.93	14.09	23.38	40.32	61.69
七台河市	Qitaihe	16.02	10.86	42.86	50.29	41.13	38.86
牡丹江市	Mudanjiang	24.11	6.16	21.49	25.00	54.29	68.84
黑河市	Heihe	44.11		13.50	17.50	42.54	82.50
绥化市	Suihua	48.47	43.00	11.54	14.98	39.98	42.03
上海市	**Shanghai**	**0.23**	**0.23**	**26.49**	**26.49**	**73.28**	**73.28**
江苏省	**Jiangsu**						
南京市	Nanjing	1.86	1.86	36.09	36.09	62.05	62.05
无锡市	Wuxi	0.93	0.52	47.93	44.15	51.15	55.33
徐州市	Xuzhou	9.15	3.65	41.59	43.48	49.25	52.87
常州市	Changzhou	1.90	1.46	47.67	47.04	50.43	51.50
苏州市	Suzhou	0.84	0.61	47.86	44.28	51.31	55.12
南通市	Nantong	4.40	2.52	48.59	46.78	47.01	50.72

2-8 续表 2 continued

单位：% (%)

城 市	City	第一产业占地区生产总值的比重 Primary Industry as Percentage to GRP		第二产业占地区生产总值的比重 Secondary Industry as Percentage to GRP		第三产业占地区生产总值的比重 Tertiary Industry as Percentage to GRP	
		全 市 Total City	市辖区 Districts under City	全 市 Total City	市辖区 Districts under City	全 市 Total City	市辖区 Districts under City
连云港市	Lianyungang	10.68	6.94	43.62	45.04	45.71	48.06
淮安市	Huai'an	9.30	7.37	41.52	42.01	49.19	50.61
盐城市	Yancheng	11.12	8.01	40.59	42.25	48.30	49.70
扬州市	Yangzhou	4.73	2.74	47.89	46.10	47.37	51.16
镇江市	Zhenjiang	3.30	1.44	48.71	44.24	48.02	54.32
泰州市	Taizhou	5.28	3.05	48.46	48.67	46.29	48.28
宿迁市	Suqian	9.49	5.81	43.37	46.66	47.14	47.53
浙江省	**Zhejiang**						
杭州市	Hangzhou	1.84	1.35	30.31	29.51	67.85	69.14
宁波市	Ningbo	2.44	1.11	47.94	42.62	49.62	56.27
温州市	Wenzhou	2.16	0.64	42.07	38.28	55.75	61.08
嘉兴市	Jiaxing	2.08	1.71	54.35	49.53	43.59	48.76
湖州市	Huzhou	4.09	3.18	51.17	49.97	44.75	46.79
绍兴市	Shaoxing	3.34	2.65	47.51	47.70	49.15	49.62
金华市	Jinhua	2.80	3.15	41.25	36.55	55.95	60.20
衢州市	Quzhou	4.64	3.47	43.23	42.20	52.08	54.45
舟山市	Zhoushan	9.33	8.19	44.25	32.00	46.42	59.81
台州市	Taizhou	5.25	2.63	43.95	40.56	50.80	56.81
丽水市	Lishui	6.32	4.63	37.25	31.28	56.43	63.88
安徽省	**Anhui**						
合肥市	Hefei	3.08	0.14	36.55	35.07	60.38	64.78
芜湖市	Wuhu	3.95	2.14	47.62	47.80	48.43	50.06
蚌埠市	Bengbu	13.68	3.26	33.89	41.34	52.44	55.49
淮南市	Huainan	10.36	5.84	40.84	40.55	48.87	53.61
马鞍山市	Ma'anshan	4.26	1.02	49.45	52.05	46.29	46.93
淮北市	Huaibei	7.03	4.11	42.03	36.51	50.86	59.38
铜陵市	Tongling	5.06	2.76	49.49	53.53	45.37	43.71
安庆市	Anqing	9.52	2.25	43.73	43.07	46.71	54.68
黄山市	Huangshan	7.52	4.75	35.84	34.77	56.64	60.48
滁州市	Chuzhou	8.57	2.47	48.93	57.55	42.50	39.98
阜阳市	Fuyang	13.57	9.05	37.47	33.71	48.93	57.23
宿州市	Suzhou	15.31	8.94	35.47	40.22	49.22	50.84
六安市	Lu'an	13.31	11.72	38.79	34.93	47.95	53.36
亳州市	Bozhou	13.74	11.02	34.52	40.68	51.70	48.16
池州市	Chizhou	9.36	7.12	46.02	50.18	44.62	42.88
宣城市	Xuancheng	9.38	10.16	48.58	40.64	42.04	49.20
福建省	**Fujian**						
福州市	Fuzhou	5.63	1.37	37.88	32.32	56.50	66.31
厦门市	Xiamen	0.41	0.41	40.99	40.99	58.60	58.60
莆田市	Putian	4.75	4.90	52.24	52.99	43.01	42.11
三明市	Sanming	11.01	2.82	50.90	50.15	38.10	47.03

2-8 续表 3 continued

单位：% (%)

城市	City	第一产业占地区生产总值的比重 Primary Industry as Percentage to GRP		第二产业占地区生产总值的比重 Secondary Industry as Percentage to GRP		第三产业占地区生产总值的比重 Tertiary Industry as Percentage to GRP	
		全市 Total City	市辖区 Districts under City	全市 Total City	市辖区 Districts under City	全市 Total City	市辖区 Districts under City
泉州市	Quanzhou	2.06	0.76	56.94	48.10	41.00	51.14
漳州市	Zhangzhou	10.55	4.25	48.98	54.85	40.48	40.89
南平市	Nanping	16.34	11.74	35.65	37.48	48.02	50.78
龙岩市	Longyan	9.83	6.47	42.89	45.11	47.27	48.49
宁德市	Ningde	11.42	4.37	55.41	71.79	33.16	23.75
江西省	**Jiangxi**						
南昌市	Nanchang	3.58	1.59	48.38	46.98	48.02	51.42
景德镇市	Jingdezhen	6.44	1.32	44.19	39.66	49.36	59.02
萍乡市	Pingxiang	6.95	3.39	44.95	45.06	48.19	51.69
九江市	Jiujiang	6.58	2.12	47.78	43.13	45.61	54.75
新余市	Xinyu	6.15	5.11	46.49	48.78	47.36	46.11
鹰潭市	Yingtan	6.56	6.34	52.36	43.48	41.08	50.18
赣州市	Ganzhou	10.27	3.50	39.63	43.49	50.13	53.01
吉安市	Ji'an	9.82	4.46	45.84	40.38	44.34	55.16
宜春市	Yichun	10.50	8.27	42.40	35.38	47.10	56.35
抚州市	Fuzhou	12.76	10.18	38.66	45.56	48.52	44.39
上饶市	Shangrao	10.42	4.86	39.47	43.50	50.15	51.65
山东省	**Shandong**						
济南市	Jinan	3.58	2.86	34.67	34.20	61.75	62.94
青岛市	Qingdao	3.32	1.82	35.87	34.29	60.81	63.89
淄博市	Zibo	4.31	2.63	49.35	49.08	46.35	48.25
枣庄市	Zaozhuang	9.53	8.97	40.73	37.05	49.69	53.98
东营市	Dongying	5.29	3.58	57.76	57.10	36.93	39.28
烟台市	Yantai	7.19	4.67	41.31	41.45	51.50	53.87
潍坊市	Weifang	8.96	3.01	40.38	45.17	50.65	51.82
济宁市	Jining	11.52	4.66	40.14	44.96	48.36	50.38
泰安市	Tai'an	10.91	7.29	38.91	33.71	50.15	59.00
威海市	Weihai	10.08	5.96	39.12	44.23	50.81	49.81
日照市	Rizhao	8.82	7.17	40.87	41.97	50.36	50.86
临沂市	Linyi	8.85	1.88	38.73	39.90	52.41	58.26
德州市	Dezhou	10.52	4.40	41.13	42.83	48.35	52.76
聊城市	Liaocheng	14.15	6.77	36.63	40.68	49.19	52.64
滨州市	Binzhou	9.71	7.58	42.20	37.12	48.08	55.30
菏泽市	Heze	9.83	6.33	41.56	37.50	48.58	56.17
河南省	**Henan**						
郑州市	Zhengzhou	1.43	0.11	39.71	29.47	58.86	70.43
开封市	Kaifeng	14.90	8.60	37.94	34.01	47.16	57.39
洛阳市	Luoyang	4.79	2.08	43.68	44.32	51.53	53.61
平顶山市	Pingdingshan	8.05	0.73	44.88	51.15	47.10	48.23
安阳市	Anyang	9.65	1.70	43.74	49.73	46.65	48.67
鹤壁市	Hebi	6.85	3.94	57.84	57.09	35.31	38.98

2-8 续表 4 continued

单位：% (%)

城市	City	第一产业占地区生产总值的比重 Primary Industry as Percentage to GRP		第二产业占地区生产总值的比重 Secondary Industry as Percentage to GRP		第三产业占地区生产总值的比重 Tertiary Industry as Percentage to GRP	
		全市 Total City	市辖区 Districts under City	全市 Total City	市辖区 Districts under City	全市 Total City	市辖区 Districts under City
新乡市	Xinxiang	9.03	0.68	44.60	44.67	46.33	54.65
焦作市	Jiaozuo	6.60	1.07	40.10	40.88	53.30	58.06
濮阳市	Puyang	11.85	3.82	37.42	43.48	50.73	52.69
许昌市	Xuchang	4.98	3.06	52.34	45.56	42.71	51.38
漯河市	Luohe	9.01	6.69	43.06	44.21	47.94	49.10
三门峡市	Sanmenxia	9.48	5.65	47.32	44.35	43.15	49.83
南阳市	Nanyang	16.84	7.11	31.60	29.88	51.57	63.10
商丘市	Shangqiu	18.72	15.89	37.37	34.49	43.92	49.62
信阳市	Xinyang	19.61	12.88	34.75	35.71	45.64	51.40
周口市	Zhoukou	17.48	12.10	40.53	41.61	42.02	46.29
驻马店市	Zhumadian	18.07	6.09	38.92	41.57	43.01	52.52
湖北省	**Hubei**						
武汉市	Wuhan	2.51	2.51	35.04	35.04	62.45	62.45
黄石市	Huangshi	6.81	0.74	45.34	46.52	47.80	52.74
十堰市	Shiyan	9.66	3.06	38.72	44.36	51.62	52.59
宜昌市	Yichang	10.93	5.06	41.87	42.92	47.18	52.01
襄阳市	Xiangyang	10.44	5.88	44.43	48.97	45.13	45.15
鄂州市	Ezhou	9.90	9.90	42.69	42.69	47.42	47.42
荆门市	Jingmen	13.06	5.63	41.40	44.37	45.50	50.13
孝感市	Xiaogan	14.91	9.02	39.38	33.40	45.71	57.38
荆州市	Jingzhou	19.44	8.18	32.36	35.92	48.20	56.00
黄冈市	Huanggang	19.80	5.96	31.76	36.09	48.41	57.62
咸宁市	Xianning	13.53	9.40	40.13	41.69	46.35	48.67
随州市	Suizhou	14.99	6.64	42.30	40.38	42.71	52.97
湖南省	**Hunan**						
长沙市	Changsha	3.21	0.88	39.57	33.58	57.22	65.52
株洲市	Zhuzhou	7.57	3.01	47.60	49.58	44.82	47.35
湘潭市	Xiangtan	6.75	1.92	51.57	50.19	41.68	47.89
衡阳市	Hengyang	11.61	1.43	33.88	34.38	54.51	64.19
邵阳市	Shaoyang	16.61	3.47	31.93	41.00	51.42	55.31
岳阳市	Yueyang	10.49	3.17	41.65	43.98	47.83	52.85
常德市	Changde	11.54	4.79	41.61	50.28	46.87	44.93
张家界市	Zhangjiajie	14.31	9.82	14.14	12.63	71.72	77.89
益阳市	Yiyang	16.05	9.16	44.23	52.67	39.72	38.17
郴州市	Chenzhou	10.54	4.45	39.46	38.07	50.04	57.48
永州市	Yongzhou	17.65	14.13	32.91	33.44	49.49	52.43
怀化市	Huaihua	14.63	2.79	30.31	21.63	55.12	75.58
娄底市	Loudi	11.17	3.83	39.65	47.85	49.18	48.16
广东省	**Guangdong**						
广州市	Guangzhou	1.08	1.08	27.36	27.36	71.56	71.56
韶关市	Shaoguan	13.84	5.01	36.87	41.95	49.29	53.03

2-8 续表 5 continued

单位：% (%)

城市	City	第一产业占地区生产总值的比重 Primary Industry as Percentage to GRP		第二产业占地区生产总值的比重 Secondary Industry as Percentage to GRP		第三产业占地区生产总值的比重 Tertiary Industry as Percentage to GRP	
		全市 Total City	市辖区 Districts under City	全市 Total City	市辖区 Districts under City	全市 Total City	市辖区 Districts under City
深圳市	Shenzhen	0.09	0.09	36.98	36.98	62.94	62.94
珠海市	Zhuhai	1.42	1.42	41.91	41.91	56.65	56.65
汕头市	Shantou	4.27	3.90	48.23	48.60	47.51	47.50
佛山市	Foshan	1.74	1.74	55.99	55.99	42.27	42.27
江门市	Jiangmen	8.19	3.48	45.57	47.39	46.26	49.13
湛江市	Zhanjiang	18.01	4.33	38.57	54.50	43.43	41.17
茂名市	Maoming	17.55	10.36	35.67	48.79	46.78	40.90
肇庆市	Zhaoqing	17.28	8.53	41.55	48.37	41.13	43.09
惠州市	Huizhou	4.68	1.71	53.31	57.12	42.03	41.17
梅州市	Meizhou	19.19	12.95	31.27	38.29	49.54	48.76
汕尾市	Shanwei	13.59	10.47	38.74	31.13	47.67	58.13
河源市	Heyuan	12.09	0.57	36.34	47.04	51.57	52.20
阳江市	Yangjiang	16.42	12.15	39.12	43.87	44.46	43.87
清远市	Qingyuan	15.15	8.28	39.56	43.94	45.29	47.78
东莞市	Dongguan	0.32		58.21		41.46	
中山市	Zhongshan	2.55		49.41		48.07	
潮州市	Chaozhou	9.24	4.02	48.35	53.48	42.41	42.61
揭阳市	Jieyang	9.05	5.08	36.73	43.47	54.22	51.36
云浮市	Yunfu	18.44	9.47	33.19	39.74	48.38	50.79
广西壮族自治区	**Guangxi**						
南宁市	Nanning	11.85	7.87	23.41	22.65	64.73	69.48
柳州市	Liuzhou	8.44	3.34	41.81	45.55	49.79	51.11
桂林市	Guilin	23.76	6.56	21.90	27.59	54.31	65.95
梧州市	Wuzhou	14.32	3.90	43.02	50.65	42.66	45.45
北海市	Beihai	14.96	9.37	42.29	47.61	42.75	43.02
防城港市	Fangchenggang	14.71	9.88	48.90	56.02	36.52	34.10
钦州市	Qinzhou	19.17	22.04	32.34	25.76	48.48	52.20
贵港市	Guigang	17.31	12.17	36.28	44.23	46.40	43.60
玉林市	Yulin	19.31	8.47	29.26	31.09	51.42	60.58
百色市	Baise	18.80	15.07	42.77	45.22	38.43	39.71
贺州市	Hezhou	18.15	13.26	37.95	43.01	43.89	43.55
河池市	Hechi	22.07	20.78	28.31	22.08	49.62	57.14
来宾市	Laibin	23.53	18.89	28.69	31.23	47.78	50.12
崇左市	Chongzuo	20.22	15.48	35.19	32.64	44.69	51.88
海南省	**Hainan**						
海口市	Haikou	4.13	4.13	16.87	16.87	79.00	79.00
三亚市	Sanya	11.26	11.26	14.97	14.97	73.89	73.89
三沙市	Sansha						
儋州市	Danzhou	17.19		28.97		53.85	
重庆市	**Chongqing**	**6.89**	**5.74**	**40.10**	**40.61**	**53.01**	**53.65**

2-8 续表 6 continued

单位：% (%)

城 市	City	第一产业占地区生产总值的比重 Primary Industry as Percentage to GRP		第二产业占地区生产总值的比重 Secondary Industry as Percentage to GRP		第三产业占地区生产总值的比重 Tertiary Industry as Percentage to GRP	
		全 市 Total City	市辖区 Districts under City	全 市 Total City	市辖区 Districts under City	全 市 Total City	市辖区 Districts under City
四川省	**Sichuan**						
成都市	Chengdu	2.93	1.05	30.70	28.69	66.38	70.26
自贡市	Zigong	15.12	8.69	39.23	40.71	45.66	50.61
攀枝花市	Panzhihua	9.17	4.49	54.76	57.40	36.07	38.11
泸州市	Luzhou	11.01	5.87	49.29	51.73	39.69	42.39
德阳市	Deyang	10.58	6.91	48.29	48.14	41.10	44.95
绵阳市	Mianyang	11.25	5.69	40.39	44.74	48.36	49.57
广元市	Guangyuan	17.83	9.83	40.95	46.57	41.22	43.41
遂宁市	Suining	14.54	10.94	46.32	44.68	39.14	44.22
内江市	Neijiang	17.25	15.53	32.81	27.05	49.94	57.42
乐山市	Leshan	13.24	9.28	42.22	46.18	44.54	44.65
南充市	Nanchong	18.26	12.39	39.16	39.81	42.58	47.90
眉山市	Meishan	14.86	11.14	38.57	41.27	46.58	47.59
宜宾市	Yibin	11.31	6.96	49.84	57.47	38.85	35.52
广安市	Guang'an	17.21	14.63	33.29	30.73	49.51	54.63
达州市	Dazhou	17.52	10.87	35.50	35.17	46.98	53.96
雅安市	Ya'an	18.79	18.55	30.92	29.28	50.30	52.17
巴中市	Bazhong	23.55	19.87	27.86	25.96	48.59	54.17
资阳市	Ziyang	19.42	14.03	29.52	34.81	51.07	51.17
贵州省	**Guizhou**						
贵阳市	Guiyang	4.10	1.45	35.68	35.02	60.20	63.52
六盘水市	Liupanshui	12.21	4.90	45.45	32.85	42.33	62.25
遵义市	Zunyi	12.54	10.56	46.14	33.44	41.32	56.01
安顺市	Anshun	17.70	12.44	30.40	36.29	51.81	51.28
毕节市	Bijie	24.12	18.67	27.10	26.25	48.78	55.08
铜仁市	Tongren	21.60	9.65	25.15	34.80	53.25	55.56
云南省	**Yunnan**						
昆明市	Kunming	4.61	1.36	31.68	30.19	63.71	68.45
曲靖市	Qujing	15.70	7.32	40.72	47.54	43.61	45.14
玉溪市	Yuxi	10.03	4.58	43.54	56.74	46.43	38.69
保山市	Baoshan	24.19	20.90	37.14	34.44	38.68	44.66
昭通市	Zhaotong	16.76	9.49	39.67	44.77	43.57	45.74
丽江市	Lijiang	14.39	4.55	34.21	23.74	51.58	71.72
普洱市	Pu'er	25.07	10.00	24.68	30.42	50.24	59.58
临沧市	Lincang	29.96	15.22	25.55	21.74	44.49	63.04
西藏自治区	**Tibet**						
拉萨市	Lhasa	3.23	1.52	37.47	31.52	59.16	66.96
日喀则市	Xigazê	14.94	5.93	31.32	27.41	53.74	66.67
昌都市	Qamdo	11.83	6.10	39.43	32.93	48.75	60.98
林芝市	Nyingchi	6.22	1.90	33.97	35.24	59.81	62.86
山南市	Lhoka	3.80	2.63	47.26	38.16	48.95	60.53
那曲市	Nagqu						

2-8 续表 7 continued

单位：% (%)

城市	City	第一产业占地区生产总值的比重 Primary Industry as Percentage to GRP		第二产业占地区生产总值的比重 Secondary Industry as Percentage to GRP		第三产业占地区生产总值的比重 Tertiary Industry as Percentage to GRP	
		全市 Total City	市辖区 Districts under City	全市 Total City	市辖区 Districts under City	全市 Total City	市辖区 Districts under City
陕西省	**Shaanxi**						
西安市	Xi'an	2.89	2.26	33.54	34.03	63.57	63.73
铜川市	Tongchuan	7.52	6.30	41.00	41.31	51.48	52.14
宝鸡市	Baoji	8.51	4.48	57.04	57.56	34.44	37.88
咸阳市	Xianyang	14.88	1.74	46.11	50.94	39.05	47.33
渭南市	Weinan	19.17	12.33	37.37	32.49	43.51	55.19
延安市	Yan'an	10.42	7.47	61.35	47.15	28.23	45.37
汉中市	Hanzhong	15.49	9.15	42.68	41.62	41.83	49.24
榆林市	Yulin	5.34	3.69	68.17	65.24	26.49	31.00
安康市	Ankang	13.56	10.32	42.51	34.64	44.00	55.28
商洛市	Shangluo	13.97	12.50	39.91	26.32	46.24	60.53
甘肃省	**Gansu**						
兰州市	Lanzhou	1.95	0.63	34.48	31.49	63.60	67.84
嘉峪关市	Jiayuguan	1.84	1.84	65.64	65.64	32.82	32.82
金昌市	Jinchang	7.69	2.44	66.43	77.44	25.64	19.82
白银市	Baiyin	18.21	3.81	38.18	51.91	43.61	43.99
天水市	Tianshui	18.80	9.30	26.13	37.21	55.20	53.49
武威市	Wuwei	31.17	26.26	17.33	18.04	51.50	55.70
张掖市	Zhangye	29.28	24.78	19.58	16.52	51.33	58.70
平凉市	Pingliang	23.65	11.70	26.71	24.56	49.64	63.74
酒泉市	Jiuquan	17.43	17.67	43.25	25.43	39.32	56.90
庆阳市	Qingyang	12.66	2.82	50.40	48.94	37.06	48.24
定西市	Dingxi	19.56	15.50	16.57	18.60	63.87	65.89
陇南市	Longnan	18.89	19.48	24.85	10.39	56.06	70.13
青海省	**Qinghai**						
西宁市	Xining	3.81	2.09	33.44	31.53	62.75	66.38
海东市	Haidong	14.59	11.32	39.28	40.09	46.13	48.58
宁夏回族自治区	**Ningxia**						
银川市	Yinchuan	3.71	1.65	45.43	30.86	50.86	67.49
石嘴山市	Shizuishan	6.16	2.40	52.19	52.64	41.82	44.95
吴忠市	Wuzhong	13.65	12.71	49.21	42.80	37.27	44.49
固原市	Guyuan	17.07	12.58	21.60	18.87	61.33	68.55
中卫市	Zhongwei	14.85	15.25	42.77	44.92	42.38	39.83
新疆维吾尔自治区	**Xinjiang**						
乌鲁木齐市	Urumqi	0.76	0.55	28.17	28.19	71.07	71.26
克拉玛依市	Karamay	1.96	1.96	70.62	70.62	27.43	27.43
吐鲁番市	Turpan	15.70	22.73	46.65	20.45	37.88	56.82
哈密市	Hami	6.33	6.00	62.17	56.00	31.50	38.00

2-9 地方一般公共预算收支状况(全市)
Local General Public Budget Revenue and Expenditure (Total City)

单位：万元 (10 000 yuan)

城　市	City	地方一般公共预算收入 Local General Public Budget Revenue	地方一般公共预算支出 Local General Public Budget Expenditure	科学技术支出 Expenditure for Science and Technology	教育支出 Expenditure for Education
北京市	**Beijing**	**59323080**	**72051201**	**4494463**	**11478293**
天津市	**Tianjin**	**21410606**	**31525478**	**1039691**	**4792461**
河北省	**Hebei**				
石家庄市	Shijiazhuang	6813580	11527442	153639	2269961
唐山市	Tangshan	5527064	9214638	134692	1785522
秦皇岛市	Qinhuangdao	1722152	3109139	28114	584892
邯郸市	Handan	3140657	7504067	72454	1461664
邢台市	Xingtai	1907260	5730361	34466	1087480
保定市	Baoding	3837401	12727093	122425	1931191
张家口市	Zhangjiakou	1863686	5353311	34441	846419
承德市	Chengde	1260077	4211650	26555	816557
沧州市	Cangzhou	2996406	6687661	60020	1564740
廊坊市	Langfang	3905153	6424899	94181	1259597
衡水市	Hengshui	1366405	3954105	59087	682848
山西省	**Shanxi**				
太原市	Taiyuan	4234439	6289857	344096	980932
大同市	Datong	1667256	3741810	12036	541720
阳泉市	Yangquan	561944	1278901	11386	210835
长治市	Changzhi	2240563	3881466	16140	560432
晋城市	Jincheng	2013011	2921296	25683	413349
朔州市	Shuozhou	1162944	2074132	12979	281125
晋中市	Jinzhong	1710658	3668171	24208	596925
运城市	Yuncheng	1051635	3988230	24357	695916
忻州市	Xinzhou	1179436	3935489	34203	503281
临汾市	Linfen	1598902	4118735	7651	593964
吕梁市	Lvliang	2317768	4066994	15284	713090
内蒙古自治区	**Inner Mongolia**				
呼和浩特市	Hohhot	2289248	4207504	31329	461312
包头市	Baotou	1610533	3356633	54362	549053
乌海市	Wuhai	633284	1133334	17129	132599
赤峰市	Chifeng	1267960	5716663	26469	911846
通辽市	Tongliao	879407	3763465	15050	549893
鄂尔多斯市	Erdos	5520138	7296491	81716	946432
呼伦贝尔市	Hulunbuir	998469	4249459	11756	509443
巴彦淖尔市	Bayannur	592411	2690273	15272	295100
乌兰察布市	Ulanqab	600966	3779582	12190	406296
辽宁省	**Liaoning**				
沈阳市	Shenyang	7730201	10323095	234322	1130135
大连市	Dalian	7375978	9800549	212689	1251675
鞍山市	Anshan	1700188	2911314	6619	382793

2–9 续表 1 continued

单位：万元 (10 000 yuan)

城 市	City	地方一般公共预算收入 Local General Public Budget Revenue	地方一般公共预算支出 Local General Public Budget Expenditure	科学技术支出 Expenditure for Science and Technology	教育支出 Expenditure for Education
抚顺市	Fushun	769501	1641310	3882	202168
本溪市	Benxi	736123	1326422	2498	178490
丹东市	Dandong	817738	1983961	2404	286400
锦州市	Jinzhou	1093979	2144666	9958	271442
营口市	Yingkou	1414176	2556402	7867	267406
阜新市	Fuxin	473348	1425710	2944	222120
辽阳市	Liaoyang	986642	1609106	9632	201729
盘锦市	Panjin	1585561	1964266	18120	170650
铁岭市	Tieling	504358	1952561	7093	301870
朝阳市	Chaoyang	843260	2807735	4571	440862
葫芦岛市	Huludao	642334	2346696	3876	335216
吉林省	**Jilin**				
长春市	Changchun	6170888	9664851	188806	1474616
吉林市	Jilin	950268	3277385	13433	479353
四平市	Siping	391071	2177021	1953	258563
辽源市	Liaoyuan	189241	1020318	1940	153006
通化市	Tonghua	600694	2376012	31675	360485
白山市	Baishan	255240	1461677	2965	202640
松原市	Songyuan	513795	2415020	3839	322000
白城市	Baicheng	393479	2237351	6943	288387
黑龙江省	**Heilongjiang**				
哈尔滨市	Harbin	3658149	9920759	97527	1143298
齐齐哈尔市	Qiqihar	845672	5109563	27209	592670
鸡西市	Jixi	396315	1805532	11472	187852
鹤岗市	Hegang	282516	1212898	3717	132914
双鸭山市	Shuangyashan	317253	1502829	12954	174315
大庆市	Daqing	1847905	3368514	16918	454555
伊春市	Yichun	177675	1894161	2765	181258
佳木斯市	Jiamusi	580613	3366057	19123	286833
七台河市	Qitaihe	239946	848744	11030	100947
牡丹江市	Mudanjiang	604484	2676642	15847	296540
黑河市	Heihe	449192	2604190	13758	219543
绥化市	Suihua	631762	3927647	4506	506275
上海市	**Shanghai**	**77718002**	**84308562**	**4227023**	**10394696**
江苏省	**Jiangsu**				
南京市	Nanjing	17295180	18177281	1082628	3226752
无锡市	Wuxi	12005009	13577935	645468	2168942
徐州市	Xuzhou	5373132	10043962	251215	2106185
常州市	Changzhou	6881050	7718932	338551	1360615
苏州市	Suzhou	25100001	25837046	2368694	4191879
南通市	Nantong	7101806	11222232	503323	1897358

2-9 续表 2 continued

单位：万元 (10 000 yuan)

城　　市	City	地方一般公共预算收入 Local General Public Budget Revenue	地方一般公共预算支出 Local General Public Budget Expenditure	科学技术支出 Expenditure for Science and Technology	教育支出 Expenditure for Education
连云港市	Lianyungang	2748083	5341827	85406	990601
淮安市	Huai'an	2970245	6129119	121328	948625
盐城市	Yancheng	4510058	10531655	272506	1517966
扬州市	Yangzhou	3440689	6848256	147329	1162065
镇江市	Zhenjiang	3275910	5429544	143250	843362
泰州市	Taizhou	4202869	6679036	158694	861564
宿迁市	Suqian	2678222	5847019	175728	1038599
浙江省	**Zhejiang**				
杭州市	Hangzhou	23865936	23920396	1796737	4662642
宁波市	Ningbo	17231388	19444158	1312319	2844358
温州市	Wenzhou	6575549	10668151	326411	2322735
嘉兴市	Jiaxing	6748000	7937224	389168	1484607
湖州市	Huzhou	4135188	5244939	225487	966992
绍兴市	Shaoxing	6038029	7144995	355868	1462258
金华市	Jinhua	4923237	7914107	239953	1505793
衢州市	Quzhou	1639311	5180705	173194	626764
舟山市	Zhoushan	1807000	3361101	94342	364623
台州市	Taizhou	4554334	7348054	221466	1581500
丽水市	Lishui	1639653	5456911	134809	870065
安徽省	**Anhui**				
合肥市	Hefei	8442188	12237236	1740822	2101977
芜湖市	Wuhu	3611999	5034947	701815	843638
蚌埠市	Bengbu	1673311	3288080	174618	623452
淮南市	Huainan	1096129	2776414	39892	490938
马鞍山市	Ma'anshan	1965261	2874117	124911	400725
淮北市	Huaibei	887501	1958243	79504	365553
铜陵市	Tongling	935023	1946768	125226	260495
安庆市	Anqing	1560869	4830012	130669	892457
黄山市	Huangshan	882930	2138230	68230	231219
滁州市	Chuzhou	2508640	4617105	153804	791108
阜阳市	Fuyang	1896062	6300493	75854	1228255
宿州市	Suzhou	1478665	4740657	65979	923012
六安市	Lu'an	1475008	4846925	49195	913543
亳州市	Bozhou	1402970	3773973	51730	772043
池州市	Chizhou	742810	1729395	27417	258655
宣城市	Xuancheng	1828011	3150993	140468	434200
福建省	**Fujian**				
福州市	Fuzhou	7498470	9252559	394536	1901386
厦门市	Xiamen	8809611	10600015	505626	1791918
莆田市	Putian	1537834	2480823	19169	636760
三明市	Sanming	1135124	3095584	21652	717729

2-9 续表 3 continued

单位：万元 (10 000 yuan)

城市	City	地方一般公共预算收入 Local General Public Budget Revenue	地方一般公共预算支出 Local General Public Budget Expenditure	科学技术支出 Expenditure for Science and Technology	教育支出 Expenditure for Education
泉州市	Quanzhou	5045352	6722799	183780	1670596
漳州市	Zhangzhou	2461846	4202527	34224	941821
南平市	Nanping	1022955	3085052	26139	579218
龙岩市	Longyan	1694574	3445623	136333	768703
宁德市	Ningde	1580483	3436831	80555	708471
江西省	**Jiangxi**				
南昌市	Nanchang	4848319	8700084	458501	1380575
景德镇市	Jingdezhen	1014865	2260057	55304	390205
萍乡市	Pingxiang	1086329	2899651	85052	481963
九江市	Jiujiang	2922308	6244689	155458	1170435
新余市	Xinyu	815787	1577156	27659	257918
鹰潭市	Yingtan	926125	1886467	70729	320960
赣州市	Ganzhou	2940683	9610938	307121	2181453
吉安市	Ji'an	1819510	5594237	154417	1112021
宜春市	Yichun	2542221	6490510	265041	1175773
抚州市	Fuzhou	1318641	5013311	149361	874027
上饶市	Shangrao	2359637	7531338	159009	1385317
山东省	**Shandong**				
济南市	Jinan	10076073	12927074	411774	2131020
青岛市	Qingdao	13682971	17067635	513252	3088039
淄博市	Zibo	3689765	5226768	105260	1073189
枣庄市	Zaozhuang	1589062	2738792	24046	648041
东营市	Dongying	2618341	3011302	57943	610382
烟台市	Yantai	6466386	8029313	311999	1367916
潍坊市	Weifang	6569006	8798370	231351	2024365
济宁市	Jining	4405237	7272310	76960	1688587
泰安市	Tai'an	2305436	4281902	37279	918945
威海市	Weihai	2668789	3434977	66588	854521
日照市	Rizhao	1874860	2705827	76675	610481
临沂市	Linyi	4094785	8066215	92706	1988972
德州市	Dezhou	2340858	4933640	97515	901688
聊城市	Liaocheng	2303156	4879894	18298	1044708
滨州市	Binzhou	2873060	4781796	258731	755793
菏泽市	Heze	2838888	6331229	26699	1276354
河南省	**Henan**				
郑州市	Zhengzhou	12236280	16244403	840927	2462848
开封市	Kaifeng	1792716	4294686	131921	696527
洛阳市	Luoyang	3979195	6417120	330267	1087832
平顶山市	Pingdingshan	2032111	3363252	68804	604656
安阳市	Anyang	2005764	3742833	69278	768370
鹤壁市	Hebi	736926	1702550	71950	255777

2-9 续表 4 continued

单位：万元 (10 000 yuan)

城　市	City	地方一般公共预算收入 Local General Public Budget Revenue	地方一般公共预算支出 Local General Public Budget Expenditure	科学技术支出 Expenditure for Science and Technology	教育支出 Expenditure for Education
新乡市	Xinxiang	2082810	4403057	105490	840425
焦作市	Jiaozuo	1607183	2708288	55895	444423
濮阳市	Puyang	1126814	2898407	58782	565443
许昌市	Xuchang	1891159	3257477	92580	662796
漯河市	Luohe	1145415	2135274	88557	400894
三门峡市	Sanmenxia	1424354	2504851	54326	452269
南阳市	Nanyang	2248280	6915579	140048	1573375
商丘市	Shangqiu	1901307	5146708	117399	906108
信阳市	Xinyang	1353899	6105324	148349	1159639
周口市	Zhoukou	1582406	6668025	97420	1250565
驻马店市	Zhumadian	1816078	4795143	193146	966121
湖北省	**Hubei**				
武汉市	Wuhan	15786490	22159673	1902166	3080660
黄石市	Huangshi	1256929	2498658	67391	487081
十堰市	Shiyan	1156150	3758583	75623	571725
宜昌市	Yichang	1984174	4837045	154660	767537
襄阳市	Xiangyang	2113424	6046098	114085	960626
鄂州市	Ezhou	688839	1232441	52433	232529
荆门市	Jingmen	1031744	2394438	66022	344445
孝感市	Xiaogan	1347724	4052985	109041	602205
荆州市	Jingzhou	1367644	4389884	119559	667737
黄冈市	Huanggang	1410096	5078258	86596	934297
咸宁市	Xianning	940903	2784802	70732	405283
随州市	Suizhou	503822	1491719	18222	269548
湖南省	**Hunan**				
长沙市	Changsha	11883057	15415932	687933	2559903
株洲市	Zhuzhou	1798156	4873620	315384	712870
湘潭市	Xiangtan	1267746	2736570	132506	380102
衡阳市	Hengyang	1839311	5646252	117049	959970
邵阳市	Shaoyang	1184982	5838714	56609	1089737
岳阳市	Yueyang	1711403	5350175	159076	744851
常德市	Changde	2033579	5970787	96568	844457
张家界市	Zhangjiajie	360843	1829850	16561	272737
益阳市	Yiyang	905998	3569169	67652	600645
郴州市	Chenzhou	1608364	4746671	120676	850313
永州市	Yongzhou	1439476	4942346	121481	975298
怀化市	Huaihua	1119809	4696586	93995	879991
娄底市	Loudi	907746	3384372	41195	666925
广东省	**Guangdong**				
广州市	Guangzhou	18842570	30211834	2012478	5890857
韶关市	Shaoguan	1090771	3701920	37364	618811

2-9 续表 5 continued

单位：万元 (10 000 yuan)

城　市	City	地方一般公共预算收入 Local General Public Budget Revenue	地方一般公共预算支出 Local General Public Budget Expenditure	科学技术支出 Expenditure for Science and Technology	教育支出 Expenditure for Education
深圳市	Shenzhen	42576972	45702233	3822518	9645583
珠海市	Zhuhai	4481942	7866577	495071	1149756
汕头市	Shantou	1463530	4129165	65088	1022626
佛山市	Foshan	8082587	10720104	1016580	1943805
江门市	Jiangmen	2798741	4602455	175065	900034
湛江市	Zhanjiang	1603975	5473873	16691	1222824
茂名市	Maoming	1484201	4895377	33981	1352919
肇庆市	Zhaoqing	1464613	3967991	109396	790432
惠州市	Huizhou	4553901	6633104	236203	1375662
梅州市	Meizhou	950129	4430724	22732	893339
汕尾市	Shanwei	527704	2796153	51258	600530
河源市	Heyuan	842982	3470800	29531	714667
阳江市	Yangjiang	776674	2426231	4576	446847
清远市	Qingyuan	1374228	4067847	36829	903235
东莞市	Dongguan	7695691	8825324	328289	2136897
中山市	Zhongshan	3164715	4724790	255318	1070536
潮州市	Chaozhou	517749	2099826	10776	448827
揭阳市	Jieyang	793072	3657468	25112	901621
云浮市	Yunfu	752371	2556755	22308	538045
广西壮族自治区	**Guangxi**				
南宁市	Nanning	3917711	7775953	136939	1540349
柳州市	Liuzhou	1749556	4239787	50155	855933
桂林市	Guilin	1174964	4613283	24985	797936
梧州市	Wuzhou	788734	2590531	26545	529843
北海市	Beihai	721278	1792684	5844	371050
防城港市	Fangchenggang	509410	1430339	4753	213827
钦州市	Qinzhou	723233	2461123	9630	547762
贵港市	Guigang	856550	2925784	29756	697852
玉林市	Yulin	796213	3757627	11084	947478
百色市	Baise	1029825	4305498	28480	816624
贺州市	Hezhou	483709	2190903	11515	398852
河池市	Hechi	564144	3747332	5590	711631
来宾市	Laibin	467621	2341504	4684	413580
崇左市	Chongzuo	398958	2601398	8844	373676
海南省	**Hainan**				
海口市	Haikou	2083234	2742580	22702	458165
三亚市	Sanya	1171412	2023813	158545	242306
三沙市	Sansha				
儋州市	Danzhou	588946	1292285	3990	226739
重庆市	**Chongqing**	**22854533**	**48350551**	**926407**	**7949530**

2-9 续表 6 continued

单位：万元 (10 000 yuan)

城 市	City	地方一般公共预算收入 Local General Public Budget Revenue	地方一般公共预算支出 Local General Public Budget Expenditure	科学技术支出 Expenditure for Science and Technology	教育支出 Expenditure for Education
四川省	**Sichuan**				
成都市	Chengdu	16976341	22376872	1872835	3574771
自贡市	Zigong	683865	2403388	30094	394264
攀枝花市	Panzhihua	898528	1716561	6589	268966
泸州市	Luzhou	1901545	4449876	47668	829934
德阳市	Deyang	1486769	3264015	40134	442052
绵阳市	Mianyang	1591990	4665237	212259	733224
广元市	Guangyuan	593054	2732265	7275	452222
遂宁市	Suining	916817	2803331	17297	454696
内江市	Neijiang	724959	2545471	7824	454198
乐山市	Leshan	1319210	3185028	5846	472450
南充市	Nanchong	1448719	5153605	17932	966992
眉山市	Meishan	1378997	2768778	13330	444783
宜宾市	Yibin	2511829	5638992	94912	985875
广安市	Guang'an	935747	2950356	6178	650591
达州市	Dazhou	1333124	4361838	17102	821370
雅安市	Ya'an	593429	1674875	30645	238781
巴中市	Bazhong	508021	3146867	12155	536217
资阳市	Ziyang	579717	2006636	24579	309570
贵州省	**Guizhou**				
贵阳市	Guiyang	4037174	6334063	202378	1328968
六盘水市	Liupanshui	1023514	3245145	62432	774637
遵义市	Zunyi	2702289	7738589	91319	1556313
安顺市	Anshun	611424	2686529	70381	555092
毕节市	Bijie	1236900	6752200	91100	1688700
铜仁市	Tongren	670620	4416536	58794	991311
云南省	**Yunnan**				
昆明市	Kunming	6891172	9281565	186211	1446624
曲靖市	Qujing	1670165	5021757	21258	1246507
玉溪市	Yuxi	1438006	2575798	48312	504264
保山市	Baoshan	648666	2177922	6058	471024
昭通市	Zhaotong	906623	5506123	7518	1248507
丽江市	Lijiang	455391	1676436	6234	291006
普洱市	Pu'er	553787	3431980	13281	521214
临沧市	Lincang	497943	2233399	7391	428333
西藏自治区	**Tibet**				
拉萨市	Lhasa	1069404	3183815	23171	452675
日喀则市	Xigazê	145571	2459931	2824	456019
昌都市	Qamdo	203432	2304408	2766	406248
林芝市	Nyingchi	150237	1035838	1078	143212
山南市	Lhoka	192539	1771893	2783	233944
那曲市	Nagqu				

2-9 续表 7 continued

单位：万元 (10 000 yuan)

城市	City	地方一般公共预算收入 Local General Public Budget Revenue	地方一般公共预算支出 Local General Public Budget Expenditure	科学技术支出 Expenditure for Science and Technology	教育支出 Expenditure for Education
陕西省	**Shaanxi**				
西安市	Xi'an	8559990	14746219	573530	2559436
铜川市	Tongchuan	265624	1241944	3157	188460
宝鸡市	Baoji	951538	3651057	31367	681160
咸阳市	Xianyang	1076810	4287010	12575	672484
渭南市	Weinan	953989	4681619	29725	854615
延安市	Yan'an	1500558	4168249	13418	578784
汉中市	Hanzhong	525053	3674119	43065	667396
榆林市	Yulin	5873143	8005243	50310	1306858
安康市	Ankang	324817	3475569	10920	649832
商洛市	Shangluo	268209	2742863	5055	453981
甘肃省	**Gansu**				
兰州市	Lanzhou	2767279	4845890	64665	812928
嘉峪关市	Jiayuguan	235937	268050	4506	51605
金昌市	Jinchang	269846	572222	8553	92408
白银市	Baiyin	381789	2075769	9889	393202
天水市	Tianshui	578787	3360309	13899	626214
武威市	Wuwei	323206	2039624	6653	369065
张掖市	Zhangye	282595	1571062	11602	269023
平凉市	Pingliang	381841	2292259	16639	494253
酒泉市	Jiuquan	423086	1547664	12220	249052
庆阳市	Qingyang	653773	3013776	19758	511158
定西市	Dingxi	306092	2812401	15386	614291
陇南市	Longnan	281881	2882281	13570	468098
青海省	**Qinghai**				
西宁市	Xining	1538668	3438044	23510	519130
海东市	Haidong	288631	2009836	3205	365338
宁夏回族自治区	**Ningxia**				
银川市	Yinchuan	1711877	2916915	77888	397875
石嘴山市	Shizuishan	247902	925326	26882	162919
吴忠市	Wuzhong	374710	2265834	28301	381040
固原市	Guyuan	158192	2450243	12148	400559
中卫市	Zhongwei	228527	1842106	20876	286099
新疆维吾尔自治区	**Xinjiang**				
乌鲁木齐市	Urumqi	3779260	4195874	94603	766533
克拉玛依市	Karamay	891088	1158172	14477	246754
吐鲁番市	Turpan				
哈密市	Hami	599241	1390542	4821	208704

2-10 地方一般公共预算收支状况(市辖区)
Local General Public Budget Revenue and Expenditure (Districts under City)

单位：万元 (10 000 yuan)

城 市	City	地方一般公共预算收入 Local General Public Budget Revenue	地方一般公共预算支出 Local General Public Budget Expenditure	科学技术支出 Expenditure for Science and Technology	教育支出 Expenditure for Education
北京市	**Beijing**	**59323080**	**72051201**	**4494463**	**11478293**
天津市	**Tianjin**	**21410606**	**31525478**	**1039691**	**4792461**
河北省	**Hebei**				
石家庄市	Shijiazhuang	4827707	6656321	119521	1290028
唐山市	Tangshan	3742913	5883714	102399	1005263
秦皇岛市	Qinhuangdao	1385812	2208744	21180	368792
邯郸市	Handan	2013321	3814757	26270	692263
邢台市	Xingtai	888844	2162296	11357	406421
保定市	Baoding	1622679	3123903	42889	548865
张家口市	Zhangjiakou	1122452	2459525	13188	387413
承德市	Chengde	564917	1352477	15369	224409
沧州市	Cangzhou	1244875	2064157	26341	415530
廊坊市	Langfang	1204114	2218143	48050	320983
衡水市	Hengshui	611346	1430646	22727	232426
山西省	**Shanxi**				
太原市	Taiyuan	1031573	2015476	16205	462521
大同市	Datong	1379388	2307460	8374	339504
阳泉市	Yangquan	415047	786192	7183	119451
长治市	Changzhi	1371311	2081898	9879	309903
晋城市	Jincheng	690845	982309	14484	131447
朔州市	Shuozhou	749581	1158749	9329	149917
晋中市	Jinzhong	131215	359867	1497	70453
运城市	Yuncheng	141013	337588	5201	63167
忻州市	Xinzhou	73589	271489	81	42158
临汾市	Linfen	226654	419941	229	76889
吕梁市	Lvliang	173039	252075	4088	56923
内蒙古自治区	**Inner Mongolia**				
呼和浩特市	Hohhot	1153707	862379	2837	211154
包头市	Baotou	1384027	2691213	51747	468923
乌海市	Wuhai	633284	1133334	17129	132599
赤峰市	Chifeng	679731	1104465	9845	248280
通辽市	Tongliao	100459	450513	1556	83665
鄂尔多斯市	Erdos	654227	1242933	12895	369225
呼伦贝尔市	Hulunbuir	166207	490221	394	58584
巴彦淖尔市	Bayannur	156569	458513	6080	78134
乌兰察布市	Ulanqab	120159	319360	1184	49220
辽宁省	**Liaoning**				
沈阳市	Shenyang	6443465	4868277	95864	757844
大连市	Dalian	6146799	8004447	210170	957112
鞍山市	Anshan	1153217	1575116	5838	204214

2-10 续表 1 continued

单位：万元 (10 000 yuan)

城市	City	地方一般公共预算收入 Local General Public Budget Revenue	地方一般公共预算支出 Local General Public Budget Expenditure	科学技术支出 Expenditure for Science and Technology	教育支出 Expenditure for Education
抚顺市	Fushun	489000	439229	1367	66192
本溪市	Benxi	607008	950026	1855	120985
丹东市	Dandong	473187	959184	2275	94270
锦州市	Jinzhou	714568	1063181	9565	102987
营口市	Yingkou	1011383	1660439	7617	161402
阜新市	Fuxin	318913	750102	2857	98346
辽阳市	Liaoyang	421479	523397	6807	49524
盘锦市	Panjin	1403309	1724695	18081	142532
铁岭市	Tieling	119662	194306	1623	24169
朝阳市	Chaoyang	345290	889388	1829	118565
葫芦岛市	Huludao	239853	478262	341	92097
吉林省	**Jilin**				
长春市	Changchun	715690	2742731	38210	566636
吉林市	Jilin	198032	551690	318	88323
四平市	Siping	32211	185990	78	45562
辽源市	Liaoyuan	116596	432486	1421	56908
通化市	Tonghua	65940	191641	1547	37096
白山市	Baishan	50007	334800	137	41120
松原市	Songyuan	224213	166675	146	32946
白城市	Baicheng	135377	604887	4481	85734
黑龙江省	**Heilongjiang**				
哈尔滨市	Harbin	3341260	7066225	79430	775345
齐齐哈尔市	Qiqihar	399487	1545840	12212	201876
鸡西市	Jixi	272548	870781	7609	75545
鹤岗市	Hegang	202081	766938	1105	78702
双鸭山市	Shuangyashan	195054	597078	2339	63130
大庆市	Daqing	1702945	2273749	16033	301060
伊春市	Yichun	113837	1095763	1852	79027
佳木斯市	Jiamusi	303091	1323644	4262	92988
七台河市	Qitaihe	205495	557588	10985	80144
牡丹江市	Mudanjiang	320602	1107721	3555	103629
黑河市	Heihe	156630	382560	11725	23865
绥化市	Suihua	168332	352833	1298	35283
上海市	**Shanghai**	**77718002**	**84308562**	**4227023**	**10394696**
江苏省	**Jiangsu**				
南京市	Nanjing	17295180	18177281	1082628	3226752
无锡市	Wuxi	7841662	9006930	490000	1345004
徐州市	Xuzhou	3198133	4608025	142862	987262
常州市	Changzhou	6007799	6619823	305751	1128636
苏州市	Suzhou	13582100	14992421	1337491	2465682
南通市	Nantong	4165630	5789606	305779	896064

2-10 续表 2 continued

单位：万元 (10 000 yuan)

城 市	City	地方一般公共预算收入 Local General Public Budget Revenue	地方一般公共预算支出 Local General Public Budget Expenditure	科学技术支出 Expenditure for Science and Technology	教育支出 Expenditure for Education
连云港市	Lianyungang	1922801	3173886	56967	597686
淮安市	Huai'an	2246265	4188094	66227	662160
盐城市	Yancheng	2400504	4473058	151825	573312
扬州市	Yangzhou	2317152	4390399	109222	722154
镇江市	Zhenjiang	1608365	2837838	79055	351928
泰州市	Taizhou	2134904	3106144	101762	386890
宿迁市	Suqian	1420541	2682211	82386	450486
浙江省	**Zhejiang**				
杭州市	Hangzhou	22837555	21897539	1716883	4273641
宁波市	Ningbo	12415990	13727606	789609	1804321
温州市	Wenzhou	3151136	4043033	190924	852076
嘉兴市	Jiaxing	2077790	2699067	114521	411869
湖州市	Huzhou	1816935	2540494	85364	487786
绍兴市	Shaoxing	4066225	4453931	217531	898465
金华市	Jinhua	1091429	1964773	58186	334100
衢州市	Quzhou	892276	2359231	95842	279769
舟山市	Zhoushan	1515857	2545233	75833	276733
台州市	Taizhou	1817138	2706061	100946	578361
丽水市	Lishui	636677	1387719	49115	223899
安徽省	**Anhui**				
合肥市	Hefei	6303403	8141480	1482294	1358022
芜湖市	Wuhu	3091186	3963989	667387	595306
蚌埠市	Bengbu	1103243	1707851	69149	247210
淮南市	Huainan	660553	1598962	32719	242326
马鞍山市	Ma'anshan	1186802	1386246	59114	181484
淮北市	Huaibei	648779	1276060	65403	199830
铜陵市	Tongling	822922	1463848	119564	184604
安庆市	Anqing	778017	1445856	35767	171767
黄山市	Huangshan	541927	1111980	34171	101552
滁州市	Chuzhou	895385	1439620	74228	225480
阜阳市	Fuyang	831924	2691688	38215	413026
宿州市	Suzhou	807490	2262806	59151	311803
六安市	Lu'an	710664	2494726	33122	421145
亳州市	Bozhou	759433	1798207	36805	289523
池州市	Chizhou	458556	941956	21423	117260
宣城市	Xuancheng	617707	1163852	36002	111929
福建省	**Fujian**				
福州市	Fuzhou	4148776	4447675	132992	919361
厦门市	Xiamen	8809611	10600015	505626	1791918
莆田市	Putian	1270670	1932387	16492	485952
三明市	Sanming	482250	1053144	9635	224159

2-10 续表 3 continued

单位：万元 (10 000 yuan)

城市	City	地方一般公共预算收入 Local General Public Budget Revenue	地方一般公共预算支出 Local General Public Budget Expenditure	科学技术支出 Expenditure for Science and Technology	教育支出 Expenditure for Education
泉州市	Quanzhou	1412383	1923603	44580	425343
漳州市	Zhangzhou	892265	1223165	13699	215209
南平市	Nanping	425229	1122907	11649	187753
龙岩市	Longyan	1002009	1664086	56534	358844
宁德市	Ningde	617115	1078028	61387	204751
江西省	**Jiangxi**				
南昌市	Nanchang	3713848	6333820	404076	877628
景德镇市	Jingdezhen	141546	348926	1943	50648
萍乡市	Pingxiang	594840	1265005	46603	193793
九江市	Jiujiang	1105170	2152096	47126	339693
新余市	Xinyu	654624	1278722	19755	209296
鹰潭市	Yingtan	474047	1203316	53081	173518
赣州市	Ganzhou	931949	2129814	93224	493240
吉安市	Ji'an	181488	553871	16435	117304
宜春市	Yichun	581068	1989091	104297	304036
抚州市	Fuzhou	477241	1604142	56694	289479
上饶市	Shangrao	1090787	3041921	77266	505793
山东省	**Shandong**				
济南市	Jinan	9611951	12085057	409213	1945757
青岛市	Qingdao	11263262	13696720	471009	2322238
淄博市	Zibo	2919182	3924376	93987	794303
枣庄市	Zaozhuang	976049	1943742	22556	427708
东营市	Dongying	1916662	2204077	52571	416431
烟台市	Yantai	3777014	4688598	244198	794285
潍坊市	Weifang	2549366	3555116	186807	621342
济宁市	Jining	2069810	3065692	63991	596138
泰安市	Tai'an	1200013	2149118	21704	348344
威海市	Weihai	1613093	1293639	45554	361481
日照市	Rizhao	1471620	1731183	59630	319445
临沂市	Linyi	2247933	3421431	64226	763026
德州市	Dezhou	772767	1101740	53456	189329
聊城市	Liaocheng	1402290	2429651	10330	426116
滨州市	Binzhou	1012139	2069834	205259	270650
菏泽市	Heze	1143368	2200233	17156	350594
河南省	**Henan**				
郑州市	Zhengzhou	3126581	2575153	79547	624915
开封市	Kaifeng	244398	688936	19568	117533
洛阳市	Luoyang	1482898	1929306	100698	340387
平顶山市	Pingdingshan	277428	388278	5407	72997
安阳市	Anyang	543697	659304	9718	124108
鹤壁市	Hebi	247272	424688	19730	60965

2-10 续表 4 continued

单位：万元 (10 000 yuan)

城　市	City	地方一般公共预算收入 Local General Public Budget Revenue	地方一般公共预算支出 Local General Public Budget Expenditure	科学技术支出 Expenditure for Science and Technology	教育支出 Expenditure for Education
新乡市	Xinxiang	225783	370267	4321	67867
焦作市	Jiaozuo	462718	424103	3870	70960
濮阳市	Puyang	132227	215665	2355	32334
许昌市	Xuchang	308245	616921	13174	115087
漯河市	Luohe	235174	657717	24925	126297
三门峡市	Sanmenxia	329980	466988	10071	82016
南阳市	Nanyang	238465	665299	2175	153673
商丘市	Shangqiu	251939	724188	10232	132783
信阳市	Xinyang	247584	746017	18289	178769
周口市	Zhoukou	199358	1054693	1332	195206
驻马店市	Zhumadian	212797	345539	28536	80870
湖北省	**Hubei**				
武汉市	Wuhan	12104746	13805873	719586	2407505
黄石市	Huangshi	219857	304126	9739	85753
十堰市	Shiyan	487281	752183	15264	175792
宜昌市	Yichang	615676	1054734	46700	252169
襄阳市	Xiangyang	527671	991955	5630	253404
鄂州市	Ezhou	363271	598390	2593	132122
荆门市	Jingmen	285909	438976	32155	84040
孝感市	Xiaogan	210036	585945	21785	93001
荆州市	Jingzhou	411985	759729	19103	122695
黄冈市	Huanggang	78788	255553	4693	33318
咸宁市	Xianning	126536	318929	9905	68177
随州市	Suizhou	110961	341371	3790	67205
湖南省	**Hunan**				
长沙市	Changsha	8786642	10794218	480064	1714225
株洲市	Zhuzhou	1241145	2890595	235072	396106
湘潭市	Xiangtan	209958	299104	13603	58260
衡阳市	Hengyang	837397	2107400	45771	271200
邵阳市	Shaoyang	476506	1312616	20907	151336
岳阳市	Yueyang	947845	2126575	113434	235075
常德市	Changde	395865	1194895	53366	187658
张家界市	Zhangjiajie	104646	554130	7328	96685
益阳市	Yiyang	508663	1296902	27333	199913
郴州市	Chenzhou	668772	1548728	47497	235535
永州市	Yongzhou	253670	857663	20666	151662
怀化市	Huaihua	92684	272395	3750	74009
娄底市	Loudi	523774	1016023	20313	186341
广东省	**Guangdong**				
广州市	Guangzhou	18842570	30211834	2012478	5890857
韶关市	Shaoguan	182702	650587	2098	128191

2-10 续表 5 continued

单位：万元 (10 000 yuan)

城 市	City	地方一般公共预算收入 Local General Public Budget Revenue	地方一般公共预算支出 Local General Public Budget Expenditure	科学技术支出 Expenditure for Science and Technology	教育支出 Expenditure for Education
深圳市	Shenzhen	42576972	45702233	3822518	9645583
珠海市	Zhuhai	4481942	7866577	495071	1149756
汕头市	Shantou	1439413	3990728	65001	1008280
佛山市	Foshan	8082587	10720104	1016580	1943805
江门市	Jiangmen	1621604	2415124	124392	503617
湛江市	Zhanjiang	949624	2408032	13486	439512
茂名市	Maoming	1058150	2409809	30424	605455
肇庆市	Zhaoqing	877652	1951475	82027	369509
惠州市	Huizhou	3483596	4277591	183240	793812
梅州市	Meizhou	454658	1396702	8662	278877
汕尾市	Shanwei	260237	930948	26966	171078
河源市	Heyuan	274144	685780	15880	131424
阳江市	Yangjiang	513435	1405519	1057	235483
清远市	Qingyuan	829861	1770856	22886	391758
东莞市	Dongguan				
中山市	Zhongshan				
潮州市	Chaozhou	425111	1433485	8913	285030
揭阳市	Jieyang	419667	1419414	15014	316057
云浮市	Yunfu	265681	947648	14035	162062
广西壮族自治区	**Guangxi**				
南宁市	Nanning	1452742	2975374	78344	693126
柳州市	Liuzhou	1452000	2696688	45827	533673
桂林市	Guilin	755099	1690400	17859	307261
梧州市	Wuzhou	145607	362248	6692	83186
北海市	Beihai	581755	1241195	5265	242339
防城港市	Fangchenggang	402440	937301	4215	135426
钦州市	Qinzhou	544987	1470106	8185	238861
贵港市	Guigang	575449	1491615	21500	286323
玉林市	Yulin	353668	1201978	6533	226321
百色市	Baise	367191	1213664	13133	185941
贺州市	Hezhou	362764	1247572	8076	214967
河池市	Hechi	100411	522718	1228	118257
来宾市	Laibin	265588	1060726	4105	195168
崇左市	Chongzuo	145152	698261	2063	98135
海南省	**Hainan**				
海口市	Haikou	2083234	2742580	22702	458165
三亚市	Sanya	1171412	2023813	158545	242306
三沙市	Sansha				
儋州市	Danzhou				
重庆市	**Chongqing**	**13121141**	**25144533**	**637318**	**4911917**

2-10 续表 6 continued

单位：万元 (10 000 yuan)

城 市	City	地方一般公共预算收入 Local General Public Budget Revenue	地方一般公共预算支出 Local General Public Budget Expenditure	科学技术支出 Expenditure for Science and Technology	教育支出 Expenditure for Education
四川省	**Sichuan**				
成都市	Chengdu	12312466	13357166	1320786	2350906
自贡市	Zigong	478282	1564432	27508	218039
攀枝花市	Panzhihua	680783	1291683	5279	190935
泸州市	Luzhou	569978	1098166	21337	222139
德阳市	Deyang	624957	1484016	26205	159750
绵阳市	Mianyang	1051515	2579659	208277	354253
广元市	Guangyuan	150382	709437	1041	138694
遂宁市	Suining	354863	1050629	8939	178774
内江市	Neijiang	236562	783494	4166	134862
乐山市	Leshan	780686	1499776	4346	170535
南充市	Nanchong	789620	2018147	15435	365775
眉山市	Meishan	453788	817712	3701	146865
宜宾市	Yibin	1741072	3585734	81063	508114
广安市	Guang'an	461154	1282378	2581	210388
达州市	Dazhou	438251	1002000	1509	183209
雅安市	Ya'an	72273	348465	1246	67705
巴中市	Bazhong	157235	874800	5244	175009
资阳市	Ziyang	386336	1018777	20290	109097
贵州省	**Guizhou**				
贵阳市	Guiyang	1935937	3142066	165964	663380
六盘水市	Liupanshui	115058	375582	5977	128998
遵义市	Zunyi	567428	1691203	15885	425843
安顺市	Anshun	443030	1534474	37958	279728
毕节市	Bijie	251800	844200	16400	288800
铜仁市	Tongren	208739	597589	17953	130255
云南省	**Yunnan**				
昆明市	Kunming	5668325	6534996	173450	921696
曲靖市	Qujing	507588	1168482	6163	267075
玉溪市	Yuxi	649281	563441	6315	70915
保山市	Baoshan	184100	433252	241	114500
昭通市	Zhaotong	158248	674787	921	166777
丽江市	Lijiang	107120	214993	632	38491
普洱市	Pu'er	98032	258005	1238	50330
临沧市	Lincang	92231	279318	556	53632
西藏自治区	**Tibet**				
拉萨市	Lhasa	219308	842369	60	177584
日喀则市	Xigazê	24601	215465	190	49747
昌都市	Qamdo	117635	780571	109	42624
林芝市	Nyingchi	56005	336161	506	44948
山南市	Lhoka	34000	178000	100	21000
那曲市	Nagqu				

2-10 续表 7 continued

单位：万元 (10 000 yuan)

城　市	City	地方一般公共预算收入 Local General Public Budget Revenue	地方一般公共预算支出 Local General Public Budget Expenditure	科学技术支出 Expenditure for Science and Technology	教育支出 Expenditure for Education
陕西省	**Shaanxi**				
西安市	Xi'an	8488409	13772847	573021	2333833
铜川市	Tongchuan	127778	672555	1552	136127
宝鸡市	Baoji	737331	2113364	25622	332449
咸阳市	Xianyang	594690	1299804	7171	134843
渭南市	Weinan	100977	555699	14425	141352
延安市	Yan'an	219062	601296	1196	136279
汉中市	Hanzhong	212449	685139	3877	168492
榆林市	Yulin	788819	911612	8232	251435
安康市	Ankang	62676	588252	233	117524
商洛市	Shangluo	42017	330218	257	74195
甘肃省	**Gansu**				
兰州市	Lanzhou	2205077	3353962	33086	582163
嘉峪关市	Jiayuguan	235937	268050	4506	51605
金昌市	Jinchang	48503	149330	518	33054
白银市	Baiyin	133873	469068	3254	104179
天水市	Tianshui	439327	1661353	9750	204195
武威市	Wuwei	226185	910473	2767	186776
张掖市	Zhangye	90788	402478	4044	83008
平凉市	Pingliang	82068	382899	2468	79244
酒泉市	Jiuquan	92720	340638	1553	70583
庆阳市	Qingyang	126201	347692	1833	59849
定西市	Dingxi	51308	409034	1691	92038
陇南市	Longnan	54758	463291	657	82366
青海省	**Qinghai**				
西宁市	Xining	1427456	2790956	22419	391875
海东市	Haidong	67642	489516	1068	74184
宁夏回族自治区	**Ningxia**				
银川市	Yinchuan	1127440	1780796	54622	232697
石嘴山市	Shizuishan	165980	557277	20652	103202
吴忠市	Wuzhong	38179	231421	3048	51903
固原市	Guyuan	17372	500604	1732	87553
中卫市	Zhongwei	117875	731233	12714	95513
新疆维吾尔自治区	**Xinjiang**				
乌鲁木齐市	Urumqi	3717417	4075836	93563	740274
克拉玛依市	Karamay	891088	1158172	14477	246754
吐鲁番市	Turpan				
哈密市	Hami	349737	613980	744	114092

2-11 年末金融机构存贷款余额
Deposits and Loans of Financial Institutions at Year-end

单位：万元 (10 000 yuan)

城 市	City	年末金融机构人民币各项存款余额 Deposits of Financial Institutions at Year-end		年末金融机构人民币各项贷款余额 Loans of Financial Institutions at Year-end	
		全 市 Total City	市辖区 Districts under City	全 市 Total City	市辖区 Districts under City
北京市	**Beijing**	**1921043104**	**1921043104**	**860775028**	**860775028**
天津市	**Tianjin**	**347009481**	**347009481**	**400433925**	**400433925**
河北省	**Hebei**				
石家庄市	Shijiazhuang	178101845	132533920	145786780	123954757
唐山市	Tangshan	118807468	74621724	77481030	56376246
秦皇岛市	Qinhuangdao	44948444	32336138	26883022	22160317
邯郸市	Handan	82871820	43623181	57444775	33505483
邢台市	Xingtai	58813405	24398896	43610577	23052322
保定市	Baoding	119311009	46064091	70557143	28251706
张家口市	Zhangjiakou	45927740	26256574	42234566	27753494
承德市	Chengde	33807436	12834123	29588981	13607290
沧州市	Cangzhou	70141757	17823029	41676240	14548118
廊坊市	Langfang	75294322	27993606	78057037	29852849
衡水市	Hengshui	44076084	18031926	25399367	11799210
山西省	**Shanxi**				
太原市	Taiyuan	155121300	147551162	162983200	158230773
大同市	Datong	38656606	30991063	19882512	17045959
阳泉市	Yangquan	18898030	13444784	13325514	9959861
长治市	Changzhi	37748111	26582841	22067399	15844627
晋城市	Jincheng	29553955	19857454	20986421	16649608
朔州市	Shuozhou	21065030	12089320	11522491	7710961
晋中市	Jinzhong	36342516	13115924	24751959	13899989
运城市	Yuncheng	31848571	10306490	17022656	7807580
忻州市	Xinzhou	29153700	8289863	12430634	4733329
临汾市	Linfen	33273161	13496688	20482327	10685086
吕梁市	Lvliang	31917054	6743393	13719744	3655234
内蒙古自治区	**Inner Mongolia**				
呼和浩特市	Hohhot	66398305		95686568	
包头市	Baotou	37217097	34350331	27000272	24814880
乌海市	Wuhai	9617497	9617497	4725972	4725972
赤峰市	Chifeng	28519445	15300234	24453209	14634086
通辽市	Tongliao	15746900	8484159	12130600	6959957
鄂尔多斯市	Erdos	47537637	27201400	34911989	22098043
呼伦贝尔市	Hulunbuir	20287497	6358301	11607798	3957650
巴彦淖尔市	Bayannur	12923000	6079400	9388000	4663000
乌兰察布市	Ulanqab	14637000	5501943	8703000	3717046
辽宁省	**Liaoning**				
沈阳市	Shenyang	191973917	191973917	190454711	190454711
大连市	Dalian	165374355	148289927	132846667	122865910
鞍山市	Anshan	48067079	30420784	23397702	16274202

2-11 续表 1 continued

单位：万元 (10 000 yuan)

城市	City	年末金融机构人民币各项存款余额 Deposits of Financial Institutions at Year-end		年末金融机构人民币各项贷款余额 Loans of Financial Institutions at Year-end	
		全市 Total City	市辖区 Districts under City	全市 Total City	市辖区 Districts under City
抚顺市	Fushun	24941914	21125357	10580091	9190994
本溪市	Benxi	17498406	13519043	13489014	11777476
丹东市	Dandong	28169444	14209493	13456241	7560307
锦州市	Jinzhou	40623627	28326833	40515263	36879912
营口市	Yingkou	35463930	24946525	21985040	15662864
阜新市	Fuxin	16628691	12159953	10254635	8456784
辽阳市	Liaoyang	26542296	19965388	19315629	16178226
盘锦市	Panjin	25715970	23920313	14694325	13785046
铁岭市	Tieling	20313730	9125427	8113398	3902489
朝阳市	Chaoyang	25058528	11827526	11228265	6390103
葫芦岛市	Huludao	25039931	14164171	14715516	9025409
吉林省	**Jilin**				
长春市	Changchun	160308628	139355504	162458823	151800293
吉林市	Jilin	35902480	21469668	24914823	16613832
四平市	Siping	13558865	6688859	7201570	4565864
辽源市	Liaoyuan	7978287	4501723	4971950	2994196
通化市	Tonghua	17071945	5672712	10174102	3905582
白山市	Baishan	9473203	5063059	5945220	3386841
松原市	Songyuan	17341203	5937406	9497207	3240339
白城市	Baicheng	10896763	4176768	7551962	2822401
黑龙江省	**Heilongjiang**				
哈尔滨市	Harbin	145550564	128239374	137412468	128510350
齐齐哈尔市	Qiqihar	28731221	16011380	15749694	10502831
鸡西市	Jixi	14614030	8070915	9593350	5247564
鹤岗市	Hegang	9636907	6193996	6361812	2296450
双鸭山市	Shuangyashan	12037873	5689309	9463434	6575320
大庆市	Daqing	35715263	30434940	12851610	9856276
伊春市	Yichun	9889952	7231358	2052435	1521136
佳木斯市	Jiamusi	18674154	9030828	19606489	2965550
七台河市	Qitaihe	6712822	5307820	3098079	2075367
牡丹江市	Mudanjiang	20395381	9927221	7767266	4840015
黑河市	Heihe	11927147	3834517	4790525	1383330
绥化市	Suihua	23477302	6401316	12751063	4088094
上海市	**Shanghai**	**1638195000**	**1638195000**	**882601300**	**882601300**
江苏省	**Jiangsu**				
南京市	Nanjing	435242816	435242816	427189531	427189531
无锡市	Wuxi	207052900	133442300	171894200	112231900
徐州市	Xuzhou	99148125	64030582	81285062	51400542
常州市	Changzhou	134820786	117698387	117173617	103928674
苏州市	Suzhou	386270118	232759862	395028092	253357279
南通市	Nantong	160929077	88961625	140858100	82085843

2-11 续表 2 continued

单位：万元 (10 000 yuan)

城　市	City	年末金融机构人民币各项存款余额 Deposits of Financial Institutions at Year-end		年末金融机构人民币各项贷款余额 Loans of Financial Institutions at Year-end	
		全　市 Total City	市辖区 Districts under City	全　市 Total City	市辖区 Districts under City
连云港市	Lianyungang	47325995	34426991	51406598	38098029
淮安市	Huai'an	53728500	36554400	55174100	39041700
盐城市	Yancheng	90924210	49259672	80385801	49057298
扬州市	Yangzhou	81983211	57396033	71246270	51269381
镇江市	Zhenjiang	66926677	32232013	69582689	32971778
泰州市	Taizhou	86028700	43781900	74025700	38969600
宿迁市	Suqian	43950143	24579874	44451261	22550640
浙江省	**Zhejiang**				
杭州市	Hangzhou	584092500	565632200	556614800	537401800
宁波市	Ningbo	261876551	187196026	285131589	211227572
温州市	Wenzhou	162139265	85337014	157554111	79403695
嘉兴市	Jiaxing	117006917	39314403	120667061	38933808
湖州市	Huzhou	67229924	34993766	71860452	35958850
绍兴市	Shaoxing	120462830	80961463	116735820	81831340
金华市	Jinhua	121589368	28288979	115229754	30811458
衢州市	Quzhou	34932100	17926989	35648969	19722521
舟山市	Zhoushan	27146898	22918541	32177441	27929728
台州市	Taizhou	118365226	54436486	116030483	51879000
丽水市	Lishui	38883712	13412766	32776973	13843570
安徽省	**Anhui**				
合肥市	Hefei	202037490	165408190	199369693	169101793
芜湖市	Wuhu	52059219	42382367	47041248	40211450
蚌埠市	Bengbu	26807216	16512997	25786711	16941805
淮南市	Huainan	26107308	17615032	19231947	12559094
马鞍山市	Ma'anshan	30706855	19690778	25366607	17427998
淮北市	Huaibei	17949255	11869282	14195880	9797224
铜陵市	Tongling	17553577	12525053	14571920	12168010
安庆市	Anqing	40960653	13978303	30124392	13328110
黄山市	Huangshan	15998622	7903310	12367205	6625892
滁州市	Chuzhou	35698976	13825676	34164457	14279081
阜阳市	Fuyang	49351926	20088204	42011308	21258434
宿州市	Suzhou	29313424	13933521	26362874	13150115
六安市	Lu'an	34407522	16926749	29700134	15978915
亳州市	Bozhou	28475410	12437816	27429179	13802970
池州市	Chizhou	13520856	6851954	10154574	6125067
宣城市	Xuancheng	24864323	9116985	20507524	7889112
福建省	**Fujian**				
福州市	Fuzhou	187452094	145577533	211856950	172521046
厦门市	Xiamen	140551600	140551600	145829600	145829600
莆田市	Putian	25149071	20286625	24652855	21161659
三明市	Sanming	21882843	6904067	18823173	6928164

2-11 续表 3 continued

单位：万元 (10 000 yuan)

城市	City	年末金融机构人民币各项存款余额 Deposits of Financial Institutions at Year-end		年末金融机构人民币各项贷款余额 Loans of Financial Institutions at Year-end	
		全市 Total City	市辖区 Districts under City	全市 Total City	市辖区 Districts under City
泉州市	Quanzhou	96528278	31043198	88621439	33044946
漳州市	Zhangzhou	38222240	15888575	40316179	17191544
南平市	Nanping	23839027	9795958	18713310	9041641
龙岩市	Longyan	25437664	14298780	27343109	17557790
宁德市	Ningde	26421827	11379263	26715429	10173759
江西省	**Jiangxi**				
南昌市	Nanchang	146015478	129042726	174205504	159885887
景德镇市	Jingdezhen	16519756	9890449	13439684	8785642
萍乡市	Pingxiang	15871130	11208976	13672568	9692764
九江市	Jiujiang	45005838	22013450	40207234	21124196
新余市	Xinyu	15774406	13718896	12768023	10635001
鹰潭市	Yingtan	11627423	7954242	11582089	7782438
赣州市	Ganzhou	64154872	28886830	66116574	32820020
吉安市	Ji'an	38414908	11113188	30406751	9553104
宜春市	Yichun	44139265	11821627	36330441	11148220
抚州市	Fuzhou	27890966	13993485	25873786	13247252
上饶市	Shangrao	48605037	21658571	41981543	21629469
山东省	**Shandong**				
济南市	Jinan	230292028	224538870	223499074	219456495
青岛市	Qingdao	215823413	185956518	232534611	206849766
淄博市	Zibo	61001613	49244185	42633344	33556489
枣庄市	Zaozhuang	25814113	16367075	20100875	13232748
东营市	Dongying	45336595	34439990	33797553	25512600
烟台市	Yantai	103904169	59659633	70515873	47846191
潍坊市	Weifang	110687697	44981923	87686402	36759918
济宁市	Jining	71766988	29609889	55953168	27580364
泰安市	Tai'an	49032743	23842965	35782918	20407654
威海市	Weihai	50939288	35318612	40040567	28909971
日照市	Rizhao	32846385	22382087	33486476	25960869
临沂市	Linyi	89188039	44771718	81563530	49972244
德州市	Dezhou	47476403	18213431	29004871	11695125
聊城市	Liaocheng	48688952	23179774	30910529	17203130
滨州市	Binzhou	37052367	15912409	30179427	13597046
菏泽市	Heze	55972580	19418041	34244667	15609316
河南省	**Henan**				
郑州市	Zhengzhou	262815265	228167120	313664733	287984829
开封市	Kaifeng	26267685	14203561	21702120	14031730
洛阳市	Luoyang	67404642	51400541	59651196	43472625
平顶山市	Pingdingshan	36672473	19052167	26269850	15160285
安阳市	Anyang	36522179	14039959	22592428	10950349
鹤壁市	Hebi	10208534	6121125	8117017	5026871

2-11 续表 4 continued

单位：万元 (10 000 yuan)

城 市	City	年末金融机构人民币各项存款余额 Deposits of Financial Institutions at Year-end		年末金融机构人民币各项贷款余额 Loans of Financial Institutions at Year-end	
		全 市 Total City	市辖区 Districts under City	全 市 Total City	市辖区 Districts under City
新乡市	Xinxiang	40872830	15116116	26804860	13570823
焦作市	Jiaozuo	24701128	11911703	18064385	9695421
濮阳市	Puyang	22492084	10797876	14515353	7285900
许昌市	Xuchang	29347790	13465215	24604980	13904299
漯河市	Luohe	15700077	10691354	11395467	8911358
三门峡市	Sanmenxia	16232687	7043884	9751212	4626794
南阳市	Nanyang	57864385	20537055	33248266	13262554
商丘市	Shangqiu	40055007	13629472	24333732	11222690
信阳市	Xinyang	43624416	14338130	22270396	9903070
周口市	Zhoukou	43685128	12052833	20083645	7483242
驻马店市	Zhumadian	42572979	11224743	24250346	9382629
湖北省	**Hubei**				
武汉市	Wuhan	330738100	330738100	393710900	393710900
黄石市	Huangshi	21930573	12374742	17748441	9745485
十堰市	Shiyan	29663671	16638182	19179836	11405555
宜昌市	Yichang	47237894	27401756	46541064	29726071
襄阳市	Xiangyang	46403667	25376572	31583263	18101717
鄂州市	Ezhou	9834300	9834300	8153000	8153000
荆门市	Jingmen	26337226	11045179	15427259	7944783
孝感市	Xiaogan	31115165	10262680	18503222	7270060
荆州市	Jingzhou	39903989	16077779	24648563	11995042
黄冈市	Huanggang	43692463	7055255	25508511	5059837
咸宁市	Xianning	19010526	6984081	14761956	5482008
随州市	Suizhou	17933712	8829090	9806963	5997503
湖南省	**Hunan**				
长沙市	Changsha	249230740	215795137	269762196	239254224
株洲市	Zhuzhou	37980979	25541993	28792460	20514662
湘潭市	Xiangtan	25177477	14638896	26848066	17899347
衡阳市	Hengyang	46628473	19519877	28559043	13827952
邵阳市	Shaoyang	32932540	8811939	19532862	7113413
岳阳市	Yueyang	33181500	16756700	28416500	15346800
常德市	Changde	39495114	17002100	28951995	14654542
张家界市	Zhangjiajie	9730056	5021950	10460507	6518866
益阳市	Yiyang	25521611	11931195	18205029	9416285
郴州市	Chenzhou	29551616	12057924	22153817	9546357
永州市	Yongzhou	27004657	8875439	20433297	8541426
怀化市	Huaihua	24590334	7954027	17052051	6771791
娄底市	Loudi	23665476	8937442	15179629	6218788
广东省	**Guangdong**				
广州市	Guangzhou	728489224	728489224	602387351	602387351
韶关市	Shaoguan	22187400	11551372	14991185	8489654

2-11 续表 5 continued

单位：万元 (10 000 yuan)

城 市	City	年末金融机构人民币各项存款余额 Deposits of Financial Institutions at Year-end		年末金融机构人民币各项贷款余额 Loans of Financial Institutions at Year-end	
		全 市 Total City	市辖区 Districts under City	全 市 Total City	市辖区 Districts under City
深圳市	Shenzhen	1073452700	1073452700	739130300	739130300
珠海市	Zhuhai	101643135	101643135	87143556	87143556
汕头市	Shantou	44713162	44263644	25006810	24608994
佛山市	Foshan	201371923	201371923	162826588	162826588
江门市	Jiangmen	57382891	33705170	49205143	30974065
湛江市	Zhanjiang	41757678	23694483	31442307	21180137
茂名市	Maoming	34329080	17873143	21262571	11982161
肇庆市	Zhaoqing	30140113	14295856	26300349	14879000
惠州市	Huizhou	72181656	56032818	80956996	66064784
梅州市	Meizhou	25736598	12119124	17547801	9369550
汕尾市	Shanwei	10516290	4346877	8127776	3843409
河源市	Heyuan	15512134	6464855	16641271	9615074
阳江市	Yangjiang	17371788	10989535	15209091	10381999
清远市	Qingyuan	27986430	15994121	24713265	16709040
东莞市	Dongguan	191942076		140822598	
中山市	Zhongshan	68349625		62766404	
潮州市	Chaozhou	17353328	13950851	6574083	5628405
揭阳市	Jieyang	27655581	12225585	13561643	6687749
云浮市	Yunfu	14993568	5355142	11274089	4193419
广西壮族自治区	**Guangxi**				
南宁市	Nanning	119964815	108997171	176605924	158688371
柳州市	Liuzhou	42944861	35745960	41394290	34463706
桂林市	Guilin	44503197	27179528	35394352	20900771
梧州市	Wuzhou	15989598	8378088	14616048	8290851
北海市	Beihai	13932103	10150048	11225244	8421749
防城港市	Fangchenggang	9627252	7067838	8973950	7138525
钦州市	Qinzhou	14290625	8565670	12678799	8782013
贵港市	Guigang	18265154	8780950	16095216	8801236
玉林市	Yulin	27033090	10147070	22403592	9294225
百色市	Baise	16515793	6277309	16309193	6794792
贺州市	Hezhou	9173279	5457406	8579492	5408989
河池市	Hechi	14339774	5622607	10830197	3907801
来宾市	Laibin	9111493	4559869	8870774	5353886
崇左市	Chongzuo	11371280	2927710	9275809	2995273
海南省	**Hainan**				
海口市	Haikou	57192750	57192750	61977450	61977450
三亚市	Sanya	17422987	17422987	13155323	13155323
三沙市	Sansha				
儋州市	Danzhou	5810763		5509658	
重庆市	**Chongqing**	**442702125**	**397341062**	**460432207**	**425795058**

2-11 续表 6 continued

单位：万元 (10 000 yuan)

城市	City	年末金融机构人民币各项存款余额 Deposits of Financial Institutions at Year-end		年末金融机构人民币各项贷款余额 Loans of Financial Institutions at Year-end	
		全市 Total City	市辖区 Districts under City	全市 Total City	市辖区 Districts under City
四川省	**Sichuan**				
成都市	Chengdu	466386505		451399579	
自贡市	Zigong	25004188	17332727	16004838	11283773
攀枝花市	Panzhihua	11736358	9537578	7641125	6262147
泸州市	Luzhou	34238711	21036863	26883869	18046476
德阳市	Deyang	36020917	14499916	21935364	10669677
绵阳市	Mianyang	56189198	36704154	32750869	21316640
广元市	Guangyuan	18237501	8956794	11397323	6352212
遂宁市	Suining	21094149	10987301	14303501	8239829
内江市	Neijiang	21968227	10088839	13023869	6664036
乐山市	Leshan	29857473	15246829	21252761	11675865
南充市	Nanchong	42014347	18912865	29514960	16823375
眉山市	Meishan	28272509	14426533	18312065	9371287
宜宾市	Yibin	41244008	30053453	30532108	21490066
广安市	Guang'an	23408671	9138486	11501945	4746504
达州市	Dazhou	38386000	17646100	22403000	12394200
雅安市	Ya'an	13978852	7690975	9775040	5585790
巴中市	Bazhong	15958591	7110685	10517106	5655001
资阳市	Ziyang	16823088	7880441	11285162	6973423
贵州省	**Guizhou**				
贵阳市	Guiyang	133798083	125259190	172281378	161244514
六盘水市	Liupanshui	13985141	7970345	18480542	10587695
遵义市	Zunyi	56627712	19158458	50285056	25666296
安顺市	Anshun	11433518	7776048	13868956	8267835
毕节市	Bijie	20627300	6985000	25150500	8571400
铜仁市	Tongren	15405564	4980900	20612659	7012833
云南省	**Yunnan**				
昆明市	Kunming	161609949	146232569	218568342	206803044
曲靖市	Qujing	29695988	15378615	20643188	11551832
玉溪市	Yuxi	21452234	13804423	16295822	10067944
保山市	Baoshan	11406481	5104653	11736090	5249345
昭通市	Zhaotong	19299182	6923704	14723253	6241674
丽江市	Lijiang	8472071	4379577	6915821	3796405
普洱市	Pu'er	10604156	3957127	10636788	4761559
临沧市	Lincang	8151957	2697774	6983958	2824976
西藏自治区	**Tibet**				
拉萨市	Lhasa	32200821		34483236	
日喀则市	Xigazê	5900700	881732	3020500	716336
昌都市	Qamdo	4419120	1159080	4910979	1466235
林芝市	Nyingchi	3432886	1206274	3425389	1832576
山南市	Lhoka	4356902	640000	3314717	225440
那曲市	Nagqu				

2-11 续表 7 continued

单位：万元 (10 000 yuan)

城　市	City	年末金融机构人民币各项存款余额 Deposits of Financial Institutions at Year-end		年末金融机构人民币各项贷款余额 Loans of Financial Institutions at Year-end	
		全　市 Total City	市辖区 Districts under City	全　市 Total City	市辖区 Districts under City
陕西省	**Shaanxi**				
西安市	Xi'an	280590268	275388297	291240048	288363772
铜川市	Tongchuan	6858637	6481077	3503671	3240209
宝鸡市	Baoji	36212230	25742700	22055794	17508300
咸阳市	Xianyang	44030670	23987172	23566845	15594982
渭南市	Weinan	31850147	10026443	15854185	5775543
延安市	Yan'an	19522169	9142371	14822450	7671911
汉中市	Hanzhong	27142927	12528431	11662023	6291649
榆林市	Yulin	55445170	20009263	25845909	11584542
安康市	Ankang	18678515	8300506	10774719	5834773
商洛市	Shangluo	13943552	5009544	7577700	2904416
甘肃省	**Gansu**				
兰州市	Lanzhou	95254036	80304299	140602631	89305025
嘉峪关市	Jiayuguan	4530245	4530245	5794557	5794557
金昌市	Jinchang	4993242	3607972	3641571	2688330
白银市	Baiyin	9891808	4167068	7677760	3747753
天水市	Tianshui	17494427	10608389	13902702	9638826
武威市	Wuwei	11111172	7449121	9312871	5758797
张掖市	Zhangye	9152225	4903600	7109840	4138016
平凉市	Pingliang	10995603	4496310	7510891	3313584
酒泉市	Jiuquan	11305363	5632134	8511531	4170809
庆阳市	Qingyang	13624123	5308570	8280809	3330422
定西市	Dingxi	11595997	3208627	9049588	2455460
陇南市	Longnan	12385783	4005836	7413162	2751309
青海省	**Qinghai**				
西宁市	Xining	47030412	44811341	54503111	52643689
海东市	Haidong	6684902	3171715	5338697	3163944
宁夏回族自治区	**Ningxia**				
银川市	Yinchuan	46913234	40279614	59796191	54447284
石嘴山市	Shizuishan	7451607	5679291	5411812	4169435
吴忠市	Wuzhong	8308104	4231551	7447437	3610937
固原市	Guyuan	5463913	2568997	4853547	2611017
中卫市	Zhongwei	6520875	3574510	5333775	2329782
新疆维吾尔自治区	**Xinjiang**				
乌鲁木齐市	Urumqi	102767791	102767791	98018089	98018089
克拉玛依市	Karamay	16707706	16707706	8815204	8815204
吐鲁番市	Turpan	3275358	1483050	2731315	1276056
哈密市	Hami	8713871	7744148	7667363	6687556

2–12 商品房销售面积
Sales Area of Commercial Residential Building

单位：万平方米 (10 000 sq.m)

城　市	City	商品房销售面积 Sales Area of Commercial Residential Building		住　宅 Residential Buildings		待售面积 Area for Sale	
		全市 Total City	市辖区 Districts under City	全市 Total City	市辖区 Districts under City	全市 Total City	市辖区 Districts under City
北京市	**Beijing**	**1107**	**1107**	**877**	**877**	**2396**	**2396**
天津市	**Tianjin**	**1435**	**1435**	**1334**	**1334**	**922**	**922**
河北省	**Hebei**						
石家庄市	Shijiazhuang	720	408	678	371	111	61
唐山市	Tangshan	582	373	549	354	78	36
秦皇岛市	Qinhuangdao	217	162	187	139	64	34
邯郸市	Handan	753	457	712	428	40	26
邢台市	Xingtai	751	303	696	277	23	8
保定市	Baoding	689	230	658	221	108	17
张家口市	Zhangjiakou	323	176	307	171	153	74
承德市	Chengde	216	64	191	55	77	14
沧州市	Cangzhou	594	161	576	158	32	10
廊坊市	Langfang	870	146	826	140	56	14
衡水市	Hengshui	417	168	400	162	26	21
山西省	**Shanxi**						
太原市	Taiyuan	822	755	728	664	83	64
大同市	Datong	307	271	299	263	112	108
阳泉市	Yangquan	61	34	59	33	30	28
长治市	Changzhi	392	248	364	228	168	127
晋城市	Jincheng	282	99	278	98	45	30
朔州市	Shuozhou	79	30	76	30	57	28
晋中市	Jinzhong	296	148	287	140	58	25
运城市	Yuncheng	458	204	448	201	115	45
忻州市	Xinzhou	108	59	104	56	93	58
临汾市	Linfen	308	142	301	138	56	23
吕梁市	Lvliang	94	22	91	22	45	17
内蒙古自治区	**Inner Mongolia**						
呼和浩特市	Hohhot	310	269	264	226	146	103
包头市	Baotou	311	298	303	290	48	37
乌海市	Wuhai	55	55	49	49	24	24
赤峰市	Chifeng	327	180	299	169	86	11
通辽市	Tongliao	201	41	188	39	104	9
鄂尔多斯市	Erdos	161	95	152	90	108	56
呼伦贝尔市	Hulunbuir	109	43	99	31	133	69
巴彦淖尔市	Bayannur	82	59	78	56	50	30
乌兰察布市	Ulanqab	105	44	100	43	102	55
辽宁省	**Liaoning**						
沈阳市	Shenyang	1093	1061	985	955	390	351
大连市	Dalian	688	623	627	567	535	422
鞍山市	Anshan	265	157	241	145	249	97

2-12 续表 1 continued

单位：万平方米 (10 000 sq.m)

城　市	City	商品房销售面积 Sales Area of Commercial Residential Building		住　宅 Residential Buildings		待售面积 Area for Sale	
		全市 Total City	市辖区 Districts under City	全市 Total City	市辖区 Districts under City	全市 Total City	市辖区 Districts under City
抚顺市	Fushun	117	53	112	51	141	79
本溪市	Benxi	61	29	55	28	55	44
丹东市	Dandong	166	65	161	64	228	95
锦州市	Jinzhou	124	74	117	72	106	73
营口市	Yingkou	226	169	204	156	190	123
阜新市	Fuxin	74	53	67	48	265	171
辽阳市	Liaoyang	81	48	79	47	60	20
盘锦市	Panjin	117	115	105	102	133	131
铁岭市	Tieling	92	21	87	21	174	40
朝阳市	Chaoyang	174	62	167	60	119	46
葫芦岛市	Huludao	156	61	141	57	123	61
吉林省	**Jilin**						
长春市	Changchun	1027	724	930	643	521	341
吉林市	Jilin	234	166	209	145	81	39
四平市	Siping	104	72	95	67	67	47
辽源市	Liaoyuan	46	34	45	34	23	18
通化市	Tonghua	61	40	56	38	82	43
白山市	Baishan	43	24	40	23	46	36
松原市	Songyuan	101	26	94	24	100	9
白城市	Baicheng	36	12	28	11	17	5
黑龙江省	**Heilongjiang**						
哈尔滨市	Harbin	609	512	517	426	579	515
齐齐哈尔市	Qiqihar	127	60	118	56	187	120
鸡西市	Jixi	46	18	42	16	80	28
鹤岗市	Hegang	5	3	4	2	24	21
双鸭山市	Shuangyashan	11	3	10	3	50	5
大庆市	Daqing	116	97	106	89	152	99
伊春市	Yichun	23	13	20	12	39	12
佳木斯市	Jiamusi	112	62	109	60	100	36
七台河市	Qitaihe	16	14	15	13	42	31
牡丹江市	Mudanjiang	97	55	91	51	182	54
黑河市	Heihe	48	17	45	16	37	9
绥化市	Suihua	135	22	127	22	117	10
上海市	**Shanghai**	**1880**	**1880**	**1490**	**1490**	**2684**	**2684**
江苏省	**Jiangsu**						
南京市	Nanjing	1511	1511	1371	1371	274	274
无锡市	Wuxi	1551	1008	1345	852	443	242
徐州市	Xuzhou	1659	774	1534	688	159	80
常州市	Changzhou	1011	896	765	669	397	350
苏州市	Suzhou	2275	1181	2088	1097	882	501
南通市	Nantong	2187	1174	1794	911	416	221

2–12 续表 2 continued

单位：万平方米 (10 000 sq.m)

城　市	City	商品房销售面积 Sales Area of Commercial Residential Building		住　宅 Residential Buildings		待售面积 Area for Sale	
		全市 Total City	市辖区 Districts under City	全市 Total City	市辖区 Districts under City	全市 Total City	市辖区 Districts under City
连云港市	Lianyungang	708	430	662	395	92	56
淮安市	Huai'an	1200	827	1049	698	84	61
盐城市	Yancheng	1120	645	963	536	354	167
扬州市	Yangzhou	829	587	630	422	242	142
镇江市	Zhenjiang	695	282	661	265	302	108
泰州市	Taizhou	982	493	754	389	88	26
宿迁市	Suqian	831	320	754	290	159	46
浙江省	**Zhejiang**						
杭州市	Hangzhou	2236	2111	1954	1841	389	303
宁波市	Ningbo	1606	905	1281	726	395	395
温州市	Wenzhou	886	402	768	367	55	26
嘉兴市	Jiaxing	932	195	854	179	194	52
湖州市	Huzhou	880	480	785	411	157	61
绍兴市	Shaoxing	1122	707	828	511	222	98
金华市	Jinhua	724	172	631	149	146	17
衢州市	Quzhou	205	97	181	93	70	40
舟山市	Zhoushan	112	103	97	88	64	48
台州市	Taizhou	955	481	751	387	148	51
丽水市	Lishui	332	180	294	154	61	13
安徽省	**Anhui**						
合肥市	Hefei	1837	1122	1563	911	357	285
芜湖市	Wuhu	711	555	664	522	77	25
蚌埠市	Bengbu	648	331	619	309	32	31
淮南市	Huainan	306	164	298	158	42	22
马鞍山市	Ma'anshan	307	156	288	145	57	30
淮北市	Huaibei	281	192	267	182	49	44
铜陵市	Tongling	283	253	209	181	155	145
安庆市	Anqing	455	163	379	131	141	60
黄山市	Huangshan	209	113	176	88	108	53
滁州市	Chuzhou	1295	582	1157	484	93	44
阜阳市	Fuyang	1128	521	1074	491	83	62
宿州市	Suzhou	890	332	863	322	75	35
六安市	Lu'an	775	470	729	444	156	109
亳州市	Bozhou	685	359	640	321	88	47
池州市	Chizhou	182	116	162	104	106	60
宣城市	Xuancheng	468	166	420	136	95	53
福建省	**Fujian**						
福州市	Fuzhou	2138	1046	1686	811	384	114
厦门市	Xiamen	593	593	413	413	316	316
莆田市	Putian	480	410	441	378	163	115
三明市	Sanming	354	88	317	82	42	6

2-12 续表 3 continued

单位：万平方米 (10 000 sq.m)

城市	City	商品房销售面积 Sales Area of Commercial Residential Building		住宅 Residential Buildings		待售面积 Area for Sale	
		全市 Total City	市辖区 Districts under City	全市 Total City	市辖区 Districts under City	全市 Total City	市辖区 Districts under City
泉州市	Quanzhou	1611	328	1288	263	324	97
漳州市	Zhangzhou	696	311	548	229	392	187
南平市	Nanping	384	160	288	123	86	47
龙岩市	Longyan	361	200	278	149	191	136
宁德市	Ningde	358	112	338	104	61	13
江西省	**Jiangxi**						
南昌市	Nanchang	2019	1370	1562	1000	120	76
景德镇市	Jingdezhen	240	68	224	66	45	21
萍乡市	Pingxiang	221	143	203	133	37	8
九江市	Jiujiang	950	443	871	402	80	10
新余市	Xinyu	138	112	125	103	37	37
鹰潭市	Yingtan	164	110	153	102	21	13
赣州市	Ganzhou	1412	604	1217	503	89	42
吉安市	Ji'an	404	113	376	109	91	6
宜春市	Yichun	699	218	659	206	51	22
抚州市	Fuzhou	527	264	492	251	59	24
上饶市	Shangrao	900	401	799	349	108	28
山东省	**Shandong**						
济南市	Jinan	1548	1455	1300	1216	210	199
青岛市	Qingdao	1645	1232	1420	1029	577	428
淄博市	Zibo	529	444	477	399	99	82
枣庄市	Zaozhuang	554	354	511	341	115	55
东营市	Dongying	304	229	272	203	49	38
烟台市	Yantai	1056	648	988	615	221	102
潍坊市	Weifang	1596	669	1387	631	398	178
济宁市	Jining	1231	453	1148	433	115	33
泰安市	Tai'an	450	235	425	221	96	66
威海市	Weihai	518	388	465	339	250	128
日照市	Rizhao	300	203	284	190	69	57
临沂市	Linyi	1623	891	1349	708	153	127
德州市	Dezhou	736	265	686	249	98	54
聊城市	Liaocheng	731	331	575	238	28	11
滨州市	Binzhou	477	190	435	173	89	50
菏泽市	Heze	975	316	911	297	199	149
河南省	**Henan**						
郑州市	Zhengzhou	2699	1677	2480	1529	807	409
开封市	Kaifeng	542	239	523	235	31	18
洛阳市	Luoyang	1016	705	911	612	167	154
平顶山市	Pingdingshan	492	193	458	172	156	101
安阳市	Anyang	591	258	574	253	44	4
鹤壁市	Hebi	208	136	196	126	64	17

2-12 续表 4 continued

单位：万平方米 (10 000 sq.m)

城市	City	商品房销售面积 Sales Area of Commercial Residential Building		住宅 Residential Buildings		待售面积 Area for Sale	
		全市 Total City	市辖区 Districts under City	全市 Total City	市辖区 Districts under City	全市 Total City	市辖区 Districts under City
新乡市	Xinxiang	735	222	708	216	75	12
焦作市	Jiaozuo	220	56	212	54	82	59
濮阳市	Puyang	556	206	523	194	36	19
许昌市	Xuchang	623	315	602	299	94	29
漯河市	Luohe	408	278	388	258	2	2
三门峡市	Sanmenxia	316	182	299	168	43	40
南阳市	Nanyang	832	331	759	317	116	30
商丘市	Shangqiu	1057	271	971	256	172	39
信阳市	Xinyang	1097	262	982	248	297	73
周口市	Zhoukou	843	242	733	218	297	34
驻马店市	Zhumadian	984	272	887	231	281	21
湖北省	**Hubei**						
武汉市	Wuhan					236	236
黄石市	Huangshi	365	170	352	164	20	8
十堰市	Shiyan	407	293	378	275	104	80
宜昌市	Yichang	632	454	601	436	28	6
襄阳市	Xiangyang	652	410	598	367	70	51
鄂州市	Ezhou	175	175	168	168	31	31
荆门市	Jingmen	373	165	315	151	191	71
孝感市	Xiaogan	321	131	314	126	80	11
荆州市	Jingzhou	488	178	468	171	67	25
黄冈市	Huanggang	507	78	484	76	189	2
咸宁市	Xianning	504	196	478	185	87	40
随州市	Suizhou	120	92	109	81	25	11
湖南省	**Hunan**						
长沙市	Changsha	2606	1950	2305	1717	357	182
株洲市	Zhuzhou	575	386	476	310	84	59
湘潭市	Xiangtan	426	280	398	270	35	34
衡阳市	Hengyang	685	271	648	260	162	89
邵阳市	Shaoyang	607	193	561	169	76	43
岳阳市	Yueyang	562	253	499	219	118	47
常德市	Changde	585	264	538	248	95	53
张家界市	Zhangjiajie	102	51	97	49	16	14
益阳市	Yiyang	421	191	379	181	38	22
郴州市	Chenzhou	813	338	727	292	20	6
永州市	Yongzhou	531	183	480	172	1092	533
怀化市	Huaihua	681	215	652	195	38	10
娄底市	Loudi	343	154	316	147	47	29
广东省	**Guangdong**						
广州市	Guangzhou	1736	1736	1371	1371	970	970
韶关市	Shaoguan	334	163	302	146	276	139

2-12 续表 5 continued

单位：万平方米 (10 000 sq.m)

城 市	City	商品房销售面积 Sales Area of Commercial Residential Building 全市 Total City	市辖区 Districts under City	住 宅 Residential Buildings 全市 Total City	市辖区 Districts under City	待售面积 Area for Sale 全市 Total City	市辖区 Districts under City
深圳市	Shenzhen	821	821	643	643	414	414
珠海市	Zhuhai	496	496	428	428	372	372
汕头市	Shantou	502	497	461	457	326	313
佛山市	Foshan	1963	1963	1496	1496	347	347
江门市	Jiangmen	725	299	619	238	432	192
湛江市	Zhanjiang	527	254	492	233	80	48
茂名市	Maoming	470	253	440	232	145	79
肇庆市	Zhaoqing	691	399	586	337	326	252
惠州市	Huizhou	1620	1148	1503	1050	612	433
梅州市	Meizhou	384	170	345	150	294	198
汕尾市	Shanwei	365	99	352	98	45	12
河源市	Heyuan	400	147	354	135	94	52
阳江市	Yangjiang	354	186	332	168	272	148
清远市	Qingyuan	679	403	496	323	504	382
东莞市	Dongguan	659		533		278	
中山市	Zhongshan	602		483		599	
潮州市	Chaozhou	136	113	129	111	79	64
揭阳市	Jieyang	273	136	257	121	90	42
云浮市	Yunfu	274	73	203	55	142	59
广西壮族自治区	**Guangxi**						
南宁市	Nanning	1494	1337	1125	986	324	247
柳州市	Liuzhou	669	537	597	473	84	69
桂林市	Guilin	640	383	471	245	80	31
梧州市	Wuzhou	391	183	359	160	63	41
北海市	Beihai	315	196	287	181	125	89
防城港市	Fangchenggang	159	125	139	107	38	25
钦州市	Qinzhou	307	205	281	191	155	125
贵港市	Guigang	381	216	364	204	97	46
玉林市	Yulin	656	308	600	279	93	23
百色市	Baise	423	209	362	175	133	52
贺州市	Hezhou	175	103	159	94	18	7
河池市	Hechi	166	71	154	65	46	14
来宾市	Laibin	132	63	125	60	102	69
崇左市	Chongzuo	271	46	259	42	102	17
海南省	**Hainan**						
海口市	Haikou	485	485	349	349	85	85
三亚市	Sanya	127	127	79	79	47	47
三沙市	Sansha						
儋州市	Danzhou	45		32		46	
重庆市	**Chongqing**	**6198**	**5468**	**4945**	**4337**	**2343**	**2188**

2-12 续表 6 continued

单位：万平方米 (10 000 sq.m)

城市	City	商品房销售面积 Sales Area of Commercial Residential Building		住宅 Residential Buildings		待售面积 Area for Sale	
		全市 Total City	市辖区 Districts under City	全市 Total City	市辖区 Districts under City	全市 Total City	市辖区 Districts under City
四川省	**Sichuan**						
成都市	Chengdu	3644	2754	2614	1907	1028	958
自贡市	Zigong	424	293	316	223	38	22
攀枝花市	Panzhihua	167	99	144	86	60	57
泸州市	Luzhou	1046	718	800	541	114	102
德阳市	Deyang	651	319	555	279	127	22
绵阳市	Mianyang	754	452	606	368	108	59
广元市	Guangyuan	192	133	170	117	67	29
遂宁市	Suining	717	389	615	308	4	4
内江市	Neijiang	503	228	355	167	29	28
乐山市	Leshan	554	305	410	209	14	4
南充市	Nanchong	1343	475	1134	393	40	37
眉山市	Meishan	956	470	842	390	179	134
宜宾市	Yibin	774	436	598	336	38	37
广安市	Guang'an	439	213	407	197	7	2
达州市	Dazhou	587	254	504	238	10	2
雅安市	Ya'an	121	74	99	59	57	15
巴中市	Bazhong	237	158	219	145	75	64
资阳市	Ziyang	316	134	299	130	4	
贵州省	**Guizhou**						
贵阳市	Guiyang	1425	1096	1194	894	90	88
六盘水市	Liupanshui	251	66	242	65	24	10
遵义市	Zunyi	1067	512	951	457	209	124
安顺市	Anshun	210	128	174	113	25	11
毕节市	Bijie	739	212	652	174	35	
铜仁市	Tongren	405	194	366	171	44	15
云南省	**Yunnan**						
昆明市	Kunming	1298	1011	965	719	490	379
曲靖市	Qujing	319	144	295	134	51	32
玉溪市	Yuxi	215	123	181	97	308	112
保山市	Baoshan	178	62	162	55	57	15
昭通市	Zhaotong	253	102	224	90	63	30
丽江市	Lijiang	77	40	71	38	23	16
普洱市	Pu'er	105	52	89	42	56	30
临沧市	Lincang	127	73	97	51	35	3
西藏自治区	**Tibet**						
拉萨市	Lhasa	93	62	83	59	36	18
日喀则市	Xigazê	9	8	7	6		
昌都市	Qamdo	15	12	10	10	10	6
林芝市	Nyingchi	22	21	14	14	20	20
山南市	Lhoka	2	2	2	2	4	4
那曲市	Nagqu						

2–12 续表 7 continued

单位：万平方米 (10 000 sq.m)

城市	City	商品房销售面积 Sales Area of Commercial Residential Building		住宅 Residential Buildings		待售面积 Area for Sale	
		全市 Total City	市辖区 Districts under City	全市 Total City	市辖区 Districts under City	全市 Total City	市辖区 Districts under City
陕西省	**Shaanxi**						
西安市	Xi'an	1857	1813	1579	1537	145	133
铜川市	Tongchuan	90	87	87	84	30	29
宝鸡市	Baoji	292	217	287	215	33	22
咸阳市	Xianyang	539	349	536	347	7	
渭南市	Weinan	450	174	433	168	63	6
延安市	Yan'an	86	82	83	78	55	54
汉中市	Hanzhong	287	188	270	175	114	52
榆林市	Yulin	334	230	297	201	89	49
安康市	Ankang	189	135	180	130	49	2
商洛市	Shangluo	82	18	80	18	11	4
甘肃省	**Gansu**						
兰州市	Lanzhou	805	407	767	384	67	32
嘉峪关市	Jiayuguan	43	43	40	40	25	25
金昌市	Jinchang	13	11	12	11	28	13
白银市	Baiyin	78	28	76	27	106	35
天水市	Tianshui	229	81	221	79	24	16
武威市	Wuwei	82	64	80	63	14	13
张掖市	Zhangye	112	60	87	55	112	38
平凉市	Pingliang	190	93	187	82	24	12
酒泉市	Jiuquan	113	86	99	74	110	48
庆阳市	Qingyang	143	62	137	57	29	19
定西市	Dingxi	213	57	209	54	49	16
陇南市	Longnan	88	37	88	37	21	21
青海省	**Qinghai**						
西宁市	Xining	227	217	177	168	15	14
海东市	Haidong	127	73	121	71	100	27
宁夏回族自治区	**Ningxia**						
银川市	Yinchuan	642	453	528	380	650	463
石嘴山市	Shizuishan	31	14	28	13	48	22
吴忠市	Wuzhong	152	73	136	66	159	76
固原市	Guyuan	98	67	72	48	68	1
中卫市	Zhongwei	93	54	81	47	103	53
新疆维吾尔自治区	**Xinjiang**						
乌鲁木齐市	Urumqi	772	772	710	710	386	386
克拉玛依市	Karamay	48	48	40	40	10	10
吐鲁番市	Turpan	30	10	27	8	69	42
哈密市	Hami	42	39	40	38	53	53

2-13 对外经济贸易(全市)
Foreign Trade and Economic Cooperation (Total City)

单位：万元 (10 000 yuan)

城　市	City	货物进口额 Import Volume of Goods	货物出口额 Export Volume of Goods
北京市	**Beijing**	**243198973**	**61184689**
天津市	**Tianjin**	**46918158**	**38756079**
河北省	**Hebei**		
石家庄市	Shijiazhuang	6241244	8570525
唐山市	Tangshan	10042383	4166182
秦皇岛市	Qinhuangdao	1656541	2354540
邯郸市	Handan	719871	2074146
邢台市	Xingtai	229617	1831618
保定市	Baoding	406175	3707070
张家口市	Zhangjiakou	76161	438381
承德市	Chengde	41110	163537
沧州市	Cangzhou	1444277	2293449
廊坊市	Langfang	2720003	2380429
衡水市	Hengshui	225839	2171015
山西省	**Shanxi**		
太原市	Taiyuan	6992069	11531389
大同市	Datong	235228	461695
阳泉市	Yangquan	83969	46808
长治市	Changzhi	12376	125845
晋城市	Jincheng	398789	122415
朔州市	Shuozhou	33635	41840
晋中市	Jinzhong	29788	308791
运城市	Yuncheng	501791	352944
忻州市	Xinzhou	46592	132693
临汾市	Linfen	10041	297222
吕梁市	Lvliang	298921	237702
内蒙古自治区	**Inner Mongolia**		
呼和浩特市	Hohhot	792000	806000
包头市	Baotou	1338066	1123190
乌海市	Wuhai	800	1507000
赤峰市	Chifeng	924000	310000
通辽市	Tongliao	188300	364300
鄂尔多斯市	Erdos	311973	581279
呼伦贝尔市	Hulunbuir	1076758	500516
巴彦淖尔市	Bayannur	1929400	402800
乌兰察布市	Ulanqab	57000	221000
辽宁省	**Liaoning**		
沈阳市	Shenyang	9311215	4848964
大连市	Dalian	23167915	19316837
鞍山市	Anshan	1533000	2940000

2-13 续表 1 continued

单位：万元 (10 000 yuan)

城 市	City	货物进口额 Import Volume of Goods	货物出口额 Export Volume of Goods
抚顺市	Fushun	422000	68000
本溪市	Benxi	1447800	892900
丹东市	Dandong	211034	1048932
锦州市	Jinzhou	448009	839934
营口市	Yingkou	2663221	2682373
阜新市	Fuxin	37864	208203
辽阳市	Liaoyang	91878	209125
盘锦市	Panjin	3020919	199534
铁岭市	Tieling	393618	365277
朝阳市	Chaoyang	202639	323871
葫芦岛市	Huludao	167664	425824
吉林省	**Jilin**		
长春市	Changchun	10138367	1659338
吉林市	Jilin	307434	518083
四平市	Siping	17559	23752
辽源市	Liaoyuan	33653	124596
通化市	Tonghua	74888	65895
白山市	Baishan	30412	83527
松原市	Songyuan	165	95500
白城市	Baicheng	15336	179722
黑龙江省	**Heilongjiang**		
哈尔滨市	Harbin	1732527	1713292
齐齐哈尔市	Qiqihar	256262	409361
鸡西市	Jixi	12909	327494
鹤岗市	Hegang	194692	50176
双鸭山市	Shuangyashan		
大庆市	Daqing	9908283	505601
伊春市	Yichun	51285	20589
佳木斯市	Jiamusi	772000	223000
七台河市	Qitaihe	3992	7817
牡丹江市	Mudanjiang	1552445	857495
黑河市	Heihe	608286	92944
绥化市	Suihua	279288	151917
上海市	**Shanghai**	**248916820**	**157186684**
江苏省	**Jiangsu**		
南京市	Nanjing	23769359	39898948
无锡市	Wuxi	26076146	42217507
徐州市	Xuzhou	2039434	10502935
常州市	Changzhou	8214661	21964000
苏州市	Suzhou	104562394	148757561
南通市	Nantong	11424128	22633902

2-13 续表 2 continued

单位：万元 (10 000 yuan)

城　　市	City	货物进口额 Import Volume of Goods	货物出口额 Export Volume of Goods
连云港市	Lianyungang	5477558	3851496
淮安市	Huai'an	1054713	2813061
盐城市	Yancheng	4238007	7000523
扬州市	Yangzhou	2568783	7121116
镇江市	Zhenjiang	2382532	5961023
泰州市	Taizhou	3596767	8631379
宿迁市	Suqian	578117	3919697
浙江省	**Zhejiang**		
杭州市	Hangzhou	27219480	46470183
宁波市	Ningbo	43017965	76243187
温州市	Wenzhou	3753786	20358152
嘉兴市	Jiaxing	9830373	28007920
湖州市	Huzhou	1347389	13561886
绍兴市	Shaoxing	2363972	27566338
金华市	Jinhua	5537263	53263383
衢州市	Quzhou	1756675	3157749
舟山市	Zhoushan	15809605	7739080
台州市	Taizhou	2022713	21970924
丽水市	Lishui	419114	2873711
安徽省	**Anhui**		
合肥市	Hefei	12956240	20291749
芜湖市	Wuhu	2553616	4898965
蚌埠市	Bengbu	917104	843842
淮南市	Huainan	44313	609100
马鞍山市	Ma'anshan	2767945	1997001
淮北市	Huaibei	111729	1045526
铜陵市	Tongling	6277395	695614
安庆市	Anqing	425973	1193030
黄山市	Huangshan	124149	949356
滁州市	Chuzhou	672320	3215524
阜阳市	Fuyang	269853	1112680
宿州市	Suzhou	96182	979970
六安市	Lu'an	83937	898920
亳州市	Bozhou	106877	311330
池州市	Chizhou	702614	220930
宣城市	Xuancheng	144000	1684000
福建省	**Fujian**		
福州市	Fuzhou	12202701	22917421
厦门市	Xiamen	45692234	43073015
莆田市	Putian	3846866	3093400
三明市	Sanming	72000	1165001

2-13 续表 3 continued

单位：万元 (10 000 yuan)

城　市	City	货物进口额 Import Volume of Goods	货物出口额 Export Volume of Goods
泉州市	Quanzhou	5809771	20355615
漳州市	Zhangzhou	3618288	6907881
南平市	Nanping	65380	1467704
龙岩市	Longyan	1895192	3174726
宁德市	Ningde	3052000	6005000
江西省	**Jiangxi**		
南昌市	Nanchang	3958740	8976840
景德镇市	Jingdezhen	8967	827114
萍乡市	Pingxiang	25977	1822039
九江市	Jiujiang	1373835	5141816
新余市	Xinyu	1254075	918462
鹰潭市	Yingtan	3116329	1179638
赣州市	Ganzhou	7373853	5764687
吉安市	Ji'an	931116	4379403
宜春市	Yichun	248265	2938683
抚州市	Fuzhou	164290	1978687
上饶市	Shangrao	395092	2790656
山东省	**Shandong**		
济南市	Jinan	7700667	11741020
青岛市	Qingdao	35731377	49172009
淄博市	Zibo	4725755	7246651
枣庄市	Zaozhuang	230567	2920058
东营市	Dongying	14838386	5550274
烟台市	Yantai	16664847	24485558
潍坊市	Weifang	7953100	18616706
济宁市	Jining	1932665	4854629
泰安市	Tai'an	979306	2911179
威海市	Weihai	5385019	14940344
日照市	Rizhao	7626833	4030214
临沂市	Linyi	1820211	15847728
德州市	Dezhou	1799646	3336171
聊城市	Liaocheng	1643327	3663601
滨州市	Binzhou	5609628	4621542
菏泽市	Heze	2859062	2822878
河南省	**Henan**		
郑州市	Zhengzhou	23393000	35528000
开封市	Kaifeng	130000	803000
洛阳市	Luoyang	422071	1901953
平顶山市	Pingdingshan	19000	400000
安阳市	Anyang	326000	313000
鹤壁市	Hebi	53000	503000

2-13 续表 4 continued

单位：万元 (10 000 yuan)

城 市	City	货物进口额 Import Volume of Goods	货物出口额 Export Volume of Goods
新乡市	Xinxiang	228000	901000
焦作市	Jiaozuo	418000	1277000
濮阳市	Puyang	558000	600000
许昌市	Xuchang	419183	2126685
漯河市	Luohe	183000	409000
三门峡市	Sanmenxia	2392000	319000
南阳市	Nanyang	286000	1370000
商丘市	Shangqiu	125000	418000
信阳市	Xinyang	287000	344000
周口市	Zhoukou	150000	873000
驻马店市	Zhumadian	59000	682000
湖北省	**Hubei**		
武汉市	Wuhan	14304000	19290000
黄石市	Huangshi	1568164	1669840
十堰市	Shiyan	43575	1067813
宜昌市	Yichang	316151	3071896
襄阳市	Xiangyang	309530	2521287
鄂州市	Ezhou	125664	162989
荆门市	Jingmen	392883	944278
孝感市	Xiaogan	200000	1150000
荆州市	Jingzhou	192855	1279078
黄冈市	Huanggang	118205	827958
咸宁市	Xianning	94692	828872
随州市	Suizhou	52097	1004942
湖南省	**Hunan**		
长沙市	Changsha	8028199	19774605
株洲市	Zhuzhou	583000	1716000
湘潭市	Xiangtan	1382209	2161536
衡阳市	Hengyang	1799700	3730400
邵阳市	Shaoyang	59334	2343182
岳阳市	Yueyang	2953076	3167571
常德市	Changde	227674	1684259
张家界市	Zhangjiajie	7103	121654
益阳市	Yiyang	57612	2144211
郴州市	Chenzhou	3535256	983726
永州市	Yongzhou	87299	2793312
怀化市	Huaihua	46205	152344
娄底市	Loudi	1529835	387856
广东省	**Guangdong**		
广州市	Guangzhou	45136798	63112575
韶关市	Shaoguan	1280625	924865

2-13 续表 5 continued

单位：万元 (10 000 yuan)

城市	City	货物进口额 Import Volume of Goods	货物出口额 Export Volume of Goods
深圳市	Shenzhen	161721609	192634069
珠海市	Zhuhai	14340212	18860557
汕头市	Shantou	1523753	6011994
佛山市	Foshan	11533228	50074126
江门市	Jiangmen	3238332	14656482
湛江市	Zhanjiang	3299673	2126970
茂名市	Maoming	585205	1708397
肇庆市	Zhaoqing	1334322	2719916
惠州市	Huizhou	9228229	21322682
梅州市	Meizhou	239338	978327
汕尾市	Shanwei	910671	1121681
河源市	Heyuan	602499	2466360
阳江市	Yangjiang	820927	1868409
清远市	Qingyuan	2984366	2386185
东莞市	Dongguan	56872185	95598155
中山市	Zhongshan	4633327	22316160
潮州市	Chaozhou	484181	1930528
揭阳市	Jieyang	249061	1634806
云浮市	Yunfu	507000	825000
广西壮族自治区	**Guangxi**		
南宁市	Nanning	6499700	5819500
柳州市	Liuzhou	1988061	1552592
桂林市	Guilin	94723	821351
梧州市	Wuzhou	401145	405861
北海市	Beihai	1882333	1126015
防城港市	Fangchenggang	8075985	779627
钦州市	Qinzhou	2141804	418469
贵港市	Guigang	246237	211325
玉林市	Yulin	128743	260588
百色市	Baise	433005	3830328
贺州市	Hezhou	47863	164762
河池市	Hechi	394753	190150
来宾市	Laibin	12228	120061
崇左市	Chongzuo	7580521	13690568
海南省	**Hainan**		
海口市	Haikou	2623980	312264
三亚市	Sanya	2068481	123000
三沙市	Sansha		
儋州市	Danzhou	5345574	1688956
重庆市	**Chongqing**	**28322619**	**51683270**

2-13 续表 6 continued

单位：万元 (10 000 yuan)

城 市	City	货物进口额 Import Volume of Goods	货物出口额 Export Volume of Goods
四川省	**Sichuan**		
成都市	Chengdu	33807561	48412141
自贡市	Zigong	115905	306432
攀枝花市	Panzhihua	242436	171286
泸州市	Luzhou	596624	698687
德阳市	Deyang	300302	1136476
绵阳市	Mianyang	1396575	1108895
广元市	Guangyuan	4476	96187
遂宁市	Suining	493810	380651
内江市	Neijiang	86442	210751
乐山市	Leshan	179100	740111
南充市	Nanchong	40796	479950
眉山市	Meishan	207901	594830
宜宾市	Yibin	690567	1674766
广安市	Guang'an	11400	227000
达州市	Dazhou	7194	72657
雅安市	Ya'an	50433	78939
巴中市	Bazhong	10496	43445
资阳市	Ziyang	131340	142738
贵州省	**Guizhou**		
贵阳市	Guiyang	1220412	3932732
六盘水市	Liupanshui	231209	564
遵义市	Zunyi	187790	432718
安顺市	Anshun	42122	15879
毕节市	Bijie	1082	38056
铜仁市	Tongren	10179	139987
云南省	**Yunnan**		
昆明市	Kunming	7812132	9350510
曲靖市	Qujing	61660	149986
玉溪市	Yuxi	53348	1502494
保山市	Baoshan	419534	59492
昭通市	Zhaotong		21467
丽江市	Lijiang	560	34656
普洱市	Pu'er	643086	149986
临沧市	Lincang	190677	171782
西藏自治区	**Tibet**		
拉萨市	Lhasa	153300	208400
日喀则市	Xigazê		279400
昌都市	Qamdo	1699	2909
林芝市	Nyingchi	493	164
山南市	Lhoka	265	265
那曲市	Nagqu		

2–13 续表 7 continued

单位：万元 (10 000 yuan)

城　　市	City	货物进口额 Import Volume of Goods	货物出口额 Export Volume of Goods
陕西省	**Shaanxi**		
西安市	Xi'an	20380386	23619210
铜川市	Tongchuan	7572	93007
宝鸡市	Baoji	455800	424800
咸阳市	Xianyang	637909	940029
渭南市	Weinan	165155	150768
延安市	Yan'an	41912	11609
汉中市	Hanzhong	101613	208903
榆林市	Yulin	61661	161063
安康市	Ankang	58000	57900
商洛市	Shangluo	206938	78854
甘肃省	**Gansu**		
兰州市	Lanzhou	1050746	367622
嘉峪关市	Jiayuguan	117994	11214
金昌市	Jinchang	1837218	45043
白银市	Baiyin	720932	59582
天水市	Tianshui	185700	279400
武威市	Wuwei	1062	45477
张掖市	Zhangye	600	36800
平凉市	Pingliang	131	20805
酒泉市	Jiuquan	10651	48802
庆阳市	Qingyang	784	16773
定西市	Dingxi	10300	9700
陇南市	Longnan		21900
青海省	**Qinghai**		
西宁市	Xining	132144	92869
海东市	Haidong	5906	31566
宁夏回族自治区	**Ningxia**		
银川市	Yinchuan	226100	1094600
石嘴山市	Shizuishan	72040	414421
吴忠市	Wuzhong	2206	45624
固原市	Guyuan	415	2176
中卫市	Zhongwei	92275	190767
新疆维吾尔自治区	**Xinjiang**		
乌鲁木齐市	Urumqi	1256462	2598024
克拉玛依市	Karamay	34484	170730
吐鲁番市	Turpan	14	1651
哈密市	Hami	2030	5987

2-14 规模以上工业企业数
Number of Industrial Enterprises above Designated Size

单位：个 (unit)

城　市	City	工业企业数 Number of Industrial Enterprises		内资企业 Domestic Funded		港、澳、台商投资企业 Enterprises with Funds from Hong Kong, Macao and Taiwan		外商投资企业 Foreign Funded Enterprises	
		全　市 Total City	市辖区 Districts under City	全　市 Total City	市辖区 Districts under City	全　市 Total City	市辖区 Districts under City	全　市 Total City	市辖区 Districts under City
北京市	**Beijing**	**3073**	**3073**	**2428**	**2428**	**131**	**131**	**514**	**514**
天津市	**Tianjin**	**5662**	**5662**	**4529**	**4529**	**224**	**224**	**909**	**909**
河北省	**Hebei**								
石家庄市	Shijiazhuang	2370	867	2292	818	35	19	43	30
唐山市	Tangshan	2041	1189	1960	1142	22	8	59	39
秦皇岛市	Qinhuangdao	459	337	406	288	13	11	40	38
邯郸市	Handan	1662	547	1631	535	18	7	13	5
邢台市	Xingtai	1733	296	1687	281	17	4	29	11
保定市	Baoding	2034	609	1964	581	18	8	52	20
张家口市	Zhangjiakou	515	239	488	226	10	2	17	11
承德市	Chengde	439	90	426	85	6	1	7	4
沧州市	Cangzhou	2403	284	2320	251	18	9	65	24
廊坊市	Langfang	1390	262	1260	184	27	14	103	64
衡水市	Hengshui	1081	301	1048	291	12	5	21	5
山西省	**Shanxi**								
太原市	Taiyuan	807	563	779	543	8	2	20	18
大同市	Datong	453	284	427	270	11	4	13	10
阳泉市	Yangquan	293	130	284	124	3	3	6	3
长治市	Changzhi	616	336	604	327	6	6	6	3
晋城市	Jincheng	540	71	522	66	4	1	14	4
朔州市	Shuozhou	431	136	426	132	1	1	4	3
晋中市	Jinzhong	961	211	945	201	8	4	8	6
运城市	Yuncheng	787	90	772	89	4	1	11	
忻州市	Xinzhou	615	55	607	54	3		5	1
临汾市	Linfen	616	87	603	85	10	1	3	1
吕梁市	Lvliang	721	39	708	38	5		8	1
内蒙古自治区	**Inner Mongolia**								
呼和浩特市	Hohhot	273	68	248	64	8	2	17	2
包头市	Baotou	480	339	467	329	3	2	10	8
乌海市	Wuhai	174	174	170	170	1	1	3	3
赤峰市	Chifeng	303	129	292	121	3	2	8	6
通辽市	Tongliao	245	37	239	35	3		3	2
鄂尔多斯市	Erdos	510	84	489	79	4		17	5
呼伦贝尔市	Hulunbuir	143	32	133	28	3	2	7	2
巴彦淖尔市	Bayannur	304	79	294	74	6	4	4	1
乌兰察布市	Ulanqab	333	32	319	28	7	1	7	3
辽宁省	**Liaoning**								
沈阳市	Shenyang	1642	1413	1368	1152	60	56	214	205
大连市	Dalian	2073	1696	1518	1182	104	92	451	422
鞍山市	Anshan	714	302	666	276	19	11	29	15

2-14 续表 1 continued

单位：个 (unit)

城市	City	工业企业数 Number of Industrial Enterprises		内资企业 Domestic Funded		港、澳、台商投资企业 Enterprises with Funds from Hong Kong, Macao and Taiwan		外商投资企业 Foreign Funded Enterprises	
		全市 Total City	市辖区 Districts under City	全市 Total City	市辖区 Districts under City	全市 Total City	市辖区 Districts under City	全市 Total City	市辖区 Districts under City
抚顺市	Fushun	281	226	258	206	11	11	12	9
本溪市	Benxi	229	170	208	155	11	9	10	6
丹东市	Dandong	412	157	388	139	10	7	14	11
锦州市	Jinzhou	358	173	321	144	15	11	22	18
营口市	Yingkou	661	322	579	268	26	17	56	37
阜新市	Fuxin	221	104	212	101	5		4	3
辽阳市	Liaoyang	268	145	252	133	8	5	8	7
盘锦市	Panjin	313	235	294	218	5	4	14	13
铁岭市	Tieling	331	87	309	78	11	3	11	6
朝阳市	Chaoyang	373	93	351	90	10	3	12	
葫芦岛市	Huludao	291	112	282	108	2	1	7	3
吉林省	**Jilin**								
长春市	Changchun	1322	802	1170	675	26	17	126	110
吉林市	Jilin	440	245	417	226	6	4	17	15
四平市	Siping	181	100	174	96	6	4	1	
辽源市	Liaoyuan	113	68	109	66	2	1	2	1
通化市	Tonghua	210	82	205	81	2		3	1
白山市	Baishan	156	64	150	62	1	1	5	1
松原市	Songyuan	225	89	216	86	3	1	6	2
白城市	Baicheng	166	55	152	49	6	3	8	3
黑龙江省	**Heilongjiang**								
哈尔滨市	Harbin	1406	955	1343	899	17	15	46	41
齐齐哈尔市	Qiqihar	400	160	378	152	10	4	12	4
鸡西市	Jixi	227	90	221	88	2	1	4	1
鹤岗市	Hegang	162	104	158	102	2	2	2	
双鸭山市	Shuangyashan	160	63	155	62	3	1	2	
大庆市	Daqing	539	332	526	321	3	2	10	9
伊春市	Yichun	69	24	65	22			4	2
佳木斯市	Jiamusi	369	112	355	104	4	1	10	7
七台河市	Qitaihe	113	88	112	87			1	1
牡丹江市	Mudanjiang	316	94	304	88	5	3	7	3
黑河市	Heihe	122	31	117	29	1		4	2
绥化市	Suihua	406	93	401	91	3	2	2	
上海市	**Shanghai**	**9309**	**9309**	**6269**	**6269**	**802**	**802**	**2238**	**2238**
江苏省	**Jiangsu**								
南京市	Nanjing	3975	3975	3394	3394	196	196	385	385
无锡市	Wuxi	7723	3968	6588	3172	402	247	733	549
徐州市	Xuzhou	2559	922	2420	858	65	25	74	39
常州市	Changzhou	5663	5059	5003	4436	230	217	430	406
苏州市	Suzhou	12494	5647	8571	3805	1100	508	2823	1334
南通市	Nantong	6178	2582	5421	2128	278	158	479	296

2-14 续表 2 continued

单位：个 (unit)

城 市	City	工业企业数 Number of Industrial Enterprises		内资企业 Domestic Funded		港、澳、台商投资企业 Enterprises with Funds from Hong Kong, Macao and Taiwan		外商投资企业 Foreign Funded Enterprises	
		全 市 Total City	市辖区 Districts under City	全 市 Total City	市辖区 Districts under City	全 市 Total City	市辖区 Districts under City	全 市 Total City	市辖区 Districts under City
连云港市	Lianyungang	1116	583	983	509	49	21	84	53
淮安市	Huai'an	1756	832	1585	769	86	35	85	28
盐城市	Yancheng	3494	1297	3187	1108	113	57	194	132
扬州市	Yangzhou	3484	1709	3209	1552	130	68	145	89
镇江市	Zhenjiang	2291	793	1994	651	127	61	168	81
泰州市	Taizhou	3252	1258	3016	1130	85	47	151	81
宿迁市	Suqian	2310	651	2201	604	54	22	55	25
浙江省	**Zhejiang**								
杭州市	Hangzhou	6528	5653	5787	4956	265	245	476	452
宁波市	Ningbo	9831	4938	8510	4098	631	380	690	460
温州市	Wenzhou	7819	2423	7700	2361	50	23	69	39
嘉兴市	Jiaxing	6818	1278	5792	1036	389	84	637	158
湖州市	Huzhou	4082	1699	3751	1592	156	45	175	62
绍兴市	Shaoxing	4944	2734	4575	2478	205	144	164	112
金华市	Jinhua	5357	1004	5189	938	84	35	84	31
衢州市	Quzhou	1278	413	1229	389	15	3	34	21
舟山市	Zhoushan	425	349	402	334	8	6	15	9
台州市	Taizhou	5281	1665	5136	1612	67	29	78	24
丽水市	Lishui	1398	393	1376	387	7	2	15	4
安徽省	**Anhui**								
合肥市	Hefei	2374	1068	2187	920	59	48	128	100
芜湖市	Wuhu	2067	1592	1923	1462	53	46	91	84
蚌埠市	Bengbu	858	398	811	374	21	6	26	18
淮南市	Huainan	775	425	754	415	15	9	6	1
马鞍山市	Ma'anshan	1234	567	1152	510	40	27	42	30
淮北市	Huaibei	632	331	608	317	8	5	16	9
铜陵市	Tongling	554	431	524	403	14	12	16	16
安庆市	Anqing	1710	310	1645	275	25	10	40	25
黄山市	Huangshan	544	259	529	250	4	2	11	7
滁州市	Chuzhou	2128	505	2021	442	37	19	70	44
阜阳市	Fuyang	1575	402	1556	392	12	7	7	3
宿州市	Suzhou	1079	549	1054	539	14	5	11	5
六安市	Lu'an	1178	530	1150	517	13	6	15	7
亳州市	Bozhou	656	311	647	306	7	4	2	1
池州市	Chizhou	625	341	605	331	9	3	11	7
宣城市	Xuancheng	1857	494	1795	472	20	5	42	17
福建省	**Fujian**								
福州市	Fuzhou	2854	1277	2378	1084	239	99	237	94
厦门市	Xiamen	2747	2747	2025	2025	353	353	369	369
莆田市	Putian	1125	838	1004	730	80	72	41	36
三明市	Sanming	1747	475	1685	460	46	11	16	4

2-14 续表 3 continued

单位：个 (unit)

城 市	City	工业企业数 Number of Industrial Enterprises		内资企业 Domestic Funded		港、澳、台商投资企业 Enterprises with Funds from Hong Kong, Macao and Taiwan		外商投资企业 Foreign Funded Enterprises	
		全 市 Total City	市辖区 Districts under City	全 市 Total City	市辖区 Districts under City	全 市 Total City	市辖区 Districts under City	全 市 Total City	市辖区 Districts under City
泉州市	Quanzhou	6016	751	4984	582	820	132	212	37
漳州市	Zhangzhou	2388	1046	2014	904	211	81	159	61
南平市	Nanping	996	248	962	240	16	4	18	4
龙岩市	Longyan	1183	566	1099	530	48	17	36	19
宁德市	Ningde	1097	146	1061	132	14	8	22	6
江西省	**Jiangxi**								
南昌市	Nanchang	1721	933	1584	835	58	40	79	58
景德镇市	Jingdezhen	510	182	490	176	6	3	14	3
萍乡市	Pingxiang	672	329	646	310	18	13	8	6
九江市	Jiujiang	2034	467	1927	432	53	12	54	23
新余市	Xinyu	575	461	562	452	10	7	3	2
鹰潭市	Yingtan	441	262	422	248	10	8	9	6
赣州市	Ganzhou	2558	1145	2364	1096	136	27	58	22
吉安市	Ji'an	1785	231	1706	217	47	6	32	8
宜春市	Yichun	2096	385	2012	368	46	10	38	7
抚州市	Fuzhou	1059	402	1037	391	13	6	9	5
上饶市	Shangrao	2133	645	2100	634	20	6	13	5
山东省	**Shandong**								
济南市	Jinan	2543	2234	2397	2102	58	48	88	84
青岛市	Qingdao	4280	2660	3463	2101	189	133	628	426
淄博市	Zibo	1958	1543	1846	1460	53	33	59	50
枣庄市	Zaozhuang	841	537	797	505	27	17	17	15
东营市	Dongying	895	548	851	518	20	13	24	17
烟台市	Yantai	2421	1261	1950	953	117	64	354	244
潍坊市	Weifang	3872	901	3624	828	99	24	149	49
济宁市	Jining	2195	648	2087	593	40	17	68	38
泰安市	Tai'an	1225	476	1166	451	19	6	40	19
威海市	Weihai	1214	816	957	619	59	46	198	151
日照市	Rizhao	899	462	807	393	27	15	65	54
临沂市	Linyi	3771	1452	3662	1415	58	17	51	20
德州市	Dezhou	1685	445	1610	414	31	16	44	15
聊城市	Liaocheng	1542	530	1505	507	18	10	19	13
滨州市	Binzhou	1494	315	1448	298	25	9	21	8
菏泽市	Heze	2218	521	2174	502	24	10	20	9
河南省	**Henan**								
郑州市	Zhengzhou	2534	780	2449	737	36	16	49	27
开封市	Kaifeng	1111	337	1078	313	13	7	20	17
洛阳市	Luoyang	1790	1051	1745	1026	22	8	23	17
平顶山市	Pingdingshan	942	213	926	208	9	1	7	4
安阳市	Anyang	869	243	853	238	9	1	7	4
鹤壁市	Hebi	444	233	437	227	3	3	4	3

2-14 续表 4 continued

单位：个 (unit)

城市	City	工业企业数 Number of Industrial Enterprises		内资企业 Domestic Funded		港、澳、台商投资企业 Enterprises with Funds from Hong Kong, Macao and Taiwan		外商投资企业 Foreign Funded Enterprises	
		全市 Total City	市辖区 Districts under City	全市 Total City	市辖区 Districts under City	全市 Total City	市辖区 Districts under City	全市 Total City	市辖区 Districts under City
新乡市	Xinxiang	1636	401	1606	384	9	6	21	11
焦作市	Jiaozuo	907	197	884	188	14	5	9	4
濮阳市	Puyang	666	142	654	137	7	1	5	4
许昌市	Xuchang	1709	401	1687	388	13	7	9	6
漯河市	Luohe	659	371	630	351	11	5	18	15
三门峡市	Sanmenxia	428	183	415	176	5	1	8	6
南阳市	Nanyang	1667	300	1637	288	18	5	12	7
商丘市	Shangqiu	1823	359	1796	350	16	4	11	5
信阳市	Xinyang	1393	353	1377	341	5	3	11	9
周口市	Zhoukou	1608	232	1577	225	13	4	18	3
驻马店市	Zhumadian	1274	173	1246	161	16	5	12	7
湖北省	**Hubei**								
武汉市	Wuhan	3135	3135	2791	2791	78	78	266	266
黄石市	Huangshi	760	329	723	304	14	8	23	17
十堰市	Shiyan	1049	623	1021	600	11	9	17	14
宜昌市	Yichang	1404	428	1356	400	27	16	21	12
襄阳市	Xiangyang	1857	781	1784	731	32	16	41	34
鄂州市	Ezhou	483	483	470	470	5	5	8	8
荆门市	Jingmen	939	271	907	256	14	6	18	9
孝感市	Xiaogan	1174	266	1123	242	22	6	29	18
荆州市	Jingzhou	1359	539	1325	515	14	9	20	15
黄冈市	Huanggang	1295	109	1255	93	29	12	11	4
咸宁市	Xianning	969	244	934	230	20	8	15	6
随州市	Suizhou	693	244	675	236	14	5	4	3
湖南省	**Hunan**								
长沙市	Changsha	2982	957	2834	897	62	27	86	33
株洲市	Zhuzhou	1856	682	1822	664	15	5	19	13
湘潭市	Xiangtan	1291	584	1257	560	16	12	18	12
衡阳市	Hengyang	1424	303	1394	289	19	6	11	8
邵阳市	Shaoyang	2057	348	2039	341	15	5	3	2
岳阳市	Yueyang	1838	485	1806	468	16	7	16	10
常德市	Changde	1656	552	1618	487	24	9	14	6
张家界市	Zhangjiajie	242	93	239	92	1		2	1
益阳市	Yiyang	1336	632	1309	616	12	8	15	8
郴州市	Chenzhou	1263	257	1216	245	31	7	16	5
永州市	Yongzhou	1265	316	1212	304	35	6	18	6
怀化市	Huaihua	784	79	770	76	8	1	6	2
娄底市	Loudi	990	326	976	319	8	2	6	5
广东省	**Guangdong**								
广州市	Guangzhou	6757	6757	5438	5438	664	664	655	655
韶关市	Shaoguan	603	223	531	194	51	18	21	11

2-14 续表 5 continued

单位：个 (unit)

城市	City	工业企业数 Number of Industrial Enterprises		内资企业 Domestic Funded		港、澳、台商投资企业 Enterprises with Funds from Hong Kong, Macao and Taiwan		外商投资企业 Foreign Funded Enterprises	
		全市 Total City	市辖区 Districts under City	全市 Total City	市辖区 Districts under City	全市 Total City	市辖区 Districts under City	全市 Total City	市辖区 Districts under City
深圳市	Shenzhen	13027	13027	10817	10817	1616	1616	594	594
珠海市	Zhuhai	1655	1655	1167	1167	293	293	195	195
汕头市	Shantou	2061	2056	1898	1895	111	110	52	51
佛山市	Foshan	9370	9370	8341	8341	649	649	380	380
江门市	Jiangmen	2903	1594	2215	1228	518	287	170	79
湛江市	Zhanjiang	788	259	713	217	40	20	35	22
茂名市	Maoming	652	320	617	307	27	7	8	6
肇庆市	Zhaoqing	1446	883	1240	745	140	91	66	47
惠州市	Huizhou	3873	2493	3001	1899	655	440	217	154
梅州市	Meizhou	536	175	495	159	26	12	15	4
汕尾市	Shanwei	289	65	235	45	47	16	7	4
河源市	Heyuan	623	241	486	174	113	50	24	17
阳江市	Yangjiang	465	337	411	301	39	27	15	9
清远市	Qingyuan	949	529	775	436	126	61	48	32
东莞市	Dongguan	12778		9584		2171		1023	
中山市	Zhongshan	4626		3769		536		321	
潮州市	Chaozhou	1035	890	979	840	49	44	7	6
揭阳市	Jieyang	1464	982	1389	940	65	34	10	8
云浮市	Yunfu	433	174	358	141	58	27	17	6
广西壮族自治区	**Guangxi**								
南宁市	Nanning	1323	935	1223	847	53	45	47	43
柳州市	Liuzhou	1168	822	1120	779	9	7	39	36
桂林市	Guilin	577	187	550	167	10	5	17	15
梧州市	Wuzhou	581	237	539	210	29	20	13	7
北海市	Beihai	312	194	277	168	23	17	12	9
防城港市	Fangchenggang	164	88	149	74	6	5	9	9
钦州市	Qinzhou	368	185	344	169	18	11	6	5
贵港市	Guigang	943	664	915	646	14	9	14	9
玉林市	Yulin	725	174	679	159	31	5	15	10
百色市	Baise	436	113	423	108	9	4	4	1
贺州市	Hezhou	327	209	309	199	11	5	7	5
河池市	Hechi	288	101	283	97	2	1	3	3
来宾市	Laibin	334	151	321	141	6	5	7	5
崇左市	Chongzuo	431	96	404	83	6	2	21	11
海南省	**Hainan**								
海口市	Haikou	187	187	156	156	16	16	15	15
三亚市	Sanya	35	35	28	28	5	5	2	2
三沙市	Sansha								
儋州市	Danzhou	58		49		4		5	
重庆市	**Chongqing**	**7314**	**6560**	**6889**	**6145**	**129**	**120**	**296**	**295**

2-14 续表 6 continued

单位：个 (unit)

城 市	City	工业企业数 Number of Industrial Enterprises		内资企业 Domestic Funded		港、澳、台商投资企业 Enterprises with Funds from Hong Kong, Macao and Taiwan		外商投资企业 Foreign Funded Enterprises	
		全 市 Total City	市辖区 Districts under City	全 市 Total City	市辖区 Districts under City	全 市 Total City	市辖区 Districts under City	全 市 Total City	市辖区 Districts under City
四川省	**Sichuan**								
成都市	Chengdu	4108	2713	3787	2452	100	84	221	177
自贡市	Zigong	604	380	594	372			10	8
攀枝花市	Panzhihua	420	291	415	287	2	1	3	3
泸州市	Luzhou	828	462	815	454	7	4	6	4
德阳市	Deyang	1358	466	1323	452	14	5	21	9
绵阳市	Mianyang	1200	632	1167	606	16	11	17	15
广元市	Guangyuan	574	317	568	312			6	5
遂宁市	Suining	616	303	593	285	6	6	17	12
内江市	Neijiang	467	177	448	168	10	5	9	4
乐山市	Leshan	638	226	626	221	8	2	4	3
南充市	Nanchong	853	296	842	290	6	4	5	2
眉山市	Meishan	761	413	735	390	10	8	16	15
宜宾市	Yibin	904	397	895	390	4	3	5	4
广安市	Guang'an	603	179	588	172	6	4	9	3
达州市	Dazhou	1008	321	1004	319	1	1	3	1
雅安市	Ya'an	357	120	347	117	5	2	5	1
巴中市	Bazhong	336	141	332	139			4	2
资阳市	Ziyang	265	125	250	114	4	3	11	8
贵州省	**Guizhou**								
贵阳市	Guiyang	871	544	834	512	16	14	21	18
六盘水市	Liupanshui	388	59	382	57	2		4	2
遵义市	Zunyi	777	282	768	276	3	1	6	5
安顺市	Anshun	499	341	490	334	6	4	3	3
毕节市	Bijie	429	111	426	111	2		1	
铜仁市	Tongren	467	123	462	120	5	3		
云南省	**Yunnan**								
昆明市	Kunming	1067	620	1000	577	30	22	37	21
曲靖市	Qujing	627	254	619	250	4	2	4	2
玉溪市	Yuxi	477	184	467	176	3	3	7	5
保山市	Baoshan	268	94	261	90	3	1	4	3
昭通市	Zhaotong	167	31	160	27	6	4	1	
丽江市	Lijiang	54	14	53	14	1			
普洱市	Pu'er	162	49	156	46	3	1	3	2
临沧市	Lincang	199	34	198	34			1	
西藏自治区	**Tibet**								
拉萨市	Lhasa	92	33	89	32			3	1
日喀则市	Xigazê	30	15	30	15				
昌都市	Qamdo	11	6	10	5	1	1		
林芝市	Nyingchi	10	8	10	8				
山南市	Lhoka	18	4	18	4				
那曲市	Nagqu								

2-14 续表 7 continued

单位：个 (unit)

城市	City	工业企业数 Number of Industrial Enterprises 全市 Total City	工业企业数 市辖区 Districts under City	内资企业 Domestic Funded 全市 Total City	内资企业 市辖区 Districts under City	港、澳、台商投资企业 Enterprises with Funds from Hong Kong, Macao and Taiwan 全市 Total City	港、澳、台商投资企业 市辖区 Districts under City	外商投资企业 Foreign Funded Enterprises 全市 Total City	外商投资企业 市辖区 Districts under City
陕西省	**Shaanxi**								
西安市	Xi'an	1731	1642	1606	1521	26	24	99	97
铜川市	Tongchuan	207	188	198	179			9	9
宝鸡市	Baoji	907	517	894	509	4		9	7
咸阳市	Xianyang	781	154	753	144	6	2	22	8
渭南市	Weinan	595	149	580	144	2	1	13	4
延安市	Yan'an	315	82	308	80	2	1	5	1
汉中市	Hanzhong	772	222	759	218	5	2	8	2
榆林市	Yulin	1024	134	1014	129	4	2	6	3
安康市	Ankang	787	212	779	209	3		5	3
商洛市	Shangluo	329	37	323	37			6	
甘肃省	**Gansu**								
兰州市	Lanzhou	441	168	429	162	5	1	7	5
嘉峪关市	Jiayuguan	65	65	65	65				
金昌市	Jinchang	116	67	116	67				
白银市	Baiyin	199	107	195	104	2	1	2	2
天水市	Tianshui	174	105	171	102			3	3
武威市	Wuwei	204	107	197	104	5	2	2	1
张掖市	Zhangye	187	72	182	69	2	2	3	1
平凉市	Pingliang	97	35	97	35				
酒泉市	Jiuquan	288	85	277	83	5	1	6	1
庆阳市	Qingyang	115	28	114	28	1			
定西市	Dingxi	137	39	137	39				
陇南市	Longnan	79	15	78	15	1			
青海省	**Qinghai**								
西宁市	Xining	248	189	240	182	2	2	6	5
海东市	Haidong	93	39	92	38	1	1		
宁夏回族自治区	**Ningxia**								
银川市	Yinchuan	428	158	401	140	7	3	20	15
石嘴山市	Shizuishan	344	180	334	175	3	2	7	3
吴忠市	Wuzhong	362	93	361	92			1	1
固原市	Guyuan	70	40	69	39			1	1
中卫市	Zhongwei	180	104	174	103	4		2	1
新疆维吾尔自治区	**Xinjiang**								
乌鲁木齐市	Urumqi	489	481	474	466	6	6	9	9
克拉玛依市	Karamay	106	106	104	104			2	2
吐鲁番市	Turpan	185	65	181	62	3	2	1	1
哈密市	Hami	164	111	160	107	3	3	1	1

2-15 规模以上工业企业资产及利润状况
Assets and Profits of Industrial Enterprises above Designated Size

单位：万元 (10 000 yuan)

城　市	City	流动资产合计 Total Current Assets		利润总额 Total Profits	
		全　市 Total City	市辖区 Districts under City	全　市 Total City	市辖区 Districts under City
北京市	**Beijing**	**251024713**	**251024713**	**36843749**	**36843749**
天津市	**Tianjin**	**119055692**	**119055692**	**15032660**	**15032660**
河北省	**Hebei**				
石家庄市	Shijiazhuang	41871193	23978719	4509782	2142977
唐山市	Tangshan	58227597	33816950	6518282	2555874
秦皇岛市	Qinhuangdao	14884227	10819064	1980504	805539
邯郸市	Handan	36870263	12359639	2663198	421890
邢台市	Xingtai	18661193	8033156	1655112	703167
保定市	Baoding	32865184	20386780	1939163	728147
张家口市	Zhangjiakou	10703999	5187377	394713	-69096
承德市	Chengde	11632177	3793073	1486342	259887
沧州市	Cangzhou	22516240	10440689	1655444	772122
廊坊市	Langfang	19634569	5173461	1055711	442959
衡水市	Hengshui	11207847	4986834	690312	441399
山西省	**Shanxi**				
太原市	Taiyuan	37581859	31991694	2251153	1707352
大同市	Datong	41354000	37590960	600452	16855
阳泉市	Yangquan	15757105	13560762	261777	166664
长治市	Changzhi	39859267	13096647	5027381	2439376
晋城市	Jincheng	27931021	1959591	2880673	170198
朔州市	Shuozhou	115172208	5145923	2864927	1004973
晋中市	Jinzhong	15446629	2963987	1655109	155367
运城市	Yuncheng	14927570	874307	1733247	-1609
忻州市	Xinzhou	12065969	1055678	2400050	75672
临汾市	Linfen	16499961	1236610	3289842	241123
吕梁市	Lvliang	33254467	2570206	7144830	564528
内蒙古自治区	**Inner Mongolia**				
呼和浩特市	Hohhot	16032544	3862565	2365913	509248
包头市	Baotou	26722130	23949165	3735677	3226107
乌海市	Wuhai	9252756	9252756	2666561	2666561
赤峰市	Chifeng	8140394	4354440	634577	182065
通辽市	Tongliao	6715124	875044	1435955	78463
鄂尔多斯市	Erdos	47025893	6451630	18811551	2535853
呼伦贝尔市	Hulunbuir	3780205	841024	974474	31842
巴彦淖尔市	Bayannur	5852162	1328646	765386	63202
乌兰察布市	Ulanqab	6764640	496815	956033	988
辽宁省	**Liaoning**				
沈阳市	Shenyang	49343802	47707227	5175640	5096457
大连市	Dalian	60438104	48675546	5937501	4448446
鞍山市	Anshan	18123464	11747097	2260322	1948084

2-15 续表 1 continued

单位：万元 (10 000 yuan)

城市	City	流动资产合计 Total Current Assets		利润总额 Total Profits	
		全市 Total City	市辖区 Districts under City	全市 Total City	市辖区 Districts under City
抚顺市	Fushun	5657178	4693400	508384	339565
本溪市	Benxi	10366636	9557015	458826	230439
丹东市	Dandong	4562790	2306532	241700	81347
锦州市	Jinzhou	4903942	3147170	281817	342688
营口市	Yingkou	18007115	13276136	1358317	1099864
阜新市	Fuxin	3775247	2010780	75047	-43353
辽阳市	Liaoyang	14288812	9227327	741402	428629
盘锦市	Panjin	20822987	14518019	238099	678796
铁岭市	Tieling	4926243	778307	-106939	-5012
朝阳市	Chaoyang	4718786	1483956	583966	185137
葫芦岛市	Huludao	7280881	1769547	251495	290135
吉林省	**Jilin**				
长春市	Changchun	54373474	49270480	8435960	8292316
吉林市	Jilin	8965177	6526270	772767	545342
四平市	Siping	2479254	1633217	190524	110720
辽源市	Liaoyuan	2339542	1420109	-36156	-106968
通化市	Tonghua	4402303	2099888	288735	105205
白山市	Baishan	2133901	1220966	232531	98005
松原市	Songyuan	2800019	1117878	-251464	-315340
白城市	Baicheng	2286140	569223	336388	54094
黑龙江省	**Heilongjiang**				
哈尔滨市	Harbin	25384754	22070099	952827	734226
齐齐哈尔市	Qiqihar	8970847	4536241	990319	6859
鸡西市	Jixi	3518489	1765615	222925	135926
鹤岗市	Hegang	2075841	1591308	186191	122782
双鸭山市	Shuangyashan	2725621	1788455	82833	75577
大庆市	Daqing	24189044	22804074	1866311	1708829
伊春市	Yichun	1244727	847403	150044	65119
佳木斯市	Jiamusi	3268193	1590189	189149	89084
七台河市	Qitaihe	2465989	2008390	192912	179956
牡丹江市	Mudanjiang	2115862	1155033	57962	61247
黑河市	Heihe	1260293	246514	514281	47177
绥化市	Suihua	4017906	605095	174690	10165
上海市	**Shanghai**	**316837627**	**316837627**	**31646323**	**31646323**
江苏省	**Jiangsu**				
南京市	Nanjing	103827583	103827583	10989139	10989139
无锡市	Wuxi	136647487	72750967	14524473	8486363
徐州市	Xuzhou	38433847	27154286	3573491	2411607
常州市	Changzhou	91143054	79289211	8552387	6797073
苏州市	Suzhou	273472363	125763018	27276610	12001021
南通市	Nantong	68006724	32195991	7602011	3529003

2-15 续表 2 continued

单位：万元 (10 000 yuan)

城市	City	流动资产合计 Total Current Assets 全市 Total City	流动资产合计 Total Current Assets 市辖区 Districts under City	利润总额 Total Profits 全市 Total City	利润总额 Total Profits 市辖区 Districts under City
连云港市	Lianyungang	21758047	17995545	3508748	3122508
淮安市	Huai'an	16922986	9025343	1922106	1095095
盐城市	Yancheng	37401454	17611481	2475549	399569
扬州市	Yangzhou	35024244	20689446	4144556	2505425
镇江市	Zhenjiang	37574010	14179328	3087232	1646910
泰州市	Taizhou	42146947	18537694	4469278	1629106
宿迁市	Suqian	21205935	8953991	3046337	1125238
浙江省	**Zhejiang**				
杭州市	Hangzhou	142193252	134577176	15152179	13893219
宁波市	Ningbo	141286469	88300986	17576774	10661185
温州市	Wenzhou	43674695	14307373	3677188	1252048
嘉兴市	Jiaxing	84605632	19977647	8748130	1970755
湖州市	Huzhou	39458794	15958513	4248167	1256489
绍兴市	Shaoxing	55410692	35272156	6260317	4114778
金华市	Jinhua	37595176	7830847	2964875	458177
衢州市	Quzhou	16838024	10363106	2320302	1504227
舟山市	Zhoushan	15478215	6165599	3279118	336819
台州市	Taizhou	46632007	16112018	4275233	945883
丽水市	Lishui	11683110	4400412	1457459	317756
安徽省	**Anhui**				
合肥市	Hefei	79969541	66139368	5860595	4618641
芜湖市	Wuhu	50164190	45983803	4134220	3664669
蚌埠市	Bengbu	9698468	7216497	619456	546249
淮南市	Huainan	7204644	5896296	540232	379763
马鞍山市	Ma'anshan	18007019	13540131	2014248	1616274
淮北市	Huaibei	8322058	4393674	1412843	633094
铜陵市	Tongling	9131385	8721989	1169075	996527
安庆市	Anqing	10072226	4030232	1790170	607718
黄山市	Huangshan	2923655	1628438	308783	193766
滁州市	Chuzhou	21632271	9460248	3648509	1132466
阜阳市	Fuyang	9594749	3527494	1491853	400739
宿州市	Suzhou	4907800	2804900	1040800	668600
六安市	Lu'an	10255782	4093590	1300360	353694
亳州市	Bozhou	7939534	5746289	697323	500115
池州市	Chizhou	4713775	2974949	1045499	724335
宣城市	Xuancheng	12530335	2791971	1627968	324855
福建省	**Fujian**				
福州市	Fuzhou	41277659	19830743	8522851	4103981
厦门市	Xiamen	51496595	51496595	6655945	6655945
莆田市	Putian	12291977	9898824	2822062	2206211
三明市	Sanming	8314051	3609858	1798466	1143922

2−15 续表 3 continued

单位：万元 (10 000 yuan)

城　市	City	流动资产合计 Total Current Assets		利润总额 Total Profits	
		全　市 Total City	市辖区 Districts under City	全　市 Total City	市辖区 Districts under City
泉州市	Quanzhou	55647810	9603482	16106446	2937808
漳州市	Zhangzhou	23708753	9515555	6422577	2960889
南平市	Nanping	5544509	2216425	806011	266157
龙岩市	Longyan	12308572	6517248	2314998	938706
宁德市	Ningde	31017874	21680471	4349646	1884390
江西省	**Jiangxi**				
南昌市	Nanchang	36479805	27044994	4496183	3136972
景德镇市	Jingdezhen	4652561	2869214	521044	101168
萍乡市	Pingxiang	4594126	3056678	1190638	874495
九江市	Jiujiang	15834659	5069547	7062093	1666552
新余市	Xinyu	7714415	7008396	1102973	1065167
鹰潭市	Yingtan	9264923	2778225	1290297	510126
赣州市	Ganzhou	21187366	10246202	3456723	1569829
吉安市	Ji'an	12655800	1157300	3659700	357500
宜春市	Yichun	16072946	3334488	4181830	352093
抚州市	Fuzhou	7893444	5211451	1423925	891746
上饶市	Shangrao	18830692	9765477	3580838	1462094
山东省	**Shandong**				
济南市	Jinan	52249689	48311044	4083772	3668710
青岛市	Qingdao	80287657	62339058	5780290	5029030
淄博市	Zibo	32055044	22812908	3948550	2553783
枣庄市	Zaozhuang	10904337	7156775	1284455	580565
东营市	Dongying	47842543	27611785	1800481	1101231
烟台市	Yantai	56880670	37877826	5881534	4787789
潍坊市	Weifang	64474826	23779166	5151368	2411461
济宁市	Jining	33049903	12855980	3035090	1252237
泰安市	Tai'an	24229613	8956138	1536121	851475
威海市	Weihai	25638235	20268178	2349826	2045303
日照市	Rizhao	24807336	19146045	2032330	1869762
临沂市	Linyi	35013034	16220342	1846337	540435
德州市	Dezhou	17700937	6032529	2457731	1258814
聊城市	Liaocheng	24132399	12906888	1952429	1632730
滨州市	Binzhou	44632951	6759816	6370176	1123239
菏泽市	Heze	15590230	4539908	3545277	1439491
河南省	**Henan**				
郑州市	Zhengzhou	72777970	24969713	4274995	2271605
开封市	Kaifeng	7753464	4992160	1153563	348688
洛阳市	Luoyang	31991212	18736900	3182423	1343273
平顶山市	Pingdingshan	19055717	7474948	2033762	1031422
安阳市	Anyang	12368807	6072219	780282	323968
鹤壁市	Hebi	5062579	3276911	206792	107163

2-15 续表 4 continued

单位：万元 (10 000 yuan)

城 市	City	流动资产合计 Total Current Assets		利润总额 Total Profits	
		全 市 Total City	市辖区 Districts under City	全 市 Total City	市辖区 Districts under City
新乡市	Xinxiang	17830242	7342122	1379505	484523
焦作市	Jiaozuo	13435479	6188092	1253327	731578
濮阳市	Puyang	6536221	3051068	-293884	-452432
许昌市	Xuchang	18969685	6856995	2895475	549436
漯河市	Luohe	5194811	3355286	1314202	822018
三门峡市	Sanmenxia	9084435	3832668	622663	320739
南阳市	Nanyang	16295849	5085497	1278171	111140
商丘市	Shangqiu	9926826	1624995	2378505	138615
信阳市	Xinyang	5984143	2970936	1316142	221756
周口市	Zhoukou	10671199	3063835	3655210	794537
驻马店市	Zhumadian	7567032	3561528	1202113	124157
湖北省	**Hubei**				
武汉市	Wuhan	99567552	99567552	10401971	10401971
黄石市	Huangshi	13571747	7102866	2014473	563103
十堰市	Shiyan	13336746	10836598	1647679	949743
宜昌市	Yichang	18362038	7865878	8382261	1932601
襄阳市	Xiangyang	22132300	15218600	6919400	3245900
鄂州市	Ezhou	3875819	3875819	1152697	1152697
荆门市	Jingmen	10080833	6036303	2547213	762773
孝感市	Xiaogan	8300634	2689909	1553604	412229
荆州市	Jingzhou	11886432	5199655	1748329	625773
黄冈市	Huanggang	7655290	1590273	756205	-20992
咸宁市	Xianning	5421922	2192058	2267948	518055
随州市	Suizhou	4785135	2937166	1222935	211592
湖南省	**Hunan**				
长沙市	Changsha				
株洲市	Zhuzhou	20220000	17200000	1650000	580000
湘潭市	Xiangtan	10233648	8765958	1228779	824635
衡阳市	Hengyang	7828108	4328906	1319344	404248
邵阳市	Shaoyang	4228599	2231661	2651161	472899
岳阳市	Yueyang	9677003	5862427	3145368	677180
常德市	Changde	11029198	9545113	1737873	952564
张家界市	Zhangjiajie	560752	271862	64488	24742
益阳市	Yiyang	6283529	3717850	1173404	551215
郴州市	Chenzhou	5663188	2595634	1755789	332206
永州市	Yongzhou	3982779	1052110	996747	160850
怀化市	Huaihua	2516147	340368	784257	92627
娄底市	Loudi	5334855	2754614	1651772	877248
广东省	**Guangdong**				
广州市	Guangzhou	142064810	142064810	15194898	15194898
韶关市	Shaoguan	8437981	4153631	815424	367957

2-15 续表 5 continued

单位：万元 (10 000 yuan)

城　市	City	流动资产合计 Total Current Assets		利润总额 Total Profits	
		全　市 Total City	市辖区 Districts under City	全　市 Total City	市辖区 Districts under City
深圳市	Shenzhen	344809347	344809347	34619898	34619898
珠海市	Zhuhai	57622469	57622469	5454943	5454943
汕头市	Shantou	13552738	13531862	2113952	2108066
佛山市	Foshan	115687014	115687014	18811187	18811187
江门市	Jiangmen	29145895	17506868	2416549	1665245
湛江市	Zhanjiang	12218662	7879848	2356990	2208116
茂名市	Maoming	6385100	5318996	1489927	1389397
肇庆市	Zhaoqing	16430909	12621000	2018940	1353809
惠州市	Huizhou	51542337	42061399	4468674	3656972
梅州市	Meizhou	6031840	3799417	485290	363845
汕尾市	Shanwei	3725367	1781111	109174	-11613
河源市	Heyuan	6002166	2983928	603243	234126
阳江市	Yangjiang	7827447	5005394	1585989	1269546
清远市	Qingyuan	19563261	12748888	1807808	864357
东莞市	Dongguan	149146049		12090057	
中山市	Zhongshan	43846527		3124396	
潮州市	Chaozhou	5288700	4518900	809600	636000
揭阳市	Jieyang	7072381	3484089	2026892	670139
云浮市	Yunfu	3907181	1944524	379656	198637
广西壮族自治区	**Guangxi**				
南宁市	Nanning	20672868	17390786	1259842	957202
柳州市	Liuzhou	21728070	19948562	1634577	1496971
桂林市	Guilin	6549757	4075115	670015	484648
梧州市	Wuzhou	5352329	3657671	1358265	978144
北海市	Beihai	7414541	6503002	1357987	1234286
防城港市	Fangchenggang	8976676	8505171	1336804	1281078
钦州市	Qinzhou	6113371	5272047	839881	666535
贵港市	Guigang	5399427	4098055	481687	316308
玉林市	Yulin	6369280	3357421	643735	200283
百色市	Baise	9581786	2321484	1447282	346361
贺州市	Hezhou	3525494	2798176	668963	433183
河池市	Hechi	3252154	909609	550322	102200
来宾市	Laibin	3548928	2261388	616306	529092
崇左市	Chongzuo	5109348	1108980	898770	136706
海南省	**Hainan**				
海口市	Haikou	5959772	5959772	619957	619957
三亚市	Sanya	815041	815041	28330	28330
三沙市	Sansha				
儋州市	Danzhou	4889012		647500	
重庆市	**Chongqing**	**135039402**	**129946983**	**21337946**	**20250385**

2-15 续表 6 continued

单位：万元 (10 000 yuan)

城 市	City	流动资产合计 Total Current Assets		利润总额 Total Profits	
		全 市 Total City	市辖区 Districts under City	全 市 Total City	市辖区 Districts under City
四川省	**Sichuan**				
成都市	Chengdu	120562641	104359492	10874979	8877479
自贡市	Zigong	6577142	5539288	747776	492596
攀枝花市	Panzhihua	8480630	6660644	2257549	1310364
泸州市	Luzhou	11496277	7049065	3745422	2361876
德阳市	Deyang	20902096	11040529	2708202	725120
绵阳市	Mianyang	20475238	17033905	1768591	1236746
广元市	Guangyuan	3127406	2019914	1335743	1036015
遂宁市	Suining	5857359	2674920	1367697	719618
内江市	Neijiang	5673818	1851150	1125003	190833
乐山市	Leshan	9806766	5132589	3040182	2243998
南充市	Nanchong	7924500	4870823	2495322	1245161
眉山市	Meishan	7530502	4456548	1205400	856535
宜宾市	Yibin	26263951	22260221	5632183	4522458
广安市	Guang'an	3651388	1780201	1415028	516328
达州市	Dazhou	6610600	2302447	2049154	487551
雅安市	Ya'an	3950879	1878633	638079	183906
巴中市	Bazhong	1028997	490180	181199	86347
资阳市	Ziyang	2168080	1741673	100427	-60844
贵州省	**Guizhou**				
贵阳市	Guiyang	19684529	14698672	2906538	2296730
六盘水市	Liupanshui	7575800	1541600	1331000	39400
遵义市	Zunyi	21470800	3129400	6239000	244900
安顺市	Anshun	4895424	4037706	389632	322051
毕节市	Bijie	5776700	742400	388600	-41800
铜仁市	Tongren	2652889	711455	422570	145169
云南省	**Yunnan**				
昆明市	Kunming	35018720	27127523	3770690	2960499
曲靖市	Qujing	11932331	6296363	1512166	897388
玉溪市	Yuxi	11531230	7813885	1482700	1079406
保山市	Baoshan	4032861	2012763	661693	63597
昭通市	Zhaotong	3472892	1416630	1127746	221365
丽江市	Lijiang	2376626	577903	293910	5040
普洱市	Pu'er	1555428	519022	221809	88436
临沧市	Lincang	1884588	257993	184482	-6768
西藏自治区	**Tibet**				
拉萨市	Lhasa	3471411	1339965	18585	7174
日喀则市	Xigazê	388563	122223	14835	2779
昌都市	Qamdo	423357	68715	335870	-6522
林芝市	Nyingchi	276820	264454	82290	81807
山南市	Lhoka	271859	45921	36463	5494
那曲市	Nagqu				

2-15 续表 7 continued

单位：万元 (10 000 yuan)

城市	City	流动资产合计 Total Current Assets		利润总额 Total Profits	
		全市 Total City	市辖区 Districts under City	全市 Total City	市辖区 Districts under City
陕西省	**Shaanxi**				
西安市	Xi'an	71861532	69085234	4444844	4280157
铜川市	Tongchuan	3389407	3221443	448641	425577
宝鸡市	Baoji	17045054	11971300	1611030	701829
咸阳市	Xianyang	12160292	4419020	2684836	719622
渭南市	Weinan	11684800	1901500	1029900	134500
延安市	Yan'an	19034317	12745128	2504288	240047
汉中市	Hanzhong	7279188	2349834	768510	236692
榆林市	Yulin	44046037	9197117	21621752	6073928
安康市	Ankang	2805412	863693	1074723	324414
商洛市	Shangluo	3852800	1386000	605300	13900
甘肃省	**Gansu**				
兰州市	Lanzhou	13350200	6761000	1423700	1205000
嘉峪关市	Jiayuguan	4462235	4462235	839834	839834
金昌市	Jinchang	5980766	5334146	775751	742365
白银市	Baiyin	5837509	5030063	57583	22503
天水市	Tianshui	3727278	3394726	295594	290938
武威市	Wuwei	2821876	1780423	74324	-30529
张掖市	Zhangye	1760165	630474	112744	33929
平凉市	Pingliang	1945762	411910	315127	48206
酒泉市	Jiuquan	4792554	1234069	170762	33310
庆阳市	Qingyang	2011868	859100	700061	113806
定西市	Dingxi	1426577	397991	25864	17869
陇南市	Longnan	1534500	88118	337169	13339
青海省	**Qinghai**				
西宁市	Xining	8687978	7346857	834350	526440
海东市	Haidong	1530100	485036	307200	56577
宁夏回族自治区	**Ningxia**				
银川市	Yinchuan	15884052	7033776	2697048	800580
石嘴山市	Shizuishan	5524306	3301608	511514	316337
吴忠市	Wuzhong	6866213	1243053	889975	136375
固原市	Guyuan	678044	514136	181437	71268
中卫市	Zhongwei	12407125	2512244	309091	202127
新疆维吾尔自治区	**Xinjiang**				
乌鲁木齐市	Urumqi	21624410	21402932	2421077	2376016
克拉玛依市	Karamay	6193743	6193743	762688	762688
吐鲁番市	Turpan	3196963	872009	561531	34200
哈密市	Hami	6543436	4066745	1623025	592417

2-16 社会消费品零售总额及批发零售贸易业情况
Total Retail Sales of Consumer Goods and Basic Conditions of Wholesale and Retail Trades

城市	City	社会消费品零售总额(万元) Total Retail Sales of Consumer Goods (10 000 yuan)		限额以上批发零售商贸企业数(法人数)(个) Number of Enterprises above Designated Size of Wholesale and Retail Trades (Number of Legal Entities) (unit)		限额以上批发零售业商品销售总额(万元) Total Sales of Commodities of Enterprises above Designated Size in Wholesale and Retail Trades (10 000 yuan)	
		全市 Total City	市辖区 Districts under City	全市 Total City	市辖区 Districts under City	全市 Total City	市辖区 Districts under City
北京市	**Beijing**	**148677416**	**148677416**	**10363**	**10363**	**882590616**	**882590616**
天津市	**Tianjin**	**37697821**	**37697821**	**8714**	**8714**	**443020471**	**443020471**
河北省	**Hebei**						
石家庄市	Shijiazhuang	25012429	18886294	1376	1145	56720134	46561370
唐山市	Tangshan	21432318	12587319	1202	916	41319084	33217067
秦皇岛市	Qinhuangdao	5924647	4253778	341	284	18009347	17166030
邯郸市	Handan	12759650	6143017	544	267	9711310	6403991
邢台市	Xingtai	10258752	3876948	478	219	6196810	3803306
保定市	Baoding	17003408	8482906	747	278	11283543	7047807
张家口市	Zhangjiakou	6407441	4545077	208	148	6513225	6012081
承德市	Chengde	5009374	2066966	193	85	3956738	2970027
沧州市	Cangzhou	11146791	4349421	467	190	12672180	8045304
廊坊市	Langfang	14030800	5083100	531	209	13590756	10049322
衡水市	Hengshui	6113137	2827376	318	194	4891588	3778018
山西省	**Shanxi**						
太原市	Taiyuan	18739018	17563400	1990	1867	87263486	82406667
大同市	Datong	7609495	6137920	232	208	11027005	10888766
阳泉市	Yangquan	3280087	2068990	190	137	12183061	11518266
长治市	Changzhi	6671164	4822128	715	517	24126453	13091707
晋城市	Jincheng	5363511	3221857	584	241	11952592	5413670
朔州市	Shuozhou	3475386	1586025	153	82	8106578	3504397
晋中市	Jinzhong	6830808	2261517	369	139	7208418	3395021
运城市	Yuncheng	8258084	2925891	462	88	10864245	1881951
忻州市	Xinzhou	4421958	1517840	325	79	10209529	2341843
临汾市	Linfen	7564701	2911531	410	178	12454793	4754908
吕梁市	Lvliang	5258400	774302	361	76	9759181	1870897
内蒙古自治区	**Inner Mongolia**						
呼和浩特市	Hohhot	11047439	9451219	432	352	10951146	7253919
包头市	Baotou	10610560	9787324	415	380	8657638	8123173
乌海市	Wuhai	1346343	1346343	124	124	1549861	1549861
赤峰市	Chifeng	6125018	3286058	176	98	3644024	2672171
通辽市	Tongliao	3262847	1151355	213	62	3748498	1372434
鄂尔多斯市	Erdos	6083468	2971895	289	143	30037201	13925461
呼伦贝尔市	Hulunbuir	3188886	1021053	236	74	3666490	1223288
巴彦淖尔市	Bayannur	2264014	1103962	137	69	1854763	1045267
乌兰察布市	Ulanqab	2366830	947714	99	50	1377177	1003911
辽宁省	**Liaoning**						
沈阳市	Shenyang	39850787	37732789	1989	1866	108552033	107084003
大连市	Dalian	19097192	16866973	1853	1474	53715730	44955498
鞍山市	Anshan	7746850	3357269	480	273	10312598	8688715

2–16 续表 1 continued

城　市	City	社会消费品零售总额(万元) Total Retail Sales of Consumer Goods (10 000 yuan)		限额以上批发零售商贸企业数(法人数)(个) Number of Enterprises above Designated Size of Wholesale and Retail Trades (Number of Legal Entities) (unit)		限额以上批发零售业商品销售总额(万元) Total Sales of Commodities of Enterprises above Designated Size in Wholesale and Retail Trades (10 000 yuan)	
		全市 Total City	市辖区 Districts under City	全市 Total City	市辖区 Districts under City	全市 Total City	市辖区 Districts under City
抚顺市	Fushun	1863000	1713000	117	103	2897483	2670567
本溪市	Benxi	1527154	1178385	114	85	3167933	3017616
丹东市	Dandong	2871557	1654439	140	74	1418857	1140357
锦州市	Jinzhou	3646355	2620504	224	162	4405896	3959908
营口市	Yingkou	4476120	2977806	285	192	11088637	9025450
阜新市	Fuxin	2231218	1665661	89	63	2257696	1893640
辽阳市	Liaoyang	2869247	1661194	141	105	5052437	3700804
盘锦市	Panjin	3827672	3530612	180	154	8703464	3995903
铁岭市	Tieling	1929370	931475	131	39	1787309	1009546
朝阳市	Chaoyang	3009214	1295456	135	52	4239200	1224545
葫芦岛市	Huludao	2893486	1404771	189	92	4203611	1599875
吉林省	**Jilin**						
长春市	Changchun	22191858	19817091	1366	1257	44521917	43812796
吉林市	Jilin	5277779	3930216	280	203	4218486	3800855
四平市	Siping	1875785	1047699	128	69	1333900	1037999
辽源市	Liaoyuan	1178091	757247	59	39	730137	389946
通化市	Tonghua	1987134	1131170	118	74	1940688	1760011
白山市	Baishan	1499784	862026	60	40	622356	571988
松原市	Songyuan	2419094	902971	177	77	2198569	894015
白城市	Baicheng	1563685	860368	88	33	897325	613519
黑龙江省	**Heilongjiang**						
哈尔滨市	Harbin	23803424	20448090	1011	884	35823703	34513553
齐齐哈尔市	Qiqihar	3410716	1793385	291	167	6793002	2228140
鸡西市	Jixi	2226685	1406492	110	56	1379154	895036
鹤岗市	Hegang	880838	636142	50	36	523319	447324
双鸭山市	Shuangyashan	941353	339623	49	18	517830	394978
大庆市	Daqing	7425578	6305843	285	245	20583835	20065908
伊春市	Yichun	1180699	622038	34	17	1167769	1106271
佳木斯市	Jiamusi	2354385		169		4361692	
七台河市	Qitaihe	683954	511393	37	33	441781	386374
牡丹江市	Mudanjiang	7309344	2567787	236	90	4909303	1635295
黑河市	Heihe	1322778	143063	136	40	1620241	727132
绥化市	Suihua	3489777	753702	131	27	1863085	871449
上海市	**Shanghai**	**180792515**	**180792515**	**16625**	**16625**	**1622093422**	**1622093422**
江苏省	**Jiangsu**						
南京市	Nanjing	78994140	78994140	5154	5154	199403370	199403370
无锡市	Wuxi	33060906	20126340	5722	3508	193990555	99527357
徐州市	Xuzhou	40380176	18611157	3083	1249	43936931	25657769
常州市	Changzhou	29113563	25223714	3167	2923	71722342	66904855
苏州市	Suzhou	90313177	48808805	5277	2537	297806116	124350972
南通市	Nantong	39354833	20281884	3409	1912	77633131	41369984

2-16 续表 2 continued

城市	City	社会消费品零售总额(万元) Total Retail Sales of Consumer Goods (10 000 yuan)		限额以上批发零售商贸企业数(法人数)(个) Number of Enterprises above Designated Size of Wholesale and Retail Trades (Number of Legal Entities) (unit)		限额以上批发零售业商品销售总额(万元) Total Sales of Commodities of Enterprises above Designated Size in Wholesale and Retail Trades (10 000 yuan)	
		全市 Total City	市辖区 Districts under City	全市 Total City	市辖区 Districts under City	全市 Total City	市辖区 Districts under City
连云港市	Lianyungang	12033120	7547845	1229	688	18925438	16024390
淮安市	Huai'an	18282541	12904406	1013	662	12696450	8548453
盐城市	Yancheng	26843433	11987962	1620	759	25426000	13355000
扬州市	Yangzhou	14809248	10017501	1344	840	19823198	12570768
镇江市	Zhenjiang	13468309	6544221	781	387	18923701	12695712
泰州市	Taizhou	15769410	7146606	2493	1145	39290498	23472086
宿迁市	Suqian	14603596	7425589	857	403	21368218	11557382
浙江省	**Zhejiang**						
杭州市	Hangzhou	67435217	63688211	6559	6152	388847158	384134652
宁波市	Ningbo	46491010	29611285	8268	6642	405736408	366545613
温州市	Wenzhou	38076696	16248943	2981	1687	98503393	70811599
嘉兴市	Jiaxing	22750342	6140786	1947	564	50592382	18044024
湖州市	Huzhou	15561789	8663836	1080	497	45614014	13631455
绍兴市	Shaoxing	24770555	15083716	3194	2412	57211116	40510911
金华市	Jinhua	28819156	7704193	1969	550	34131352	12729613
衢州市	Quzhou	8391637	3020172	718	430	10241969	5948477
舟山市	Zhoushan	5524053	4343353	583	537	43732011	42701270
台州市	Taizhou	26056222	9888933	1650	668	34343414	20153096
丽水市	Lishui	7728747	2128239	528	162	19717266	6836721
安徽省	**Anhui**						
合肥市	Hefei	51116824	37264375	2107	1582	84276716	75039161
芜湖市	Wuhu	19729503	16229586	1039	866	33194881	32325463
蚌埠市	Bengbu	12874690	7711556	548	377	5256091	4526639
淮南市	Huainan	8662257	5911865	400	240	4372061	3889361
马鞍山市	Ma'anshan	9378548	4971946	216	130	8021119	6177946
淮北市	Huaibei	5212791	3615570	238	158	6045679	5443142
铜陵市	Tongling	4105191	3145263	251	204	7202362	7058127
安庆市	Anqing	12841489	4668872	739	312	7152433	5169405
黄山市	Huangshan	5340710	2836367	228	153	2097528	1733187
滁州市	Chuzhou	14955211	3475231	520	141	7394095	4940865
阜阳市	Fuyang	22296167	8484522	684	287	9361630	6948738
宿州市	Suzhou	12395382	4901624	579	298	6424747	4953283
六安市	Lu'an	11556672	5746515	492	222	4913116	3377965
亳州市	Bozhou	11900771	4130743	463	234	5999158	4491856
池州市	Chizhou	4773940	2685450	221	150	2013111	1801655
宣城市	Xuancheng	7571436	2483924	337	86	3553183	2425738
福建省	**Fujian**						
福州市	Fuzhou	45494113	34550227	4321	3165	126741290	94354105
厦门市	Xiamen	25840733	25840733	4029	4029	292887086	292887086
莆田市	Putian	17457492	14021086	2080	1842	34375920	28232352
三明市	Sanming	8518749	3050389	780	321	14356254	11180250

2-16 续表 3 continued

城 市	City	社会消费品零售总额(万元) Total Retail Sales of Consumer Goods (10 000 yuan)		限额以上批发零售商贸企业数(法人数)(个) Number of Enterprises above Designated Size of Wholesale and Retail Trades (Number of Legal Entities) (unit)		限额以上批发零售业商品销售总额(万元) Total Sales of Commodities of Enterprises above Designated Size in Wholesale and Retail Trades (10 000 yuan)	
		全市 Total City	市辖区 Districts under City	全市 Total City	市辖区 Districts under City	全市 Total City	市辖区 Districts under City
泉州市	Quanzhou	58197239	12157076	4655	865	101494962	19444624
漳州市	Zhangzhou	18045701	8207960	1200	600	22262594	12083211
南平市	Nanping	7609990	2071519	354	118	3200386	1848703
龙岩市	Longyan	13765350	6411156	1434	731	20408264	13870341
宁德市	Ningde	8801725	1718843	510	127	8560043	3611936
江西省	**Jiangxi**						
南昌市	Nanchang	28787407	23341090	823	659	51298983	42053117
景德镇市	Jingdezhen	5481709	3250940	258	109	1858399	803395
萍乡市	Pingxiang	3897938	2747055	220	132	2226539	1832052
九江市	Jiujiang	14078108	5488178	730	210	6316631	3532835
新余市	Xinyu	4021335	3152763	193	156	4959298	4847138
鹰潭市	Yingtan	4052239	2723281	246	155	5102433	2309094
赣州市	Ganzhou	19876846	9979880	938	375	9926616	7474571
吉安市	Ji'an	10352328	1968351	867	161	7618954	2093387
宜春市	Yichun	10715184	3330906	699	240	8654763	3911222
抚州市	Fuzhou	6314761	2959295	347	128	3308698	1903978
上饶市	Shangrao	14489169	5350662	860	266	6974836	3801167
山东省	**Shandong**						
济南市	Jinan	51260961	49763205	4562	4422	116078022	114310684
青岛市	Qingdao	59754345	46680715	3824	3191	171095639	154188374
淄博市	Zibo	13088856	9795310	1935	1672	39933052	35406972
枣庄市	Zaozhuang	10417164	6139052	572	403	8142419	5217085
东营市	Dongying	7568953	5517763	777	477	46129249	25790018
烟台市	Yantai	32322627	16648972	1828	1288	40360679	27403205
潍坊市	Weifang	27814576	9716161	1704	583	44660757	19971304
济宁市	Jining	24595910	8930799	1915	880	27796791	13105513
泰安市	Tai'an	11618021	4398669	1227	835	25263270	15944028
威海市	Weihai	13476084	8438080	576	482	13773125	12886741
日照市	Rizhao	6548902	4500816	745	588	36230571	31484843
临沂市	Linyi	29310715	16855150	1601	1109	29819148	18297156
德州市	Dezhou	12795582	3980831	715	293	12340469	5507188
聊城市	Liaocheng	9175467	5184504	820	529	18474296	15309999
滨州市	Binzhou	8233382	3032169	712	284	27424920	6352138
菏泽市	Heze	19163913	5802914	783	343	12337566	4398936
河南省	**Henan**						
郑州市	Zhengzhou	53892068	38138989	3192	2477	88354216	74825278
开封市	Kaifeng	11125194	5324889	494	126	3380237	2173039
洛阳市	Luoyang	22911605	14165026	1151	929	20679664	17525124
平顶山市	Pingdingshan	11008351	4187243	586	177	9251473	5820075
安阳市	Anyang	9079575	3852755	564	298	9419514	6524472
鹤壁市	Hebi	3180277	1695401	217	123	3549680	2433795

2-16 续表 4 continued

城 市	City	社会消费品零售总额(万元) Total Retail Sales of Consumer Goods (10 000 yuan)		限额以上批发零售商贸企业数(法人数)(个) Number of Enterprises above Designated Size of Wholesale and Retail Trades (Number of Legal Entities) (unit)		限额以上批发零售业商品销售总额(万元) Total Sales of Commodities of Enterprises above Designated Size in Wholesale and Retail Trades (10 000 yuan)	
		全市 Total City	市辖区 Districts under City	全市 Total City	市辖区 Districts under City	全市 Total City	市辖区 Districts under City
新乡市	Xinxiang	10566279	3935776	785	317	7712121	4958047
焦作市	Jiaozuo	8632960	2906348	567	286	6689729	3268654
濮阳市	Puyang	7225866	3218402	384	199	3945338	2739698
许昌市	Xuchang	13310106	5413410	550	193	4904954	3099833
漯河市	Luohe	7165089	4940109	312	233	7490896	6864348
三门峡市	Sanmenxia	5351346	1901972	481	241	4215491	2721216
南阳市	Nanyang	21962736	8006873	1233	375	11825745	5742581
商丘市	Shangqiu	14895034	6020063	1010	306	10241731	5677837
信阳市	Xinyang	12528469	3774997	993	268	4991769	3112195
周口市	Zhoukou	18047491	4237299	872	257	7325485	3854694
驻马店市	Zhumadian	10960043	3040851	664	161	4697018	3164701
湖北省	**Hubei**						
武汉市	Wuhan	67950422	67950422	2486	2486	132463102	132463102
黄石市	Huangshi	9669610	4906060	382	217	5786870	3475735
十堰市	Shiyan	12559952	7873178	492	272	5907544	5229124
宜昌市	Yichang	18008117	9216333	1046	425	15150149	8001647
襄阳市	Xiangyang	19661300	9862213	780	360	8428507	6226932
鄂州市	Ezhou	3528538	3528538	83	83	3019578	3019578
荆门市	Jingmen	9503746	3862067	554	196	6216339	4390558
孝感市	Xiaogan	11975977	2381190	354	126	4477628	2325879
荆州市	Jingzhou	16114536	6221247	945	327	6934146	3880160
黄冈市	Huanggang	14037921	1932906	504	68	3679921	2355668
咸宁市	Xianning	7819332	1953638	398	88	3624286	2183728
随州市	Suizhou	6185000	3685021	396	203	4017382	2665799
湖南省	**Hunan**						
长沙市	Changsha	51115732	35367337	2102	1335	63330487	53050694
株洲市	Zhuzhou	12469296	6504545	1071	568	9743990	6754627
湘潭市	Xiangtan	8699414	5636522	502	323	7479683	6628173
衡阳市	Hengyang	18127985	9054203	798	362	7702320	6043808
邵阳市	Shaoyang	13823522	2772912	1318	181	7104027	3088200
岳阳市	Yueyang	18078676	9382173	926	454	11854046	8505539
常德市	Changde	16338451	6564913	731	259	6602183	4874523
张家界市	Zhangjiajie	2047698	1148561	135	74	902546	785493
益阳市	Yiyang	8193220	3687177	506	195	4283802	2960980
郴州市	Chenzhou	10563746	2013741	798	266	11188636	7857345
永州市	Yongzhou	8992621	3012742	680	185	4672879	2582253
怀化市	Huaihua	6953119	2945838	424	194	3565789	2881631
娄底市	Loudi	7781968	2329688	525	123	5361518	1987025
广东省	**Guangdong**						
广州市	Guangzhou	101225604	101225604	13670	13670		
韶关市	Shaoguan	4881601	2386651	462	258	7261129	4228932

2-16 续表 5 continued

城 市	City	社会消费品零售总额(万元) Total Retail Sales of Consumer Goods (10 000 yuan)		限额以上批发零售商贸企业数(法人数)(个) Number of Enterprises above Designated Size of Wholesale and Retail Trades (Number of Legal Entities) (unit)		限额以上批发零售业商品销售总额(万元) Total Sales of Commodities of Enterprises above Designated Size in Wholesale and Retail Trades (10 000 yuan)	
		全市 Total City	市辖区 Districts under City	全市 Total City	市辖区 Districts under City	全市 Total City	市辖区 Districts under City
深圳市	Shenzhen	94981156	94981156	12177	12177	411530563	411530563
珠海市	Zhuhai	10482439	10482439	1401	1401	51330947	51330947
汕头市	Shantou	15038398	14847495	1222	1216	20800291	20751590
佛山市	Foshan	35566581	35566581	4747	4747	150346850	150346850
江门市	Jiangmen	12780967	6183770	1175	784	16318646	12211769
湛江市	Zhanjiang	17844564	9277560	752	551	11680157	10543277
茂名市	Maoming	14973181	8105741	881	646	20328159	19228998
肇庆市	Zhaoqing	11608165	6850919	357	242	9951194	6620584
惠州市	Huizhou	19789200	11862052	915	635	15508530	12340385
梅州市	Meizhou	6543710	2881498	209	126	3126598	2204114
汕尾市	Shanwei	4772967	1160307	165	63	1532152	1108207
河源市	Heyuan	3876226	1488020	190	101	2262768	1798264
阳江市	Yangjiang	4827129	2862110	274	198	3062615	2471015
清远市	Qingyuan	5796239	3517224	435	276	5969516	3297740
东莞市	Dongguan	42392359		4261		79840805	
中山市	Zhongshan	15301141		1142		20850670	
潮州市	Chaozhou	4806954	3759771	130	105	1918907	1640145
揭阳市	Jieyang	10557556	5240531	657	371	7796778	5623605
云浮市	Yunfu	3755047	1362270	211	87	2647195	1302178
广西壮族自治区	**Guangxi**						
南宁市	Nanning	23641734	21144827	1591	1478	73736763	10717257
柳州市	Liuzhou	13322568	11356372	965	824	19145557	18836680
桂林市	Guilin	9425492	5040624	462	290	5500792	4515664
梧州市	Wuzhou	3163292	1791824	294	174	4339771	4006531
北海市	Beihai	3500142	3081246	182	133	4090859	3251332
防城港市	Fangchenggang	1377141	1037501	98	58	4484863	4278835
钦州市	Qinzhou	4701076	2927903	295	228	12094440	11670975
贵港市	Guigang	4576486	2673741	303	192	3603326	3112423
玉林市	Yulin	8412271	4933586	490	274	6881364	4752442
百色市	Baise	4212390	1949104	439	152	7425405	5900436
贺州市	Hezhou	1995295	1360858	119	91	6005183	5921445
河池市	Hechi	3093880	1429743	304	166	6665823	3605602
来宾市	Laibin	1440651	634850	143	78	2495005	2269668
崇左市	Chongzuo	2522618	685563	288	58	4375754	1512865
海南省	**Hainan**						
海口市	Haikou	10569827	10569827	686	686	54378336	54378336
三亚市	Sanya	5451936	5451936	154	154	13722145	13722145
三沙市	Sansha						
儋州市	Danzhou	1314376		216		50017634	
重庆市	**Chongqing**	**139676742**	**116762165**	**7027**	**5451**	**188014601**	**174355922**

2-16 续表 6 continued

城市	City	社会消费品零售总额(万元) Total Retail Sales of Consumer Goods (10 000 yuan)		限额以上批发零售商贸企业数(法人数)(个) Number of Enterprises above Designated Size of Wholesale and Retail Trades (Number of Legal Entities) (unit)		限额以上批发零售业商品销售总额(万元) Total Sales of Commodities of Enterprises above Designated Size in Wholesale and Retail Trades (10 000 yuan)	
		全市 Total City	市辖区 Districts under City	全市 Total City	市辖区 Districts under City	全市 Total City	市辖区 Districts under City
四川省	**Sichuan**						
成都市	Chengdu	92518108	79877128	3029	2763	154400667	144809619
自贡市	Zigong	6910411	4236731	481	252	4178388	3149047
攀枝花市	Panzhihua	2782913	2105283	231	193	7387002	6743534
泸州市	Luzhou	12042826	7897942	855	502	20491369	13547563
德阳市	Deyang	10100603	2787629	320	112	6990692	3304794
绵阳市	Mianyang	16521593	9487405	519	366	15896174	14242648
广元市	Guangyuan	4954207	2597168	242	169	2198436	1851931
遂宁市	Suining	5486980	2532730	339	207	3718374	2422864
内江市	Neijiang	6605080	2927707	266	123	4410023	2206507
乐山市	Leshan	8911195	4040455	370	193	5920401	4081743
南充市	Nanchong	14487341	6691765	458	201	5220515	3587663
眉山市	Meishan	6297249	3075640	232	134	3494051	2320356
宜宾市	Yibin	12099512	6507302	732	308	9541444	7111304
广安市	Guang'an	6513755	2345104	313	128	2320173	1572861
达州市	Dazhou	12814946	4662795	437	168	5881760	3119794
雅安市	Ya'an	3010062	1327963	196	91	1673286	1097102
巴中市	Bazhong	4850992	2084741	361	185	1735678	1178245
资阳市	Ziyang	4452281	1641533	138	51	1261591	937315
贵州省	**Guizhou**						
贵阳市	Guiyang	25466910	21862654	740	641	35679615	34686182
六盘水市	Liupanshui	4940235	2230758	318	105	5382906	1887845
遵义市	Zunyi	12931061	733149	687	320	24841485	7141182
安顺市	Anshun	5628319	3708953	243	176	2498522	2320800
毕节市	Bijie	11330237	801613	495	73	5580163	2305391
铜仁市	Tongren			342	117	2469097	1958430
云南省	**Yunnan**						
昆明市	Kunming	33864049	28043158	778	635	82299831	78386836
曲靖市	Qujing	11024947	4678632	395	164	8666605	7798401
玉溪市	Yuxi	8623501	3731733	347	181	8752338	6180383
保山市	Baoshan	5023398	2512661	206	82	2963291	2337468
昭通市	Zhaotong	4791708	1676502	134	39	2709592	2236677
丽江市	Lijiang	2431459	1185469	87	46	1257371	1033987
普洱市	Pu'er	3141595	1077900	177	68	2312004	1773314
临沧市	Lincang	3712127	1086240	166	43	1801947	1157111
西藏自治区	**Tibet**						
拉萨市	Lhasa	3993469	3098113	163	125	8202832	2894362
日喀则市	Xigazê	1529800	1090030	30	24	451518	443996
昌都市	Qamdo	794673	304807	24	13	307953	245082
林芝市	Nyingchi	562367	385411	34	29	274385	260545
山南市	Lhoka	728776	490756	21	16	212055	199138
那曲市	Nagqu						

2-16 续表 7 continued

城 市	City	社会消费品零售总额(万元) Total Retail Sales of Consumer Goods (10 000 yuan)		限额以上批发零售商贸企业数(法人数)(个) Number of Enterprises above Designated Size of Wholesale and Retail Trades (Number of Legal Entities) (unit)		限额以上批发零售业商品销售总额(万元) Total Sales of Commodities of Enterprises above Designated Size in Wholesale and Retail Trades (10 000 yuan)	
		全市 Total City	市辖区 Districts under City	全市 Total City	市辖区 Districts under City	全市 Total City	市辖区 Districts under City
陕西省	**Shaanxi**						
西安市	Xi'an	49634236	48835684	2375	2325	139439844	139308360
铜川市	Tongchuan	1490947	1405647	201	174	2614523	2293961
宝鸡市	Baoji	9225500	6287300	943	845	14881730	6872464
咸阳市	Xianyang	10735708	3014604	721	153	7267004	3508877
渭南市	Weinan	6845742	1865164	652	161	11546758	3452907
延安市	Yan'an	4147158	2499174	537	221	4411908	3468316
汉中市	Hanzhong	5986741	2843874	711	224	4398354	2869107
榆林市	Yulin	7032513	2750421	566	134	36403255	14821836
安康市	Ankang	5026431	1899860	778	254	3976870	2403853
商洛市	Shangluo	1915658	584335	210	39	1036655	632521
甘肃省	**Gansu**						
兰州市	Lanzhou	17577416	15732806	744	570	68480930	39630213
嘉峪关市	Jiayuguan	828673	828673	59	59	1618722	1618722
金昌市	Jinchang	1115627	748088	56	36	602042	497964
白银市	Baiyin	2019300	1295415	117	53	2730652	1883487
天水市	Tianshui	2962224	1740794	243	177	2465883	2299969
武威市	Wuwei	1619987	975252	130	92	1233673	1100878
张掖市	Zhangye	2285769	1270588	161	101	1382885	1112441
平凉市	Pingliang	1912463	918768	74	45	850009	767156
酒泉市	Jiuquan	2909404	1438340	144	84	3527430	805093
庆阳市	Qingyang	1980098	813468	126	73	1048821	964533
定西市	Dingxi	1855061	703954	91	30	1057142	659226
陇南市	Longnan	1642660	794839	87	33	998861	633892
青海省	**Qinghai**						
西宁市	Xining	6210877	6029401	334	323	19427904	19231232
海东市	Haidong	1303548	498924	31	10	457745	411724
宁夏回族自治区	**Ningxia**						
银川市	Yinchuan	7886870	5830192	286	156	11806951	7251336
石嘴山市	Shizuishan	1068126	737200	63	44	728400	624872
吴忠市	Wuzhong	1823668	875221	108	64	529272	302498
固原市	Guyuan	1249195	708872	36	25	504229	459612
中卫市	Zhongwei	1323344	590807	57	28	2085876	1464137
新疆维吾尔自治区	**Xinjiang**						
乌鲁木齐市	Urumqi	11718619	11648186	1342	1341	81194200	81189681
克拉玛依市	Karamay	1132655	1132655	135	135	1565353	1565353
吐鲁番市	Turpan	653611	366682	89	38	1092873	530510
哈密市	Hami	1178297	1061096	103	95	2356648	1952166

(四)科技创新
Scientific and Technological Innovation

2-17 科技创新情况(全市)
Scientific and Technological Innovation (Total City)

单位：件 (piece)

城市	City	专利授权数(件) Number of Patent Authorizations (piece)	发明(件) Invention (piece)
北京市	**Beijing**	**198778**	**79210**
天津市	**Tianjin**	**97910**	**7376**
河北省	**Hebei**		
石家庄市	Shijiazhuang	26780	2405
唐山市	Tangshan	13873	1084
秦皇岛市	Qinhuangdao	5102	1187
邯郸市	Handan	8476	554
邢台市	Xingtai	9721	312
保定市	Baoding	17894	1136
张家口市	Zhangjiakou	3685	166
承德市	Chengde	3022	223
沧州市	Cangzhou	11085	378
廊坊市	Langfang	13882	980
衡水市	Hengshui	6513	196
山西省	**Shanxi**		
太原市	Taiyuan	16696	2817
大同市	Datong	2251	236
阳泉市	Yangquan	1165	38
长治市	Changzhi	3061	102
晋城市	Jincheng	1665	95
朔州市	Shuozhou		
晋中市	Jinzhong	3353	161
运城市	Yuncheng	3111	224
忻州市	Xinzhou	1298	59
临汾市	Linfen	2248	71
吕梁市	Lvliang	1726	81
内蒙古自治区	**Inner Mongolia**		
呼和浩特市	Hohhot	6620	673
包头市	Baotou	379	121
乌海市	Wuhai	738	165
赤峰市	Chifeng	2281	71
通辽市	Tongliao	94	35
鄂尔多斯市	Erdos	3841	151
呼伦贝尔市	Hulunbuir	342	23
巴彦淖尔市	Bayannur	1034	45
乌兰察布市	Ulanqab	30	8
辽宁省	**Liaoning**		
沈阳市	Shenyang	29252	4569
大连市	Dalian	23508	4162
鞍山市	Anshan	4594	530

2-17 续表 1 continued

单位：件 (piece)

城 市	City	专利授权数(件) Number of Patent Authorizations (piece)	发明(件) Invention (piece)
抚顺市	Fushun	2457	155
本溪市	Benxi	1118	89
丹东市	Dandong	2504	89
锦州市	Jinzhou	2347	196
营口市	Yingkou	2984	148
阜新市	Fuxin	1588	164
辽阳市	Liaoyang	2097	66
盘锦市	Panjin	2046	195
铁岭市	Tieling	1764	14
朝阳市	Chaoyang	2524	28
葫芦岛市	Huludao	1408	75
吉林省	**Jilin**		
长春市	Changchun	21668	5051
吉林市	Jilin	3080	347
四平市	Siping	1020	90
辽源市	Liaoyuan	451	22
通化市	Tonghua	902	63
白山市	Baishan	326	21
松原市	Songyuan	1001	29
白城市	Baicheng	581	32
黑龙江省	**Heilongjiang**		
哈尔滨市	Harbin	22231	5059
齐齐哈尔市	Qiqihar	3252	212
鸡西市	Jixi	810	57
鹤岗市	Hegang	724	13
双鸭山市	Shuangyashan	505	13
大庆市	Daqing	4120	599
伊春市	Yichun	528	15
佳木斯市	Jiamusi	1455	132
七台河市	Qitaihe	377	19
牡丹江市	Mudanjiang	950	110
黑河市	Heihe		
绥化市	Suihua	1971	72
上海市	**Shanghai**	**179317**	**32860**
江苏省	**Jiangsu**		
南京市	Nanjing	91964	21568
无锡市	Wuxi	79738	5764
徐州市	Xuzhou	41895	4564
常州市	Changzhou	55463	4793
苏州市	Suzhou	185133	14677
南通市	Nantong	40867	6506

2-17 续表 2 continued

单位：件 (piece)

城市	City	专利授权数（件）Number of Patent Authorizations (piece)	发明(件) Invention (piece)
连云港市	Lianyungang	9607	901
淮安市	Huai'an	14831	974
盐城市	Yancheng	27365	2309
扬州市	Yangzhou	28942	1948
镇江市	Zhenjiang	22692	2808
泰州市	Taizhou	25302	1538
宿迁市	Suqian	17078	462
浙江省	**Zhejiang**		
杭州市	Hangzhou	122520	22948
宁波市	Ningbo	72390	7819
温州市	Wenzhou	61313	5218
嘉兴市	Jiaxing	41264	3818
湖州市	Huzhou	20216	2036
绍兴市	Shaoxing	38293	4137
金华市	Jinhua	46180	3261
衢州市	Quzhou	7940	773
舟山市	Zhoushan	3154	957
台州市	Taizhou	39269	5282
丽水市	Lishui	12860	543
安徽省	**Anhui**		
合肥市	Hefei	53843	9741
芜湖市	Wuhu	16963	3296
蚌埠市	Bengbu	6453	555
淮南市	Huainan	4280	536
马鞍山市	Ma'anshan	9538	1811
淮北市	Huaibei	4534	588
铜陵市	Tongling	3303	359
安庆市	Anqing	7426	911
黄山市	Huangshan	2260	255
滁州市	Chuzhou	12380	1377
阜阳市	Fuyang	7600	1234
宿州市	Suzhou	4650	693
六安市	Lu'an	6635	631
亳州市	Bozhou	4023	722
池州市	Chizhou	2666	187
宣城市	Xuancheng	6921	728
福建省	**Fujian**		
福州市	Fuzhou	29994	4168
厦门市	Xiamen	36536	3779
莆田市	Putian	5264	352
三明市	Sanming	4738	184

2-17 续表 3 continued

单位：件 (piece)

城　市	City	专利授权数(件) Number of Patent Authorizations (piece)	发明(件) Invention (piece)
泉州市	Quanzhou	47559	2183
漳州市	Zhangzhou	13235	604
南平市	Nanping	4168	186
龙岩市	Longyan	7022	327
宁德市	Ningde	4737	755
江西省	**Jiangxi**		
南昌市	Nanchang	23800	2667
景德镇市	Jingdezhen	3282	269
萍乡市	Pingxiang	2464	765
九江市	Jiujiang	10491	361
新余市	Xinyu	2748	91
鹰潭市	Yingtan	2744	151
赣州市	Ganzhou	19754	1399
吉安市	Ji'an	8631	414
宜春市	Yichun	8678	434
抚州市	Fuzhou	7131	487
上饶市	Shangrao	7652	273
山东省	**Shandong**		
济南市	Jinan	61767	8208
青岛市	Qingdao	75652	10210
淄博市	Zibo	16301	1389
枣庄市	Zaozhuang	7681	649
东营市	Dongying	8614	1603
烟台市	Yantai	21917	2487
潍坊市	Weifang	28858	3522
济宁市	Jining	17059	1468
泰安市	Tai'an	9708	839
威海市	Weihai	13461	1005
日照市	Rizhao	6989	515
临沂市	Linyi	19283	1669
德州市	Dezhou	12137	619
聊城市	Liaocheng	11007	920
滨州市	Binzhou	9921	872
菏泽市	Heze	9453	369
河南省	**Henan**		
郑州市	Zhengzhou	62853	6731
开封市	Kaifeng	4630	492
洛阳市	Luoyang	14067	1798
平顶山市	Pingdingshan	4659	512
安阳市	Anyang	5040	328
鹤壁市	Hebi	1887	148

2-17 续表 4 continued

单位：件 (piece)

城市	City	专利授权数(件) Number of Patent Authorizations (piece)	发明(件) Invention (piece)
新乡市	Xinxiang	14291	898
焦作市	Jiaozuo	6241	528
濮阳市	Puyang	2825	149
许昌市	Xuchang	6268	557
漯河市	Luohe	3478	133
三门峡市	Sanmenxia	1805	63
南阳市	Nanyang	9688	453
商丘市	Shangqiu	5040	212
信阳市	Xinyang	4194	751
周口市	Zhoukou	4613	121
驻马店市	Zhumadian	4634	146
湖北省	**Hubei**		
武汉市	Wuhan	86379	18553
黄石市	Huangshi	5201	308
十堰市	Shiyan	4749	130
宜昌市	Yichang	10533	928
襄阳市	Xiangyang	10646	709
鄂州市	Ezhou	2007	197
荆门市	Jingmen	4948	293
孝感市	Xiaogan	4326	396
荆州市	Jingzhou	7096	348
黄冈市	Huanggang	6087	175
咸宁市	Xianning	4746	119
随州市	Suizhou	2135	34
湖南省	**Hunan**		
长沙市	Changsha	44574	10094
株洲市	Zhuzhou	8213	97
湘潭市	Xiangtan	1866	636
衡阳市	Hengyang	6420	852
邵阳市	Shaoyang	5395	350
岳阳市	Yueyang	5098	352
常德市	Changde	4991	754
张家界市	Zhangjiajie	656	34
益阳市	Yiyang	4047	454
郴州市	Chenzhou	3545	222
永州市	Yongzhou	3658	236
怀化市	Huaihua	2526	314
娄底市	Loudi	2897	215
广东省	**Guangdong**		
广州市	Guangzhou	189516	24120
韶关市	Shaoguan	5310	381

2-17 续表 5 continued

单位：件 (piece)

城　市	City	专利授权数(件) Number of Patent Authorizations (piece)	发明(件) Invention (piece)
深圳市	Shenzhen	279177	45202
珠海市	Zhuhai	27201	5402
汕头市	Shantou	26036	425
佛山市	Foshan	96487	8306
江门市	Jiangmen	21272	964
湛江市	Zhanjiang	6151	490
茂名市	Maoming	58	50
肇庆市	Zhaoqing	7584	602
惠州市	Huizhou	25624	2158
梅州市	Meizhou	4137	165
汕尾市	Shanwei	2749	122
河源市	Heyuan	4719	152
阳江市	Yangjiang	6133	92
清远市	Qingyuan	6241	427
东莞市	Dongguan	94573	11690
中山市	Zhongshan	41513	1546
潮州市	Chaozhou	10070	147
揭阳市	Jieyang	10382	154
云浮市	Yunfu	2776	98
广西壮族自治区	**Guangxi**		
南宁市	Nanning	15943	1994
柳州市	Liuzhou	7213	538
桂林市	Guilin	5729	1034
梧州市	Wuzhou	1914	86
北海市	Beihai	887	157
防城港市	Fangchenggang	406	44
钦州市	Qinzhou	1647	132
贵港市	Guigang	2671	89
玉林市	Yulin	3771	114
百色市	Baise	2293	82
贺州市	Hezhou	1194	87
河池市	Hechi	1123	48
来宾市	Laibin	1004	55
崇左市	Chongzuo	1003	113
海南省	**Hainan**		
海口市	Haikou	8929	674
三亚市	Sanya	1633	96
三沙市	Sansha	30	13
儋州市	Danzhou	693	50
重庆市	**Chongqing**	**76206**	**9413**

2-17 续表 6 continued

单位：件 (piece)

城 市	City	专利授权数(件) Number of Patent Authorizations (piece)	发明(件) Invention (piece)
四川省	**Sichuan**		
成都市	Chengdu	88414	14996
自贡市	Zigong	3508	254
攀枝花市	Panzhihua	1928	325
泸州市	Luzhou	3601	155
德阳市	Deyang	6743	348
绵阳市	Mianyang	9654	1916
广元市	Guangyuan	1278	287
遂宁市	Suining	2907	480
内江市	Neijiang	2659	122
乐山市	Leshan	2459	143
南充市	Nanchong	3339	110
眉山市	Meishan	2951	164
宜宾市	Yibin	6059	168
广安市	Guang'an	2094	48
达州市	Dazhou	3182	20
雅安市	Ya'an	1465	93
巴中市	Bazhong	1267	22
资阳市	Ziyang	1382	44
贵州省	**Guizhou**		
贵阳市	Guiyang	17154	1768
六盘水市	Liupanshui	2209	67
遵义市	Zunyi	6937	481
安顺市	Anshun	1930	99
毕节市	Bijie	2125	64
铜仁市	Tongren	2266	145
云南省	**Yunnan**		
昆明市	Kunming	26023	3009
曲靖市	Qujing	2680	114
玉溪市	Yuxi	2814	135
保山市	Baoshan	810	21
昭通市	Zhaotong	990	22
丽江市	Lijiang	388	24
普洱市	Pu'er	562	27
临沧市	Lincang	591	15
西藏自治区	**Tibet**		
拉萨市	Lhasa		
日喀则市	Xigazê	7	3
昌都市	Qamdo	81	34
林芝市	Nyingchi		
山南市	Lhoka	191	89
那曲市	Nagqu		

2–17 续表 7 continued

单位：件 (piece)

城 市	City	专利授权数(件) Number of Patent Authorizations (piece)	发明(件) Invention (piece)
陕西省	**Shaanxi**		
西安市	Xi'an	64131	14055
铜川市	Tongchuan	468	13
宝鸡市	Baoji	3342	228
咸阳市	Xianyang	6406	450
渭南市	Weinan	716	73
延安市	Yan'an	1345	90
汉中市	Hanzhong	1959	169
榆林市	Yulin	3603	161
安康市	Ankang	1060	49
商洛市	Shangluo	634	51
甘肃省	**Gansu**		
兰州市	Lanzhou	11426	1756
嘉峪关市	Jiayuguan	922	54
金昌市	Jinchang	967	42
白银市	Baiyin	1283	92
天水市	Tianshui	1123	57
武威市	Wuwei	77	9
张掖市	Zhangye	2254	64
平凉市	Pingliang	89	1
酒泉市	Jiuquan	1370	35
庆阳市	Qingyang	1079	44
定西市	Dingxi	1333	25
陇南市	Longnan	587	14
青海省	**Qinghai**		
西宁市	Xining	4589	376
海东市	Haidong	545	88
宁夏回族自治区	**Ningxia**		
银川市	Yinchuan	7250	710
石嘴山市	Shizuishan	1938	1711
吴忠市	Wuzhong	1899	161
固原市	Guyuan		66
中卫市	Zhongwei	1088	64
新疆维吾尔自治区	**Xinjiang**		
乌鲁木齐市	Urumqi	9346	688
克拉玛依市	Karamay	1006	52
吐鲁番市	Turpan	432	9
哈密市	Hami	742	19

（五）人民生活
People's Livelihood

2-18 劳动力就业及收入状况(全市)
Employment and Income of Labour Force (Total City)

城　市	City	城镇非私营单位从业人员期末人数（人）Persons Employed in Urban Non-Private Units at Year-end (persons)	城镇非私营单位在岗职工平均人数（万人）Average Number of Employed Staff and Workers in Urban Non-Private Units (10 000 persons)	城镇非私营单位在岗职工工资总额（万元）Total Wage Bill of Employed Staff and Workers in Urban Non-Private Units (10 000 yuan)	城镇非私营单位在岗职工平均工资（元）Average Wage of Employed Staff and Workers in Urban Non-Private Units (yuan)
北京市	**Beijing**	**7595091**	**709**	**142832359**	**201504**
天津市	**Tianjin**	**2564448**	**239**	**30595125**	**128171**
河北省	**Hebei**				
石家庄市	Shijiazhuang	1076295	101	8963139	89065
唐山市	Tangshan	772233	72	6483547	90049
秦皇岛市	Qinhuangdao	277644	27	2385882	89852
邯郸市	Handan	517234	49	3733252	76316
邢台市	Xingtai	409002	38	2830074	73967
保定市	Baoding	760730	70	5726743	81454
张家口市	Zhangjiakou	341610	32	2475485	77528
承德市	Chengde	260189	24	2016684	82769
沧州市	Cangzhou	461794	44	3776956	86619
廊坊市	Langfang	463767	41	4143030	99955
衡水市	Hengshui	244928	24	1764682	74101
山西省	**Shanxi**				
太原市	Taiyuan	1004424	99	9665337	98099
大同市	Datong	375162	35	2863248	82387
阳泉市	Yangquan	221904	21	1542176	73710
长治市	Changzhi	463664	45	3547720	79434
晋城市	Jincheng	354377	34	2715268	79732
朔州市	Shuozhou	188239	16	1381539	84944
晋中市	Jinzhong	385150	34	2789154	81096
运城市	Yuncheng	371480	34	2450778	71932
忻州市	Xinzhou	249909	23	1719474	75123
临汾市	Linfen	363822	33	2543319	79387
吕梁市	Lvliang	355602	32	2703507	85441
内蒙古自治区	**Inner Mongolia**				
呼和浩特市	Hohhot	474255	45	4452925	98467
包头市	Baotou	334319	31	2949246	94042
乌海市	Wuhai	77905	7	730826	100489
赤峰市	Chifeng	312392	30	2488152	82653
通辽市	Tongliao	224082	21		86379
鄂尔多斯市	Erdos	307319	27	2995669	108265
呼伦贝尔市	Hulunbuir	266491	27	2191954	82901
巴彦淖尔市	Bayannur	129711	11	1001190	89012
乌兰察布市	Ulanqab	154297	15	1226446	82646
辽宁省	**Liaoning**				
沈阳市	Shenyang	1199416	115	11632688	101554
大连市	Dalian	1003099	94	10036224	107390
鞍山市	Anshan	298812	29	2205323	76692

2–18 续表 1 continued

城　市	City	城镇非私营单位从业人员期末人数(人) Persons Employed in Urban Non-Private Units at Year-end (persons)	城镇非私营单位在岗职工平均人数(万人) Average Number of Employed Staff and Workers in Urban Non-Private Units (10 000 persons)	城镇非私营单位在岗职工工资总额(万元) Total Wage Bill of Employed Staff and Workers in Urban Non-Private Units (10 000 yuan)	城镇非私营单位在岗职工平均工资(元) Average Wage of Employed Staff and Workers in Urban Non-Private Units (yuan)
抚顺市	Fushun	198868	20	1486549	75893
本溪市	Benxi	185513	17	1262279	73754
丹东市	Dandong	174018	16	1146957	69622
锦州市	Jinzhou	207523	20	1463464	72345
营口市	Yingkou	188628	18	1408693	77244
阜新市	Fuxin	120506	11	791612	69143
辽阳市	Liaoyang	165070	16	1404150	86059
盘锦市	Panjin	303998	29	2125672	73940
铁岭市	Tieling	170573	17	1230874	72746
朝阳市	Chaoyang	205018	21	1411950	70786
葫芦岛市	Huludao	158924	15	1067756	71082
吉林省	**Jilin**				
长春市	Changchun	1087530	102	10258551	100463
吉林市	Jilin	340731	32	2513977	77747
四平市	Siping	140634	12	907165	72964
辽源市	Liaoyuan	71273	7	474223	69629
通化市	Tonghua	145516	13	899860	68171
白山市	Baishan	129784	11	788344	68684
松原市	Songyuan	190091	18	1386851	78365
白城市	Baicheng	125355	11	810482	73919
黑龙江省	**Heilongjiang**				
哈尔滨市	Harbin	970962	98	8780048	89587
齐齐哈尔市	Qiqihar	255058	26	1912633	74362
鸡西市	Jixi	132174	13	918865	68716
鹤岗市	Hegang	116197	12	766550	65985
双鸭山市	Shuangyashan	124008	12	830133	66798
大庆市	Daqing	369040	38	3817506	101289
伊春市	Yichun	113186	11	642641	56718
佳木斯市	Jiamusi	180108	20	1172091	60098
七台河市	Qitaihe	83210	8	542600	65675
牡丹江市	Mudanjiang	177552	18	1196288	67641
黑河市	Heihe	123128	12	819971	68513
绥化市	Suihua	216534	22	1355896	61577
上海市	**Shanghai**	**6830750**	**634**	**124221448**	**196053**
江苏省	**Jiangsu**				
南京市	Nanjing	2178991	197	29358869	149087
无锡市	Wuxi	1234825	103	15163018	122795
徐州市	Xuzhou	776114	72	6974725	96581
常州市	Changzhou	649700	60	7562688	123485
苏州市	Suzhou	3004550	286	36282617	126749
南通市	Nantong	1656891	156	15373123	99598

2-18 续表 2 continued

城 市	City	城镇非私营单位从业人员期末人数（人）Persons Employed in Urban Non-Private Units at Year-end (persons)	城镇非私营单位在岗职工平均人数（万人）Average Number of Employed Staff and Workers in Urban Non-Private Units (10 000 persons)	城镇非私营单位在岗职工工资总额（万元）Total Wage Bill of Employed Staff and Workers in Urban Non-Private Units (10 000 yuan)	城镇非私营单位在岗职工平均工资（元）Average Wage of Employed Staff and Workers in Urban Non-Private Units (yuan)
连云港市	Lianyungang	435949	40	3965319	100211
淮安市	Huai'an	2654300	39	3571750	90600
盐城市	Yancheng	647742	58	5916021	101594
扬州市	Yangzhou	874973	81	7859601	96754
镇江市	Zhenjiang	380000			
泰州市	Taizhou	485765	46	5082782	111568
宿迁市	Suqian	304134	26	3113454	85099
浙江省	**Zhejiang**				
杭州市	Hangzhou	2946440	273	41227622	151121
宁波市	Ningbo	1656500	156	19787384	127011
温州市	Wenzhou	1050562	96	10791048	112832
嘉兴市	Jiaxing	779354	74	8678435	117155
湖州市	Huzhou	520516	48	5113857	106718
绍兴市	Shaoxing	1097709	105	10407563	99354
金华市	Jinhua	711714	65	7264936	111743
衢州市	Quzhou	213678	19	2554506	132819
舟山市	Zhoushan	187320	17	2160142	123685
台州市	Taizhou	906713	86	8893428	103220
丽水市	Lishui	207016	19	2615255	134315
安徽省	**Anhui**				
合肥市	Hefei	1662716	141	15781449	111672
芜湖市	Wuhu	557930	53	4937779	93215
蚌埠市	Bengbu	240283	22	1899077	85362
淮南市	Huainan	232454	22	2357903	109049
马鞍山市	Ma'anshan	252473	24	2534253	107251
淮北市	Huaibei	173979	16	1495494	90841
铜陵市	Tongling	154421	14	1352494	95182
安庆市	Anqing	329403	29	2647713	90185
黄山市	Huangshan	119873	11	1026299	92414
滁州市	Chuzhou	341748	31	2876187	91444
阜阳市	Fuyang	376709	35	2955761	83759
宿州市	Suzhou	292794	27	2187816	80100
六安市	Lu'an	255368	24	2312147	97488
亳州市	Bozhou	246586	23	1818965	79075
池州市	Chizhou	115370	11	1003084	94342
宣城市	Xuancheng	239715	23	2017968	87762
福建省	**Fujian**				
福州市	Fuzhou	1456316	131	14211914	108133
厦门市	Xiamen	1230993	104	12823973	119483
莆田市	Putian	400193	33	2780236	83235
三明市	Sanming	257640	24	2384673	99287

2-18 续表 3 continued

城　市	City	城镇非私营单位从业人员期末人数（人）Persons Employed in Urban Non-Private Units at Year-end (persons)	城镇非私营单位在岗职工平均人数（万人）Average Number of Employed Staff and Workers in Urban Non-Private Units (10 000 persons)	城镇非私营单位在岗职工工资总额（万元）Total Wage Bill of Employed Staff and Workers in Urban Non-Private Units (10 000 yuan)	城镇非私营单位在岗职工平均工资（元）Average Wage of Employed Staff and Workers in Urban Non-Private Units (yuan)
泉州市	Quanzhou	1132104	108	9229920	85651
漳州市	Zhangzhou	508732	41	4251383	103590
南平市	Nanping	232708	21	1843655	89750
龙岩市	Longyan	273315	27	2375977	96265
宁德市	Ningde	265573	22	2216277	102651
江西省	**Jiangxi**				
南昌市	Nanchang	1195024	99	10078689	102084
景德镇市	Jingdezhen	142092	13	1002825	78136
萍乡市	Pingxiang	156214	14	1313403	91999
九江市	Jiujiang	436279	41	3348102	82626
新余市	Xinyu	121419	11	1039579	90801
鹰潭市	Yingtan	128089	12	1035995	85575
赣州市	Ganzhou	581223	55	4570659	82760
吉安市	Ji'an	386244	36	2774296	77664
宜春市	Yichun	439233	41	3032429	73200
抚州市	Fuzhou	366927	36	2633948	76369
上饶市	Shangrao	424246	39	3015205	76364
山东省	**Shandong**				
济南市	Jinan	1587351	147	17498491	119245
青岛市	Qingdao	1476552	120	15257468	127228
淄博市	Zibo	682611	62	5666385	90860
枣庄市	Zaozhuang	339529	31	2572795	83271
东营市	Dongying	366649	35	3940215	113118
烟台市	Yantai	865339	82	7955525	96568
潍坊市	Weifang	959813	92	8075737	88119
济宁市	Jining	758497	75	6388602	84863
泰安市	Tai'an	571322	54	4170784	77144
威海市	Weihai	484945	46	3755063	82044
日照市	Rizhao	320359	30	2779989	93831
临沂市	Linyi	730179	64	5710215	89268
德州市	Dezhou	419368	39	3119406	80332
聊城市	Liaocheng	412196	37	3124044	83868
滨州市	Binzhou	422052	39	3522643	89324
菏泽市	Heze	490552	46	3579198	77937
河南省	**Henan**				
郑州市	Zhengzhou	2198216	209	20115183	96365
开封市	Kaifeng	340479	32	2124614	67381
洛阳市	Luoyang	627586	60	4949138	82939
平顶山市	Pingdingshan	474727	45	3126983	68922
安阳市	Anyang	459599	43	3145787	73955
鹤壁市	Hebi	145318	14	883395	63988

2-18 续表 4 continued

城 市	City	城镇非私营单位从业人员期末人数 (人) Persons Employed in Urban Non-Private Units at Year-end (persons)	城镇非私营单位在岗职工平均人数 (万人) Average Number of Employed Staff and Workers in Urban Non-Private Units (10 000 persons)	城镇非私营单位在岗职工工资总额 (万元) Total Wage Bill of Employed Staff and Workers in Urban Non-Private Units (10 000 yuan)	城镇非私营单位在岗职工平均工资 (元) Average Wage of Employed Staff and Workers in Urban Non-Private Units (yuan)
新乡市	Xinxiang	449998	42	2781437	66862
焦作市	Jiaozuo	314717	31	2125117	69236
濮阳市	Puyang	321005	29	2418620	82092
许昌市	Xuchang	373007	35	2458496	70132
漯河市	Luohe	228455	22	1577302	70803
三门峡市	Sanmenxia	199263	18	1432480	77521
南阳市	Nanyang	649162	61	3942139	64850
商丘市	Shangqiu	584422	56	3542201	63359
信阳市	Xinyang	482632	45	2950048	64968
周口市	Zhoukou	586297	56	3293211	58981
驻马店市	Zhumadian	533723	51	3229215	63456
湖北省	**Hubei**				
武汉市	Wuhan	1877178	174	21105148	121608
黄石市	Huangshi	279820	25	1940377	78241
十堰市	Shiyan	358771	34	2924421	86981
宜昌市	Yichang	456569	42	3701323	89158
襄阳市	Xiangyang	490384	46	3704176	80701
鄂州市	Ezhou	85915	8	678649	89871
荆门市	Jingmen	226527	20	1730303	87463
孝感市	Xiaogan	384000	35	2654551	78903
荆州市	Jingzhou	353680	34	2708186	79632
黄冈市	Huanggang	598945	31	2816901	90208
咸宁市	Xianning	205587	21	1617861	78087
随州市	Suizhou	150259	15	1012094	67357
湖南省	**Hunan**				
长沙市	Changsha	1550531	143	16365407	114805
株洲市	Zhuzhou	426603	38	3440431	89431
湘潭市	Xiangtan	323861	29	2166059	75315
衡阳市	Hengyang	496646	46	3347810	73271
邵阳市	Shaoyang	410489	32	2481328	77983
岳阳市	Yueyang	455831	38	3171624	70210
常德市	Changde	440833	44	3333170	76413
张家界市	Zhangjiajie	91637	8	695954	82221
益阳市	Yiyang	272908	24	1795843	75841
郴州市	Chenzhou	358689	36	2531930	79878
永州市	Yongzhou	341758	32	2222899	70612
怀化市	Huaihua	259712	26	2060009	79735
娄底市	Loudi	293931	26	1976077	75646
广东省	**Guangdong**				
广州市	Guangzhou	4269383	402	57954413	144288
韶关市	Shaoguan	284204	27	2908420	109157

2–18 续表 5 continued

城 市	City	城镇非私营单位从业人员期末人数（人） Persons Employed in Urban Non-Private Units at Year-end (persons)	城镇非私营单位在岗职工平均人数（万人） Average Number of Employed Staff and Workers in Urban Non-Private Units (10 000 persons)	城镇非私营单位在岗职工工资总额（万元） Total Wage Bill of Employed Staff and Workers in Urban Non-Private Units (10 000 yuan)	城镇非私营单位在岗职工平均工资（元） Average Wage of Employed Staff and Workers in Urban Non-Private Units (yuan)
深圳市	Shenzhen	5135959	498	77523407	155563
珠海市	Zhuhai	797896	76	9273948	121449
汕头市	Shantou	504353	48	4173744	86951
佛山市	Foshan	1545536	148	15444253	104280
江门市	Jiangmen	637412	60	5646648	93578
湛江市	Zhanjiang	452750	40	3978182	99827
茂名市	Maoming	476465	44	4052112	91781
肇庆市	Zhaoqing	357649	34	3196645	93205
惠州市	Huizhou	1054069	103	10233728	99329
梅州市	Meizhou	290396	27	2381526	86743
汕尾市	Shanwei	210908	20	1889145	94350
河源市	Heyuan	291127	29	2438280	89802
阳江市	Yangjiang	175667	17	1531516	90786
清远市	Qingyuan	339464	32	3082819	96112
东莞市	Dongguan	2872925	284	25254340	88965
中山市	Zhongshan	786593	76	7518849	98818
潮州市	Chaozhou	173100	16	1349130	85052
揭阳市	Jieyang	266462	26	1925843	75450
云浮市	Yunfu	176585	17	1627862	97179
广西壮族自治区	**Guangxi**				
南宁市	Nanning	1149061	105	10775675	103013
柳州市	Liuzhou	530860	53	4921186	92764
桂林市	Guilin	410802	38	3285404	86209
梧州市	Wuzhou	179601	17	131767	79000
北海市	Beihai	148708	13	1142723	85954
防城港市	Fangchenggang	73530	7	623113	89053
钦州市	Qinzhou	197194	18	1467962	80974
贵港市	Guigang	202504	18	1449842	81821
玉林市	Yulin	312395	28	2257271	80113
百色市	Baise	229607	22	1962459	90754
贺州市	Hezhou	122301	11	940635	86093
河池市	Hechi	206710	21	1718581	90555
来宾市	Laibin	137894	13	999965	79161
崇左市	Chongzuo	139081	13	1076178	81859
海南省	**Hainan**				
海口市	Haikou	582754	53	5317663	99560
三亚市	Sanya	155853	15	1505509	101494
三沙市	Sansha				
儋州市	Danzhou	87478	9	885325	102328
重庆市	**Chongqing**	**3581438**	**325**	**34711851**	**106966**

2−18 续表 6 continued

城市	City	城镇非私营单位从业人员期末人数(人) Persons Employed in Urban Non-Private Units at Year-end (persons)	城镇非私营单位在岗职工平均人数(万人) Average Number of Employed Staff and Workers in Urban Non-Private Units (10 000 persons)	城镇非私营单位在岗职工工资总额(万元) Total Wage Bill of Employed Staff and Workers in Urban Non-Private Units (10 000 yuan)	城镇非私营单位在岗职工平均工资(元) Average Wage of Employed Staff and Workers in Urban Non-Private Units (yuan)
四川省	**Sichuan**				
成都市	Chengdu				113853
自贡市	Zigong				85503
攀枝花市	Panzhihua				102919
泸州市	Luzhou	2341300			88088
德阳市	Deyang				95613
绵阳市	Mianyang				91150
广元市	Guangyuan				91010
遂宁市	Suining				76949
内江市	Neijiang	228857			85609
乐山市	Leshan	232188	20	1905038	94906
南充市	Nanchong				94607
眉山市	Meishan			91180	91180
宜宾市	Yibin				94820
广安市	Guang'an	1731500			81780
达州市	Dazhou			86690	7225
雅安市	Ya'an				84895
巴中市	Bazhong	646500			79188
资阳市	Ziyang				82667
贵州省	**Guizhou**				
贵阳市	Guiyang	1112089	101	10776001	106188
六盘水市	Liupanshui	257418	21	1983461	96261
遵义市	Zunyi	507374	46	4915168	107547
安顺市	Anshun	175017	16	1432334	91513
毕节市	Bijie	357217	31	2827527	91564
铜仁市	Tongren	245277	20	1871951	95811
云南省	**Yunnan**				
昆明市	Kunming	1099997	102	11333719	111460
曲靖市	Qujing	347069	32	2950052	92817
玉溪市	Yuxi	189801	16	1643252	99630
保山市	Baoshan	156083	14	1261795	88852
昭通市	Zhaotong	244452	22	2074362	97463
丽江市	Lijiang	81352	7	797703	110341
普洱市	Pu'er	138366	13	1278845	101717
临沧市	Lincang	140677	11	1171498	100854
西藏自治区	**Tibet**				
拉萨市	Lhasa	180412	17	2383769	141577
日喀则市	Xigazê	54221	5	648780	
昌都市	Qamdo	56728	5	754409	146838
林芝市	Nyingchi	32853	3	433275	140605
山南市	Lhoka	49367	5	625449	135404
那曲市	Nagqu				

2-18 续表 7 continued

城 市	City	城镇非私营单位从业人员期末人数（人）Persons Employed in Urban Non-Private Units at Year-end (persons)	城镇非私营单位在岗职工平均人数（万人）Average Number of Employed Staff and Workers in Urban Non-Private Units (10 000 persons)	城镇非私营单位在岗职工工资总额（万元）Total Wage Bill of Employed Staff and Workers in Urban Non-Private Units (10 000 yuan)	城镇非私营单位在岗职工平均工资（元）Average Wage of Employed Staff and Workers in Urban Non-Private Units (yuan)
陕西省	**Shaanxi**				
西安市	Xi'an	2029002	192	22236570	115574
铜川市	Tongchuan	107880	9	690758	76406
宝鸡市	Baoji	371916	34	2636929	78680
咸阳市	Xianyang	452104	40	2994773	75584
渭南市	Weinan	417629	42	2832478	67899
延安市	Yan'an	343498	28	2415275	85306
汉中市	Hanzhong	268775	24	1779188	75238
榆林市	Yulin	488738	40	3985531	98923
安康市	Ankang	195483	17	1172545	69856
商洛市	Shangluo	172923	15	980910	64605
甘肃省	**Gansu**				
兰州市	Lanzhou	790400	70	6806744	96793
嘉峪关市	Jiayuguan	56221	5	471910	96922
金昌市	Jinchang	94049	9	764346	87181
白银市	Baiyin	156800	14	1148847	80680
天水市	Tianshui	233961	20	1479506	74079
武威市	Wuwei	127584	12	931643	80206
张掖市	Zhangye	112728	9	835909	89850
平凉市	Pingliang	173808	15	1408128	92778
酒泉市	Jiuquan	132380	11	987364	86443
庆阳市	Qingyang	177209	15	1367861	88588
定西市	Dingxi	155090	14	1143769	80023
陇南市	Longnan	141056	13	984657	75365
青海省	**Qinghai**				
西宁市	Xining	360213	32	3811795	113154
海东市	Haidong	131965	7	749986	107489
宁夏回族自治区	**Ningxia**				
银川市	Yinchuan	360350	35	3953385	114235
石嘴山市	Shizuishan	74248	7	649579	98858
吴忠市	Wuzhong	118677	12	1200365	98558
固原市	Guyuan	75149	6	708071	113739
中卫市	Zhongwei	60937	5	554013	107954
新疆维吾尔自治区	**Xinjiang**				
乌鲁木齐市	Urumqi	821652	78	9103872	111044
克拉玛依市	Karamay	138669	14	1884181	136328
吐鲁番市	Turpan	89592	8	777352	91938
哈密市	Hami	96921	8	833286	100810

(六)公共服务
Public Service

2-19 学校数(一)
Number of Schools (Ⅰ)

单位：所 (unit)

城　市	City	普通高等学校 Regular Higher Education Institutions	中等职业教育学校 Vocational Secondary Schools	
		全　市 Total City	全　市 Total City	市辖区 Districts under City
北京市	**Beijing**	**92**	**83**	**83**
天津市	**Tianjin**	**56**	**84**	**84**
河北省	**Hebei**			
石家庄市	Shijiazhuang	43	135	78
唐山市	Tangshan	12	48	32
秦皇岛市	Qinhuangdao	7	32	22
邯郸市	Handan	7	69	46
邢台市	Xingtai	5	60	25
保定市	Baoding	15	75	27
张家口市	Zhangjiakou	5	50	29
承德市	Chengde	6	24	10
沧州市	Cangzhou	8	40	8
廊坊市	Langfang	12	33	13
衡水市	Hengshui	2	36	14
山西省	**Shanxi**			
太原市	Taiyuan	44	46	42
大同市	Datong	1	33	22
阳泉市	Yangquan	3	11	9
长治市	Changzhi	6	35	24
晋城市	Jincheng	2	13	5
朔州市	Shuozhou	4	20	9
晋中市	Jinzhong	17	22	7
运城市	Yuncheng	7	42	25
忻州市	Xinzhou	2	33	10
临汾市	Linfen	4	40	19
吕梁市	Lvliang	1	33	11
内蒙古自治区	**Inner Mongolia**			
呼和浩特市	Hohhot	24	53	
包头市	Baotou	5	18	14
乌海市	Wuhai	1	1	1
赤峰市	Chifeng	5	30	16
通辽市	Tongliao	3	19	5
鄂尔多斯市	Erdos	4	9	1
呼伦贝尔市	Hulunbuir	4	21	2
巴彦淖尔市	Bayannur	2	10	6
乌兰察布市	Ulanqab	3	17	
辽宁省	**Liaoning**			
沈阳市	Shenyang	45	78	73
大连市	Dalian	31	48	40
鞍山市	Anshan	3	24	17

2-19 续表 1 continued

单位：所 (unit)

城 市	City	普通高等学校 Regular Higher Education Institutions	中等职业教育学校 Vocational Secondary Schools	
		全 市 Total City	全 市 Total City	市辖区 Districts under City
抚顺市	Fushun	6	13	10
本溪市	Benxi	7	9	7
丹东市	Dandong	3	17	14
锦州市	Jinzhou	9	9	5
营口市	Yingkou	3	12	10
阜新市	Fuxin	2	12	11
辽阳市	Liaoyang	3	8	8
盘锦市	Panjin	2	7	5
铁岭市	Tieling	4	16	10
朝阳市	Chaoyang	1	13	13
葫芦岛市	Huludao	1	12	3
吉林省	**Jilin**			
长春市	Changchun	41	93	78
吉林市	Jilin	9	33	20
四平市	Siping	4	19	7
辽源市	Liaoyuan	1	9	5
通化市	Tonghua	3	22	9
白山市	Baishan	1	11	5
松原市	Songyuan	1	16	9
白城市	Baicheng	3	13	5
黑龙江省	**Heilongjiang**			
哈尔滨市	Harbin	50	52	43
齐齐哈尔市	Qiqihar	5	25	16
鸡西市	Jixi	1	8	5
鹤岗市	Hegang	1	6	3
双鸭山市	Shuangyashan	1	8	3
大庆市	Daqing	6	14	10
伊春市	Yichun	1	9	5
佳木斯市	Jiamusi	5	18	10
七台河市	Qitaihe	1	2	1
牡丹江市	Mudanjiang	7	1	1
黑河市	Heihe	1	11	4
绥化市	Suihua		17	5
上海市	**Shanghai**	**64**	**87**	**87**
江苏省	**Jiangsu**			
南京市	Nanjing	51	42	22
无锡市	Wuxi	13	31	24
徐州市	Xuzhou	10	26	18
常州市	Changzhou	10	20	18
苏州市	Suzhou	26	25	13
南通市	Nantong	8	27	16

2-19 续表 2 continued

单位：所 (unit)

城 市	City	普通高等学校 Regular Higher Education Institutions	中等职业教育学校 Vocational Secondary Schools	
		全 市 Total City	全 市 Total City	市辖区 Districts under City
连云港市	Lianyungang	5	12	9
淮安市	Huai'an	7	14	10
盐城市	Yancheng	6	13	6
扬州市	Yangzhou	8	9	7
镇江市	Zhenjiang	9	6	3
泰州市	Taizhou	7	12	9
宿迁市	Suqian	3	17	9
浙江省	**Zhejiang**			
杭州市	Hangzhou	40	42	37
宁波市	Ningbo	14	33	16
温州市	Wenzhou	11	39	13
嘉兴市	Jiaxing	6	21	5
湖州市	Huzhou	4	13	4
绍兴市	Shaoxing	12	18	10
金华市	Jinhua	9	27	10
衢州市	Quzhou	2	14	7
舟山市	Zhoushan	3	4	3
台州市	Taizhou	4	24	6
丽水市	Lishui	2	13	4
安徽省	**Anhui**			
合肥市	Hefei	54	50	30
芜湖市	Wuhu	10	17	13
蚌埠市	Bengbu	6	17	11
淮南市	Huainan	6	14	10
马鞍山市	Ma'anshan	6	9	5
淮北市	Huaibei	4	7	5
铜陵市	Tongling	3	6	3
安庆市	Anqing	5	35	16
黄山市	Huangshan	3	12	4
滁州市	Chuzhou	4	9	2
阜阳市	Fuyang	5	34	19
宿州市	Suzhou	4	16	6
六安市	Lu'an	4	16	9
亳州市	Bozhou	2	12	5
池州市	Chizhou	3	6	3
宣城市	Xuancheng	1	11	4
福建省	**Fujian**			
福州市	Fuzhou	35	40	28
厦门市	Xiamen	16	13	13
莆田市	Putian	2	12	9
三明市	Sanming	4	16	6

2-19 续表 3 continued

单位：所 (unit)

城市	City	普通高等学校 Regular Higher Education Institutions	中等职业教育学校 Vocational Secondary Schools	
		全市 Total City	全市 Total City	市辖区 Districts under City
泉州市	Quanzhou	18	32	13
漳州市	Zhangzhou	7	14	2
南平市	Nanping	4	15	6
龙岩市	Longyan	2	11	6
宁德市	Ningde	2	11	3
江西省	**Jiangxi**			
南昌市	Nanchang	49	47	33
景德镇市	Jingdezhen		9	6
萍乡市	Pingxiang	4	18	12
九江市	Jiujiang	13	26	10
新余市	Xinyu	5	9	8
鹰潭市	Yingtan	2	7	4
赣州市	Ganzhou	12	41	19
吉安市	Ji'an	2	30	6
宜春市	Yichun	6	25	6
抚州市	Fuzhou	5	22	12
上饶市	Shangrao	5	47	24
山东省	**Shandong**			
济南市	Jinan	46	72	69
青岛市	Qingdao	27	52	46
淄博市	Zibo	7	18	15
枣庄市	Zaozhuang	3	18	12
东营市	Dongying	4	10	8
烟台市	Yantai	16	29	17
潍坊市	Weifang	16	32	14
济宁市	Jining	7	19	7
泰安市	Tai'an	9	14	7
威海市	Weihai	11	18	15
日照市	Rizhao	3	12	9
临沂市	Linyi	5	12	8
德州市	Dezhou	4	31	13
聊城市	Liaocheng	3	22	15
滨州市	Binzhou	5	19	10
菏泽市	Heze	4	41	24
河南省	**Henan**			
郑州市	Zhengzhou	68	109	69
开封市	Kaifeng	7	27	14
洛阳市	Luoyang	8	36	21
平顶山市	Pingdingshan	7	30	14
安阳市	Anyang	7	19	8
鹤壁市	Hebi	3	5	3

2-19 续表 4 continued

单位：所 (unit)

城市	City	普通高等学校 Regular Higher Education Institutions	中等职业教育学校 Vocational Secondary Schools	
		全市 Total City	全市 Total City	市辖区 Districts under City
新乡市	Xinxiang	11	26	7
焦作市	Jiaozuo	6	22	7
濮阳市	Puyang	3	19	7
许昌市	Xuchang	4	25	13
漯河市	Luohe	3	20	11
三门峡市	Sanmenxia	2	18	9
南阳市	Nanyang	7	79	33
商丘市	Shangqiu	6	29	10
信阳市	Xinyang	7	26	7
周口市	Zhoukou	4	29	9
驻马店市	Zhumadian	3	29	9
湖北省	**Hubei**			
武汉市	Wuhan	83	99	99
黄石市	Huangshi	4	10	6
十堰市	Shiyan	6	13	6
宜昌市	Yichang	5	20	11
襄阳市	Xiangyang	4	26	16
鄂州市	Ezhou	1	8	8
荆门市	Jingmen	2	12	6
孝感市	Xiaogan	3	20	11
荆州市	Jingzhou	8	13	6
黄冈市	Huanggang	4	21	8
咸宁市	Xianning	5	16	8
随州市	Suizhou	1	7	4
湖南省	**Hunan**			
长沙市	Changsha	52	87	54
株洲市	Zhuzhou	10	22	14
湘潭市	Xiangtan	11	28	14
衡阳市	Hengyang	9	54	26
邵阳市	Shaoyang	3	69	34
岳阳市	Yueyang	5	33	13
常德市	Changde	5	43	19
张家界市	Zhangjiajie	1	9	3
益阳市	Yiyang	5	22	14
郴州市	Chenzhou	3	29	12
永州市	Yongzhou	4	41	13
怀化市	Huaihua	4	41	15
娄底市	Loudi	3	23	6
广东省	**Guangdong**			
广州市	Guangzhou	83	78	78
韶关市	Shaoguan	2	14	7

2-19 续表 5 continued

单位：所 (unit)

城市	City	普通高等学校 Regular Higher Education Institutions	中等职业教育学校 Vocational Secondary Schools	
		全市 Total City	全市 Total City	市辖区 Districts under City
深圳市	Shenzhen	14	15	15
珠海市	Zhuhai	11	8	8
汕头市	Shantou	4	18	17
佛山市	Foshan	13	27	27
江门市	Jiangmen	5	18	10
湛江市	Zhanjiang	6	35	24
茂名市	Maoming	7	12	6
肇庆市	Zhaoqing	9	16	11
惠州市	Huizhou	5	24	18
梅州市	Meizhou	1	16	10
汕尾市	Shanwei	2	10	4
河源市	Heyuan	1	13	7
阳江市	Yangjiang	2	6	3
清远市	Qingyuan	1	14	5
东莞市	Dongguan	9	21	
中山市	Zhongshan	5	11	
潮州市	Chaozhou	1	8	5
揭阳市	Jieyang	2	15	7
云浮市	Yunfu	2	8	1
广西壮族自治区	**Guangxi**			
南宁市	Nanning	35	27	22
柳州市	Liuzhou	6	17	14
桂林市	Guilin	12	16	6
梧州市	Wuzhou	3	12	8
北海市	Beihai	5	6	4
防城港市	Fangchenggang	1	3	1
钦州市	Qinzhou	3	10	7
贵港市	Guigang		10	6
玉林市	Yulin	1	18	12
百色市	Baise	5	18	13
贺州市	Hezhou	1	12	9
河池市	Hechi	2	15	5
来宾市	Laibin	2	8	3
崇左市	Chongzuo	9	10	3
海南省	**Hainan**			
海口市	Haikou	13	25	25
三亚市	Sanya	6	3	3
三沙市	Sansha			
儋州市	Danzhou		1	
重庆市	**Chongqing**	**69**	**129**	**100**

2-19 续表 6 continued

单位：所 (unit)

城市	City	普通高等学校 Regular Higher Education Institutions	中等职业教育学校 Vocational Secondary Schools	
		全市 Total City	全市 Total City	市辖区 Districts under City
四川省	**Sichuan**			
成都市	Chengdu	65	87	71
自贡市	Zigong	3	13	9
攀枝花市	Panzhihua	4	8	7
泸州市	Luzhou	7	16	7
德阳市	Deyang	13	16	11
绵阳市	Mianyang	11	23	14
广元市	Guangyuan	3	11	5
遂宁市	Suining	1	10	2
内江市	Neijiang	4	18	11
乐山市	Leshan	3	20	9
南充市	Nanchong	7	30	18
眉山市	Meishan	6	22	9
宜宾市	Yibin	2	16	9
广安市	Guang'an	1	24	7
达州市	Dazhou	3	31	16
雅安市	Ya'an	2	8	4
巴中市	Bazhong	1	12	3
资阳市	Ziyang	3	7	3
贵州省	**Guizhou**			
贵阳市	Guiyang	34	57	48
六盘水市	Liupanshui	3	13	4
遵义市	Zunyi	7	20	9
安顺市	Anshun	3	10	6
毕节市	Bijie	6	15	1
铜仁市	Tongren	5	18	9
云南省	**Yunnan**			
昆明市	Kunming	52	77	58
曲靖市	Qujing	4	34	18
玉溪市	Yuxi	2	21	8
保山市	Baoshan	3	8	4
昭通市	Zhaotong	2	29	10
丽江市	Lijiang	2	8	4
普洱市	Pu'er	1	24	7
临沧市	Lincang	1	20	7
西藏自治区	**Tibet**			
拉萨市	Lhasa	5	3	3
日喀则市	Xigazê		2	
昌都市	Qamdo		2	
林芝市	Nyingchi	1	1	1
山南市	Lhoka		2	2
那曲市	Nagqu			

2-19 续表 7 continued

单位：所 (unit)

城 市	City	普通高等学校 Regular Higher Education Institutions	中等职业教育学校 Vocational Secondary Schools	
		全 市 Total City	全 市 Total City	市辖区 Districts under City
陕西省	**Shaanxi**			
西安市	Xi'an	63	150	143
铜川市	Tongchuan	1	5	4
宝鸡市	Baoji	5	3	3
咸阳市	Xianyang	8	28	15
渭南市	Weinan	3	23	12
延安市	Yan'an	2	13	2
汉中市	Hanzhong	3	13	4
榆林市	Yulin	4	22	10
安康市	Ankang	2	11	4
商洛市	Shangluo	2	7	1
甘肃省	**Gansu**			
兰州市	Lanzhou	28	41	34
嘉峪关市	Jiayuguan	1	3	
金昌市	Jinchang	1	2	1
白银市	Baiyin	2	12	5
天水市	Tianshui	4	16	9
武威市	Wuwei	2	13	9
张掖市	Zhangye	2	9	3
平凉市	Pingliang	2	8	2
酒泉市	Jiuquan	1	11	6
庆阳市	Qingyang	2	12	5
定西市	Dingxi		18	4
陇南市	Longnan	1	12	2
青海省	**Qinghai**			
西宁市	Xining	10	15	7
海东市	Haidong	1	5	1
宁夏回族自治区	**Ningxia**			
银川市	Yinchuan	16	16	12
石嘴山市	Shizuishan	2	2	1
吴忠市	Wuzhong	1	5	
固原市	Guyuan	1	5	1
中卫市	Zhongwei		3	1
新疆维吾尔自治区	**Xinjiang**			
乌鲁木齐市	Urumqi	22	26	26
克拉玛依市	Karamay	3	3	3
吐鲁番市	Turpan	1	2	1
哈密市	Hami	1	1	1

2-20 学校数(二)
Number of Schools (Ⅱ)

单位：所 (unit)

城 市	City	普通中学 Regular Secondary Schools		普通小学 Regular Primary Schools	
		全 市 Total City	市辖区 Districts under City	全 市 Total City	市辖区 Districts under City
北京市	**Beijing**	**667**	**667**	**837**	**837**
天津市	**Tianjin**	**535**	**535**	**895**	**895**
河北省	**Hebei**				
石家庄市	Shijiazhuang	437	168	1474	517
唐山市	Tangshan	346	134	1139	390
秦皇岛市	Qinhuangdao	158	87	419	163
邯郸市	Handan	454	179	1813	599
邢台市	Xingtai	297	78	1038	273
保定市	Baoding	517	131	2139	415
张家口市	Zhangjiakou	165	68	441	178
承德市	Chengde	136	27	456	60
沧州市	Cangzhou	340	19	1348	56
廊坊市	Langfang	216	29	753	124
衡水市	Hengshui	188	55	584	94
山西省	**Shanxi**				
太原市	Taiyuan	222	169	417	292
大同市	Datong	170	105	325	154
阳泉市	Yangquan	80	42	197	61
长治市	Changzhi	198	96	483	219
晋城市	Jincheng	135	33	307	56
朔州市	Shuozhou	84	35	154	47
晋中市	Jinzhong	220	36	488	84
运城市	Yuncheng	258	56	711	81
忻州市	Xinzhou	200	33	395	85
临汾市	Linfen	234	60	705	126
吕梁市	Lvliang	254	22	486	44
内蒙古自治区	**Inner Mongolia**				
呼和浩特市	Hohhot	119	77	197	121
包头市	Baotou	97	83	134	103
乌海市	Wuhai	21	21	23	23
赤峰市	Chifeng	149	57	397	109
通辽市	Tongliao	141	32	220	36
鄂尔多斯市	Erdos	82	27	146	41
呼伦贝尔市	Hulunbuir	155	24	133	23
巴彦淖尔市	Bayannur	52	21	87	30
乌兰察布市	Ulanqab	77	14	116	27
辽宁省	**Liaoning**				
沈阳市	Shenyang	313	237	283	239
大连市	Dalian	309	223	396	291
鞍山市	Anshan	160	66	239	63

2-20 续表 1 continued

单位：所 (unit)

城　市	City	普通中学 Regular Secondary Schools 全　市 Total City	普通中学 Regular Secondary Schools 市辖区 Districts under City	普通小学 Regular Primary Schools 全　市 Total City	普通小学 Regular Primary Schools 市辖区 Districts under City
抚顺市	Fushun	104	61	96	54
本溪市	Benxi	60	39	61	32
丹东市	Dandong	125	39	223	68
锦州市	Jinzhou	128	41	217	46
营口市	Yingkou	100	45	97	49
阜新市	Fuxin	90	39	64	33
辽阳市	Liaoyang	77	38	78	34
盘锦市	Panjin	68	52	34	31
铁岭市	Tieling	128	25	148	25
朝阳市	Chaoyang	166	32	397	80
葫芦岛市	Huludao	131	30	268	30
吉林省	**Jilin**				
长春市	Changchun	412	215	873	191
吉林市	Jilin	186	76	549	131
四平市	Siping	134	28	599	72
辽源市	Liaoyuan	62	18	73	33
通化市	Tonghua	134	20	180	31
白山市	Baishan	105	35	99	35
松原市	Songyuan	157	32	619	87
白城市	Baicheng	121	30	97	21
黑龙江省	**Heilongjiang**				
哈尔滨市	Harbin	451	254	399	230
齐齐哈尔市	Qiqihar	244	67	174	59
鸡西市	Jixi	96	29	58	19
鹤岗市	Hegang	52	26	33	20
双鸭山市	Shuangyashan	77	24	62	21
大庆市	Daqing	147	77	146	79
伊春市	Yichun	48	15	46	15
佳木斯市	Jiamusi	127	39	116	35
七台河市	Qitaihe	48	30	32	17
牡丹江市	Mudanjiang	112	32	113	39
黑河市	Heihe	88	18	63	10
绥化市	Suihua	251	35	169	29
上海市	**Shanghai**	**867**	**867**	**680**	**680**
江苏省	**Jiangsu**				
南京市	Nanjing	264	264	392	392
无锡市	Wuxi	198	105	228	121
徐州市	Xuzhou	365	92	884	285
常州市	Changzhou	168	135	229	185
苏州市	Suzhou	340	177	442	224
南通市	Nantong	215	99	343	143

2-20 续表 2 continued

单位：所 (unit)

城 市	City	普通中学 Regular Secondary Schools		普通小学 Regular Primary Schools	
		全 市 Total City	市辖区 Districts under City	全 市 Total City	市辖区 Districts under City
连云港市	Lianyungang	184	83	426	173
淮安市	Huai'an	211	126	249	142
盐城市	Yancheng	285	104	285	103
扬州市	Yangzhou	164	89	202	98
镇江市	Zhenjiang	110	45	111	45
泰州市	Taizhou	184	63	152	52
宿迁市	Suqian	207	62	174	57
浙江省	**Zhejiang**				
杭州市	Hangzhou	391	331	493	405
宁波市	Ningbo	322	165	418	187
温州市	Wenzhou	428	104	560	139
嘉兴市	Jiaxing	166	53	152	29
湖州市	Huzhou	117	51	126	45
绍兴市	Shaoxing	194	89	314	148
金华市	Jinhua	270	68	387	68
衢州市	Quzhou	89	30	196	54
舟山市	Zhoushan	38	29	59	42
台州市	Taizhou	279	83	354	85
丽水市	Lishui	104	25	196	20
安徽省	**Anhui**				
合肥市	Hefei	339	135	466	174
芜湖市	Wuhu	207	115	245	137
蚌埠市	Bengbu	186	57	570	127
淮南市	Huainan	197	101	412	170
马鞍山市	Ma'anshan	105	34	188	54
淮北市	Huaibei	122	70	279	106
铜陵市	Tongling	84	50	116	71
安庆市	Anqing	301	40	554	66
黄山市	Huangshan	112	33	129	35
滁州市	Chuzhou	261	33	225	35
阜阳市	Fuyang	446	123	1285	320
宿州市	Suzhou	250	74	775	241
六安市	Lu'an	339	130	441	173
亳州市	Bozhou	309	71	983	244
池州市	Chizhou	98	43	160	58
宣城市	Xuancheng	147	48	136	46
福建省	**Fujian**				
福州市	Fuzhou	328	124	883	293
厦门市	Xiamen	115	115	297	297
莆田市	Putian	145	90	564	371
三明市	Sanming	154	36	244	54

2-20 续表 3 continued

单位：所 (unit)

城市	City	普通中学 Regular Secondary Schools		普通小学 Regular Primary Schools	
		全市 Total City	市辖区 Districts under City	全市 Total City	市辖区 Districts under City
泉州市	Quanzhou	331	51	1305	156
漳州市	Zhangzhou	209	31	825	87
南平市	Nanping	166	40	284	75
龙岩市	Longyan	173	59	375	124
宁德市	Ningde	178	32	272	33
江西省	**Jiangxi**				
南昌市	Nanchang	312	208	419	205
景德镇市	Jingdezhen	103	19	294	46
萍乡市	Pingxiang	110	42	343	126
九江市	Jiujiang	295	53	554	84
新余市	Xinyu	40	34	73	52
鹰潭市	Yingtan	100	48	139	52
赣州市	Ganzhou	491	111	1531	333
吉安市	Ji'an	330	29	635	79
宜春市	Yichun	276	28	719	33
抚州市	Fuzhou	234	86	574	290
上饶市	Shangrao	467	125	1471	375
山东省	**Shandong**				
济南市	Jinan	332	294	641	562
青岛市	Qingdao	345	224	676	459
淄博市	Zibo	192	136	274	176
枣庄市	Zaozhuang	143	95	501	298
东营市	Dongying	105	76	103	68
烟台市	Yantai	273	104	292	156
潍坊市	Weifang	375	97	687	155
济宁市	Jining	337	91	1055	114
泰安市	Tai'an	211	78	485	167
威海市	Weihai	111	61	98	72
日照市	Rizhao	104	45	253	82
临沂市	Linyi	391	88	1335	147
德州市	Dezhou	210	35	674	138
聊城市	Liaocheng	269	96	698	214
滨州市	Binzhou	177	57	270	61
菏泽市	Heze	445	96	1416	361
河南省	**Henan**				
郑州市	Zhengzhou	538	269	981	376
开封市	Kaifeng	283	86	808	262
洛阳市	Luoyang	408	121	756	280
平顶山市	Pingdingshan	285	61	1148	125
安阳市	Anyang	337	106	1224	272
鹤壁市	Hebi	78	38	296	66

2-20 续表 4 continued

单位：所 (unit)

城 市	City	普通中学 Regular Secondary Schools		普通小学 Regular Primary Schools	
		全 市 Total City	市辖区 Districts under City	全 市 Total City	市辖区 Districts under City
新乡市	Xinxiang	415	65	1252	140
焦作市	Jiaozuo	220	55	512	80
濮阳市	Puyang	202	68	760	80
许昌市	Xuchang	243	60	805	157
漯河市	Luohe	128	63	431	179
三门峡市	Sanmenxia	136	37	227	55
南阳市	Nanyang	593	133	1668	248
商丘市	Shangqiu	465	88	1769	350
信阳市	Xinyang	404	74	1032	142
周口市	Zhoukou	555	99	1813	219
驻马店市	Zhumadian	367	45	1933	187
湖北省	**Hubei**				
武汉市	Wuhan	399	399	610	610
黄石市	Huangshi	131	38	344	90
十堰市	Shiyan	195	73	424	148
宜昌市	Yichang	170	63	245	87
襄阳市	Xiangyang	254	107	474	166
鄂州市	Ezhou	53	53	239	239
荆门市	Jingmen	129	37	219	52
孝感市	Xiaogan	242	54	448	74
荆州市	Jingzhou	243	54	391	59
黄冈市	Huanggang	311	27	687	34
咸宁市	Xianning	162	37	400	63
随州市	Suizhou	107	36	191	43
湖南省	**Hunan**				
长沙市	Changsha	365	158	923	393
株洲市	Zhuzhou	207	74	373	115
湘潭市	Xiangtan	158	32	373	65
衡阳市	Hengyang	461	57	989	138
邵阳市	Shaoyang	475	46	904	83
岳阳市	Yueyang	302	41	628	76
常德市	Changde	284	70	416	76
张家界市	Zhangjiajie	96	30	96	44
益阳市	Yiyang	219	58	406	118
郴州市	Chenzhou	311	43	360	50
永州市	Yongzhou	356	76	484	98
怀化市	Huaihua	373	45	240	34
娄底市	Loudi	300	35	728	76
广东省	**Guangdong**				
广州市	Guangzhou	551	551	986	986
韶关市	Shaoguan	153	43	215	69

2-20 续表 5 continued

单位：所 (unit)

城市	City	普通中学 Regular Secondary Schools		普通小学 Regular Primary Schools	
		全市 Total City	市辖区 Districts under City	全市 Total City	市辖区 Districts under City
深圳市	Shenzhen	475	475	343	343
珠海市	Zhuhai	87	87	144	144
汕头市	Shantou	312	308	733	729
佛山市	Foshan	228	228	417	417
江门市	Jiangmen	197	88	326	132
湛江市	Zhanjiang	302	99	918	89
茂名市	Maoming	269	95	1398	319
肇庆市	Zhaoqing	204	80	237	86
惠州市	Huizhou	300	154	576	276
梅州市	Meizhou	239	49	452	66
汕尾市	Shanwei	164	23	566	62
河源市	Heyuan	200	39	363	55
阳江市	Yangjiang	120	72	165	80
清远市	Qingyuan	187	70	353	130
东莞市	Dongguan	258		337	
中山市	Zhongshan	112		209	
潮州市	Chaozhou	145	103	579	352
揭阳市	Jieyang	299	115	1212	268
云浮市	Yunfu	106	25	182	54
广西壮族自治区	**Guangxi**				
南宁市	Nanning	354	229	1086	552
柳州市	Liuzhou	149	90	346	188
桂林市	Guilin	228	65	554	168
梧州市	Wuzhou	139	37	513	136
北海市	Beihai	97	61	327	100
防城港市	Fangchenggang	49	32	439	192
钦州市	Qinzhou	130	59	999	340
贵港市	Guigang	212	81	814	349
玉林市	Yulin	267	58	1313	231
百色市	Baise	162	34	395	70
贺州市	Hezhou	111	58	337	158
河池市	Hechi	187	44	684	168
来宾市	Laibin	88	46	219	114
崇左市	Chongzuo	103	22	211	25
海南省	**Hainan**				
海口市	Haikou	128	128	142	142
三亚市	Sanya	51	51	115	115
三沙市	Sansha			1	
儋州市	Danzhou	55		160	
重庆市	**Chongqing**	**1123**	**812**	**2717**	**1811**

2-20 续表 6 continued

单位：所 (unit)

城市	City	普通中学 Regular Secondary Schools		普通小学 Regular Primary Schools	
		全市 Total City	市辖区 Districts under City	全市 Total City	市辖区 Districts under City
四川省	**Sichuan**				
成都市	Chengdu	645	386	642	422
自贡市	Zigong	118	56	111	58
攀枝花市	Panzhihua	56	41	54	28
泸州市	Luzhou	218	64	219	53
德阳市	Deyang	139	32	236	56
绵阳市	Mianyang	168	74	355	95
广元市	Guangyuan	153	48	262	87
遂宁市	Suining	145	34	189	61
内江市	Neijiang	170	57	259	78
乐山市	Leshan	183	67	214	59
南充市	Nanchong	454	103	275	105
眉山市	Meishan	175	55	200	70
宜宾市	Yibin	274	113	304	118
广安市	Guang'an	279	78	181	38
达州市	Dazhou	130	41	272	73
雅安市	Ya'an	72	33	136	40
巴中市	Bazhong	218	88	192	44
资阳市	Ziyang	197	64	155	67
贵州省	**Guizhou**				
贵阳市	Guiyang	345	269	536	352
六盘水市	Liupanshui	211	60	468	103
遵义市	Zunyi	420	118	1084	301
安顺市	Anshun	161	80	434	178
毕节市	Bijie	472	99	1647	293
铜仁市	Tongren	255	44	1164	158
云南省	**Yunnan**				
昆明市	Kunming	336	230	740	355
曲靖市	Qujing	266	75	1641	260
玉溪市	Yuxi	108	37	472	121
保山市	Baoshan	120	39	830	278
昭通市	Zhaotong	267	41	1470	150
丽江市	Lijiang	68	16	345	37
普洱市	Pu'er	132	15	477	36
临沧市	Lincang	126	24	829	107
西藏自治区	**Tibet**				
拉萨市	Lhasa	25	18	74	32
日喀则市	Xigazê	32	3	228	20
昌都市	Qamdo	23	1	204	26
林芝市	Nyingchi	11	4	61	4
山南市	Lhoka	19	1	91	7
那曲市	Nagqu				

2-20 续表 7 continued

单位：所 (unit)

城　市	City	普通中学 Regular Secondary Schools		普通小学 Regular Primary Schools	
		全　市 Total City	市辖区 Districts under City	全　市 Total City	市辖区 Districts under City
陕西省	**Shaanxi**				
西安市	Xi'an	501	421	1170	976
铜川市	Tongchuan	41	34	78	65
宝鸡市	Baoji	197	110	424	178
咸阳市	Xianyang	268	52	633	40
渭南市	Weinan	222	50	681	134
延安市	Yan'an	112	42	241	78
汉中市	Hanzhong	206	56	457	119
榆林市	Yulin	203	44	322	66
安康市	Ankang	181	64	385	106
商洛市	Shangluo	159	36	378	79
甘肃省	**Gansu**				
兰州市	Lanzhou	209	121	450	199
嘉峪关市	Jiayuguan	9		11	
金昌市	Jinchang	19	10	26	13
白银市	Baiyin	109	25	293	53
天水市	Tianshui	253	78	558	182
武威市	Wuwei	129	77	450	224
张掖市	Zhangye	52	25	133	18
平凉市	Pingliang	163	35	668	145
酒泉市	Jiuquan	57	23	96	28
庆阳市	Qingyang	127	25	602	84
定西市	Dingxi	251	41	554	49
陇南市	Longnan	231	40	1210	153
青海省	**Qinghai**				
西宁市	Xining	142	50	136	65
海东市	Haidong	98	21	254	53
宁夏回族自治区	**Ningxia**				
银川市	Yinchuan	87	58	202	115
石嘴山市	Shizuishan	34	23	66	41
吴忠市	Wuzhong	63	20	267	51
固原市	Guyuan	70	17	415	160
中卫市	Zhongwei	52	26	178	31
新疆维吾尔自治区	**Xinjiang**				
乌鲁木齐市	Urumqi	159	149	125	116
克拉玛依市	Karamay	20	20	27	27
吐鲁番市	Turpan	51	21	97	38
哈密市	Hami	27	18	49	35

2-21 专任教师数(一)
Number of Full-time Teachers (Ⅰ)

单位：人 (person)

城 市	City	普通高等学校 Regular Higher Education Institutions	中等职业教育学校 Vocational Secondary Schools	
		全 市 Total City	全 市 Total City	市辖区 Districts under City
北京市	**Beijing**	**74208**	**5598**	**5598**
天津市	**Tianjin**	**32534**	**7106**	**7106**
河北省	**Hebei**			
石家庄市	Shijiazhuang	32680	11423	6048
唐山市	Tangshan	8967	4759	2507
秦皇岛市	Qinhuangdao	5413	2329	1228
邯郸市	Handan	4691	6837	3674
邢台市	Xingtai	3250	4979	2258
保定市	Baoding	11320	8007	3196
张家口市	Zhangjiakou	3409	3499	1954
承德市	Chengde	3285	2768	930
沧州市	Cangzhou	4568	3864	776
廊坊市	Langfang	8883	2291	603
衡水市	Hengshui	1216	2862	1348
山西省	**Shanxi**			
太原市	Taiyuan	23064	4347	4094
大同市	Datong	1597	2019	1424
阳泉市	Yangquan	859	539	390
长治市	Changzhi	2266	2922	2179
晋城市	Jincheng	369	1238	571
朔州市	Shuozhou	786	1712	570
晋中市	Jinzhong	10846	2728	763
运城市	Yuncheng	2646	2924	1278
忻州市	Xinzhou	1427	1535	343
临汾市	Linfen	838	2419	857
吕梁市	Lvliang	890	2693	920
内蒙古自治区	**Inner Mongolia**			
呼和浩特市	Hohhot	13060	1957	
包头市	Baotou	4415	1340	1172
乌海市	Wuhai	272	153	153
赤峰市	Chifeng	1940	2700	916
通辽市	Tongliao		1345	583
鄂尔多斯市	Erdos	888	1331	341
呼伦贝尔市	Hulunbuir	1651	1251	200
巴彦淖尔市	Bayannur	670	1232	831
乌兰察布市	Ulanqab	1296	1181	
辽宁省	**Liaoning**			
沈阳市	Shenyang	26182	5236	4776
大连市	Dalian	18583	2823	2371
鞍山市	Anshan	2150	1219	871

2-21 续表 1 continued

单位：人 (person)

城　市	City	普通高等学校 Regular Higher Education Institutions	中等职业教育学校 Vocational Secondary Schools	
		全　市 Total City	全　市 Total City	市辖区 Districts under City
抚顺市	Fushun	2044	992	835
本溪市	Benxi	2352	815	667
丹东市	Dandong	1509	950	619
锦州市	Jinzhou	4772	1087	750
营口市	Yingkou	1281	1270	1011
阜新市	Fuxin	1924	703	584
辽阳市	Liaoyang	1257	737	557
盘锦市	Panjin	532	539	320
铁岭市	Tieling	1230	725	275
朝阳市	Chaoyang	506	1509	1509
葫芦岛市	Huludao	618	1027	407
吉林省	**Jilin**			
长春市	Changchun	28582	3701	2663
吉林市	Jilin	5750	2671	1903
四平市	Siping	2295	1263	562
辽源市	Liaoyuan	299	631	419
通化市	Tonghua	762	1314	567
白山市	Baishan	222	475	215
松原市	Songyuan	293	1080	217
白城市	Baicheng	1185	813	316
黑龙江省	**Heilongjiang**			
哈尔滨市	Harbin	33337	4432	3771
齐齐哈尔市	Qiqihar	3078	1448	734
鸡西市	Jixi	482	413	216
鹤岗市	Hegang	237	527	276
双鸭山市	Shuangyashan	378	463	128
大庆市	Daqing	3505	735	443
伊春市	Yichun	270	267	112
佳木斯市	Jiamusi	1633	1070	656
七台河市	Qitaihe	162	38	14
牡丹江市	Mudanjiang	3057	94	94
黑河市	Heihe		798	276
绥化市	Suihua		1052	465
上海市	**Shanghai**	**48692**	**8051**	**8051**
江苏省	**Jiangsu**			
南京市	Nanjing	48094	6262	6262
无锡市	Wuxi	7219	6121	4075
徐州市	Xuzhou	9037	4936	3051
常州市	Changzhou	7613	4090	3616
苏州市	Suzhou	14097	5750	2718
南通市	Nantong	5674	5103	2581

2-21 续表 2 continued

单位：人 (person)

城 市	City	普通高等学校 Regular Higher Education Institutions	中等职业教育学校 Vocational Secondary Schools	
		全 市 Total City	全 市 Total City	市辖区 Districts under City
连云港市	Lianyungang	2691	2877	2014
淮安市	Huai'an	4545	2738	1857
盐城市	Yancheng	4204	3509	1638
扬州市	Yangzhou	5606	2207	1533
镇江市	Zhenjiang	6413	1873	900
泰州市	Taizhou	2414	1786	947
宿迁市	Suqian	1427	3249	2184
浙江省	**Zhejiang**			
杭州市	Hangzhou	34701	5378	4823
宁波市	Ningbo	9743	4980	2719
温州市	Wenzhou	7152	6045	1948
嘉兴市	Jiaxing	3973	3305	762
湖州市	Huzhou	1918	2327	753
绍兴市	Shaoxing	6421	3238	1870
金华市	Jinhua	5925	3941	1169
衢州市	Quzhou	819	1754	740
舟山市	Zhoushan	1586	500	402
台州市	Taizhou	2570	4333	1213
丽水市	Lishui	1291	2214	491
安徽省	**Anhui**			
合肥市	Hefei	32073	5763	3028
芜湖市	Wuhu	7670	1826	1551
蚌埠市	Bengbu	3621	2064	1077
淮南市	Huainan	3541	1395	958
马鞍山市	Ma'anshan	3773	778	419
淮北市	Huaibei	2245	894	652
铜陵市	Tongling	1669	618	376
安庆市	Anqing	2425	1910	469
黄山市	Huangshan	1294	642	238
滁州市	Chuzhou	3071	1870	418
阜阳市	Fuyang	2552	4405	2113
宿州市	Suzhou	1520	2624	819
六安市	Lu'an	2440	2135	945
亳州市	Bozhou	940	2024	832
池州市	Chizhou	1222	672	413
宣城市	Xuancheng	342	1545	591
福建省	**Fujian**			
福州市	Fuzhou	22106	4577	3211
厦门市	Xiamen	10748	1837	1837
莆田市	Putian	1087	1257	850
三明市	Sanming	1758	1517	609

2-21 续表 3 continued

单位：人 (person)

城 市	City	普通高等学校 Regular Higher Education Institutions	中等职业教育学校 Vocational Secondary Schools	
		全 市 Total City	全 市 Total City	市辖区 Districts under City
泉州市	Quanzhou	8828	3703	1270
漳州市	Zhangzhou	4671	1484	483
南平市	Nanping	1532	979	491
龙岩市	Longyan	1274	1224	575
宁德市	Ningde	749	1212	323
江西省	**Jiangxi**			
南昌市	Nanchang	36273	2943	1861
景德镇市	Jingdezhen		586	359
萍乡市	Pingxiang	2656	849	562
九江市	Jiujiang	7885	1524	599
新余市	Xinyu	2856	1125	1083
鹰潭市	Yingtan	563	469	363
赣州市	Ganzhou	6903	4516	2196
吉安市	Ji'an	1623	1527	273
宜春市	Yichun	3218	1633	517
抚州市	Fuzhou	4223	1026	417
上饶市	Shangrao	2049	1962	873
山东省	**Shandong**			
济南市	Jinan	40584	8241	7677
青岛市	Qingdao	25059	6942	5284
淄博市	Zibo	6755	2199	1585
枣庄市	Zaozhuang	2179	1705	1020
东营市	Dongying	2020	1630	1105
烟台市	Yantai	13370	4445	2097
潍坊市	Weifang	12321	5790	1367
济宁市	Jining	6752	3181	1091
泰安市	Tai'an	7042	2587	1041
威海市	Weihai	5676	2019	1530
日照市	Rizhao	2122	1729	1058
临沂市	Linyi	4966	2043	908
德州市	Dezhou	4079	3255	1246
聊城市	Liaocheng	2933	2957	1639
滨州市	Binzhou	2368	2382	987
菏泽市	Heze	2817	3351	1457
河南省	**Henan**			
郑州市	Zhengzhou	66554	10777	7230
开封市	Kaifeng	3490	1794	1100
洛阳市	Luoyang	8514	3295	1807
平顶山市	Pingdingshan	4356	2918	1929
安阳市	Anyang	6050	2507	984
鹤壁市	Hebi	1383	677	263

2-21 续表 4 continued

单位：人 (person)

城 市	City	普通高等学校 Regular Higher Education Institutions	中等职业教育学校 Vocational Secondary Schools	
		全 市 Total City	全 市 Total City	市辖区 Districts under City
新乡市	Xinxiang	10833	2660	645
焦作市	Jiaozuo	6183	1779	608
濮阳市	Puyang	1823	1618	449
许昌市	Xuchang	3578	2104	819
漯河市	Luohe	2770	1657	1258
三门峡市	Sanmenxia	1597	1134	728
南阳市	Nanyang	6680	4784	1391
商丘市	Shangqiu	6923	2827	944
信阳市	Xinyang	5204	3097	629
周口市	Zhoukou	3459	2964	834
驻马店市	Zhumadian	2249	3002	1021
湖北省	**Hubei**			
武汉市	Wuhan	62733	4476	4476
黄石市	Huangshi	3142	712	443
十堰市	Shiyan	2601	1834	1022
宜昌市	Yichang	3288	2067	905
襄阳市	Xiangyang	2311	1923	956
鄂州市	Ezhou	954	326	326
荆门市	Jingmen	991	1209	600
孝感市	Xiaogan	1853	1246	501
荆州市	Jingzhou	5296	1707	811
黄冈市	Huanggang	2673	2687	554
咸宁市	Xianning	1840	1589	301
随州市	Suizhou	488	446	172
湖南省	**Hunan**			
长沙市	Changsha	37811	7050	4282
株洲市	Zhuzhou	5435	1595	952
湘潭市	Xiangtan	7826	1260	682
衡阳市	Hengyang		3759	1800
邵阳市	Shaoyang	2313	3527	952
岳阳市	Yueyang	1683	3053	1115
常德市	Changde	3780	3133	1095
张家界市	Zhangjiajie		800	179
益阳市	Yiyang	2136	2073	835
郴州市	Chenzhou	1823	2409	837
永州市	Yongzhou	2530	3781	910
怀化市	Huaihua	2047	2549	579
娄底市	Loudi	2352	1901	428
广东省	**Guangdong**			
广州市	Guangzhou	75682	6905	6905
韶关市	Shaoguan	1928	1866	1007

2-21 续表 5 continued

单位：人 (person)

城 市	City	普通高等学校 Regular Higher Education Institutions	中等职业教育学校 Vocational Secondary Schools	
		全 市 Total City	全 市 Total City	市辖区 Districts under City
深圳市	Shenzhen	8426	2886	2886
珠海市	Zhuhai	6952	1044	1044
汕头市	Shantou	2113	2520	2507
佛山市	Foshan	4405	3829	3829
江门市	Jiangmen	3082	1790	842
湛江市	Zhanjiang	6006	2669	1818
茂名市	Maoming	2822	3295	1141
肇庆市	Zhaoqing	5053	2920	2316
惠州市	Huizhou	2722	2472	1798
梅州市	Meizhou	1428	1007	594
汕尾市	Shanwei	544	855	266
河源市	Heyuan	470	1241	844
阳江市	Yangjiang	541	707	358
清远市	Qingyuan	485	1649	819
东莞市	Dongguan	6498	3229	
中山市	Zhongshan	1497	2188	
潮州市	Chaozhou	1331	720	555
揭阳市	Jieyang	477	1461	558
云浮市	Yunfu	641	922	173
广西壮族自治区	**Guangxi**			
南宁市	Nanning	25201	2670	2216
柳州市	Liuzhou	4736	2537	2341
桂林市	Guilin	10446	1232	676
梧州市	Wuzhou	1400	997	434
北海市	Beihai	1600	861	720
防城港市	Fangchenggang	30	220	178
钦州市	Qinzhou	1754	1474	823
贵港市	Guigang		1099	481
玉林市	Yulin	1109	1927	1239
百色市	Baise	3504	1153	509
贺州市	Hezhou	966	673	383
河池市	Hechi	1009	1274	592
来宾市	Laibin	1128	796	526
崇左市	Chongzuo	4458	632	213
海南省	**Hainan**			
海口市	Haikou	9146	2393	2393
三亚市	Sanya	3003	28	28
三沙市	Sansha			
儋州市	Danzhou		141	
重庆市	**Chongqing**	**52132**	**17779**	**14283**

2-21 续表 6 continued

单位：人 (person)

城 市	City	普通高等学校 Regular Higher Education Institutions	中等职业教育学校 Vocational Secondary Schools	
		全 市 Total City	全 市 Total City	市辖区 Districts under City
四川省	**Sichuan**			
成都市	Chengdu	53307	9466	7164
自贡市	Zigong	2470	1454	927
攀枝花市	Panzhihua	1223	853	766
泸州市	Luzhou	3680	2161	790
德阳市	Deyang	5185	1436	683
绵阳市	Mianyang	8065	2259	1036
广元市	Guangyuan	922	1315	542
遂宁市	Suining	625	1583	352
内江市	Neijiang	2183	1334	747
乐山市	Leshan	2660	1780	856
南充市	Nanchong	4988	3238	1808
眉山市	Meishan	2351	1703	918
宜宾市	Yibin	1943	3198	1606
广安市	Guang'an	714	1792	483
达州市	Dazhou	1684	2587	1194
雅安市	Ya'an	3333	606	369
巴中市	Bazhong	280	1590	423
资阳市	Ziyang	801	954	448
贵州省	**Guizhou**			
贵阳市	Guiyang	21925	4472	3818
六盘水市	Liupanshui	1113	756	70
遵义市	Zunyi	4691	2795	1081
安顺市	Anshun	1199	899	506
毕节市	Bijie	2074	1850	128
铜仁市	Tongren	2512	1753	752
云南省	**Yunnan**			
昆明市	Kunming	32421	4598	3033
曲靖市	Qujing	1728	3027	1811
玉溪市	Yuxi	913	1530	1002
保山市	Baoshan	836	1163	466
昭通市	Zhaotong	761	1663	646
丽江市	Lijiang	1250	603	315
普洱市	Pu'er	415	1372	527
临沧市	Lincang	469	809	362
西藏自治区	**Tibet**			
拉萨市	Lhasa	1643	897	897
日喀则市	Xigazê		397	
昌都市	Qamdo		318	
林芝市	Nyingchi	560	249	249
山南市	Lhoka		351	351
那曲市	Nagqu			

2-21 续表 7 continued

单位：人 (person)

城市	City	普通高等学校 Regular Higher Education Institutions	中等职业教育学校 Vocational Secondary Schools	
		全市 Total City	全市 Total City	市辖区 Districts under City
陕西省	**Shaanxi**			
西安市	Xi'an	53139	9366	9089
铜川市	Tongchuan	339	117	102
宝鸡市	Baoji	2273	121	121
咸阳市	Xianyang	5823	1688	410
渭南市	Weinan	3650	2167	767
延安市	Yan'an	1030	767	68
汉中市	Hanzhong	2214	1133	331
榆林市	Yulin	1825	2097	500
安康市	Ankang	1070	627	238
商洛市	Shangluo	1007	929	90
甘肃省	**Gansu**			
兰州市	Lanzhou	22636	1990	997
嘉峪关市	Jiayuguan	90	114	
金昌市	Jinchang	257	209	87
白银市	Baiyin	213	1219	443
天水市	Tianshui	2104	1660	772
武威市	Wuwei	863	865	420
张掖市	Zhangye	1262	784	273
平凉市	Pingliang	946	1207	118
酒泉市	Jiuquan	544	773	372
庆阳市	Qingyang	1236	1234	493
定西市	Dingxi		1516	324
陇南市	Longnan	498	1133	237
青海省	**Qinghai**			
西宁市	Xining	4860	1199	758
海东市	Haidong	160	326	76
宁夏回族自治区	**Ningxia**			
银川市	Yinchuan	8027	1223	867
石嘴山市	Shizuishan	784	432	212
吴忠市	Wuzhong	359	442	
固原市	Guyuan	455	720	232
中卫市	Zhongwei		430	160
新疆维吾尔自治区	**Xinjiang**			
乌鲁木齐市	Urumqi	11793	2255	2255
克拉玛依市	Karamay	775	198	198
吐鲁番市	Turpan	481	129	
哈密市	Hami	304	161	161

2-22 专任教师数(二)
Number of Full-time Teachers (II)

单位：人 (person)

城 市	City	普通中学 Regular Secondary Schools		普通小学 Regular Primary Schools	
		全 市 Total City	市辖区 Districts under City	全 市 Total City	市辖区 Districts under City
北京市	**Beijing**	**61204**	**61204**	**74442**	**74442**
天津市	**Tianjin**	**47524**	**47524**	**49277**	**49277**
河北省	**Hebei**				
石家庄市	Shijiazhuang	44991	19749	54182	23283
唐山市	Tangshan	34801	14358	34986	14695
秦皇岛市	Qinhuangdao	13907	6992	14894	7990
邯郸市	Handan	51933	20752	65811	24272
邢台市	Xingtai	33256	10490	46223	12358
保定市	Baoding	56166	14624	60989	14489
张家口市	Zhangjiakou	18179	8147	19685	7081
承德市	Chengde	15924	3134	19367	3353
沧州市	Cangzhou	33041	3049	42452	4224
廊坊市	Langfang	22453	4143	30511	5549
衡水市	Hengshui	30825	13338	23428	5887
山西省	**Shanxi**				
太原市	Taiyuan	19950	15345	22135	17463
大同市	Datong	14974	9443	15452	9000
阳泉市	Yangquan	5961	3062	4976	2471
长治市	Changzhi	15187	8498	16402	8635
晋城市	Jincheng	10226	3034	8464	2006
朔州市	Shuozhou	11915	5329	7656	3069
晋中市	Jinzhong	19276	4164	14553	2925
运城市	Yuncheng	26707	5797	23216	3692
忻州市	Xinzhou	14139	4073	15199	2950
临汾市	Linfen	19784	5839	20232	4567
吕梁市	Lvliang	21337	2567	17248	2842
内蒙古自治区	**Inner Mongolia**				
呼和浩特市	Hohhot	13666	9350	9919	7021
包头市	Baotou	11499	9818	8709	7390
乌海市	Wuhai	2339	2339	2040	2040
赤峰市	Chifeng	18273	6693	20001	6612
通辽市	Tongliao	13839	4676	14816	3406
鄂尔多斯市	Erdos	9861	3876	12493	4934
呼伦贝尔市	Hulunbuir	10022	2027	8799	1585
巴彦淖尔市	Bayannur	4896	1898	5603	2021
乌兰察布市	Ulanqab	7021	1559	6336	1587
辽宁省	**Liaoning**				
沈阳市	Shenyang	34543	26986	20120	17388
大连市	Dalian	22629	16733	20968	16003
鞍山市	Anshan	11969	5533	10360	3480

2-22 续表 1 continued

单位：人 (person)

城　市	City	普通中学 Regular Secondary Schools		普通小学 Regular Primary Schools	
		全　市 Total City	市辖区 Districts under City	全　市 Total City	市辖区 Districts under City
抚顺市	Fushun	8574	5358	4099	2846
本溪市	Benxi	5260	3277	3917	2483
丹东市	Dandong	8437	2690	7837	2020
锦州市	Jinzhou	9077	3310	9510	3110
营口市	Yingkou	8396	3943	6914	3053
阜新市	Fuxin	6708	2817	5753	1958
辽阳市	Liaoyang	8009	4041	4831	2340
盘锦市	Panjin	6259	5218	4879	3966
铁岭市	Tieling	10196	2421	9187	1375
朝阳市	Chaoyang	13994	3147	13005	2681
葫芦岛市	Huludao	10441	3692	10234	2633
吉林省	**Jilin**				
长春市	Changchun	33568	18883	36183	20839
吉林市	Jilin	13999	6200	14299	5760
四平市	Siping	8341	2482	9504	2370
辽源市	Liaoyuan	4603	1560	5329	1502
通化市	Tonghua	8564	1721	8234	1331
白山市	Baishan	7131	2693	3286	1077
松原市	Songyuan	10883	3262	10514	2504
白城市	Baicheng	7603	2042	8148	1626
黑龙江省	**Heilongjiang**				
哈尔滨市	Harbin	34852	23662	26708	16018
齐齐哈尔市	Qiqihar	16057	4904	12442	3386
鸡西市	Jixi	7797	3067	3337	1425
鹤岗市	Hegang	4632	2584	2179	1290
双鸭山市	Shuangyashan	6954	2828	3925	1188
大庆市	Daqing	15382	9682	7638	3824
伊春市	Yichun	3731	1520	3437	984
佳木斯市	Jiamusi	10059	3734	6136	2178
七台河市	Qitaihe	3173	2229	2259	1364
牡丹江市	Mudanjiang	9206	2784	7103	2496
黑河市	Heihe	5907	1412	5264	829
绥化市	Suihua	21471	3684	11945	2493
上海市	**Shanghai**	**65443**	**65443**	**63336**	**63336**
江苏省	**Jiangsu**				
南京市	Nanjing	28375	28375	34809	34809
无锡市	Wuxi	23815	13501	27340	16812
徐州市	Xuzhou	48809	15740	51872	17700
常州市	Changzhou	17125	14248	19808	17148
苏州市	Suzhou	39020	21841	52351	28829
南通市	Nantong	25576	11500	23703	11651

2-22 续表 2 continued

单位：人 (person)

城 市	City	普通中学 Regular Secondary Schools		普通小学 Regular Primary Schools	
		全 市 Total City	市辖区 Districts under City	全 市 Total City	市辖区 Districts under City
连云港市	Lianyungang	27683	11703	27208	11882
淮安市	Huai'an	24383	14330	24247	14777
盐城市	Yancheng	31966	10414	28078	9274
扬州市	Yangzhou	16867	9339	14933	8859
镇江市	Zhenjiang	10727	4031	10872	4078
泰州市	Taizhou	18737	6757	14723	5461
宿迁市	Suqian	22585	6208	29066	9444
浙江省	**Zhejiang**				
杭州市	Hangzhou	35973	31118	41278	36710
宁波市	Ningbo	26785	14249	30518	16254
温州市	Wenzhou	35037	10206	38139	10602
嘉兴市	Jiaxing	14616	4191	16356	4823
湖州市	Huzhou	10521	4280	10430	4803
绍兴市	Shaoxing	19772	9514	16817	8646
金华市	Jinhua	22941	5326	26628	5671
衢州市	Quzhou	9237	3438	9218	3424
舟山市	Zhoushan	3284	2580	3801	3020
台州市	Taizhou	24451	7489	24430	7942
丽水市	Lishui	9649	2182	10657	2462
安徽省	**Anhui**				
合肥市	Hefei	34568	16367	35244	19716
芜湖市	Wuhu	13758	7690	12788	8051
蚌埠市	Bengbu	14346	5280	17354	6517
淮南市	Huainan	13297	6643	13985	6597
马鞍山市	Ma'anshan	8160	3629	7729	2930
淮北市	Huaibei	8786	4685	8932	4626
铜陵市	Tongling	6545	3671	5168	3151
安庆市	Anqing	20606	3279	17356	2468
黄山市	Huangshan	4893	1754	5193	1957
滁州市	Chuzhou	15713	2567	14666	2790
阜阳市	Fuyang	34960	10164	39852	10433
宿州市	Suzhou	21039	6986	27611	8534
六安市	Lu'an	21717	10239	20156	8705
亳州市	Bozhou	23418	7019	28904	9120
池州市	Chizhou	5923	2490	5144	1959
宣城市	Xuancheng	8804	3128	8930	3114
福建省	**Fujian**				
福州市	Fuzhou	27026	12829	33578	16003
厦门市	Xiamen	15055	15055	20144	20144
莆田市	Putian	15608	10931	16239	11681
三明市	Sanming	11797	3172	13039	3142

2-22 续表 3 continued

单位：人 (person)

城 市	City	普通中学 Regular Secondary Schools		普通小学 Regular Primary Schools	
		全 市 Total City	市辖区 Districts under City	全 市 Total City	市辖区 Districts under City
泉州市	Quanzhou	36319	8113	46991	9040
漳州市	Zhangzhou	22157	4382	23167	4236
南平市	Nanping	12159	3430	13121	3871
龙岩市	Longyan	13110	5775	15357	6048
宁德市	Ningde	13588	2810	15559	3339
江西省	**Jiangxi**				
南昌市	Nanchang	32452	21318	17638	10626
景德镇市	Jingdezhen	8787	2397	7226	1719
萍乡市	Pingxiang	8529	3794	9101	4246
九江市	Jiujiang	21337	4784	20075	4036
新余市	Xinyu	5457	4193	6312	4813
鹰潭市	Yingtan	5913	3205	6150	3316
赣州市	Ganzhou	47006	12638	51557	14101
吉安市	Ji'an	28906	2681	22992	3009
宜春市	Yichun	26088	4002	29544	3773
抚州市	Fuzhou	19749	8057	20500	8268
上饶市	Shangrao	34138	10523	37386	10818
山东省	**Shandong**				
济南市	Jinan	35587	31687	38467	34698
青岛市	Qingdao	39521	25526	39199	27712
淄博市	Zibo	23796	15568	16562	12028
枣庄市	Zaozhuang	18391	11866	22706	13795
东营市	Dongying	12951	8357	8884	6190
烟台市	Yantai	35134	13420	15632	8966
潍坊市	Weifang	46062	11199	41619	12160
济宁市	Jining	39556	11295	42288	10187
泰安市	Tai'an	26650	9444	21511	6847
威海市	Weihai	12696	7945	8465	5878
日照市	Rizhao	13291	6376	12840	6064
临沂市	Linyi	60321	18731	51590	11929
德州市	Dezhou	26619	6061	28663	7086
聊城市	Liaocheng	35136	12304	33028	11459
滨州市	Binzhou	17495	5407	17479	5922
菏泽市	Heze	46288	11235	53449	13339
河南省	**Henan**				
郑州市	Zhengzhou	58392	27361	54843	27858
开封市	Kaifeng	22827	7881	29877	9557
洛阳市	Luoyang	38529	17225	30394	12726
平顶山市	Pingdingshan	28290	5858	27828	5593
安阳市	Anyang	31216	8861	29491	9280
鹤壁市	Hebi	8617	4147	7954	3149

2-22 续表 4 continued

单位：人 (person)

城市	City	普通中学 Regular Secondary Schools		普通小学 Regular Primary Schools	
		全市 Total City	市辖区 Districts under City	全市 Total City	市辖区 Districts under City
新乡市	Xinxiang	34625	6078	29807	5792
焦作市	Jiaozuo	18768	5335	15806	4276
濮阳市	Puyang	24029	9707	22293	3421
许昌市	Xuchang	26301	7381	22406	5778
漯河市	Luohe	13304	6654	10026	5764
三门峡市	Sanmenxia	11780	3089	9537	2568
南阳市	Nanyang	70586	15091	59457	9985
商丘市	Shangqiu	43409	9779	48120	9639
信阳市	Xinyang	44395	8880	40737	7495
周口市	Zhoukou	57868	11668	58284	10173
驻马店市	Zhumadian	47244	6314	51906	6060
湖北省	**Hubei**				
武汉市	Wuhan	34947	34947	38664	38664
黄石市	Huangshi	9872	3065	11701	3299
十堰市	Shiyan	13841	6684	15266	6549
宜昌市	Yichang	12134	5249	11661	4902
襄阳市	Xiangyang	21401	12523	19057	7817
鄂州市	Ezhou	4187	4187	4808	4808
荆门市	Jingmen	10050	3368	8353	2260
孝感市	Xiaogan	19404	4291	14074	3285
荆州市	Jingzhou	20890	4594	15466	2320
黄冈市	Huanggang	23753	1803	24274	1527
咸宁市	Xianning	11297	2911	12702	2209
随州市	Suizhou	8017	3110	7607	2485
湖南省	**Hunan**				
长沙市	Changsha	36800	20861	43170	25760
株洲市	Zhuzhou	17718	7354	14062	6228
湘潭市	Xiangtan	10228	2906	8927	3467
衡阳市	Hengyang	31970	5398	33869	6381
邵阳市	Shaoyang	30541	3327	33011	3470
岳阳市	Yueyang	26306	5211	18323	3849
常德市	Changde	19981	5152	18559	5253
张家界市	Zhangjiajie	6654	2635	6520	2174
益阳市	Yiyang	15484	4958	16108	4884
郴州市	Chenzhou	30878	7590	21485	4653
永州市	Yongzhou	27095	6287	25637	5254
怀化市	Huaihua	26939	4895	17896	3513
娄底市	Loudi	18817	4067	19115	3834
广东省	**Guangdong**				
广州市	Guangzhou	47167	47167	64993	64993
韶关市	Shaoguan	12582	4261	15188	4810

2-22 续表 5 continued

单位：人 (person)

城 市	City	普通中学 Regular Secondary Schools		普通小学 Regular Primary Schools	
		全 市 Total City	市辖区 Districts under City	全 市 Total City	市辖区 Districts under City
深圳市	Shenzhen	45870	45870	63640	63640
珠海市	Zhuhai	10315	10315	8758	8758
汕头市	Shantou	36097	35751	23679	23352
佛山市	Foshan	29822	29822	36648	36648
江门市	Jiangmen	17451	8188	18417	8746
湛江市	Zhanjiang	31227	10026	40475	11259
茂名市	Maoming	35450	12060	40927	15778
肇庆市	Zhaoqing	17872	7349	21194	8181
惠州市	Huizhou	25211	13680	33864	18811
梅州市	Meizhou	20710	5019	21961	4876
汕尾市	Shanwei	13273	2488	16917	2752
河源市	Heyuan	21353	5631	17140	3609
阳江市	Yangjiang	11245	5864	15219	7950
清远市	Qingyuan	16914	7622	22668	9785
东莞市	Dongguan	26614		44168	
中山市	Zhongshan	13018		18117	
潮州市	Chaozhou	11543	7567	11379	8134
揭阳市	Jieyang	29249	10222	30154	9303
云浮市	Yunfu	11548	2818	15181	4043
广西壮族自治区	**Guangxi**				
南宁市	Nanning	34183	21660	45660	30375
柳州市	Liuzhou	16926	10109	19305	10993
桂林市	Guilin	20572	6620	25473	8279
梧州市	Wuzhou	15945	3899	19910	4388
北海市	Beihai	8375	4529	9523	5121
防城港市	Fangchenggang	4659	2903	6694	3564
钦州市	Qinzhou	16184	7208	22781	9481
贵港市	Guigang	24782	10487	26724	9964
玉林市	Yulin	30278	6597	38210	6823
百色市	Baise	17901	3823	20153	3843
贺州市	Hezhou	9726	5275	13772	7061
河池市	Hechi	16306	3526	22421	4797
来宾市	Laibin	9651	2029	12043	5625
崇左市	Chongzuo	9434	2341	10589	1793
海南省	**Hainan**				
海口市	Haikou	11944	11944	14030	14030
三亚市	Sanya	3778	3778	5067	5067
三沙市	Sansha			5	
儋州市	Danzhou	4957		6183	
重庆市	**Chongqing**	**128078**	**93351**	**133259**	**96550**

2-22 续表 6 continued

单位：人 (person)

城　　市	City	普通中学 Regular Secondary Schools		普通小学 Regular Primary Schools	
		全　市 Total City	市辖区 Districts under City	全　市 Total City	市辖区 Districts under City
四川省	**Sichuan**				
成都市	Chengdu	59135	40203	66230	49179
自贡市	Zigong	9468	3975	9468	4729
攀枝花市	Panzhihua	5323	3587	4604	2629
泸州市	Luzhou	23713	8304	15293	4155
德阳市	Deyang	11835	3637	11894	3522
绵阳市	Mianyang	19587	10054	17287	7361
广元市	Guangyuan	11729	5016	11060	3425
遂宁市	Suining	17186	3862	8956	3033
内江市	Neijiang	15805	5771	10726	4042
乐山市	Leshan	11199	4236	10959	3410
南充市	Nanchong	24716	7765	24160	7720
眉山市	Meishan	11204	3962	11350	4249
宜宾市	Yibin	20650	9903	21578	9329
广安市	Guang'an	17337	5444	15482	4171
达州市	Dazhou	24357	7179	25392	6865
雅安市	Ya'an	5694	2427	6336	2295
巴中市	Bazhong	15727	6186	16047	5579
资阳市	Ziyang	12911	4636	6979	2387
贵州省	**Guizhou**				
贵阳市	Guiyang	21319	15447	24755	17783
六盘水市	Liupanshui	15230	5246	15995	4016
遵义市	Zunyi	37853	14046	32353	10996
安顺市	Anshun	11967	5634	14001	6052
毕节市	Bijie	39668	8145	43531	7773
铜仁市	Tongren	22789	4296	20909	3440
云南省	**Yunnan**				
昆明市	Kunming	29502	18698	32626	21660
曲靖市	Qujing	30152	7814	31554	7100
玉溪市	Yuxi	9544	3590	10363	3089
保山市	Baoshan	11123	4198	11422	3974
昭通市	Zhaotong	28876	5226	29412	5130
丽江市	Lijiang	5630	1269	6924	1126
普洱市	Pu'er	9803	1766	11667	1683
临沧市	Lincang	10115	2381	12392	1658
西藏自治区	**Tibet**				
拉萨市	Lhasa	3571	2756	4290	2936
日喀则市	Xigazê	4398	425	5443	855
昌都市	Qamdo	3706	185	5779	554
林芝市	Nyingchi	1221	544	1965	351
山南市	Lhoka	1894	131	2424	213
那曲市	Nagqu				

2-22 续表 7 continued

单位：人 (person)

城　市	City	普通中学 Regular Secondary Schools		普通小学 Regular Primary Schools	
		全　市 Total City	市辖区 Districts under City	全　市 Total City	市辖区 Districts under City
陕西省	**Shaanxi**				
西安市	Xi'an	38196	33650	50767	46080
铜川市	Tongchuan	3338	2987	2819	2389
宝鸡市	Baoji	14217	7528	13463	7111
咸阳市	Xianyang	23111	6445	16963	1755
渭南市	Weinan	20136	4714	21570	3869
延安市	Yan'an	12314	5379	13646	5157
汉中市	Hanzhong	14700	4734	15000	4485
榆林市	Yulin	19608	4579	18916	4507
安康市	Ankang	12038	4867	10490	4626
商洛市	Shangluo	11402	2796	9442	2170
甘肃省	**Gansu**				
兰州市	Lanzhou	18386	11910	14916	9216
嘉峪关市	Jiayuguan	1204		901	
金昌市	Jinchang	2191	1162	1640	859
白银市	Baiyin	11231	3852	10718	2589
天水市	Tianshui	19461	6752	18258	5705
武威市	Wuwei	7975	4442	9149	5343
张掖市	Zhangye	4928	1989	5875	2171
平凉市	Pingliang	12789	2902	12390	2470
酒泉市	Jiuquan	4944	2106	4456	1790
庆阳市	Qingyang	14093	2902	14824	3152
定西市	Dingxi	16766	2601	13211	1927
陇南市	Longnan	12384	3031	15832	3351
青海省	**Qinghai**				
西宁市	Xining	9819	5001	9423	5212
海东市	Haidong	4388	2172	7621	1771
宁夏回族自治区	**Ningxia**				
银川市	Yinchuan	10837	7244	9503	5960
石嘴山市	Shizuishan	3414	2188	3047	1872
吴忠市	Wuzhong	6880	2126	7823	2203
固原市	Guyuan	7207	2794	7914	2840
中卫市	Zhongwei	5790	1784	5599	1786
新疆维吾尔自治区	**Xinjiang**				
乌鲁木齐市	Urumqi	13385	13242	12400	12121
克拉玛依市	Karamay	2493	2493	2070	2070
吐鲁番市	Turpan	4912	1555	5159	2569
哈密市	Hami	2793	2220	3753	2728

2-23 在校学生数(一)
Number of Students Enrollment (I)

单位：人 (person)

城　市	City	普通本专科 Undergraduate in Regular HEIs	中等职业教育学校 Vocational Secondary Schools	
		全　市 Total City	全市 Total City	市辖区 Districts under City
北京市	**Beijing**	**616978**	**643811**	**643811**
天津市	**Tianjin**	**583353**	**101589**	**101589**
河北省	**Hebei**			
石家庄市	Shijiazhuang	623891	264389	181398
唐山市	Tangshan	177703	60183	29654
秦皇岛市	Qinhuangdao	96864	29792	16792
邯郸市	Handan	82779	102390	59304
邢台市	Xingtai	71968	78915	27408
保定市	Baoding	204880	116943	50483
张家口市	Zhangjiakou	80355	51280	31753
承德市	Chengde	61246	42681	13298
沧州市	Cangzhou	96489	95642	18507
廊坊市	Langfang	160819	33394	10141
衡水市	Hengshui	23928	35139	20996
山西省	**Shanxi**			
太原市	Taiyuan	460107	60946	57125
大同市	Datong	31976	21240	15356
阳泉市	Yangquan	21880	7282	3960
长治市	Changzhi	50841	36495	28807
晋城市	Jincheng	11315	15402	9367
朔州市	Shuozhou	18411	17773	6494
晋中市	Jinzhong	261420	44298	13848
运城市	Yuncheng	71345	45213	22685
忻州市	Xinzhou	29649	19709	6415
临汾市	Linfen	22721	27419	12607
吕梁市	Lvliang	20062	25296	6198
内蒙古自治区	**Inner Mongolia**			
呼和浩特市	Hohhot	255165	29323	
包头市	Baotou	87236	18374	17187
乌海市	Wuhai	6731	5313	5313
赤峰市	Chifeng	25091	35088	13576
通辽市	Tongliao		14611	5047
鄂尔多斯市	Erdos	16935	12801	2129
呼伦贝尔市	Hulunbuir	8314	17388	2411
巴彦淖尔市	Bayannur	11289	13522	9068
乌兰察布市	Ulanqab	27017	8922	
辽宁省	**Liaoning**			
沈阳市	Shenyang	451490	77837	67975
大连市	Dalian	333825	36417	33446
鞍山市	Anshan	39081	11826	8595

2-23 续表 1 continued

单位：人 (person)

城 市	City	普通本专科 Undergraduate in Regular HEIs	中等职业教育学校 Vocational Secondary Schools	
		全 市 Total City	全市 Total City	市辖区 Districts under City
抚顺市	Fushun	47626	7834	5816
本溪市	Benxi	36877	4189	3276
丹东市	Dandong	39238	15478	12331
锦州市	Jinzhou	91530	15821	8979
营口市	Yingkou	32382	18183	15991
阜新市	Fuxin	43915	8676	7201
辽阳市	Liaoyang	25622	11176	9610
盘锦市	Panjin	9366	11543	3764
铁岭市	Tieling	38229	10861	6698
朝阳市	Chaoyang	10553	18867	18867
葫芦岛市	Huludao	12086	14227	4026
吉林省	**Jilin**			
长春市	Changchun	498730	50392	43779
吉林市	Jilin	121664	23184	14707
四平市	Siping	44304	12691	5685
辽源市	Liaoyuan	9084	3776	1821
通化市	Tonghua	14038	8265	2163
白山市	Baishan	4644	3770	1636
松原市	Songyuan	5989	9453	2348
白城市	Baicheng	28055	7485	4051
黑龙江省	**Heilongjiang**			
哈尔滨市	Harbin	628043	60520	51374
齐齐哈尔市	Qiqihar	56643	39559	10270
鸡西市	Jixi	9852	3547	1786
鹤岗市	Hegang	4089	4231	2248
双鸭山市	Shuangyashan		1614	241
大庆市	Daqing	60223	8049	4666
伊春市	Yichun	6276	2576	1696
佳木斯市	Jiamusi	52330	17067	12574
七台河市	Qitaihe	4737	764	620
牡丹江市	Mudanjiang	70451	2705	2705
黑河市	Heihe		6565	3140
绥化市	Suihua		13418	5365
上海市	**Shanghai**	**548733**	**108907**	**108907**
江苏省	**Jiangsu**			
南京市	Nanjing	757385	61734	61734
无锡市	Wuxi	153216	74752	56652
徐州市	Xuzhou	227574	97072	53414
常州市	Changzhou	156626	61494	57048
苏州市	Suzhou	275147	63631	31630
南通市	Nantong	134577	80344	52962

2-23 续表 2 continued

单位：人 (person)

城　　市	City	普通本专科 Undergraduate in Regular HEIs	中等职业教育学校 Vocational Secondary Schools	
		全　市 Total City	全市 Total City	市辖区 Districts under City
连云港市	Lianyungang	60457	42625	28283
淮安市	Huai'an	118181	44874	27273
盐城市	Yancheng	74474	51575	29560
扬州市	Yangzhou	107465	29408	17393
镇江市	Zhenjiang	110044	20020	9282
泰州市	Taizhou	82215	33263	16003
宿迁市	Suqian	30048	63786	37700
浙江省	**Zhejiang**			
杭州市	Hangzhou	585210	82156	75134
宁波市	Ningbo	174118	60540	32626
温州市	Wenzhou	127533	94465	27645
嘉兴市	Jiaxing	78999	48247	14190
湖州市	Huzhou	37405	32290	10402
绍兴市	Shaoxing	127376	45439	25099
金华市	Jinhua	105483	54561	15752
衢州市	Quzhou	16846	25462	10426
舟山市	Zhoushan	27735	5392	4679
台州市	Taizhou	42356	76669	19875
丽水市	Lishui	34993	30818	6156
安徽省	**Anhui**			
合肥市	Hefei	651355	122377	75114
芜湖市	Wuhu	164849	24524	20564
蚌埠市	Bengbu	74895	48873	15425
淮南市	Huainan	81835	39047	22402
马鞍山市	Ma'anshan	70997	23266	8708
淮北市	Huaibei	49008	19477	9733
铜陵市	Tongling	44076	9740	6090
安庆市	Anqing	57107	29480	5232
黄山市	Huangshan	30790	16599	6265
滁州市	Chuzhou	62584	39939	8256
阜阳市	Fuyang	58389	131076	58123
宿州市	Suzhou	40637	63108	21830
六安市	Lu'an	57534	59450	29876
亳州市	Bozhou	24711	70674	27117
池州市	Chizhou	39556	13143	7246
宣城市	Xuancheng	12625	25852	9517
福建省	**Fujian**			
福州市	Fuzhou	386547	96533	72361
厦门市	Xiamen	178179	37975	37975
莆田市	Putian	35198	23319	14013
三明市	Sanming	58442	29831	15112

2-23 续表 3 continued

单位：人 (person)

城市	City	普通本专科 Undergraduate in Regular HEIs	中等职业教育学校 Vocational Secondary Schools	
		全市 Total City	全市 Total City	市辖区 Districts under City
泉州市	Quanzhou	193490	83853	31326
漳州市	Zhangzhou	97412	35868	8472
南平市	Nanping	44095	23496	13969
龙岩市	Longyan	26686	20681	10610
宁德市	Ningde	16958	20914	3962
江西省	**Jiangxi**			
南昌市	Nanchang	708034	104516	63088
景德镇市	Jingdezhen		15952	10760
萍乡市	Pingxiang	47398	23908	17807
九江市	Jiujiang	164180	43539	19507
新余市	Xinyu	58419	27562	26264
鹰潭市	Yingtan	13049	19694	14226
赣州市	Ganzhou	124087	118661	64413
吉安市	Ji'an	47331	42699	9027
宜春市	Yichun	66087	44721	12795
抚州市	Fuzhou	71010	25473	12046
上饶市	Shangrao	47258	61907	30624
山东省	**Shandong**			
济南市	Jinan	694087	148833	142411
青岛市	Qingdao	395429	90220	66571
淄博市	Zibo	132744	28577	20500
枣庄市	Zaozhuang	45966	40593	26010
东营市	Dongying	41243	29891	20595
烟台市	Yantai	259561	48000	24142
潍坊市	Weifang	247829	84802	29631
济宁市	Jining	145374	57026	17831
泰安市	Tai'an	134745	40111	16357
威海市	Weihai	126038	21343	17384
日照市	Rizhao	42502	31471	19855
临沂市	Linyi	124606	48048	19610
德州市	Dezhou	77382	47162	20804
聊城市	Liaocheng	58390	48311	30172
滨州市	Binzhou	42447	32252	12955
菏泽市	Heze	64153	75567	36379
河南省	**Henan**			
郑州市	Zhengzhou	1273840	353351	233919
开封市	Kaifeng	73503	43621	27969
洛阳市	Luoyang	150945	98260	55309
平顶山市	Pingdingshan	83930	48381	21484
安阳市	Anyang	112021	51311	25105
鹤壁市	Hebi	26365	17846	11460

2-23 续表 4 continued

单位：人 (person)

城 市	City	普通本专科 Undergraduate in Regular HEIs	中等职业教育学校 Vocational Secondary Schools	
		全 市 Total City	全市 Total City	市辖区 Districts under City
新乡市	Xinxiang	194816	66172	21005
焦作市	Jiaozuo	109976	30756	13130
濮阳市	Puyang	29867	41365	16398
许昌市	Xuchang	68762	39720	21317
漯河市	Luohe	45228	34288	31256
三门峡市	Sanmenxia	31590	23140	18704
南阳市	Nanyang	125663	104755	43827
商丘市	Shangqiu	133378	56714	25537
信阳市	Xinyang	92732	65916	20299
周口市	Zhoukou	64026	54215	26168
驻马店市	Zhumadian	42505	74355	37189
湖北省	**Hubei**			
武汉市	Wuhan	1105576	80123	80123
黄石市	Huangshi	57816	17025	9895
十堰市	Shiyan	61027	31197	18605
宜昌市	Yichang	65161	30889	15023
襄阳市	Xiangyang	76981	36130	23019
鄂州市	Ezhou	17150	9383	9383
荆门市	Jingmen	26525	19706	9638
孝感市	Xiaogan	36896	29975	11742
荆州市	Jingzhou	161165	32179	17131
黄冈市	Huanggang	49686	57354	13623
咸宁市	Xianning	51463	30325	10410
随州市	Suizhou	8065	15361	6360
湖南省	**Hunan**			
长沙市	Changsha	726846	149080	89230
株洲市	Zhuzhou	116903	27533	15675
湘潭市	Xiangtan	159513	20171	11395
衡阳市	Hengyang		70996	36703
邵阳市	Shaoyang	50949	84881	26136
岳阳市	Yueyang	59889	54388	16345
常德市	Changde	70152	50911	18799
张家界市	Zhangjiajie		14657	5511
益阳市	Yiyang	62601	38744	16889
郴州市	Chenzhou	34554	46057	19851
永州市	Yongzhou	41540	77205	24375
怀化市	Huaihua	62481	57186	15230
娄底市	Loudi	43244	45670	14226
广东省	**Guangdong**			
广州市	Guangzhou	1412569	171402	171402
韶关市	Shaoguan	49898	34127	19042

2-23 续表 5 continued

单位：人 (person)

城市	City	普通本专科 Undergraduate in Regular HEIs	中等职业教育学校 Vocational Secondary Schools	
		全市 Total City	全市 Total City	市辖区 Districts under City
深圳市	Shenzhen	116479	40186	40186
珠海市	Zhuhai	137812	20634	20634
汕头市	Shantou	30428	49861	49861
佛山市	Foshan	150858	66284	66284
江门市	Jiangmen	64019	32533	17473
湛江市	Zhanjiang	162793	65257	45611
茂名市	Maoming	82965	70511	24385
肇庆市	Zhaoqing	118644	61167	51425
惠州市	Huizhou	69906	53142	40296
梅州市	Meizhou	28441	24832	16020
汕尾市	Shanwei	10454	17558	5158
河源市	Heyuan	16452	27200	22224
阳江市	Yangjiang	13600	16840	9372
清远市	Qingyuan	11583	30150	16655
东莞市	Dongguan	138197	57362	
中山市	Zhongshan	57771	44775	
潮州市	Chaozhou		9835	7973
揭阳市	Jieyang	11898	26927	10724
云浮市	Yunfu	14759	19124	3887
广西壮族自治区	**Guangxi**			
南宁市	Nanning	618739	98085	78870
柳州市	Liuzhou	111767	63421	60671
桂林市	Guilin	280704	29130	16020
梧州市	Wuzhou	36310	39177	14220
北海市	Beihai	47273	24511	19706
防城港市	Fangchenggang		6751	6150
钦州市	Qinzhou	35495	35867	19161
贵港市	Guigang		53448	27949
玉林市	Yulin	18662	52784	37431
百色市	Baise	74586	44285	19665
贺州市	Hezhou	21742	16007	11445
河池市	Hechi	27642	33413	16070
来宾市	Laibin	29123	23196	14732
崇左市	Chongzuo	120567	11452	4440
海南省	**Hainan**			
海口市	Haikou	167181	75270	75270
三亚市	Sanya	61226	221	221
三沙市	Sansha			
儋州市	Danzhou		3040	
重庆市	**Chongqing**	**1002720**	**364201**	**308151**

2-23 续表 6 continued

单位：人 (person)

城 市	City	普通本专科 Undergraduate in Regular HEIs	中等职业教育学校 Vocational Secondary Schools	
		全 市 Total City	全市 Total City	市辖区 Districts under City
四川省	**Sichuan**			
成都市	Chengdu	981464	181950	145178
自贡市	Zigong	55567	33409	22836
攀枝花市	Panzhihua	26008	16007	14526
泸州市	Luzhou	73004	70425	31209
德阳市	Deyang	131535	27064	12319
绵阳市	Mianyang	170542	47401	23249
广元市	Guangyuan	20485	24491	11283
遂宁市	Suining	14703	19674	4772
内江市	Neijiang	41080	36259	21563
乐山市	Leshan		36510	20615
南充市	Nanchong	100899	64555	40105
眉山市	Meishan	56624	37261	18891
宜宾市	Yibin	36376	69043	34606
广安市	Guang'an	17250	46145	13919
达州市	Dazhou	36700	57062	29361
雅安市	Ya'an	53841	12590	7939
巴中市	Bazhong	9425	32269	9887
资阳市	Ziyang	14529	21822	12528
贵州省	**Guizhou**			
贵阳市	Guiyang	443844	97015	80828
六盘水市	Liupanshui	29028	15298	1797
遵义市	Zunyi	114887	67089	19854
安顺市	Anshun	25928	22703	11390
毕节市	Bijie	47701	36609	3638
铜仁市	Tongren	63603	37351	10284
云南省	**Yunnan**			
昆明市	Kunming	749899	154306	109999
曲靖市	Qujing	45556	90928	70153
玉溪市	Yuxi	23682	18059	12614
保山市	Baoshan	24056	25509	12511
昭通市	Zhaotong	14350	22828	9593
丽江市	Lijiang	27200	6035	3409
普洱市	Pu'er	10800	16111	7261
临沧市	Lincang	12129	45893	10267
西藏自治区	**Tibet**			
拉萨市	Lhasa	37270	9622	9622
日喀则市	Xigazê		6620	
昌都市	Qamdo		6197	
林芝市	Nyingchi	7160	2313	2313
山南市	Lhoka		4407	4407
那曲市	Nagqu			

2-23 续表 7 continued

单位：人 (person)

城 市	City	普通本专科 Undergraduate in Regular HEIs	中等职业教育学校 Vocational Secondary Schools	
		全 市 Total City	全市 Total City	市辖区 Districts under City
陕西省	**Shaanxi**			
西安市	Xi'an	816867	201959	197018
铜川市	Tongchuan	8855	343	343
宝鸡市	Baoji	52947	5438	5438
咸阳市	Xianyang	116989	25379	7212
渭南市	Weinan	16732	29493	12753
延安市	Yan'an	34835	12962	3385
汉中市	Hanzhong	49000	21000	6154
榆林市	Yulin	33755	31310	11910
安康市	Ankang	24068	22560	10978
商洛市	Shangluo	23000	17275	4806
甘肃省	**Gansu**			
兰州市	Lanzhou	408289	35778	19569
嘉峪关市	Jiayuguan	5361	2024	
金昌市	Jinchang	6095	3077	1391
白银市	Baiyin	7120	11753	4274
天水市	Tianshui	51425	27158	12828
武威市	Wuwei	23793	15716	9989
张掖市	Zhangye	21026	12285	4074
平凉市	Pingliang	18693	21861	4159
酒泉市	Jiuquan	13734	11867	6583
庆阳市	Qingyang	25549	18199	9812
定西市	Dingxi		16888	4262
陇南市	Longnan	4287	17316	4761
青海省	**Qinghai**			
西宁市	Xining	84912	31602	15245
海东市	Haidong	4279	21483	5586
宁夏回族自治区	**Ningxia**			
银川市	Yinchuan	129155	35405	25446
石嘴山市	Shizuishan	15495	10731	6657
吴忠市	Wuzhong	7179	9606	811
固原市	Guyuan	10414	10941	3886
中卫市	Zhongwei		9656	3798
新疆维吾尔自治区	**Xinjiang**			
乌鲁木齐市	Urumqi	247294	35046	35046
克拉玛依市	Karamay	20733	1670	1670
吐鲁番市	Turpan	4622	3891	
哈密市	Hami	5822	2850	2850

2-24 在校学生数(二)
Number of Students Enrollment (Ⅱ)

单位：万人 (10 000 persons)

城　市	City	普通中学 Regular Secondary Schools		普通小学 Regular Primary Schools	
		全市 Total City	市辖区 Districts under City	全市 Total City	市辖区 Districts under City
北京市	**Beijing**	**53**	**53**	**104**	**104**
天津市	**Tianjin**	**53**	**53**	**75**	**75**
河北省	**Hebei**				
石家庄市	Shijiazhuang	61	26	97	47
唐山市	Tangshan	39	16	55	24
秦皇岛市	Qinhuangdao	15	7	20	12
邯郸市	Handan	73	27	111	41
邢台市	Xingtai	48	14	79	22
保定市	Baoding	76	20	100	26
张家口市	Zhangjiakou	23	10	27	11
承德市	Chengde	22	4	26	5
沧州市	Cangzhou	48	5	78	7
廊坊市	Langfang	30	6	53	10
衡水市	Hengshui	40	17	37	10
山西省	**Shanxi**				
太原市	Taiyuan	21	18	35	30
大同市	Datong	15	9	18	12
阳泉市	Yangquan	6	3	7	4
长治市	Changzhi	16	9	21	12
晋城市	Jincheng	9	3	11	4
朔州市	Shuozhou	12	5	12	6
晋中市	Jinzhong	19	4	23	6
运城市	Yuncheng	23	7	33	8
忻州市	Xinzhou	14	5	17	4
临汾市	Linfen	21	7	28	7
吕梁市	Lvliang	20	3	27	5
内蒙古自治区	**Inner Mongolia**				
呼和浩特市	Hohhot	15	11	20	15
包头市	Baotou	11	10	15	13
乌海市	Wuhai	2	2	3	3
赤峰市	Chifeng	21	7	26	9
通辽市	Tongliao	15	5	17	4
鄂尔多斯市	Erdos	10	4	18	7
呼伦贝尔市	Hulunbuir	9	2	10	2
巴彦淖尔市	Bayannur	5	2	8	3
乌兰察布市	Ulanqab	7	2	8	3
辽宁省	**Liaoning**				
沈阳市	Shenyang	31	26	43	38
大连市	Dalian	25	19	38	30
鞍山市	Anshan	12	5	15	6

2-24 续表 1 continued

单位：万人 (10 000 persons)

城 市	City	普通中学 Regular Secondary Schools 全市 Total City	普通中学 Regular Secondary Schools 市辖区 Districts under City	普通小学 Regular Primary Schools 全市 Total City	普通小学 Regular Primary Schools 市辖区 Districts under City
抚顺市	Fushun	6	4	7	5
本溪市	Benxi	4	3	5	3
丹东市	Dandong	8	3	9	3
锦州市	Jinzhou	10	4	10	5
营口市	Yingkou	8	4	12	6
阜新市	Fuxin	7	3	7	2
辽阳市	Liaoyang	6	3	6	3
盘锦市	Panjin	6	5	7	6
铁岭市	Tieling	10	3	9	2
朝阳市	Chaoyang	15	4	17	4
葫芦岛市	Huludao	12	4	13	5
吉林省	**Jilin**				
长春市	Changchun	39	20	45	28
吉林市	Jilin	14	6	16	8
四平市	Siping	9	3	9	3
辽源市	Liaoyuan	4	2	4	2
通化市	Tonghua	8	2	8	2
白山市	Baishan	4	2	4	2
松原市	Songyuan	13	4	12	4
白城市	Baicheng	7	2	7	2
黑龙江省	**Heilongjiang**				
哈尔滨市	Harbin	41	28	38	25
齐齐哈尔市	Qiqihar	17	5	16	5
鸡西市	Jixi	7	3	5	2
鹤岗市	Hegang	3	2	3	2
双鸭山市	Shuangyashan	5	2	4	1
大庆市	Daqing	15	9	11	7
伊春市	Yichun	3	1	2	1
佳木斯市	Jiamusi	10	4	9	3
七台河市	Qitaihe	4	3	3	2
牡丹江市	Mudanjiang	9	3	9	4
黑河市	Heihe	5	1	5	1
绥化市	Suihua	21	3	12	2
上海市	**Shanghai**	**67**	**67**	**89**	**89**
江苏省	**Jiangsu**				
南京市	Nanjing	29	29	50	50
无锡市	Wuxi	27	16	46	28
徐州市	Xuzhou	65	15	88	31
常州市	Changzhou	21	18	33	29
苏州市	Suzhou	44	23	89	48
南通市	Nantong	26	12	38	20

2-24 续表 2 continued

单位：万人 (10 000 persons)

城 市	City	普通中学 Regular Secondary Schools		普通小学 Regular Primary Schools	
		全市 Total City	市辖区 Districts under City	全市 Total City	市辖区 Districts under City
连云港市	Lianyungang	32	14	43	20
淮安市	Huai'an	27	16	35	22
盐城市	Yancheng	35	11	43	15
扬州市	Yangzhou	18	10	23	14
镇江市	Zhenjiang	11	4	17	7
泰州市	Taizhou	18	7	24	9
宿迁市	Suqian	36	9	56	17
浙江省	**Zhejiang**				
杭州市	Hangzhou	39	35	68	62
宁波市	Ningbo	32	17	54	29
温州市	Wenzhou	42	11	63	18
嘉兴市	Jiaxing	17	5	30	9
湖州市	Huzhou	12	5	19	9
绍兴市	Shaoxing	22	10	28	15
金华市	Jinhua	28	6	46	9
衢州市	Quzhou	11	4	13	5
舟山市	Zhoushan	3	3	5	4
台州市	Taizhou	31	10	42	14
丽水市	Lishui	12	3	15	4
安徽省	**Anhui**				
合肥市	Hefei	44	22	60	36
芜湖市	Wuhu	16	9	21	14
蚌埠市	Bengbu	21	7	32	11
淮南市	Huainan	18	8	24	12
马鞍山市	Ma'anshan	9	4	12	5
淮北市	Huaibei	12	6	17	8
铜陵市	Tongling	6	4	7	4
安庆市	Anqing	23	4	26	4
黄山市	Huangshan	6	2	7	3
滁州市	Chuzhou	19	3	24	5
阜阳市	Fuyang	57	15	82	22
宿州市	Suzhou	33	10	52	18
六安市	Lu'an	28	14	32	15
亳州市	Bozhou	37	10	51	15
池州市	Chizhou	8	3	8	4
宣城市	Xuancheng	10	4	13	4
福建省	**Fujian**				
福州市	Fuzhou	38	19	60	31
厦门市	Xiamen	21	21	39	39
莆田市	Putian	21	15	29	21
三明市	Sanming	14	4	22	6

2-24 续表 3 continued

单位：万人 (10 000 persons)

城市	City	普通中学 Regular Secondary Schools		普通小学 Regular Primary Schools	
		全市 Total City	市辖区 Districts under City	全市 Total City	市辖区 Districts under City
泉州市	Quanzhou	51	11	84	16
漳州市	Zhangzhou	27	6	42	8
南平市	Nanping	16	4	19	6
龙岩市	Longyan	14	6	26	11
宁德市	Ningde	18	4	28	6
江西省	**Jiangxi**				
南昌市	Nanchang	33	21	44	29
景德镇市	Jingdezhen	12	4	15	5
萍乡市	Pingxiang	11	5	15	7
九江市	Jiujiang	33	7	38	9
新余市	Xinyu	8	6	10	8
鹰潭市	Yingtan	9	5	10	6
赣州市	Ganzhou	70	18	82	23
吉安市	Ji'an	37	4	46	6
宜春市	Yichun	38	6	47	7
抚州市	Fuzhou	28	12	32	14
上饶市	Shangrao	53	10	57	17
山东省	**Shandong**				
济南市	Jinan	41	36	61	55
青岛市	Qingdao	45	29	63	46
淄博市	Zibo	25	18	22	16
枣庄市	Zaozhuang	26	17	36	22
东营市	Dongying	13	9	13	9
烟台市	Yantai	30	14	30	15
潍坊市	Weifang	48	11	61	18
济宁市	Jining	51	14	64	16
泰安市	Tai'an	30	10	32	11
威海市	Weihai	13	9	13	9
日照市	Rizhao	16	7	21	10
临沂市	Linyi	72	21	109	33
德州市	Dezhou	32	8	44	12
聊城市	Liaocheng	42	14	62	21
滨州市	Binzhou	18	5	28	9
菏泽市	Heze	68		98	
河南省	**Henan**				
郑州市	Zhengzhou	69	32	106	54
开封市	Kaifeng	36	13	50	16
洛阳市	Luoyang	44	18	62	27
平顶山市	Pingdingshan	38	8	53	11
安阳市	Anyang	44	12	60	18
鹤壁市	Hebi	11	6	15	6

2-24 续表 4 continued

单位：万人 (10 000 persons)

城 市	City	普通中学 Regular Secondary Schools		普通小学 Regular Primary Schools	
		全市 Total City	市辖区 Districts under City	全市 Total City	市辖区 Districts under City
新乡市	Xinxiang	45	8	64	12
焦作市	Jiaozuo	20	6	28	8
濮阳市	Puyang	30	12	43	11
许昌市	Xuchang	30	8	43	12
漯河市	Luohe	15	9	21	12
三门峡市	Sanmenxia	12	3	16	4
南阳市	Nanyang	90	20	113	25
商丘市	Shangqiu	54	12	90	20
信阳市	Xinyang	54	11	66	15
周口市	Zhoukou	66	12	97	18
驻马店市	Zhumadian	56	8	79	11
湖北省	**Hubei**				
武汉市	Wuhan	39	39	70	70
黄石市	Huangshi	15	4	23	7
十堰市	Shiyan	18	8	25	11
宜昌市	Yichang	13	6	18	8
襄阳市	Xiangyang	28	13	37	17
鄂州市	Ezhou	5	5	8	8
荆门市	Jingmen	10	4	14	5
孝感市	Xiaogan	20	5	28	7
荆州市	Jingzhou	24	5	30	6
黄冈市	Huanggang	33	2	45	3
咸宁市	Xianning	17	4	24	6
随州市	Suizhou	10	4	14	5
湖南省	**Hunan**				
长沙市	Changsha	47	27	76	46
株洲市	Zhuzhou	21	8	30	13
湘潭市	Xiangtan	11	3	17	7
衡阳市	Hengyang	45	8	55	12
邵阳市	Shaoyang	46	5	57	7
岳阳市	Yueyang	26	5	37	8
常德市	Changde	23	6	31	9
张家界市	Zhangjiajie	9	3	11	4
益阳市	Yiyang	19	7	27	9
郴州市	Chenzhou	37	9	44	11
永州市	Yongzhou	39	9	48	10
怀化市	Huaihua	27	5	38	7
娄底市	Loudi	26	6	36	8
广东省	**Guangdong**				
广州市	Guangzhou	57	57	116	116
韶关市	Shaoguan	17	6	27	9

2-24 续表 5 continued

单位：万人 (10 000 persons)

城　市	City	普通中学 Regular Secondary Schools		普通小学 Regular Primary Schools	
		全市 Total City	市辖区 Districts under City	全市 Total City	市辖区 Districts under City
深圳市	Shenzhen	56	56	113	113
珠海市	Zhuhai	11	11	20	20
汕头市	Shantou	39	38	58	58
佛山市	Foshan	39	39	66	66
江门市	Jiangmen	24	11	36	17
湛江市	Zhanjiang	43	14	77	22
茂名市	Maoming	47	17	71	27
肇庆市	Zhaoqing	26	10	41	16
惠州市	Huizhou	37	20	63	36
梅州市	Meizhou	26	6	37	9
汕尾市	Shanwei	18	3	29	4
河源市	Heyuan	23	6	30	9
阳江市	Yangjiang	16	8	26	13
清远市	Qingyuan	24	11	42	19
东莞市	Dongguan	38		85	
中山市	Zhongshan	18		35	
潮州市	Chaozhou	14	10	21	15
揭阳市	Jieyang	39	13	57	18
云浮市	Yunfu	16	4	27	7
广西壮族自治区	**Guangxi**				
南宁市	Nanning	49	30	80	52
柳州市	Liuzhou	24	14	32	18
桂林市	Guilin	29	9	41	14
梧州市	Wuzhou	22	6	33	8
北海市	Beihai	12	6	18	9
防城港市	Fangchenggang	6	4	11	7
钦州市	Qinzhou	25	11	43	17
贵港市	Guigang	39	17	49	19
玉林市	Yulin	49	10	74	14
百色市	Baise	27	6	33	7
贺州市	Hezhou	14	8	25	13
河池市	Hechi	27	6	37	9
来宾市	Laibin	14	7	21	10
崇左市	Chongzuo	13	3	18	3
海南省	**Hainan**				
海口市	Haikou	16	16	23	23
三亚市	Sanya	5	5	8	8
三沙市	Sansha				
儋州市	Danzhou	7		10	
重庆市	**Chongqing**	**178**	**127**	**203**	**154**

2-24 续表 6 continued

单位：万人 (10 000 persons)

城　市	City	普通中学 Regular Secondary Schools		普通小学 Regular Primary Schools	
		全市 Total City	市辖区 Districts under City	全市 Total City	市辖区 Districts under City
四川省	**Sichuan**				
成都市	Chengdu	69	46	112	84
自贡市	Zigong	13	6	15	8
攀枝花市	Panzhihua	6	4	7	4
泸州市	Luzhou	31	10	31	10
德阳市	Deyang	14	5	18	6
绵阳市	Mianyang	26	5	28	2
广元市	Guangyuan	12	5	14	6
遂宁市	Suining	14	3	18	5
内江市	Neijiang	18	6	19	7
乐山市	Leshan	13	5	18	6
南充市	Nanchong	30	10	34	12
眉山市	Meishan	12	5	17	7
宜宾市	Yibin	28	13	36	15
广安市	Guang'an	19	6	23	6
达州市	Dazhou	34	10	35	10
雅安市	Ya'an	7	3	8	3
巴中市	Bazhong	16	6	19	7
资阳市	Ziyang	15	5	15	6
贵州省	**Guizhou**				
贵阳市	Guiyang	26	18	47	33
六盘水市	Liupanshui	21	6	34	9
遵义市	Zunyi	45	14	61	20
安顺市	Anshun	17	8	26	11
毕节市	Bijie	60	13	85	15
铜仁市	Tongren	28	6	34	7
云南省	**Yunnan**				
昆明市	Kunming	36	23	53	37
曲靖市	Qujing	44	10	51	12
玉溪市	Yuxi	11	4	14	5
保山市	Baoshan	15	5	19	7
昭通市	Zhaotong	41	7	52	9
丽江市	Lijiang	6	1	9	2
普洱市	Pu'er	13	2	19	3
临沧市	Lincang	14	3	20	3
西藏自治区	**Tibet**				
拉萨市	Lhasa	4	3	7	5
日喀则市	Xigazê	5	1	8	1
昌都市	Qamdo	5		8	1
林芝市	Nyingchi	1	1	2	
山南市	Lhoka	2		3	
那曲市	Nagqu				

2-24 续表 7 continued

单位：万人 (10 000 persons)

城市	City	普通中学 Regular Secondary Schools		普通小学 Regular Primary Schools	
		全市 Total City	市辖区 Districts under City	全市 Total City	市辖区 Districts under City
陕西省	**Shaanxi**				
西安市	Xi'an	48	43	89	83
铜川市	Tongchuan	3	3	4	4
宝鸡市	Baoji	15	9	22	12
咸阳市	Xianyang	21	6	31	7
渭南市	Weinan	20	5	33	7
延安市	Yan'an	14	7	22	9
汉中市	Hanzhong	16	5	20	7
榆林市	Yulin	20	5	35	9
安康市	Ankang	15	6	19	7
商洛市	Shangluo	11	2	17	4
甘肃省	**Gansu**				
兰州市	Lanzhou	17	11	25	15
嘉峪关市	Jiayuguan	1		2	
金昌市	Jinchang	2	1	2	1
白银市	Baiyin	8	2	12	4
天水市	Tianshui	20	7	26	9
武威市	Wuwei	8	5	10	7
张掖市	Zhangye	6	2	7	3
平凉市	Pingliang	11	3	15	4
酒泉市	Jiuquan	5	2	6	3
庆阳市	Qingyang	14	3	21	5
定西市	Dingxi	14	2	21	3
陇南市	Longnan	15	4	22	5
青海省	**Qinghai**				
西宁市	Xining	12	6	17	9
海东市	Haidong	9	3	13	3
宁夏回族自治区	**Ningxia**				
银川市	Yinchuan	15	10	21	14
石嘴山市	Shizuishan	4	2	5	3
吴忠市	Wuzhong	10	3	13	4
固原市	Guyuan	9	4	12	5
中卫市	Zhongwei	8	2	10	3
新疆维吾尔自治区	**Xinjiang**				
乌鲁木齐市	Urumqi	18	18	25	25
克拉玛依市	Karamay	2	2	3	3
吐鲁番市	Turpan	4	2	7	3
哈密市	Hami	3	2	4	3

2-25 文化体育设施
Cultural and Sports Facilities

城　　市	City	公共图书馆图书藏量（万册）Collections of Public Libraries (10 000 copies)		博物馆数（个）Number of Museums (unit)	
		全市 Total City	市辖区 Districts under City	全市 Total City	市辖区 Districts under City
北京市	**Beijing**	**3317**	**3317**	**204**	**204**
天津市	**Tianjin**	**2282**	**2282**	**69**	**69**
河北省	**Hebei**				
石家庄市	Shijiazhuang	431	271	25	15
唐山市	Tangshan	968	547	17	9
秦皇岛市	Qinhuangdao	204	160	6	6
邯郸市	Handan	274	102	15	4
邢台市	Xingtai	277	121	8	4
保定市	Baoding	311	113	25	10
张家口市	Zhangjiakou	176	104	11	5
承德市	Chengde	122	49	14	4
沧州市	Cangzhou	320	115	14	2
廊坊市	Langfang	398	208	7	2
衡水市	Hengshui	143	49	6	4
山西省	**Shanxi**				
太原市	Taiyuan	679	649	21	20
大同市	Datong	125	90	23	18
阳泉市	Yangquan	79	56	1	1
长治市	Changzhi	250	61	18	5
晋城市	Jincheng	244	188	5	1
朔州市	Shuozhou	104	21	6	2
晋中市	Jinzhong	226	26	24	2
运城市	Yuncheng	186	29	24	7
忻州市	Xinzhou	122	19	17	3
临汾市	Linfen	272	115	21	5
吕梁市	Lvliang	170	36	10	3
内蒙古自治区	**Inner Mongolia**				
呼和浩特市	Hohhot	238	168	31	24
包头市	Baotou	185	154	3	1
乌海市	Wuhai	117	117	3	3
赤峰市	Chifeng	214	61	23	2
通辽市	Tongliao	139	28	11	1
鄂尔多斯市	Erdos	297	153	27	9
呼伦贝尔市	Hulunbuir	174	8	40	6
巴彦淖尔市	Bayannur	88	10	13	4
乌兰察布市	Ulanqab	175	9	9	1
辽宁省	**Liaoning**				
沈阳市	Shenyang	1704	1660	13	13
大连市	Dalian	1256	1145	29	26
鞍山市	Anshan	383	325	7	3

2-25 续表 1 continued

城　市	City	公共图书馆图书藏量(万册) Collections of Public Libraries (10 000 copies)		博物馆数(个) Number of Museums (unit)	
		全市 Total City	市辖区 Districts under City	全市 Total City	市辖区 Districts under City
抚顺市	Fushun	125	106	5	3
本溪市	Benxi	173	147	6	3
丹东市	Dandong	103	74	5	2
锦州市	Jinzhou	181	126	8	3
营口市	Yingkou	177		5	2
阜新市	Fuxin	57	44	5	3
辽阳市	Liaoyang	122	116	4	4
盘锦市	Panjin	110	85	1	1
铁岭市	Tieling	65	41	2	1
朝阳市	Chaoyang	101	46	15	6
葫芦岛市	Huludao	125	26	3	2
吉林省	**Jilin**				
长春市	Changchun	1252	1185	29	21
吉林市	Jilin	385	195	15	10
四平市	Siping	70	47	5	2
辽源市	Liaoyuan	59	44	7	4
通化市	Tonghua	83	37	8	3
白山市	Baishan	112	33	11	5
松原市	Songyuan	104	67	5	4
白城市	Baicheng	65	35	6	2
黑龙江省	**Heilongjiang**				
哈尔滨市	Harbin	631	177	70	58
齐齐哈尔市	Qiqihar	290	160	17	
鸡西市	Jixi	70	34	9	4
鹤岗市	Hegang	56	38	5	3
双鸭山市	Shuangyashan	77		7	1
大庆市	Daqing	171	125	12	7
伊春市	Yichun	128	34	8	3
佳木斯市	Jiamusi	102	37	10	3
七台河市	Qitaihe	37	20	1	1
牡丹江市	Mudanjiang	132	69	23	5
黑河市	Heihe	54	17	26	11
绥化市	Suihua	178		17	1
上海市	**Shanghai**	**8222**	**8222**	**158**	**158**
江苏省	**Jiangsu**				
南京市	Nanjing	2484	2484	72	72
无锡市	Wuxi	998	611	62	42
徐州市	Xuzhou	536	260	18	13
常州市	Changzhou	592	538	29	26
苏州市	Suzhou	2549	1541	45	31
南通市	Nantong	813	535	29	20

2–25 续表 2 continued

城　　市	City	公共图书馆图书藏量(万册) Collections of Public Libraries (10 000 copies)		博物馆数(个) Number of Museums (unit)	
		全市 Total City	市辖区 Districts under City	全市 Total City	市辖区 Districts under City
连云港市	Lianyungang	379	235	11	6
淮安市	Huai'an	409	310	12	7
盐城市	Yancheng	652	365	14	9
扬州市	Yangzhou	577	416	16	9
镇江市	Zhenjiang	428	245	14	6
泰州市	Taizhou	369	201	19	11
宿迁市	Suqian	283	185	10	4
浙江省	**Zhejiang**				
杭州市	Hangzhou	2767	2512	81	78
宁波市	Ningbo	1120	868	79	41
温州市	Wenzhou	1501	812	57	17
嘉兴市	Jiaxing	1170	318	38	13
湖州市	Huzhou	409	117	38	17
绍兴市	Shaoxing	829	566	47	30
金华市	Jinhua	615	161	31	9
衢州市	Quzhou	437	257	6	3
舟山市	Zhoushan	259	205	14	12
台州市	Taizhou	992	382	56	16
丽水市	Lishui	332	95	22	6
安徽省	**Anhui**				
合肥市	Hefei	833	580	44	25
芜湖市	Wuhu	238	113	13	6
蚌埠市	Bengbu	296	90	3	1
淮南市	Huainan	97	57	10	7
马鞍山市	Ma'anshan	247	159	11	6
淮北市	Huaibei	87	72	12	9
铜陵市	Tongling	256	165	4	3
安庆市	Anqing	348	105	16	7
黄山市	Huangshan	128	66	49	23
滁州市	Chuzhou	246	58	8	3
阜阳市	Fuyang	202	29	11	4
宿州市	Suzhou	157	93	7	3
六安市	Lu'an	169	82	10	6
亳州市	Bozhou	178	88	4	2
池州市	Chizhou	95	35	5	3
宣城市	Xuancheng	149	34	12	1
福建省	**Fujian**				
福州市	Fuzhou	1307	760	42	30
厦门市	Xiamen	900	900	4	4
莆田市	Putian	113	102	7	3
三明市	Sanming	297	97	14	3

2–25 续表 3 continued

城 市	City	公共图书馆图书藏量(万册) Collections of Public Libraries (10 000 copies)		博物馆数(个) Number of Museums (unit)	
		全市 Total City	市辖区 Districts under City	全市 Total City	市辖区 Districts under City
泉州市	Quanzhou	1097	337	18	4
漳州市	Zhangzhou	207	38	14	2
南平市	Nanping	222	89	19	2
龙岩市	Longyan	281	141	15	6
宁德市	Ningde	385	142	13	2
江西省	**Jiangxi**				
南昌市	Nanchang	354	289	28	19
景德镇市	Jingdezhen	142	18		
萍乡市	Pingxiang	326	156	6	4
九江市	Jiujiang	382	147	27	7
新余市	Xinyu	94	74	4	3
鹰潭市	Yingtan	48	35	7	5
赣州市	Ganzhou	529	102	23	4
吉安市	Ji'an	329	170	19	5
宜春市	Yichun	191	34	13	1
抚州市	Fuzhou	233	122	16	5
上饶市	Shangrao	162	58	21	4
山东省	**Shandong**				
济南市	Jinan	1784	1750	66	62
青岛市	Qingdao	890	777	13	10
淄博市	Zibo	340	268	70	55
枣庄市	Zaozhuang	203	163	23	15
东营市	Dongying	352	250	10	6
烟台市	Yantai	688	369	42	22
潍坊市	Weifang	803	179	63	19
济宁市	Jining	415	154	53	16
泰安市	Tai'an	205	97	46	27
威海市	Weihai	459	318	10	7
日照市	Rizhao	147	104	4	2
临沂市	Linyi	405	146	56	21
德州市	Dezhou	217	58	16	6
聊城市	Liaocheng	430	75	17	9
滨州市	Binzhou	348	148	6	2
菏泽市	Heze	228	116	21	9
河南省	**Henan**				
郑州市	Zhengzhou	1149	983	44	31
开封市	Kaifeng	156	108	31	29
洛阳市	Luoyang	509	380	102	83
平顶山市	Pingdingshan	210	10	18	1
安阳市	Anyang	522	199	16	8
鹤壁市	Hebi	86	70	5	3

2-25 续表 4 continued

城　市	City	公共图书馆图书藏量(万册) Collections of Public Libraries (10 000 copies)		博物馆数(个) Number of Museums (unit)	
		全市 Total City	市辖区 Districts under City	全市 Total City	市辖区 Districts under City
新乡市	Xinxiang	175	108	15	7
焦作市	Jiaozuo	189	91	15	4
濮阳市	Puyang	258	214	14	3
许昌市	Xuchang	195	114	18	6
漯河市	Luohe	79	65	13	2
三门峡市	Sanmenxia	152	102	7	3
南阳市	Nanyang	239	117	26	8
商丘市	Shangqiu	134	38	14	5
信阳市	Xinyang	202	42	41	2
周口市	Zhoukou	117	60	15	5
驻马店市	Zhumadian	343	229	11	3
湖北省	**Hubei**				
武汉市	Wuhan	1916	1916	93	93
黄石市	Huangshi	188	134	9	2
十堰市	Shiyan	185	104	13	3
宜昌市	Yichang	402	107	18	4
襄阳市	Xiangyang	362	250	12	3
鄂州市	Ezhou	112	112	4	4
荆门市	Jingmen	140	82	6	2
孝感市	Xiaogan	204	29	12	1
荆州市	Jingzhou	218	124	9	3
黄冈市	Huanggang	417	68	21	2
咸宁市	Xianning	147	48	8	3
随州市	Suizhou	71	51	5	3
湖南省	**Hunan**				
长沙市	Changsha	1247	1082	19	11
株洲市	Zhuzhou	375	204	10	2
湘潭市	Xiangtan	195	83	8	2
衡阳市	Hengyang	256	152	19	6
邵阳市	Shaoyang	278	109	1	1
岳阳市	Yueyang	558	55	13	1
常德市	Changde	241	9	14	2
张家界市	Zhangjiajie	48	27	6	3
益阳市	Yiyang	163	100	10	6
郴州市	Chenzhou	161	57	13	2
永州市	Yongzhou	632	208	5	3
怀化市	Huaihua	237	93	12	1
娄底市	Loudi	189	90	4	2
广东省	**Guangdong**				
广州市	Guangzhou	3575	3575	64	64
韶关市	Shaoguan	322	157	13	5

2-25 续表 5 continued

城　市	City	公共图书馆图书藏量（万册）Collections of Public Libraries (10 000 copies)		博物馆数（个）Number of Museums (unit)	
		全市 Total City	市辖区 Districts under City	全市 Total City	市辖区 Districts under City
深圳市	Shenzhen	5708	5708	57	57
珠海市	Zhuhai	281	281	4	4
汕头市	Shantou	339	329	15	14
佛山市	Foshan	838	838	28	28
江门市	Jiangmen	416	231	10	5
湛江市	Zhanjiang	361	207	12	5
茂名市	Maoming	236	115	8	4
肇庆市	Zhaoqing	362	181	16	8
惠州市	Huizhou	280	171	12	7
梅州市	Meizhou	458	202	27	10
汕尾市	Shanwei	131	37	8	2
河源市	Heyuan	253	126	8	2
阳江市	Yangjiang	151	94	6	5
清远市	Qingyuan	343	135	9	3
东莞市	Dongguan	1254		53	
中山市	Zhongshan	599		9	
潮州市	Chaozhou	773	756	11	10
揭阳市	Jieyang	177	106	7	4
云浮市	Yunfu	141	33	6	2
广西壮族自治区	**Guangxi**				
南宁市	Nanning	1161	1075	11	11
柳州市	Liuzhou	225	160	61	48
桂林市	Guilin	517	372	30	13
梧州市	Wuzhou	121	66	1	1
北海市	Beihai	93	72	9	8
防城港市	Fangchenggang	104	76	2	1
钦州市	Qinzhou	83	44	3	1
贵港市	Guigang	337	268	5	2
玉林市	Yulin	215	91	10	4
百色市	Baise	222	81	16	3
贺州市	Hezhou	96	43	9	5
河池市	Hechi	137	13	10	2
来宾市	Laibin	132	74	11	1
崇左市	Chongzuo	102	22	5	1
海南省	**Hainan**				
海口市	Haikou	129	129	7	7
三亚市	Sanya	90	90	5	5
三沙市	Sansha				
儋州市	Danzhou	23		1	
重庆市	**Chongqing**	**2341**	**2098**	**111**	**85**

2-25 续表 6 continued

城市	City	公共图书馆图书藏量(万册) Collections of Public Libraries (10 000 copies)		博物馆数(个) Number of Museums (unit)	
		全市 Total City	市辖区 Districts under City	全市 Total City	市辖区 Districts under City
四川省	**Sichuan**				
成都市	Chengdu	1888	1618	165	130
自贡市	Zigong	66	53	4	3
攀枝花市	Panzhihua	95	68	4	4
泸州市	Luzhou	194	31	17	10
德阳市	Deyang	130	44	12	3
绵阳市	Mianyang	226	98	15	4
广元市	Guangyuan	156	59	12	8
遂宁市	Suining	114	22	5	2
内江市	Neijiang	101	45	6	4
乐山市	Leshan	115	58	12	7
南充市	Nanchong	250	181	16	3
眉山市	Meishan	95	17	6	1
宜宾市	Yibin	120	72	12	5
广安市	Guang'an	235	169	4	2
达州市	Dazhou	493	110	4	2
雅安市	Ya'an	114	10	14	3
巴中市	Bazhong	100	25	11	3
资阳市	Ziyang	212	112	2	1
贵州省	**Guizhou**				
贵阳市	Guiyang	333	300	8	5
六盘水市	Liupanshui	92	56	3	1
遵义市	Zunyi	249	98	16	3
安顺市	Anshun	195	160	3	2
毕节市	Bijie	166	14	3	2
铜仁市	Tongren	157	19	13	3
云南省	**Yunnan**				
昆明市	Kunming	378		39	32
曲靖市	Qujing	166	96	12	3
玉溪市	Yuxi	154	31	12	2
保山市	Baoshan	91	38	21	3
昭通市	Zhaotong	104	31	3	1
丽江市	Lijiang	77	15	6	1
普洱市	Pu'er	102	6	9	1
临沧市	Lincang	53	34	4	2
西藏自治区	**Tibet**				
拉萨市	Lhasa	40	40	8	8
日喀则市	Xigazê	13		3	1
昌都市	Qamdo	50	1	2	2
林芝市	Nyingchi	25	11	1	1
山南市	Lhoka	40	16	1	1
那曲市	Nagqu				

2-25 续表 7 continued

城 市	City	公共图书馆图书藏量（万册）Collections of Public Libraries (10 000 copies)		博物馆数（个）Number of Museums (unit)	
		全市 Total City	市辖区 Districts under City	全市 Total City	市辖区 Districts under City
陕西省	**Shaanxi**				
西安市	Xi'an	863	799	133	124
铜川市	Tongchuan	76	70	11	9
宝鸡市	Baoji	207	142	31	11
咸阳市	Xianyang	364	188	36	1
渭南市	Weinan	200	15	22	2
延安市	Yan'an	120	18	49	7
汉中市	Hanzhong	130	42	24	2
榆林市	Yulin	174	107	36	9
安康市	Ankang	199	42	13	2
商洛市	Shangluo	87	22	8	1
甘肃省	**Gansu**				
兰州市	Lanzhou	151	121	29	20
嘉峪关市	Jiayuguan	40		7	
金昌市	Jinchang	78	65	3	2
白银市	Baiyin	138	56	14	4
天水市	Tianshui	104	68	12	6
武威市	Wuwei	105	74	11	5
张掖市	Zhangye	130	33	18	2
平凉市	Pingliang	99	39	8	8
酒泉市	Jiuquan	105	13	45	3
庆阳市	Qingyang	70	38	19	2
定西市	Dingxi	92	22	8	1
陇南市	Longnan	117	18	7	2
青海省	**Qinghai**				
西宁市	Xining	116	84	13	11
海东市	Haidong			8	1
宁夏回族自治区	**Ningxia**				
银川市	Yinchuan	379	35	1	1
石嘴山市	Shizuishan	79	63	1	1
吴忠市	Wuzhong	126	9	11	2
固原市	Guyuan	130	41	6	2
中卫市	Zhongwei	73	26	6	4
新疆维吾尔自治区	**Xinjiang**				
乌鲁木齐市	Urumqi	379	376	7	7
克拉玛依市	Karamay	189	189	2	2
吐鲁番市	Turpan	26	19	2	
哈密市	Hami	51	9	3	2

2-26 医院、床位和医生数
Number of Hospitals, Beds and Doctors

城　市	City	医院数 (个) Number of Hospitals (unit)		医院床位数 (张) Number of Beds of Hospitals (bed)		执业(助理)医师数 (人) Number of Licensed (Assistant) Doctors (person)	
		全市 Total City	市辖区 Districts under City	全市 Total City	市辖区 Districts under City	全市 Total City	市辖区 Districts under City
北京市	**Beijing**	**720**	**720**	**122287**	**122287**	**112665**	**112665**
天津市	**Tianjin**	**432**	**432**	**62238**	**62238**	**51777**	**51777**
河北省	**Hebei**						
石家庄市	Shijiazhuang	325	167	57293	37709	44727	28882
唐山市	Tangshan	262	141	44079	26503	28327	16015
秦皇岛市	Qinhuangdao	86	48	15596	10922	10601	7149
邯郸市	Handan	307	143	41780	21370	27814	13697
邢台市	Xingtai	194	77	31811	13547	24523	9527
保定市	Baoding	450	145	53311	20791	39414	14557
张家口市	Zhangjiakou	146	74	21962	12628	12322	6496
承德市	Chengde	89	32	17805	6700	11749	3974
沧州市	Cangzhou	206	28	37493	13998	23771	7155
廊坊市	Langfang	187	52	21631	5960	17613	5265
衡水市	Hengshui	143	36	17430	7301	13372	5682
山西省	**Shanxi**						
太原市	Taiyuan	165	135	43777	39953	26328	23876
大同市	Datong	120	87	17886	14514	10302	7836
阳泉市	Yangquan	48	41	6601	5607	4475	3136
长治市	Changzhi	95	63	15201	10830	10025	6490
晋城市	Jincheng	93	43	11244	5975	7031	3072
朔州市	Shuozhou	82	50	8310	4682	3861	2178
晋中市	Jinzhong	112	27	14422	4821	8746	2745
运城市	Yuncheng	268	113	23462	8803	14147	4946
忻州市	Xinzhou	141	44	12073	3630	7181	1984
临汾市	Linfen	184	61	19597	8396	12900	4673
吕梁市	Lvliang	122	22	12352	2648	8332	1402
内蒙古自治区	**Inner Mongolia**						
呼和浩特市	Hohhot	110	96	19820	17755	12477	10873
包头市	Baotou	106	88	17613	16309	10361	9226
乌海市	Wuhai	24	24	3088	3088	1762	1762
赤峰市	Chifeng	103	47	25347	13225	14821	7060
通辽市	Tongliao	84	44	15166	9243	9050	4185
鄂尔多斯市	Erdos	96	44	10562	5387	6970	2983
呼伦贝尔市	Hulunbuir	189	24	12624	4022	8611	2430
巴彦淖尔市	Bayannur	58	39	7742	2824	5549	3452
乌兰察布市	Ulanqab	59	21	8208	931	4639	792
辽宁省	**Liaoning**						
沈阳市	Shenyang	303	273	71327	66744	35661	32364
大连市	Dalian	225	176	46875	35315	23894	19882
鞍山市	Anshan	104	58	19219	12025	7190	4322

2–26 续表 1 continued

城市	City	医院数(个) Number of Hospitals (unit)		医院床位数(张) Number of Beds of Hospitals (bed)		执业(助理)医师数(人) Number of Licensed (Assistant) Doctors (person)	
		全市 Total City	市辖区 Districts under City	全市 Total City	市辖区 Districts under City	全市 Total City	市辖区 Districts under City
抚顺市	Fushun	51	41	10334	8714	5214	4117
本溪市	Benxi	42	29	10624	8029	3976	2910
丹东市	Dandong	63	33	14678	7028	6819	3069
锦州市	Jinzhou	74	41	15417	9118	6709	4226
营口市	Yingkou	118	73	14569	8597	6674	4141
阜新市	Fuxin	51	39	10292	7829	4690	2643
辽阳市	Liaoyang	55	42	12740	10279	5269	3757
盘锦市	Panjin	58	50	8811	7647	4507	4072
铁岭市	Tieling	78	38	12598	4922	5834	1756
朝阳市	Chaoyang	115	37	16344	6113	8358	2833
葫芦岛市	Huludao	107	65	13894	8096	5564	3106
吉林省	**Jilin**						
长春市	Changchun	251	176	60583	44191	34009	25535
吉林市	Jilin	169	99	24523	16315	14076	9006
四平市	Siping	67	42	11953	7515	6210	2867
辽源市	Liaoyuan	38	23	6072	3960	3179	1830
通化市	Tonghua	41	21	7853	4443	4382	1810
白山市	Baishan	39		8513		3691	1706
松原市	Songyuan	83	31	10872	4960	6956	2656
白城市	Baicheng	48	24	7044	3058	5653	2184
黑龙江省	**Heilongjiang**						
哈尔滨市	Harbin	350	274	77916	67756	31440	25614
齐齐哈尔市	Qiqihar	139	70	30781	19282	11895	6665
鸡西市	Jixi	66	32	11483	6225	5128	2399
鹤岗市	Hegang	42	26	7568	5329	3131	1997
双鸭山市	Shuangyashan	56	23	8683	4792	3524	1494
大庆市	Daqing	121	87	16990	13391	9332	6821
伊春市	Yichun	38	17	6316	3036	2477	1225
佳木斯市	Jiamusi	103	54	16947	10016	6933	3826
七台河市	Qitaihe	27	23	4249	3474	2005	1661
牡丹江市	Mudanjiang	88	38	15731	10260	8136	4529
黑河市	Heihe	62	7	7584	1120	4034	748
绥化市	Suihua	130	37	21121	4413	11421	2588
上海市	**Shanghai**	**426**	**426**	**150815**	**150815**	**84055**	**84055**
江苏省	**Jiangsu**						
南京市	Nanjing	277	277	59748	59748	39326	39326
无锡市	Wuxi	208	143	40632	28556	25595	16145
徐州市	Xuzhou	182	101	42962	26918	29122	14611
常州市	Changzhou	89	73	25818	22710	15936	13679
苏州市	Suzhou	243	125	66571	39739	39441	21970
南通市	Nantong	236	90	39277	22845	22786	12096

2–26 续表 2 continued

城市	City	医院数(个) Number of Hospitals (unit)		医院床位数(张) Number of Beds of Hospitals (bed)		执业(助理)医师数(人) Number of Licensed (Assistant) Doctors (person)	
		全市 Total City	市辖区 Districts under City	全市 Total City	市辖区 Districts under City	全市 Total City	市辖区 Districts under City
连云港市	Lianyungang	92	50	19146	11501	13229	7120
淮安市	Huai'an	64	64	18815	18815	14433	14433
盐城市	Yancheng	167	66	31254	13378	21480	8290
扬州市	Yangzhou	96	63	19624	12695	13097	7928
镇江市	Zhenjiang	57	31	13033	7824	9082	4466
泰州市	Taizhou	87	40	21313	10292	13936	5689
宿迁市	Suqian	234	74	32406	11234	15203	4895
浙江省	**Zhejiang**						
杭州市	Hangzhou	370	329	85475	78578	55013	50437
宁波市	Ningbo	198	133	39686	27037	34274	21428
温州市	Wenzhou	161	72	40539	20740	33373	13234
嘉兴市	Jiaxing	101	39	24972	10183	17729	5951
湖州市	Huzhou	82	37	18865	9813	10988	5586
绍兴市	Shaoxing	101	54	25503	14653	18108	10019
金华市	Jinhua	157	42	31518	9840	21392	5694
衢州市	Quzhou	85	35	13970	6965	8035	3792
舟山市	Zhoushan	36	29	5732	4922	4220	3481
台州市	Taizhou	134	56	28309	9608	20491	7080
丽水市	Lishui	60	16	13595	5639	9045	3201
安徽省	**Anhui**						
合肥市	Hefei	212	138	60026	45321	30830	22045
芜湖市	Wuhu	97	73	23670	17804	11312	8608
蚌埠市	Bengbu	109	49	22129	11648	10396	6018
淮南市	Huainan	83	56	15398	10898	8193	5715
马鞍山市	Ma'anshan	65	33	11401	6511	6262	3724
淮北市	Huaibei	76	64	9228	6869	5746	3645
铜陵市	Tongling	31	24	8089	6571	4183	2995
安庆市	Anqing	89	30	21782	10334	11244	3678
黄山市	Huangshan	34	20	7673	4616	3895	1839
滁州市	Chuzhou	71	17	19586	4621	11414	2607
阜阳市	Fuyang	132	61	40875	17317	20563	7970
宿州市	Suzhou	103	39	21886	9510	14202	5492
六安市	Lu'an	52	30	15869	9215	12215	6796
亳州市	Bozhou	86	34	18572	6092	12007	4314
池州市	Chizhou	40	19	7622	3844	3848	1744
宣城市	Xuancheng	59	18	12184	4554	6893	2058
福建省	**Fujian**						
福州市	Fuzhou	144	84	36546	27152	26894	20076
厦门市	Xiamen	65	65	19153	19153	16859	16859
莆田市	Putian	63	49	12949	10140	6745	5235
三明市	Sanming	60	18	12717	4679	7149	2481

2-26 续表 3 continued

城 市	City	医院数(个) Number of Hospitals (unit)		医院床位数(张) Number of Beds of Hospitals (bed)		执业(助理)医师数(人) Number of Licensed (Assistant) Doctors (person)	
		全市 Total City	市辖区 Districts under City	全市 Total City	市辖区 Districts under City	全市 Total City	市辖区 Districts under City
泉州市	Quanzhou	127	51	32929	12415	19826	7517
漳州市	Zhangzhou	93	53	22657	13090	11867	6856
南平市	Nanping	50	14	12513	4850	6430	2295
龙岩市	Longyan	166	92	19225	9803	7862	4259
宁德市	Ningde	52	12	12481	3101	7010	1919
江西省	**Jiangxi**						
南昌市	Nanchang	139	113	38422	33496	19133	15865
景德镇市	Jingdezhen	36	14	9301	4948	3972	2180
萍乡市	Pingxiang	32	23	9122	6785	5161	3314
九江市	Jiujiang	63	17	20608	9150	11838	4176
新余市	Xinyu	24	18	6761	5344	2987	2383
鹰潭市	Yingtan	40	24	6417	3871	2634	1609
赣州市	Ganzhou	169	66	41328	17937	20476	8499
吉安市	Ji'an	76	17	20446	5404	10661	2036
宜春市	Yichun	88	21	23624	6771	11534	3160
抚州市	Fuzhou	102	44	15878	7326	9015	3877
上饶市	Shangrao	170	66	30242	11559	13956	5504
山东省	**Shandong**						
济南市	Jinan	279	269	62887	59119	42474	40398
青岛市	Qingdao	346	265	57911	45102	39969	31835
淄博市	Zibo	154	119	26515	20883	18618	14426
枣庄市	Zaozhuang	85	51	19977	12856	11718	7182
东营市	Dongying	70	55	12033	8888	8822	6503
烟台市	Yantai	191	118	34032	23654	23059	12557
潍坊市	Weifang	251	107	51654	21418	31913	11781
济宁市	Jining	212	80	43575	20429	27837	11076
泰安市	Tai'an	105	41	27244	12897	16636	7767
威海市	Weihai	77	46	14826	10095	10403	7201
日照市	Rizhao	64	43	13032	7286	9035	5803
临沂市	Linyi	228	111	52098	22793	30545	13454
德州市	Dezhou	120	51	19530	7847	16907	5865
聊城市	Liaocheng	133	59	26057	12677	17490	7819
滨州市	Binzhou	103	51	20160	11057	12729	5599
菏泽市	Heze	236	65	40795	12446	24755	7846
河南省	**Henan**						
郑州市	Zhengzhou	297	204	95209	72997	52783	39948
开封市	Kaifeng	92	45	25265	12315	14904	7245
洛阳市	Luoyang	167	95	41635	26406	23800	15146
平顶山市	Pingdingshan	112	51	27400	9769	13319	4534
安阳市	Anyang	100	47	24577	12905	16015	7166
鹤壁市	Hebi	59	29	8259	4626	4810	2682

2-26 续表 4 continued

城市	City	医院数(个) Number of Hospitals (unit)		医院床位数(张) Number of Beds of Hospitals (bed)		执业(助理)医师数(人) Number of Licensed (Assistant) Doctors (person)	
		全市 Total City	市辖区 Districts under City	全市 Total City	市辖区 Districts under City	全市 Total City	市辖区 Districts under City
新乡市	Xinxiang	154	59	31362	11561	18730	6305
焦作市	Jiaozuo	114	71	21599	10974	11003	4668
濮阳市	Puyang	74	23	18421	7825	10725	4392
许昌市	Xuchang	112	53	20230	8939	12042	4711
漯河市	Luohe	79	46	13526	8921	7361	5045
三门峡市	Sanmenxia	68	18	13473	5596	7125	2869
南阳市	Nanyang	269	112	51583	19887	28974	9735
商丘市	Shangqiu	124	24	37839	8551	18556	4521
信阳市	Xinyang	122	42	26993	9014	15101	5239
周口市	Zhoukou	245	72	39599	10505	21156	5805
驻马店市	Zhumadian	205	49	37590	11260	18621	4369
湖北省	**Hubei**						
武汉市	Wuhan	364	364	84948	84948	47041	47041
黄石市	Huangshi	50	30	14061	8392	6812	3733
十堰市	Shiyan	69	26	22411	13084	11364	6578
宜昌市	Yichang	97	52	22574	12331	12793	6879
襄阳市	Xiangyang	93	42	27553	13687	13872	6977
鄂州市	Ezhou	25	25	4543	4543	2606	2606
荆门市	Jingmen	57	16	14197	5855	7426	2879
孝感市	Xiaogan	81	25	19781	6185	10140	2688
荆州市	Jingzhou	70	28	23862	10824	12493	4451
黄冈市	Huanggang	96	16	27357	4554	14960	1825
咸宁市	Xianning	57	21	12861	4399	7640	2201
随州市	Suizhou	40	26	8580	5042	4840	2350
湖南省	**Hunan**						
长沙市	Changsha	244	183	69605	52614	35435	25446
株洲市	Zhuzhou	113	56	21871	12563	11744	6107
湘潭市	Xiangtan	80	49	17168	10739	8616	4480
衡阳市	Hengyang	175	81	36125	16198	18065	6143
邵阳市	Shaoyang	143	37	36563	10639	15905	3781
岳阳市	Yueyang	133	30	26456	8730	13622	3905
常德市	Changde	112	53	26689	10907	14935	5434
张家界市	Zhangjiajie	32	14	7313	3170	4129	2027
益阳市	Yiyang	108	56	21227	10141	11443	4462
郴州市	Chenzhou	124	44	26860	11028	12783	4711
永州市	Yongzhou	138	37	30471	9322	14478	3990
怀化市	Huaihua	119	39	30161	9413	13519	3944
娄底市	Loudi	127	37	22993	8180	10738	2739
广东省	**Guangdong**						
广州市	Guangzhou	291	291	97117	97117	66204	66204
韶关市	Shaoguan	59	32	15710	8009	8108	3689

2-26 续表 5 continued

城 市	City	医院数（个）Number of Hospitals (unit)		医院床位数（张）Number of Beds of Hospitals (bed)		执业(助理)医师数（人）Number of Licensed (Assistant) Doctors (person)	
		全市 Total City	市辖区 Districts under City	全市 Total City	市辖区 Districts under City	全市 Total City	市辖区 Districts under City
深圳市	Shenzhen	145	145	58795	58795	45622	45622
珠海市	Zhuhai	45	45	10248	10248	8652	8652
汕头市	Shantou	60	59	18814	18695	11876	11756
佛山市	Foshan	136	136	36879	36879	22994	22994
江门市	Jiangmen	55	29	19271	12215	11799	6024
湛江市	Zhanjiang	128	50	32621	13889	14546	6661
茂名市	Maoming	78	39	23589	11790	14103	6743
肇庆市	Zhaoqing	67	38	15418	7872	9644	4792
惠州市	Huizhou	84	58	18286	13130	15903	10700
梅州市	Meizhou	56	23	15482	7860	10583	4422
汕尾市	Shanwei	43	18	8756	3562	4764	1280
河源市	Heyuan	69	39	13109	7418	7134	2480
阳江市	Yangjiang	61	38	12907	7395	6155	3569
清远市	Qingyuan	63	37	12856	6186	9268	4636
东莞市	Dongguan	117		33663		22884	
中山市	Zhongshan	69		16378		10000	
潮州市	Chaozhou	34	30	5587	4577	4763	3860
揭阳市	Jieyang	73	36	17074	7419	10676	4404
云浮市	Yunfu	29	8	7302	2056	5244	1675
广西壮族自治区	**Guangxi**						
南宁市	Nanning	159	110	45932	36085	30931	25523
柳州市	Liuzhou	76	52	22780	16842	13491	9990
桂林市	Guilin	88	37	21231	11512	15151	7326
梧州市	Wuzhou	45	21	13678	6421	7089	3483
北海市	Beihai	30	18	7143	3503	4535	2836
防城港市	Fangchenggang	15	10	3415	2405	2350	1558
钦州市	Qinzhou	42	21	14434	7808	7109	4029
贵港市	Guigang	76	37	16885	8236	9052	4111
玉林市	Yulin	75	25	24659	11554	12721	4959
百色市	Baise	58	18	16321	6823	8542	3325
贺州市	Hezhou	34	19	7142	4028	4630	2695
河池市	Hechi	49	15	14334	8525	8170	3538
来宾市	Laibin	27	9	8718	4225	4543	2139
崇左市	Chongzuo	28	9	6086	1381	3992	911
海南省	**Hainan**						
海口市	Haikou	79	79	17700	17700	11375	11375
三亚市	Sanya	33	33	4253	4253	3194	3194
三沙市	Sansha	1		3		5	
儋州市	Danzhou	22		4054		2300	
重庆市	**Chongqing**	**858**	**673**	**178223**	**137497**	**92131**	**72105**

2-26 续表 6 continued

城市	City	医院数(个) Number of Hospitals (unit)		医院床位数(张) Number of Beds of Hospitals (bed)		执业(助理)医师数(人) Number of Licensed (Assistant) Doctors (person)	
		全市 Total City	市辖区 Districts under City	全市 Total City	市辖区 Districts under City	全市 Total City	市辖区 Districts under City
四川省	**Sichuan**						
成都市	Chengdu	692	509	134895	101222	80134	64254
自贡市	Zigong	68	38	13426	9179	7759	4751
攀枝花市	Panzhihua	28	16	9626	8175	4216	3187
泸州市	Luzhou	137	78	24672	15150	12189	6811
德阳市	Deyang	90	33	18820	7409	9907	3806
绵阳市	Mianyang	128	54	28633	14316	14605	7535
广元市	Guangyuan	81	43	16582	10440	7412	3826
遂宁市	Suining	71	39	14670	9107	8322	4405
内江市	Neijiang	75	35	19012	9410	9037	4111
乐山市	Leshan	98	50	18900	9981	9084	4438
南充市	Nanchong	177	84	36553	15181	14947	6050
眉山市	Meishan	86	77	20413	9758	7959	3702
宜宾市	Yibin	135	68	27479	16514	11706	6647
广安市	Guang'an	195	58	20960	7059	5114	1717
达州市	Dazhou	409	101	38991	13230	10183	3964
雅安市	Ya'an	46	20	12581	7278	5055	2547
巴中市	Bazhong	79	35	15056	6848	7184	3392
资阳市	Ziyang	54	26	14186	7582	6260	2846
贵州省	**Guizhou**						
贵阳市	Guiyang	206	177	41245	35780	23127	19857
六盘水市	Liupanshui	134	43	17443	5818	7060	2802
遵义市	Zunyi	217	104	44046	19492	19420	9092
安顺市	Anshun	79	49	12460	7797	5385	3431
毕节市	Bijie	301	73	37082	9847	16014	3880
铜仁市	Tongren	124	33	20903	6511	8362	2611
云南省	**Yunnan**						
昆明市	Kunming	317	229	57914	44387	34207	27962
曲靖市	Qujing	132	61	29115	9708	12021	5139
玉溪市	Yuxi	61	29	11814	6046	7162	3433
保山市	Baoshan	56	20	11371	1589	6541	2670
昭通市	Zhaotong	160	36	25811	7698	9511	3102
丽江市	Lijiang	38	19	5397	2052	3055	1035
普洱市	Pu'er	67	26	13522	5142	5750	1924
临沧市	Lincang	56	16	10447	3985	4689	1558
西藏自治区	**Tibet**						
拉萨市	Lhasa	29		3380		3262	
日喀则市	Xigazê	34	1	2401	127	1921	72
昌都市	Qamdo	35	8	2939	1055	1536	94
林芝市	Nyingchi	24	11	1253	796	870	613
山南市	Lhoka	52	7	855	780	1484	440
那曲市	Nagqu						

2-26 续表 7 continued

城市	City	医院数(个) Number of Hospitals (unit) 全市 Total City	市辖区 Districts under City	医院床位数(张) Number of Beds of Hospitals (bed) 全市 Total City	市辖区 Districts under City	执业(助理)医师数(人) Number of Licensed (Assistant) Doctors (person) 全市 Total City	市辖区 Districts under City
陕西省	**Shaanxi**						
西安市	Xi'an	375	348	73886	69944	43289	41220
铜川市	Tongchuan	49	46	5893	5609	2612	2404
宝鸡市	Baoji	98	59	22577	13991	11181	7105
咸阳市	Xianyang	167	67	27693	12586	13822	6008
渭南市	Weinan	175	30	24031	6603	12382	2487
延安市	Yan'an	65	25	11973	6198	6053	2749
汉中市	Hanzhong	100	36	21905	8735	8555	3519
榆林市	Yulin	111	32	18052	6369	9826	3273
安康市	Ankang	60	25	13905	7374	6657	3012
商洛市	Shangluo	60	18	12045	3933	5361	1694
甘肃省	**Gansu**						
兰州市	Lanzhou	126	97	29638	24414	16036	13739
嘉峪关市	Jiayuguan	8		2195		1324	
金昌市	Jinchang	15	10	3154	1556	1858	1150
白银市	Baiyin	21	10	6757	3527	4219	1961
天水市	Tianshui	110	66	15057	8839	6814	3745
武威市	Wuwei	48	31	11155	7380	5023	3365
张掖市	Zhangye	38	32	10779	4353	4011	2200
平凉市	Pingliang	52	15	11966	5140	6062	2002
酒泉市	Jiuquan	43	24	5735	3521	3854	1800
庆阳市	Qingyang	36	17	10889	4769	6706	3764
定西市	Dingxi	54	15	15552	3990	6288	1743
陇南市	Longnan	64	4	10140	1325	4829	764
青海省	**Qinghai**						
西宁市	Xining	76	62	20474	18468	10383	9181
海东市	Haidong	55		4553		3230	937
宁夏回族自治区	**Ningxia**						
银川市	Yinchuan	78	55	16124	12939	11326	9371
石嘴山市	Shizuishan	36	27	4561	3670	2439	1469
吴忠市	Wuzhong	44	22	5498	2296	3400	1416
固原市	Guyuan	91	28	4958	2868	3324	1469
中卫市	Zhongwei	22	11	3899	2061	2292	1052
新疆维吾尔自治区	**Xinjiang**						
乌鲁木齐市	Urumqi	124	117	29170	28982	16847	16685
克拉玛依市	Karamay	20	20	2091	2091	1665	1665
吐鲁番市	Turpan						
哈密市	Hami	20	16	2488	2244	1795	1505

2-27 社会保障主要指标(一)
Main Indicators of Social Security(Ⅰ)

单位：人 (person)

城市	City	城镇职工基本养老保险参保人数 Number of Employees Joining Urban Basic Pension Insurance		职工基本医疗保险参保人数 Number of Employees Joining Basic Medical Care System		失业保险参保人数 Persons Covered of Unemployment Insurance	
		全市 Total City	市辖区 Districts under City	全市 Total City	市辖区 Districts under City	全市 Total City	市辖区 Districts under City
北京市	**Beijing**	**18267584**	**18267584**	**14860477**	**14860477**	**13590157**	**13590157**
天津市	**Tianjin**	**7651400**	**7651400**	**6376400**	**6376400**	**3723000**	**3723000**
河北省	**Hebei**						
石家庄市	Shijiazhuang	2897396	2154425	1971822	1625426	1416106	1170624
唐山市	Tangshan	2570017	1793792	1833528	1335179	1177239	802787
秦皇岛市	Qinhuangdao	1074581	866320	961025	791254	462072	380704
邯郸市	Handan	1669931	1036542	1018375	736066	741253	487008
邢台市	Xingtai	1131523	551916	864815	483736	541668	285571
保定市	Baoding	1795856	848750	1490286	794368	937964	529891
张家口市	Zhangjiakou	1178566	746137	904669	642426	390175	271551
承德市	Chengde	868766	393247	500560	247732	353887	160966
沧州市	Cangzhou	1391139	511341	817766	365074	570470	257156
廊坊市	Langfang	1182760	551533	766374	361086	514318	246256
衡水市	Hengshui	753075	354637	427585	224350	315634	171479
山西省	**Shanxi**						
太原市	Taiyuan			1823869	1736005	1243215	347299
大同市	Datong	878045	685701	843109	545344	487649	428014
阳泉市	Yangquan	405782	300975	383031	317711	274469	226266
长治市	Changzhi	742493	507442	663670	496789	491028	346249
晋城市	Jincheng	597597	314782	517246	305144	354135	220487
朔州市	Shuozhou	353250	99240	212827	83856	207588	54826
晋中市	Jinzhong	819579	183375	625378	110395	381821	78585
运城市	Yuncheng	807184	72113	513796	36928	380607	26140
忻州市	Xinzhou	529000	56066	422508	32667	236500	17615
临汾市	Linfen	761189	85165	556887	50003	389004	35102
吕梁市	Lvliang	541012	42801	394666	19640	392782	42437
内蒙古自治区	**Inner Mongolia**						
呼和浩特市	Hohhot	1031642	870910	804251	686974	712384	635488
包头市	Baotou	1132583	1024766	923100	865086	445100	423183
乌海市	Wuhai	224010	224010	215787	215787	93638	93638
赤峰市	Chifeng	506121	283674	664094	213952	279644	64229
通辽市	Tongliao	583312	144527	402329	60496	244494	69351
鄂尔多斯市	Erdos	584693	246622	534181	103480	323297	132441
呼伦贝尔市	Hulunbuir	787353	123052	588184	126657	275550	29100
巴彦淖尔市	Bayannur	517000	108447	240000	52985	106000	20000
乌兰察布市	Ulanqab	546200	89328	304840	42435	133654	19900
辽宁省	**Liaoning**						
沈阳市	Shenyang	4439209		3541539	3468373	1551576	1483513
大连市	Dalian	3507954	2887684	3590970	3048317	1716693	
鞍山市	Anshan	1305216	733084	1011721	776867	531193	252536

2-27 续表 1 continued

单位：人 (person)

城市	City	城镇职工基本养老保险参保人数 Number of Employees Joining Urban Basic Pension Insurance		职工基本医疗保险参保人数 Number of Employees Joining Basic Medical Care System		失业保险参保人数 Persons Covered of Unemployment Insurance	
		全市 Total City	市辖区 Districts under City	全市 Total City	市辖区 Districts under City	全市 Total City	市辖区 Districts under City
抚顺市	Fushun	876321	729398	851282	755625	420466	
本溪市	Benxi	757933	612509	645486	545162	364055	319279
丹东市	Dandong	1127822	535981	809232	538028	219000	167000
锦州市	Jinzhou	884722	486276	789984	512499	311057	196879
营口市	Yingkou	998632	600978	926769	590940	239413	171910
阜新市	Fuxin	554770	396897	561313	463767	167106	73138
辽阳市	Liaoyang	804359	280848	599819	485853	224315	77445
盘锦市	Panjin	699846	554618	546781	485475	352148	325471
铁岭市	Tieling	222082	105538	534887	247144	264320	146433
朝阳市	Chaoyang	665102	254824	530846	233900	220184	101209
葫芦岛市	Huludao	662234	199871	589536	132891	226007	62183
吉林省	**Jilin**						
长春市	Changchun	2953031	2249318	1973016	1619840	1331785	1197067
吉林市	Jilin	1375224	872544	837633	590191	378580	263229
四平市	Siping	595738	330384	274700	165400	140310	81591
辽源市	Liaoyuan	345789	222429	193443	137937	76024	46820
通化市	Tonghua	572426	272374	278141	153020	131651	76558
白山市	Baishan	513600	168471	313000	131500	122194	46667
松原市	Songyuan	499436	234457	365371	219900	172598	106800
白城市	Baicheng	477082	168238	237846	104570	108742	52569
黑龙江省	**Heilongjiang**						
哈尔滨市	Harbin	3297299	2359130	2362345	2094820	1022100	1022100
齐齐哈尔市	Qiqihar	736664	333939	764788	533492	208100	148600
鸡西市	Jixi	346900	199100	398816	325784	162100	128100
鹤岗市	Hegang	200006	172609	231772	201807	82451	74814
双鸭山市	Shuangyashan	461593	278138	252649	168428	130000	83583
大庆市	Daqing	951556	659998	571624	467774	195572	170291
伊春市	Yichun	283600		377612	136802	128510	47127
佳木斯市	Jiamusi	562371	340885	378106	264840	151400	118675
七台河市	Qitaihe	190495	158103	175246	146030	102932	90682
牡丹江市	Mudanjiang	847337	467204	515368	360014	169981	132627
黑河市	Heihe	213978	59777	202861	59719	50193	17804
绥化市	Suihua	435500	51000	398569	38855	110500	19000
上海市	**Shanghai**	**16543600**	**16543600**	**16143800**	**16143800**	**10212600**	**10212600**
江苏省	**Jiangsu**						
南京市	Nanjing	3729400	3729400	5039600	5039600	3458900	3458900
无锡市	Wuxi	4160419	2649150	4088112	2585816	2587067	1718969
徐州市	Xuzhou	1966799	1245203	1855484	1310892	917932	611585
常州市	Changzhou	1734196	1537978	2440481	2172577	1465884	1327722
苏州市	Suzhou	6197598	3343571	8064477	4198113	5553127	3060240
南通市	Nantong	1778402	970095	2524013	1376085	1433206	834585

2-27 续表 2 continued

单位：人 (person)

城市	City	城镇职工基本养老保险参保人数 Number of Employees Joining Urban Basic Pension Insurance		职工基本医疗保险参保人数 Number of Employees Joining Basic Medical Care System		失业保险参保人数 Persons Covered of Unemployment Insurance	
		全市 Total City	市辖区 Districts under City	全市 Total City	市辖区 Districts under City	全市 Total City	市辖区 Districts under City
连云港市	Lianyungang	1075794	737695	884559	656433	515070	380382
淮安市	Huai'an	762470	559855	987192	704045	562061	410922
盐城市	Yancheng	1161164	574205	1571409	767821	800200	427200
扬州市	Yangzhou	1795117	1170562	1630990	1043245	770732	530955
镇江市	Zhenjiang	735131	336928	1107041	580024	580103	286565
泰州市	Taizhou	1443437	649521	1620499	758754	725081	336536
宿迁市	Suqian	909979	420172	645800	311500	425940	218055
浙江省	**Zhejiang**						
杭州市	Hangzhou	7995826	7409012	7605173	7105982	5634933	5370214
宁波市	Ningbo	5404780	3303839	4771233	3094093	3335415	2254789
温州市	Wenzhou	3881270	1367435	2412700	987374	1560563	684958
嘉兴市	Jiaxing	2863621	836224	2634253	827159	1625642	523555
湖州市	Huzhou	1786929	719814	1615001	652418	934029	397515
绍兴市	Shaoxing	2806000	1690974	2303792	1414227	1368711	882942
金华市	Jinhua	2772265	669348	1996562	510932	1280571	362984
衢州市	Quzhou	974047	444186	749989	376186	414814	217443
舟山市	Zhoushan	675295	526527	494425	394835	265867	225345
台州市	Taizhou	2826343	1073124	1975903	783620	1226603	519889
丽水市	Lishui	1029386	270833	533328	193858	336654	131767
安徽省	**Anhui**						
合肥市	Hefei	3081401	2598560	2624609	2113318	2158752	1860654
芜湖市	Wuhu	1157718	961326	908780	794640	560532	491586
蚌埠市	Bengbu	778743	544551	570352	427662	284307	206246
淮南市	Huainan	689985	498718	622949	508811	301689	235373
马鞍山市	Ma'anshan	731094	524553	620365	456929	287953	209302
淮北市	Huaibei	559267	447233	459691	402084	268890	220716
铜陵市	Tongling	396889	328459	331517	296908	174644	149424
安庆市	Anqing	884248	416811	513363	275187	323089	153728
黄山市	Huangshan	382017	218747	241443	144055	138451	89041
滁州市	Chuzhou	721343	269599	576518	243666	278712	117430
阜阳市	Fuyang	695375	334568	550081	280688	366938	186174
宿州市	Suzhou	523228	249071	363831	198646	140400	93100
六安市	Lu'an	545794	270055	422940	113774	280159	153679
亳州市	Bozhou	505382	217010	301501	137259	198163	88101
池州市	Chizhou	254735	144185	198289	109585	110659	67180
宣城市	Xuancheng	800214	274002	468012	82950	292249	93912
福建省	**Fujian**						
福州市	Fuzhou	2404162	1791878	1755833	1328810	1508012	1208820
厦门市	Xiamen	3308400	3308400	3088600	3088600	2703300	2703300
莆田市	Putian	509016	406640	324037	269704	282237	242179
三明市	Sanming	657403	274270	437557	170318	275385	125070

2–27 续表 3 continued

单位：人 (person)

城市	City	城镇职工基本养老保险参保人数 Number of Employees Joining Urban Basic Pension Insurance		职工基本医疗保险参保人数 Number of Employees Joining Basic Medical Care System		失业保险参保人数 Persons Covered of Unemployment Insurance	
		全市 Total City	市辖区 Districts under City	全市 Total City	市辖区 Districts under City	全市 Total City	市辖区 Districts under City
泉州市	Quanzhou	1898659	661251	1098479	468434	898609	368369
漳州市	Zhangzhou	1267426	400069	795787	494546	535349	288390
南平市	Nanping	448207	194465	430827	188113	262868	108821
龙岩市	Longyan	622332	321560	497189	255096	337311	186087
宁德市	Ningde	848523	342338	468493	194220	328413	156545
江西省	**Jiangxi**						
南昌市	Nanchang	2337666	1935052	1423366	1256888	691918	624141
景德镇市	Jingdezhen	505932	92837	336349	51030	136911	14240
萍乡市	Pingxiang	587190	395647	264011	202691	168278	128745
九江市	Jiujiang	854867	377639	639959	314341	371046	180481
新余市	Xinyu	386632	323693	215280	184939	121463	106739
鹰潭市	Yingtan	282482	190409	158379	113054	100607	70607
赣州市	Ganzhou	1656419	696993	773515	361693	401480	126962
吉安市	Ji'an	838821	109571	468346	113949	252409	59392
宜春市	Yichun	1288420	185621	524609	143548	284200	28793
抚州市	Fuzhou	907392	421537	364900	181500	226400	
上饶市	Shangrao	1464823	555658	546282	206446	324869	123242
山东省	**Shandong**						
济南市	Jinan	4726820	4543407	3362014	3216829	2269106	2220443
青岛市	Qingdao	5035768	4186161	4225214	3545031	2713363	2258563
淄博市	Zibo	1917575	1553584	1522503	1275817	1041172	839377
枣庄市	Zaozhuang	867344	571729	660143	472219	422613	296678
东营市	Dongying	689123	507940	502881	364046	361834	268845
烟台市	Yantai	2944516	1776021	2611736	1515800	1324225	857952
潍坊市	Weifang	2432827	985556	2245551	922287	1220969	503164
济宁市	Jining	1834829	885315	1423990	671064	918776	487625
泰安市	Tai'an	1516295	658949	1146748	675848	699302	360795
威海市	Weihai	1432640	931932	1052284	736912	630528	446298
日照市	Rizhao	828110	572977	546332	375503	314550	223100
临沂市	Linyi	1883324	442626	1477280	718365	828161	193160
德州市	Dezhou	1105977	249944	784730	178894	504234	122422
聊城市	Liaocheng	950578	392712	731412	393066	463551	221546
滨州市	Binzhou	986945	360234	712519	290416	468894	184105
菏泽市	Heze	1333014	451569	769675	287858	479944	187916
河南省	**Henan**						
郑州市	Zhengzhou	6181678	4887900	2924528	2427853	3031661	2674200
开封市	Kaifeng	1045202	648287	554083	395530	298451	188601
洛阳市	Luoyang	1581590	1157007	1268582	1002917	716622	533598
平顶山市	Pingdingshan	879858	222184	739270	482463	545178	436283
安阳市	Anyang	1178296	665072	658139	430401	485598	297788
鹤壁市	Hebi	383729	239649	255379	203961	156227	112071

2-27 续表 4 continued

单位：人 (person)

城市	City	城镇职工基本养老保险参保人数 Number of Employees Joining Urban Basic Pension Insurance		职工基本医疗保险参保人数 Number of Employees Joining Basic Medical Care System		失业保险参保人数 Persons Covered of Unemployment Insurance	
		全市 Total City	市辖区 Districts under City	全市 Total City	市辖区 Districts under City	全市 Total City	市辖区 Districts under City
新乡市	Xinxiang	1464656	785886	788178	471276	523220	246823
焦作市	Jiaozuo	877105	435398	591677	368376	441954	257088
濮阳市	Puyang	525000	261125	338081	182090	368491	246091
许昌市	Xuchang	880064	440156	527974	312698	311250	170207
漯河市	Luohe	522285	400591	335130	254066	219321	159321
三门峡市	Sanmenxia	486936	253687	368433	244399	257335	108987
南阳市	Nanyang	1411524	470615	895096	371141	722853	287275
商丘市	Shangqiu	1004547	398049	509504	191388	429689	165982
信阳市	Xinyang	1069485	184293	530214	219139	424652	89360
周口市	Zhoukou	1170589	407017	573597	202062	441445	130940
驻马店市	Zhumadian	399956	154599	516898	177000	443000	129464
湖北省	**Hubei**						
武汉市	Wuhan	5711927	5711927	5484500	5484500	3013411	3013411
黄石市	Huangshi	881305	557020	561490	415015	287563	210357
十堰市	Shiyan	624521	370563	513572	368323	285621	207380
宜昌市	Yichang	1411087	763095	1081181	595597	636951	419053
襄阳市	Xiangyang	1312722	722326	920895	641084	458487	300875
鄂州市	Ezhou	349299	349299	187596	187596	87463	87463
荆门市	Jingmen	708896	311586	437719	204137	260315	146398
孝感市	Xiaogan	871608	252967	417085	164932	245275	49500
荆州市	Jingzhou	1427672	562799	728112	402730	333678	156967
黄冈市	Huanggang	1090579	218184	496471	111672	294856	63166
咸宁市	Xianning	503960	171125	314463	128958	194009	79522
随州市	Suizhou	360358	196480	170410	103698	90822	62216
湖南省	**Hunan**						
长沙市	Changsha	4695721	2983762	3409309	2718792	2072685	1637806
株洲市	Zhuzhou	1250847	870864	727396	569413	459931	372717
湘潭市	Xiangtan	759452	502466	2721985	100017	375808	291517
衡阳市	Hengyang	1475430	679284	786313	417035	659785	364919
邵阳市	Shaoyang	589780	177705	579461	231529	351714	127982
岳阳市	Yueyang	1207879	630214	568368	75502	471253	276810
常德市	Changde	1468750	692165	571166	111207	356500	126600
张家界市	Zhangjiajie	256383	80626	152669	47417	117636	32688
益阳市	Yiyang	426134	106564	399312	220100	249903	49807
郴州市	Chenzhou	853824	204375	488953	274243	354523	53620
永州市	Yongzhou	781178	299341	399841	162880	328418	140703
怀化市	Huaihua	346581	75361	427726	152608	380310	146186
娄底市	Loudi	855318	260329	390709	167944	350450	174918
广东省	**Guangdong**						
广州市	Guangzhou	8643340	8643340	8944800	8944800	7157123	7157123
韶关市	Shaoguan	748947	384514	2983607	901820	346341	205171

2-27 续表 5 continued

单位：人 (person)

城市	City	城镇职工基本养老保险参保人数 Number of Employees Joining Urban Basic Pension Insurance		职工基本医疗保险参保人数 Number of Employees Joining Basic Medical Care System		失业保险参保人数 Persons Covered of Unemployment Insurance	
		全市 Total City	市辖区 Districts under City	全市 Total City	市辖区 Districts under City	全市 Total City	市辖区 Districts under City
深圳市	Shenzhen	13377622	13377622	13346792	13346792	12492626	12492626
珠海市	Zhuhai	1495229	1495229	1484423	1484423	1190826	1190826
汕头市	Shantou	722208	711941	936625	927111	546794	540968
佛山市	Foshan	4355000	4355000	3956891	3956891	3236854	3236854
江门市	Jiangmen	1635604	938567	1741921	1056263	1029199	618668
湛江市	Zhanjiang	1083981	553821	823968	496196	477208	304855
茂名市	Maoming	826307	418108	630135	391454	358336	214768
肇庆市	Zhaoqing	851339	530786	788951	521299	506391	351592
惠州市	Huizhou	1893225	1403380	2246904	1658008	1573731	1199970
梅州市	Meizhou	1046609	389296	611904	298016	382914	191690
汕尾市	Shanwei	333563	114517	330754	167061	127189	58512
河源市	Heyuan	423021	186286	435226	113260	289978	94457
阳江市	Yangjiang	430278	273727	329864	211973	199825	144796
清远市	Qingyuan	883672	484042	851933	509249	482332	305063
东莞市	Dongguan	6008987		6582667		4545810	
中山市	Zhongshan	1972252		1873925		1704163	
潮州市	Chaozhou	325724	254879	339472	280820	229248	190599
揭阳市	Jieyang	626295	297620	260734	128206	186254	112172
云浮市	Yunfu	291988	100066	331274	120348	192059	73091
广西壮族自治区	**Guangxi**						
南宁市	Nanning	2061771	1752607	1561247	1357660	1113119	994511
柳州市	Liuzhou	1247983	986149	964035	804529	547267	454815
桂林市	Guilin	1104239	618065	794739	504637	500531	334026
梧州市	Wuzhou	491840	293775	358052	221257	196648	110500
北海市	Beihai	372617	272807	282467	207659	176064	132502
防城港市	Fangchenggang	158411	103075	163267	122770	115285	88898
钦州市	Qinzhou	328851	105597	274875	178022	143197	43474
贵港市	Guigang	419636	221743	325873	186902	163949	87303
玉林市	Yulin	686376	250808	488985	232489	267431	129068
百色市	Baise	461067	199953	402679	162481	244296	95633
贺州市	Hezhou	274737	173786	207998	135735	125136	83133
河池市	Hechi	438459	110046	349632	72819	189976	44110
来宾市	Laibin	275219	118435	215543	105569	125461	65367
崇左市	Chongzuo	290908	73985	218075	57701	127719	38552
海南省	**Hainan**						
海口市	Haikou	1059547	1059547	775834	775834	612503	612503
三亚市	Sanya	410643	410643	266773	266773	30415	30415
三沙市	Sansha						
儋州市	Danzhou	215136		163920		134171	
重庆市	**Chongqing**	**12366050**	**10253855**	**7960000**		**5982983**	**5148478**

2-27 续表 6 continued

单位：人 (person)

城市	City	城镇职工基本养老保险参保人数 Number of Employees Joining Urban Basic Pension Insurance		职工基本医疗保险参保人数 Number of Employees Joining Basic Medical Care System		失业保险参保人数 Persons Covered of Unemployment Insurance	
		全市 Total City	市辖区 Districts under City	全市 Total City	市辖区 Districts under City	全市 Total City	市辖区 Districts under City
四川省	**Sichuan**						
成都市	Chengdu	12097800	10159100	10403234	8771007	6637200	5958600
自贡市	Zigong	843407	538665	402778	315108	176828	127972
攀枝花市	Panzhihua	354836	50764	428530	386742	178214	46289
泸州市	Luzhou	1140355	390753	574238	181949	339285	119208
德阳市	Deyang	888391	367802	875271	424430	424154	199005
绵阳市	Mianyang	1613226	884693	840527	538222	483058	345066
广元市	Guangyuan	668227	351408	316059	172107	174128	112861
遂宁市	Suining	2032621	851544	321007	52880	148797	85372
内江市	Neijiang	883084	294583	463445	250008	202101	63252
乐山市	Leshan	699993	362676	672708	419732	285007	175359
南充市	Nanchong	1382240	609414	607885	339467	273840	153080
眉山市	Meishan	583600	367166	373068	129499	252181	95808
宜宾市	Yibin	1196806	734039	618239	432115	339258	245246
广安市	Guang'an	822100	308816	280459	114649	168614	30416
达州市	Dazhou	562694	161850	423995	88811	172232	36386
雅安市	Ya'an	543215	263597	269925	69025	133007	68223
巴中市	Bazhong	591712	200145	221035	61305	135276	36925
资阳市	Ziyang	346046	177738	242658	139741	124836	72653
贵州省	**Guizhou**						
贵阳市	Guiyang	2709778	1013385	1645601	1645601	980840	373206
六盘水市	Liupanshui	449358	59041	343250	39194	240796	32778
遵义市	Zunyi	1254555	632318	836251	266954	549741	282203
安顺市	Anshun	326102	220181	243406	172090	141692	91437
毕节市	Bijie	635500	117400	370600	54647	326100	49900
铜仁市	Tongren	350196	120821	238945	29126	147334	47459
云南省	**Yunnan**						
昆明市	Kunming	2199881	2008510	1898965	1622087	1346241	1118566
曲靖市	Qujing	547353	155011	488339	243078	288423	85144
玉溪市	Yuxi	400728	204130	309931	166914	185477	91270
保山市	Baoshan	272158	83802	187577	47064	112600	23899
昭通市	Zhaotong	381426	66633	275297	45214	168371	33505
丽江市	Lijiang	163410	42097	131980	27659	68603	18725
普洱市	Pu'er	315771	93210	235651	34756	140041	52975
临沧市	Lincang	212278	58783	170370	23852	111932	36259
西藏自治区	**Tibet**						
拉萨市	Lhasa	113066		143035		107344	
日喀则市	Xigazê	19700	4282			37200	2695
昌都市	Qamdo	62951	4922	54506	22767	36679	2789
林芝市	Nyingchi	15530	11390	33784	18863	20597	
山南市	Lhoka	15560	2030	40974	4072	18945	2398
那曲市	Nagqu						

2-27 续表 7 continued

单位：人 (person)

城 市	City	城镇职工基本养老保险参保人数 Number of Employees Joining Urban Basic Pension Insurance		职工基本医疗保险参保人数 Number of Employees Joining Basic Medical Care System		失业保险参保人数 Persons Covered of Unemployment Insurance	
		全市 Total City	市辖区 Districts under City	全市 Total City	市辖区 Districts under City	全市 Total City	市辖区 Districts under City
陕西省	**Shaanxi**						
西安市	Xi'an	5847616	5754606	4100572	4041350	2597600	2588100
铜川市	Tongchuan	177801	43539	207942	200837	85807	79639
宝鸡市	Baoji	838347	622117	583246	456025	245025	197651
咸阳市	Xianyang	902650	402901	594652	312887	372591	158459
渭南市	Weinan	579500	196890	405000	164512	234700	76232
延安市	Yan'an	460774	91687	368890	44568	247322	36345
汉中市	Hanzhong	616300	305815	373100	75534	237800	40512
榆林市	Yulin	496345	60818	487369	47659	333592	34690
安康市	Ankang	367100	43159	214441	41751	128000	22785
商洛市	Shangluo	168772	40968	162270	21508	130422	18630
甘肃省	**Gansu**						
兰州市	Lanzhou	986580	913920	1295834	1203223	710765	675773
嘉峪关市	Jiayuguan	124983		106302		66679	
金昌市	Jinchang	101580	70453	129127	19045	70739	56583
白银市	Baiyin	170873	113899	252792	185641	117200	93789
天水市	Tianshui	268440	208745	301051	209627	121257	100692
武威市	Wuwei	253000	179000	158273	109887	110000	73000
张掖市	Zhangye	208963	43106	142926	32699	92781	22471
平凉市	Pingliang	156781	34528	171300	32492	115553	15677
酒泉市	Jiuquan	105625	59407	172998	32769	116167	28709
庆阳市	Qingyang	64586	13125	167831	18827	130829	18468
定西市	Dingxi	114324	18772	180810	28031	107471	15590
陇南市	Longnan	82944	8668	168196	22910	54700	6500
青海省	**Qinghai**						
西宁市	Xining	731583	669988	394147	360393	246829	202193
海东市	Haidong	115740	44999	90504	31400	59214	30809
宁夏回族自治区	**Ningxia**						
银川市	Yinchuan	1081136	874492			647893	515454
石嘴山市	Shizuishan	316935	225549	232614	185589	127197	92139
吴忠市	Wuzhong	236217	130269	188576	95547	122623	54325
固原市	Guyuan	161106	82412	115352	64101	79861	46596
中卫市	Zhongwei	281476	153834	137859	71954	73147	40203
新疆维吾尔自治区	**Xinjiang**						
乌鲁木齐市	Urumqi	1635902	1632211	1473863	1470690	1074248	1069282
克拉玛依市	Karamay	303961	303961	258626	258626	176014	176014
吐鲁番市	Turpan	140339	39158	113331	30519	828805	21011
哈密市	Hami	202450	164593	175524	59664	99695	81887

2–28 社会保障主要指标(二)
Main Indicators of Social Security(Ⅱ)

城　市	City	提供住宿的社会工作机构数(个) Number of Social Welfare Institutions with Accommodation Urban Basic Pension Insurance (unit)		养老机构数(个) Number of Institutions for the Aged (unit)		提供住宿的社会工作机构床位数(张) Number of Beds in Social Welfare Institutions with Accommodation (bed)		养老机构床位数(张) Number of Beds in Institutions for the Aged (bed)	
		全市 Total City	市辖区 Districts under City	全市 Total City	市辖区 Districts under City	全市 Total City	市辖区 Districts under City	全市 Total City	市辖区 Districts under City
北京市	**Beijing**	**609**	**609**	**578**	**578**	**116451**	**116451**	**109334**	**109334**
天津市	**Tianjin**	**419**	**419**	**405**	**405**	**61953**	**61953**	**59597**	**59597**
河北省	**Hebei**								
石家庄市	Shijiazhuang	289	131	274	126	42566	23259	41632	22589
唐山市	Tangshan	339	132	327	125	33532	16609	32277	15456
秦皇岛市	Qinhuangdao	58	30	57	29	8548	5327	8407	5186
邯郸市	Handan	184	78	177	75	22880	7004	22609	6824
邢台市	Xingtai	238	46	234	45	23037	5049	22862	4913
保定市	Baoding	162	51	157	50	28049	9266	27797	9200
张家口市	Zhangjiakou	158	81	154	78	15904	8758	15709	8592
承德市	Chengde	121	28	113	27	13505	1977	13343	1933
沧州市	Cangzhou	98	14	94	13	16251	2073	16012	2019
廊坊市	Langfang	64	13	57	12	23229	2552	22791	2502
衡水市	Hengshui	141	52	138	49	15715	6349	15016	5650
山西省	**Shanxi**								
太原市	Taiyuan	52	32	49	32	8620	4073	7395	4073
大同市	Datong	82	45	77	42	13730	7818	13100	7268
阳泉市	Yangquan	35	23	31	22	3171	2257	3039	2139
长治市	Changzhi	100	45	98	30	9829	6460	9115	3750
晋城市	Jincheng	69	12	69	12	7670	2047	7670	2047
朔州市	Shuozhou	52	12	41	9	8482	1626	7621	1321
晋中市	Jinzhong	95	17	87	17	9942	1561	9416	1561
运城市	Yuncheng	169	20	162	20	12885	1088	12665	1088
忻州市	Xinzhou	57	7	43	6	6474	434	5846	426
临汾市	Linfen	111	29	106	28	8061	2447	7791	2383
吕梁市	Lvliang	26		22		2664		2456	
内蒙古自治区	**Inner Mongolia**								
呼和浩特市	Hohhot	29	12	26	10	5458	2301	4302	1645
包头市	Baotou	60	55	57	44	8767	6926	8621	6926
乌海市	Wuhai	9	9	9	9	1882	1882	1882	1882
赤峰市	Chifeng	148	27	138	27	15175	4117	14695	4155
通辽市	Tongliao	87	19	81	18	5616	1274	5219	990
鄂尔多斯市	Erdos	61	23	59	21	10229	4690	9429	3790
呼伦贝尔市	Hulunbuir	104	6	97	5	10501	472	10059	422
巴彦淖尔市	Bayannur	46	7	43	7	9807	1778	9429	1778
乌兰察布市	Ulanqab	519	27	511	12	94746	1686	93901	1631
辽宁省	**Liaoning**								
沈阳市	Shenyang	278	209	218	192	40837	31349	30770	28752
大连市	Dalian	360	303	350	297	40515	29423	40000	29033
鞍山市	Anshan	226	130	225	129	20176	11509	20076	11409

2-28 续表 1 continued

城 市	City	提供住宿的社会工作机构数(个) Number of Social Welfare Institutions with Accommodation Urban Basic Pension Insurance (unit)		养老机构数(个) Number of Institutions for the Aged (unit)		提供住宿的社会工作机构床位数(张) Number of Beds in Social Welfare Institutions with Accommodation (bed)		养老机构床位数(张) Number of Beds in Institutions for the Aged (bed)	
		全市 Total City	市辖区 Districts under City	全市 Total City	市辖区 Districts under City	全市 Total City	市辖区 Districts under City	全市 Total City	市辖区 Districts under City
抚顺市	Fushun	176	132	172	130	14200	10900	13900	10600
本溪市	Benxi	149	125	144	123	10523	8301	10376	8196
丹东市	Dandong	158	81	158	81	12063	6005	12063	6005
锦州市	Jinzhou	190	86	185	85	10753	3586	10368	3386
营口市	Yingkou	150	80	146	79	13602	8153	13184	7944
阜新市	Fuxin	109	67	109	67	8089	5801	8089	5801
辽阳市	Liaoyang	97	63	97	63	9042	5520	8792	4740
盘锦市	Panjin	57	44	57	44	4595	3126	4595	3126
铁岭市	Tieling	98	33	91	32	11510	2619	11085	2569
朝阳市	Chaoyang	141	26	130	26	12357	1586	11930	1586
葫芦岛市	Huludao	106	27	96	23	8452	2451	7949	2202
吉林省	**Jilin**								
长春市	Changchun	445	274	442	272	49403	33047	48203	32547
吉林市	Jilin								
四平市	Siping	81	30	75	27	8728	3745	8077	3125
辽源市	Liaoyuan	90	32	90	32	9508	4978	9508	4978
通化市	Tonghua	150	49	148	47	9204	3632	8924	3352
白山市	Baishan			97	51			6613	3978
松原市	Songyuan			227	120			10593	4349
白城市	Baicheng			155	61			9024	3215
黑龙江省	**Heilongjiang**								
哈尔滨市	Harbin	555	311	553	309	46074	28458	44737	27121
齐齐哈尔市	Qiqihar	287	134	274	129	38761	22335	37062	20874
鸡西市	Jixi	144	115	144	115	10924	5925	10924	5925
鹤岗市	Hegang	122	89	121	88	7057	4239	6967	4149
双鸭山市	Shuangyashan	78	32	73	31	6543	3438	6460	3398
大庆市	Daqing	161	73	157	72	12606	6229	12557	6199
伊春市	Yichun	148	59	136	57	9320	3797	9136	3722
佳木斯市	Jiamusi	180	89	180	89	14641	6376	14641	6376
七台河市	Qitaihe	31	17	27	14	3291	2013	3132	1860
牡丹江市	Mudanjiang	220	79	204	75	17008	7510	16195	6744
黑河市	Heihe	134	14	134	14	12580	1841	12580	1841
绥化市	Suihua	213	19	203	18	25878	3516	25828	3506
上海市	**Shanghai**	**713**	**713**	**684**	**684**	**153178**	**153178**	**147134**	**147134**
江苏省	**Jiangsu**								
南京市	Nanjing	341	341	330	330	49132	49132	46376	46376
无锡市	Wuxi	172	109	168	107	48367	26885	45487	25635
徐州市	Xuzhou	266	141	207	94	48377	17474	46805	19147
常州市	Changzhou	132	112	121	103	27576	24174	25822	22530
苏州市	Suzhou	190	107	164	99	57298	30155	52464	27401
南通市	Nantong	312	159	298	152		27874		27353

2-28 续表 2 continued

城 市	City	提供住宿的社会工作机构数（个）Number of Social Welfare Institutions with Accommodation Urban Basic Pension Insurance (unit)		养老机构数（个）Number of Institutions for the Aged (unit)		提供住宿的社会工作机构床位数（张）Number of Beds in Social Welfare Institutions with Accommodation (bed)		养老机构床位数（张）Number of Beds in Institutions for the Aged (bed)	
		全市 Total City	市辖区 Districts under City	全市 Total City	市辖区 Districts under City	全市 Total City	市辖区 Districts under City	全市 Total City	市辖区 Districts under City
连云港市	Lianyungang	145	53	133	47	17271	6352	16425	5690
淮安市	Huai'an	229	127	212	118	28799	14223	26927	12743
盐城市	Yancheng	208	56	196	51	39013	12871	38513	12556
扬州市	Yangzhou	124	59	114	54	23400	9596	22859	9327
镇江市	Zhenjiang	155	54	150	52	19065	6846	18622	6528
泰州市	Taizhou	167	43	162	41	21996	4894	21671	4657
宿迁市	Suqian	193	56	167	49	34718	11936	34286	11741
浙江省	**Zhejiang**								
杭州市	Hangzhou	265	187	251	177	41726	33199	40504	32123
宁波市	Ningbo	276	139	260	129	56907	29436	55666	28515
温州市	Wenzhou			248	43			23223	5494
嘉兴市	Jiaxing	98	27	86	24	18606	4706	17922	4295
湖州市	Huzhou	175	41	175	41	30848	12651	30848	12651
绍兴市	Shaoxing	135	57	121	50	21252	9568	20516	9104
金华市	Jinhua	156	33	143	30	36468	7090	35925	6920
衢州市	Quzhou	119	25	116	24	13165	3122	13025	3072
舟山市	Zhoushan	65	37	62	35	8565	5936	8399	5790
台州市	Taizhou	251	78	241	72	30661	11271	30138	10855
丽水市	Lishui	96	22	90	18	10484	3061	10060	2689
安徽省	**Anhui**								
合肥市	Hefei	180	56	174	54	33869	12430	32099	10848
芜湖市	Wuhu	137	71	129	67	18524	8725	17959	8291
蚌埠市	Bengbu	157	62	152	58	24027	6975	19202	5785
淮南市	Huainan	191	86	189	84	23694	10003	23446	9755
马鞍山市	Ma'anshan	126	48	121	44	14674	6758	13718	5868
淮北市	Huaibei	65	53	63	51	8529	8341	8329	8091
铜陵市	Tongling	66	43	61	39	6435	4513	5987	4099
安庆市	Anqing	231	51	228	50	38873	6186	35915	5590
黄山市	Huangshan	77	21	71	20	5328	2269	5103	2199
滁州市	Chuzhou	178	23	160	23	23268	3199	22669	3199
阜阳市	Fuyang	367	92	358	90	53303	15966	52152	15506
宿州市	Suzhou	240	89	234	88	31851	11212	31511	11104
六安市	Lu'an	283	135	278	132	40850	17791	40485	17451
亳州市	Bozhou	206	39	199	38	37064	10642	35809	10350
池州市	Chizhou	87	28	84	26	12429	4640	12127	4353
宣城市	Xuancheng	170	32	162	32	19959	4730	19571	4730
福建省	**Fujian**								
福州市	Fuzhou	156	64	146	58	23341	12945	22079	12015
厦门市	Xiamen	86	86	44	44	13703	13703	12248	12248
莆田市	Putian	61	36	56	33	8810	5223	7577	4360
三明市	Sanming	141	20	129	12	11000	2383	10093	1670

2-28 续表 3 continued

城市	City	提供住宿的社会工作机构数（个）Number of Social Welfare Institutions with Accommodation Urban Basic Pension Insurance (unit)		养老机构数（个）Number of Institutions for the Aged (unit)		提供住宿的社会工作机构床位数（张）Number of Beds in Social Welfare Institutions with Accommodation (bed)		养老机构床位数（张）Number of Beds in Institutions for the Aged (bed)	
		全市 Total City	市辖区 Districts under City	全市 Total City	市辖区 Districts under City	全市 Total City	市辖区 Districts under City	全市 Total City	市辖区 Districts under City
泉州市	Quanzhou	159	28	146	23	19511	5228	18201	5141
漳州市	Zhangzhou	156	36	134	28	13296	2935	12436	2933
南平市	Nanping	169	47	158	44	17023	4958	16822	4882
龙岩市	Longyan	65	29	59	26	10259	4386	9622	3806
宁德市	Ningde	154	14	152	12	14022	3231	13403	2612
江西省	**Jiangxi**								
南昌市	Nanchang	125	47	121	43	18745	10638	17601	9494
景德镇市	Jingdezhen			60	8			4181	541
萍乡市	Pingxiang	56	21	53	19	12319	7076	12059	6956
九江市	Jiujiang	243	49	236	44	27808	7950	27117	7859
新余市	Xinyu	77	23	77	23	8096	3261	8096	3261
鹰潭市	Yingtan	57	35	57	35	4808	3246	4808	3246
赣州市	Ganzhou	359	77	330	72	46182	12517	44012	11416
吉安市	Ji'an			246	22			15036	2650
宜春市	Yichun	261	48	255	46	29986	8006	29886	7906
抚州市	Fuzhou	190	64	190	64	13528	6776	13528	6776
上饶市	Shangrao	270	83	257	80	18579	6290	18299	6230
山东省	**Shandong**								
济南市	Jinan	3768	3131	3764	3128	64303	52497	63636	51880
青岛市	Qingdao	301	229	296	226	44145	33893	43445	33263
淄博市	Zibo	150	104	149	103	19417	14164	18695	13442
枣庄市	Zaozhuang	107	85	104	83	17213	12017	16868	11712
东营市	Dongying	56	32	53	29	12939	6968	12833	6862
烟台市	Yantai	252	100	249	97	41900	18095	41357	17552
潍坊市	Weifang	174	58	167	56	28405	7855	27856	6019
济宁市	Jining	219	33	216	33	36096	6788	35894	5754
泰安市	Tai'an	120	40	114	37	16751	5847	16247	5407
威海市	Weihai	162	97	160	97	38696	20617	38366	20617
日照市	Rizhao	57	34	51	30	7292	4795	6936	4502
临沂市	Linyi	124	37	118	35	26741	9187	26131	8702
德州市	Dezhou	122	31	118	31	17699	3801	17229	3801
聊城市	Liaocheng	113	44	103	40	23730	9250	23375	9080
滨州市	Binzhou	98	33	91	30	17821	5855	17715	5804
菏泽市	Heze	197	61	186	58	31345	9490	30994	9365
河南省	**Henan**								
郑州市	Zhengzhou	163	55	157	51	26810	10356	25768	9326
开封市	Kaifeng	227	126	218	122	17756	9454	17151	9013
洛阳市	Luoyang	227	90	221	88	21387	9519	20316	8859
平顶山市	Pingdingshan	142	25	135	24	10792	2316	10355	2106
安阳市	Anyang	174	63	171	62	13719	7147	13334	6857
鹤壁市	Hebi	59	26	54	23	5044	3055	4771	2855

2-28 续表 4 continued

城 市	City	提供住宿的社会工作机构数(个) Number of Social Welfare Institutions with Accommodation Urban Basic Pension Insurance (unit)		养老机构数(个) Number of Institutions for the Aged (unit)		提供住宿的社会工作机构床位数(张) Number of Beds in Social Welfare Institutions with Accommodation (bed)		养老机构床位数(张) Number of Beds in Institutions for the Aged (bed)	
		全市 Total City	市辖区 Districts under City	全市 Total City	市辖区 Districts under City	全市 Total City	市辖区 Districts under City	全市 Total City	市辖区 Districts under City
新乡市	Xinxiang	268	68	257	65	26991	7063	26325	6518
焦作市	Jiaozuo	126	40	118	37	11388	4492	10592	3892
濮阳市	Puyang	101	9	95	8	10113	900	9917	844
许昌市	Xuchang	198	73	190	68	24651	8813	24167	8509
漯河市	Luohe	92	43	88	41	9616	4840	9406	4770
三门峡市	Sanmenxia	150	51	144	48	12386	3864	11702	3284
南阳市	Nanyang	466	63	455	62	45806	6129	45324	6093
商丘市	Shangqiu	258	44	249	40	30163	4433	29745	4144
信阳市	Xinyang	293	60	283	56	25135	4990	24720	4771
周口市	Zhoukou	288	44	275	41	30297	4462	29765	4350
驻马店市	Zhumadian	287	34	271	30	26069	5342	24936	4685
湖北省	**Hubei**								
武汉市	Wuhan			278	278			49102	49102
黄石市	Huangshi	82	37	75	35	17227	7155	16497	6595
十堰市	Shiyan	170	64	159	60	21100	10128	20434	9648
宜昌市	Yichang	246	85	234	84	26118	10018	25734	10007
襄阳市	Xiangyang	246	96	235	91	29119	12504	27753	11263
鄂州市	Ezhou	34	34	33	33	6129	6129	5999	5999
荆门市	Jingmen	93	25	88	23	13869	4103	13542	3953
孝感市	Xiaogan	167	34	154	29	26563	6749	25280	5671
荆州市	Jingzhou	194	39	176	35	27573	5874	26748	5453
黄冈市	Huanggang	197	23	183	21	28323	2932	27603	2502
咸宁市	Xianning	112	30	101	27	13733	4085	13153	3855
随州市	Suizhou	90	22	85	22	10082	3036	9857	3036
湖南省	**Hunan**								
长沙市	Changsha	220	107	202	96	38756	22618	33864	21418
株洲市	Zhuzhou	165	60	160	58	19825	8059	19239	7559
湘潭市	Xiangtan	134	49	129	45	13045	5487	12490	5247
衡阳市	Hengyang	287	54	269	50	42090	8864	40752	8024
邵阳市	Shaoyang	190	22	175	22	19321	1203	17401	1203
岳阳市	Yueyang	200	40	191	37	26035	4557	24839	3950
常德市	Changde	244	51	232	49	31980	9009	31361	8879
张家界市	Zhangjiajie	110	34	102	31	6263	2468	5874	2324
益阳市	Yiyang	200	86	187	78	18931	9619	17929	8775
郴州市	Chenzhou	176	38	161	30	15533	3717	15385	3701
永州市	Yongzhou	188	36	161	34	15299	4508	14607	4464
怀化市	Huaihua	194	8	180	7	11782	610	11345	607
娄底市	Loudi	123	23	114	20	32279	5654	31189	5354
广东省	**Guangdong**								
广州市	Guangzhou	259	259	245	245	68541	68541	65060	65060
韶关市	Shaoguan	124	34	124	34	8800	3425	8800	3425

2-28 续表 5 continued

城市	City	提供住宿的社会工作机构数(个) Number of Social Welfare Institutions with Accommodation Urban Basic Pension Insurance (unit)		养老机构数(个) Number of Institutions for the Aged (unit)		提供住宿的社会工作机构床位数(张) Number of Beds in Social Welfare Institutions with Accommodation (bed)		养老机构床位数(张) Number of Beds in Institutions for the Aged (bed)	
		全市 Total City	市辖区 Districts under City	全市 Total City	市辖区 Districts under City	全市 Total City	市辖区 Districts under City	全市 Total City	市辖区 Districts under City
深圳市	Shenzhen	77	77	71	71	13491	13491	12386	12386
珠海市	Zhuhai	28	28	23	23	4302	4302	3869	3869
汕头市	Shantou	45	43	40	38	3324	3194	3102	2794
佛山市	Foshan	93	93	87	87	19239	19239	18165	18165
江门市	Jiangmen	113	43	106	40	17815	8040	16719	7798
湛江市	Zhanjiang	129	18	120	18	9557	9210	7563	7241
茂名市	Maoming	165	67	156	60				
肇庆市	Zhaoqing	135	43	122	36	9828	3729	9264	3400
惠州市	Huizhou	93	44	84	40	7187	4850	6540	4425
梅州市	Meizhou	176	46	167	44	10557	3346	10301	3196
汕尾市	Shanwei	47	6	40	4	1791	485	1605	229
河源市	Heyuan	10		6		797		737	
阳江市	Yangjiang	89	43	84	40	10631	6630	10051	6270
清远市	Qingyuan	115	35	106	30	9696	5313	8646	4513
东莞市	Dongguan	49		48		6910		6462	
中山市	Zhongshan	33		30		4048		3543	
潮州市	Chaozhou	46	21	42	19	2404	1076	2220	952
揭阳市	Jieyang	94	29	84	24	15689	4562	14365	4206
云浮市	Yunfu			60	16			5027	2057
广西壮族自治区	**Guangxi**								
南宁市	Nanning	113	89	102	82	19768	17057	17953	15412
柳州市	Liuzhou	45	28	40	24	7794	5778	6976	4972
桂林市	Guilin	95	54	82	50	13950	9749	12469	8506
梧州市	Wuzhou	61	35	51	31	16901	5369	16215	4927
北海市	Beihai	35	21	30	18	6277	31616	5895	3339
防城港市	Fangchenggang	13	10	7	6	1184	966	1029	881
钦州市	Qinzhou	21	9	13	6	3268	1472	2764	1198
贵港市	Guigang	45	21	39	18	5816	3626	5340	3213
玉林市	Yulin	46	12	36	9	6392	2396	5759	1914
百色市	Baise	41	18	32	14	5072	2559	4725	2264
贺州市	Hezhou	191	79	186	77	4871	2031	4636	1886
河池市	Hechi	81	9	71	6	8166	1076	7673	974
来宾市	Laibin	28	9	24	6	3589	362	3518	362
崇左市	Chongzuo	23	8	14	5	1094	801	773	586
海南省	**Hainan**								
海口市	Haikou	33	33	32	32	5196	5196	4340	4340
三亚市	Sanya	6	6	5	5	1670	1670	1142	1142
三沙市	Sansha								
儋州市	Danzhou	7		4		249		234	
重庆市	**Chongqing**	**1202**	**869**	**1145**	**839**	**130386**	**95026**	**121983**	**92313**

2-28 续表 6 continued

城市	City	提供住宿的社会工作机构数（个）Number of Social Welfare Institutions with Accommodation Urban Basic Pension Insurance (unit)		养老机构数（个）Number of Institutions for the Aged (unit)		提供住宿的社会工作机构床位数（张）Number of Beds in Social Welfare Institutions with Accommodation (bed)		养老机构床位数（张）Number of Beds in Institutions for the Aged (bed)	
		全市 Total City	市辖区 Districts under City	全市 Total City	市辖区 Districts under City	全市 Total City	市辖区 Districts under City	全市 Total City	市辖区 Districts under City
四川省	**Sichuan**								
成都市	Chengdu	300	189	275	178	44304	26604	40424	25299
自贡市	Zigong	180	99	164	91	23138	13348	21234	11798
攀枝花市	Panzhihua	82	44	74	40	8046	5036	7645	4752
泸州市	Luzhou	219	89	199	84	30437	10014	23386	7711
德阳市	Deyang	159	41	148	35	16110	4692	15494	4312
绵阳市	Mianyang	276	85	252	76	32926	11046	30838	10551
广元市	Guangyuan	88	30	84	28	10183	3806	8246	2790
遂宁市	Suining	105	32	97	27	16743	5707	15159	4198
内江市	Neijiang	170	78	161	72	18269	7135	17500	6445
乐山市	Leshan	149	57	136	51	20411	8619	17320	6871
南充市	Nanchong	408	136	390	128	38954	16105	34194	13686
眉山市	Meishan	116	34	116	34	14323	4453	14323	4453
宜宾市	Yibin	180	61	159	51	20660	9915	16159	5858
广安市	Guang'an			177	44			23142	7123
达州市	Dazhou	213	44	189	35	26472	5252	25000	4475
雅安市	Ya'an	39	10	34	10	7602	1588	5970	1588
巴中市	Bazhong	50	7	40	2	5302	907	4217	210
资阳市	Ziyang	120	45	110	39	10804	5363	8744	3031
贵州省	**Guizhou**								
贵阳市	Guiyang	112	101	99	91	11740	10775	10380	9415
六盘水市	Liupanshui	82	41	91	36	5659	2842	4460	1289
遵义市	Zunyi	272	56	258	54	29024	6810	26965	6510
安顺市	Anshun	86	30	82	29	7557	3087	6997	2987
毕节市	Bijie	182	2	167		10034	30	8221	
铜仁市	Tongren	135	21	121	21	8755	1674	7407	1674
云南省	**Yunnan**								
昆明市	Kunming	128	82	128	82	24187	16281	24187	16281
曲靖市	Qujing	129	42	116	39	10770	2719	9966	2677
玉溪市	Yuxi	75	14	67	11	5023	1128	4909	1073
保山市	Baoshan	72	19	62	18	11292	3195	10337	3136
昭通市	Zhaotong	65	5	54	3	8882	1467	8021	1275
丽江市	Lijiang	24	2	13	2	2078	476	1714	476
普洱市	Pu'er	44	8	36	5	3748	487	3358	457
临沧市	Lincang	57	7	49	6	3568	357	3292	352
西藏自治区	**Tibet**								
拉萨市	Lhasa	13	4	10	4	2403	567	1611	567
日喀则市	Xigazê	26	4	22		3214	1278	1936	
昌都市	Qamdo			11	1			3318	429
林芝市	Nyingchi	17	5	15	3	1806	802	1231	227
山南市	Lhoka	13	1			2582	222	2582	222
那曲市	Nagqu								

2-28 续表 7 continued

城市	City	提供住宿的社会工作机构数(个) Number of Social Welfare Institutions with Accommodation Urban Basic Pension Insurance (unit)		养老机构数(个) Number of Institutions for the Aged (unit)		提供住宿的社会工作机构床位数(张) Number of Beds in Social Welfare Institutions with Accommodation (bed)		养老机构床位数(张) Number of Beds in Institutions for the Aged (bed)	
		全市 Total City	市辖区 Districts under City	全市 Total City	市辖区 Districts under City	全市 Total City	市辖区 Districts under City	全市 Total City	市辖区 Districts under City
陕西省	**Shaanxi**								
西安市	Xi'an	153	138	143	131	30597	28990	28641	26137
铜川市	Tongchuan	22	14	19	14	2507	2128	2442	2118
宝鸡市	Baoji	66	32	53	27	13081	6720	11681	6060
咸阳市	Xianyang	53	9	33	6	8328	2571	7384	2160
渭南市	Weinan	120	30	112	27	18033	4122	17525	3816
延安市	Yan'an	59	13	45	10	5890	1398	5159	787
汉中市	Hanzhong	110	22	98	21	22862	4092	18192	4092
榆林市	Yulin	103	8	85	6	12755	2252	10891	1972
安康市	Ankang	185	35	183	35	23931	4951	23801	4951
商洛市	Shangluo	101	12	93	11	9888	984	9521	960
甘肃省	**Gansu**								
兰州市	Lanzhou	35	21	32	21	22075	12104	21236	12104
嘉峪关市	Jiayuguan	11		10		884		844	
金昌市	Jinchang	9	5	6	4	1305	789	1160	644
白银市	Baiyin	29	10	22	9	2162	1138	1821	1128
天水市	Tianshui	14	5	7	1	1262	625	692	160
武威市	Wuwei	34	9	27	9	8183	4664	7548	4664
张掖市	Zhangye	30	1			3247	1044	2138	799
平凉市	Pingliang	41	7	33	7	2929	370	2639	370
酒泉市	Jiuquan	36	17	36	17	3200	1082	1362	624
庆阳市	Qingyang	41	8	37	7	2135	199	2047	167
定西市	Dingxi	59	11	55	9	2397	295	1267	203
陇南市	Longnan	52	7	31	5	2199	295	1848	167
青海省	**Qinghai**								
西宁市	Xining	22	10	22	10	2830	1920	2830	1920
海东市	Haidong	16	6	14	5	2624	664	2366	406
宁夏回族自治区	**Ningxia**								
银川市	Yinchuan	42	28	41	28	9733	7188	9533	7188
石嘴山市	Shizuishan	18	10	18	10	4551	2872	4351	2672
吴忠市	Wuzhong	41	4	41	4	6891	944	6891	944
固原市	Guyuan	20	3	20	3	3849	756	3849	756
中卫市	Zhongwei	28	14	25	14	5676	2234	5599	2234
新疆维吾尔自治区	**Xinjiang**								
乌鲁木齐市	Urumqi	41	40	38	38	7018	6918	5726	5726
克拉玛依市	Karamay	23	23	21	21	1862	1862	1492	1492
吐鲁番市	Turpan								
哈密市	Hami	9	4	9	3	2103	1038	2103	938

2-29 市政公用事业
Municipal Public Utilities

城 市	City	年末实有城市道路面积(万平方米) Area of Urban Paved Roads at Year-end (10 000 sq.m)	排水管道长度(公里) Length of Urban Sewage Pipes (km)	境内公路总里程(公里) Total Mileage of Domestic Roads (km)	高速公路里程(公里) The Mileage of Expressway (km)
		市辖区 Districts under City	市辖区 Districts under City	全市 Total City	全市 Total City
北京市	**Beijing**	**14800**	**18926**	**22320**	**1177**
天津市	**Tianjin**	**18000**	**23402**	**15307**	**1325**
河北省	**Hebei**				
石家庄市	Shijiazhuang	6379	2826	20772	854
唐山市	Tangshan	4816	3275	19958	755
秦皇岛市	Qinhuangdao	2480	1558	8938	282
邯郸市	Handan	4266	2234	19792	535
邢台市	Xingtai	2566	1700	21341	649
保定市	Baoding	4724	1817	23469	1404
张家口市	Zhangjiakou	2107	433	23379	1274
承德市	Chengde	1288	680	24557	759
沧州市	Cangzhou	1505	823	19438	680
廊坊市	Langfang	1480	1087	11456	558
衡水市	Hengshui	1209	758	13947	335
山西省	**Shanxi**				
太原市	Taiyuan	6830	3799	6866	293
大同市	Datong	2582	1678	12732	562
阳泉市	Yangquan	926	215	5735	282
长治市	Changzhi	1539	694	12416	382
晋城市	Jincheng	908	591	9716	429
朔州市	Shuozhou		428	10257	453
晋中市	Jinzhong		1203	16203	652
运城市	Yuncheng	1062	554	16301	621
忻州市	Xinzhou	824	796	17400	891
临汾市	Linfen	740	453	19382	663
吕梁市	Lvliang	440	422	17607	534
内蒙古自治区	**Inner Mongolia**				
呼和浩特市	Hohhot	3110	2154	7886	515
包头市	Baotou	3371	2644	9450	139
乌海市	Wuhai	2411	286	1079	101
赤峰市	Chifeng	2361	1118	28587	636
通辽市	Tongliao	1246	788	22770	647
鄂尔多斯市	Erdos	2996	2229	24884	1311
呼伦贝尔市	Hulunbuir	737	423	29028	659
巴彦淖尔市	Bayannur	1126	695	23786	372
乌兰察布市	Ulanqab	1132	754	17284	818
辽宁省	**Liaoning**				
沈阳市	Shenyang	10446	7040	13189	672
大连市	Dalian	7117	3315	13491	529
鞍山市	Anshan	3151	1096	7757	229

2-29 续表 1 continued

城　市	City	年末实有城市道路面积（万平方米）Area of Urban Paved Roads at Year-end (10 000 sq.m)	排水管道长度（公里）Length of Urban Sewage Pipes (km)	境内公路总里程（公里）Total Mileage of Domestic Roads (km)	高速公路里程（公里）The Mileage of Expressway (km)
		市辖区 Districts under City	市辖区 Districts under City	全市 Total City	全市 Total City
抚顺市	Fushun	1863	1000	6688	326
本溪市	Benxi	2038	545	4762	233
丹东市	Dandong	1174	547	10323	359
锦州市	Jinzhou	1032	747	10145	234
营口市	Yingkou	3196	1901	4677	189
阜新市	Fuxin	1733	975	9285	311
辽阳市	Liaoyang	1560	1031	4097	159
盘锦市	Panjin	1899	1269	4083	141
铁岭市	Tieling	641	423	12356	346
朝阳市	Chaoyang	502	554	18615	386
葫芦岛市	Huludao	1923	568	10285	235
吉林省	**Jilin**				
长春市	Changchun	7987	6179	27970	606
吉林市	Jilin	2964	1136	15398	474
四平市	Siping	735	401	7685	409
辽源市	Liaoyuan	470	374	5181	247
通化市	Tonghua	348	331	7714	520
白山市	Baishan	475	247	6825	261
松原市	Songyuan	770	599	13135	616
白城市	Baicheng	787	408	13111	525
黑龙江省	**Heilongjiang**				
哈尔滨市	Harbin	6883	3949	24993	877
齐齐哈尔市	Qiqihar	1259	1051	24728	600
鸡西市	Jixi	1216	341	6200	183
鹤岗市	Hegang	525	354	3027	
双鸭山市	Shuangyashan	519	384	4499	164
大庆市	Daqing	3777	2662	9091	271
伊春市	Yichun	878	410	7896	167
佳木斯市	Jiamusi	689	634	10697	8161
七台河市	Qitaihe	488	274	2012	117
牡丹江市	Mudanjiang	1173	763	12492	448
黑河市	Heihe	237	167	16600	
绥化市	Suihua	282	382	21063	418
上海市	**Shanghai**	**32620**	**29037**	**13083**	**851**
江苏省	**Jiangsu**				
南京市	Nanjing	17863	10860	9746	584
无锡市	Wuxi	7617	13396	7477	326
徐州市	Xuzhou	4710	3920	15859	464
常州市	Changzhou	5133	9309	8499	356
苏州市	Suzhou	11528	12230	11558	620
南通市	Nantong	6159	3774	17520	482

2–29 续表 2 continued

城 市	City	年末实有城市道路面积(万平方米) Area of Urban Paved Roads at Year-end (10 000 sq.m)	排水管道长度(公里) Length of Urban Sewage Pipes (km)	境内公路总里程(公里) Total Mileage of Domestic Roads (km)	高速公路里程(公里) The Mileage of Expressway (km)
		市辖区 Districts under City	市辖区 Districts under City	全市 Total City	全市 Total City
连云港市	Lianyungang	2781	3363	12203	354
淮安市	Huai'an	4128	3568	13616	400
盐城市	Yancheng	3818	2183	26153	395
扬州市	Yangzhou	3281	3632	9688	308
镇江市	Zhenjiang	2655	2122	6874	210
泰州市	Taizhou	3139	2372	10094	323
宿迁市	Suqian	2517	1854	12494	247
浙江省	**Zhejiang**				
杭州市	Hangzhou	12467	11362	16988	801
宁波市	Ningbo	6374	7856	11523	584
温州市	Wenzhou	3759	3408	15363	566
嘉兴市	Jiaxing	2622	2330	8215	428
湖州市	Huzhou	2913	2040	8249	452
绍兴市	Shaoxing	3939	5639	10443	551
金华市	Jinhua	2629	2514	13284	408
衢州市	Quzhou	1438	2118	8683	422
舟山市	Zhoushan	1511	1135	1967	70
台州市	Taizhou	3275	3817	13278	500
丽水市	Lishui	801	1114	15893	419
安徽省	**Anhui**				
合肥市	Hefei	9228	8763	19973	481
芜湖市	Wuhu	4829	3619	11200	311
蚌埠市	Bengbu	2653	1436	11156	273
淮南市	Huainan	2229	1181	9565	191
马鞍山市	Ma'anshan	1931	1799	7762	215
淮北市	Huaibei	1619	1130	5232	89
铜陵市	Tongling	1486	1803	5770	143
安庆市	Anqing	2574	1544	26318	405
黄山市	Huangshan	1185	910	7720	357
滁州市	Chuzhou	2702	2386	20519	580
阜阳市	Fuyang	2692	1554	21279	257
宿州市	Suzhou	1926	1195	21262	359
六安市	Lu'an	1862	946	25138	362
亳州市	Bozhou	1697	1333	18434	320
池州市	Chizhou	842	815	9491	298
宣城市	Xuancheng	1286	1333	16594	506
福建省	**Fujian**				
福州市	Fuzhou	5582	4277	12217	778
厦门市	Xiamen	4478	4506	2148	142
莆田市	Putian	1770	3307	6460	263
三明市	Sanming	1190	656	15699	912

2-29 续表 3 continued

城 市	City	年末实有城市道路面积（万平方米） Area of Urban Paved Roads at Year-end (10 000 sq.m)	排水管道长度（公里） Length of Urban Sewage Pipes (km)	境内公路总里程（公里） Total Mileage of Domestic Roads (km)	高速公路里程（公里） The Mileage of Expressway (km)
		市辖区 Districts under City	市辖区 Districts under City	全市 Total City	全市 Total City
泉州市	Quanzhou	4307	1819	18502	680
漳州市	Zhangzhou	2332	1865	12780	673
南平市	Nanping	489	556	16103	1042
龙岩市	Longyan	1173	651	14885	808
宁德市	Ningde	744	426	12314	599
江西省	**Jiangxi**				
南昌市	Nanchang	5567	3316		
景德镇市	Jingdezhen	269	1038	735	
萍乡市	Pingxiang	1185	326	10094	197
九江市	Jiujiang	2474	2185	24053	687
新余市	Xinyu	1241	1004	5064	130
鹰潭市	Yingtan	498	301	5380	101
赣州市	Ganzhou	4220	2898	45295	1559
吉安市	Ji'an	1291	886	30651	763
宜春市	Yichun	1789	1554	24764	806
抚州市	Fuzhou	2375	1800	19323	757
上饶市	Shangrao	2291	1366	27134	680
山东省	**Shandong**				
济南市	Jinan	13644	8761	18200	738
青岛市	Qingdao	11545	10213	15365	869
淄博市	Zibo	6631	3952	11387	208
枣庄市	Zaozhuang	2973	1495	9357	275
东营市	Dongying	3376	2924	9357	237
烟台市	Yantai		4679	19749	668
潍坊市	Weifang	4922	3050	29165	577
济宁市	Jining	6124	2823	21226	439
泰安市	Tai'an	3140	1721	16701	475
威海市	Weihai	4452	3149	7219	235
日照市	Rizhao	2124	2916	10244	222
临沂市	Linyi	6129	4031	31405	687
德州市	Dezhou	2677	1773	21780	501
聊城市	Liaocheng	3160	2119	21251	474
滨州市	Binzhou	2775	2084	17753	367
菏泽市	Heze	3807	1791	28418	523
河南省	**Henan**				
郑州市	Zhengzhou	7604	5579	13732	631
开封市	Kaifeng	2273	1239	9518	471
洛阳市	Luoyang	3899	2789	19887	583
平顶山市	Pingdingshan	1715	756	14819	478
安阳市	Anyang	1652	1432	13018	291
鹤壁市	Hebi	1094	691	4653	77

2-29 续表 4 continued

城　市	City	年末实有城市道路面积(万平方米) Area of Urban Paved Roads at Year-end (10 000 sq.m)	排水管道长度(公里) Length of Urban Sewage Pipes (km)	境内公路总里程(公里) Total Mileage of Domestic Roads (km)	高速公路里程(公里) The Mileage of Expressway (km)
		市辖区 Districts under City	市辖区 Districts under City	全市 Total City	全市 Total City
新乡市	Xinxiang	1230	1103	13549	268
焦作市	Jiaozuo	1966	1276	8037	240
濮阳市	Puyang	1157	914	7009	231
许昌市	Xuchang	2070	1030	10096	281
漯河市	Luohe	1192	1067	5553	125
三门峡市	Sanmenxia	698	331	10268	357
南阳市	Nanyang	2523	1885	40244	832
商丘市	Shangqiu	3224	2427	24864	510
信阳市	Xinyang	950	463	27196	592
周口市	Zhoukou	1732	1407	24177	511
驻马店市	Zhumadian	1658	1033	22192	584
湖北省	**Hubei**				
武汉市	Wuhan		13011	16661	877
黄石市	Huangshi	2011	2085	8373	241
十堰市	Shiyan	1874	1333	30609	579
宜昌市	Yichang	5198	1863	37481	729
襄阳市	Xiangyang	2434	2160	32442	733
鄂州市	Ezhou	683	856	4102	184
荆门市	Jingmen	1330	1074	16340	443
孝感市	Xiaogan	1623	1123	18974	475
荆州市	Jingzhou	2260	1093	24093	712
黄冈市	Huanggang	1113	461	33469	771
咸宁市	Xianning	2153	1170	17768	482
随州市	Suizhou	802	483	14957	334
湖南省	**Hunan**				
长沙市	Changsha	8931	6526	16299	724
株洲市	Zhuzhou	3388	2355	13933	432
湘潭市	Xiangtan	1660	1260	7970	284
衡阳市	Hengyang	2406	1730	21127	697
邵阳市	Shaoyang	1283	670	22615	582
岳阳市	Yueyang	2430	1608	20665	487
常德市	Changde	2576	2208	22836	529
张家界市	Zhangjiajie	483	346	9241	185
益阳市	Yiyang	1694	1126	16397	452
郴州市	Chenzhou		1091	18088	579
永州市	Yongzhou	1327	791	23203	492
怀化市	Huaihua	737	746	20892	717
娄底市	Loudi	1219	437	15130	383
广东省	**Guangdong**				
广州市	Guangzhou	22243	42188	9080	1140
韶关市	Shaoguan	885	1294	17195	773

2–29 续表 5 continued

城 市	City	年末实有城市道路面积(万平方米) Area of Urban Paved Roads at Year-end (10 000 sq.m)	排水管道长度(公里) Length of Urban Sewage Pipes (km)	境内公路总里程(公里) Total Mileage of Domestic Roads (km)	高速公路里程(公里) The Mileage of Expressway (km)
		市辖区 Districts under City	市辖区 Districts under City	全市 Total City	全市 Total City
深圳市	Shenzhen	14765	19003	726	397
珠海市	Zhuhai	4361	5834	1473	189
汕头市	Shantou	3886	4501	4054	227
佛山市	Foshan		15227	5526	553
江门市	Jiangmen	3140	2753	9828	593
湛江市	Zhanjiang	1599	1378	22539	475
茂名市	Maoming	1631	794	19148	452
肇庆市	Zhaoqing		1497	14337	695
惠州市	Huizhou	4756	3635	13516	860
梅州市	Meizhou	1012	650	20855	752
汕尾市	Shanwei	592	423	5875	236
河源市	Heyuan	706	805	17363	712
阳江市	Yangjiang	1764	1303	10831	378
清远市	Qingyuan	928	988	20778	1045
东莞市	Dongguan			5266	380
中山市	Zhongshan			2730	190
潮州市	Chaozhou	974	928	5470	204
揭阳市	Jieyang	2960	2254	7624	390
云浮市	Yunfu	261	768	8923	427
广西壮族自治区	**Guangxi**				
南宁市	Nanning	4147	5782	17463	1084
柳州市	Liuzhou	4428	2109	10554	622
桂林市	Guilin	2169	1030	16901	779
梧州市	Wuzhou	1681	538	8400	503
北海市	Beihai	1687	1003	3871	188
防城港市	Fangchenggang	957	827	4085	139
钦州市	Qinzhou	1541	1126	9624	431
贵港市	Guigang	1540	958	9410	469
玉林市	Yulin	1369	934	11939	403
百色市	Baise	1086	900	23042	840
贺州市	Hezhou	877	730	7124	343
河池市	Hechi	847	857	18306	689
来宾市	Laibin	906	702	8787	381
崇左市	Chongzuo	532	468	10412	426
海南省	**Hainan**				
海口市	Haikou	1913	1737	6381	107
三亚市	Sanya	1464	864	1995	94
三沙市	Sansha				
儋州市	Danzhou			3899	117
重庆市	**Chongqing**	**26320**	**24604**	**184106**	**3839**

2-29 续表 6 continued

城　市	City	年末实有城市道路面积(万平方米) Area of Urban Paved Roads at Year-end (10 000 sq.m)	排水管道长度(公里) Length of Urban Sewage Pipes (km)	境内公路总里程(公里) Total Mileage of Domestic Roads (km)	高速公路里程(公里) The Mileage of Expressway (km)
		市辖区 Districts under City	市辖区 Districts under City	全市 Total City	全市 Total City
四川省	**Sichuan**				
成都市	Chengdu	9554	16095	29520	1240
自贡市	Zigong	2307	1961	9637	278
攀枝花市	Panzhihua	1234	1158	5107	233
泸州市	Luzhou	2414	1879	19966	533
德阳市	Deyang	1901	1597	10379	331
绵阳市	Mianyang	2905	2924	23838	436
广元市	Guangyuan	1024	1022	23287	395
遂宁市	Suining	1691	1366	13818	359
内江市	Neijiang	1197	1261	13287	358
乐山市	Leshan	1254	977	16416	428
南充市	Nanchong	2453	1845	30515	574
眉山市	Meishan	1156	922	8748	459
宜宾市	Yibin	2571	2005	25461	505
广安市	Guang'an	1253	810	15091	438
达州市	Dazhou	732	30	28865	547
雅安市	Ya'an	959	611	8286	342
巴中市	Bazhong	881	211	25557	426
资阳市	Ziyang	1022	717	12604	380
贵州省	**Guizhou**				
贵阳市	Guiyang	3040	3792	10253	636
六盘水市	Liupanshui	1415	596	17401	468
遵义市	Zunyi	3997	2061	39142	1465
安顺市	Anshun	1620	815	14033	490
毕节市	Bijie	778	336	33994	1087
铜仁市	Tongren	1109	524	33986	937
云南省	**Yunnan**				
昆明市	Kunming	5585	7390	22487	1249
曲靖市	Qujing	1787	1191	28297	1107
玉溪市	Yuxi	952	676	17889	675
保山市	Baoshan	925	433	21292	526
昭通市	Zhaotong	716	652	26165	837
丽江市	Lijiang	488	637	10700	421
普洱市	Pu'er	480	632	28547	585
临沧市	Lincang	313	350	20687	356
西藏自治区	**Tibet**				
拉萨市	Lhasa		320		
日喀则市	Xigazê	397	248	21262	35
昌都市	Qamdo		44	19484	27
林芝市	Nyingchi	90	107	7188	296
山南市	Lhoka		118	9456	102
那曲市	Nagqu				

2–29 续表 7 continued

城　市	City	年末实有城市道路面积(万平方米) Area of Urban Paved Roads at Year-end (10 000 sq.m)	排水管道长度(公里) Length of Urban Sewage Pipes (km)	境内公路总里程(公里) Total Mileage of Domestic Roads (km)	高速公路里程(公里) The Mileage of Expressway (km)
		市辖区 Districts under City	市辖区 Districts under City	全市 Total City	全市 Total City
陕西省	**Shaanxi**				
西安市	Xi'an	14533	7610	13640	652
铜川市	Tongchuan	572	527	4488	279
宝鸡市	Baoji	1680	801	18131	541
咸阳市	Xianyang	533	253	16693	600
渭南市	Weinan	174	83	19862	494
延安市	Yan'an	983	656	21188	1095
汉中市	Hanzhong	592	408	23726	637
榆林市	Yulin	1700	1190	349991	1157
安康市	Ankang	593	392	26032	706
商洛市	Shangluo	286	253	20359	493
甘肃省	**Gansu**				
兰州市	Lanzhou	2727	1241	9768	462
嘉峪关市	Jiayuguan	654	598	702	29
金昌市	Jinchang	958	118	2540	227
白银市	Baiyin	1028	588	12225	323
天水市	Tianshui	1066	407	14272	331
武威市	Wuwei	664	221	13234	612
张掖市	Zhangye	594	492	14036	331
平凉市	Pingliang	752	548	10972	227
酒泉市	Jiuquan	708	412	17406	1057
庆阳市	Qingyang	713	286	16584	496
定西市	Dingxi	302	194	12803	404
陇南市	Longnan	268	130	19087	573
青海省	**Qinghai**				
西宁市	Xining	1845	1774	5287	279
海东市	Haidong	683	412	12034	326
宁夏回族自治区	**Ningxia**				
银川市	Yinchuan	3099	889	4205	
石嘴山市	Shizuishan	1924	269	2680	118
吴忠市	Wuzhong	602	232	98557	626
固原市	Guyuan	826	451	10855	327
中卫市	Zhongwei	585	117	8659	573
新疆维吾尔自治区	**Xinjiang**				
乌鲁木齐市	Urumqi	5555	3315	3080	326
克拉玛依市	Karamay	1704	702	1229	271
吐鲁番市	Turpan	409	257	5522	449
哈密市	Hami	640	417	9768	1071

2-30 公共汽车、出租车拥有情况(市辖区)
Number of Public Transportation Vehicles and Taxis (Districts under City)

城　　市	City	年末实有公共汽(电)车营运车辆数(辆) Number of Buses and Trolley Buses under Operation at Year-end (unit)	全年公共汽(电)车客运总量(万人次) Total Annual Volume of Passengers Transported by Buses and Trolley Buses (10 000 person-times)	年末实有巡游出租汽车营运车数(辆) Number of Cruise Taxis under Operation at Year-end (unit)
北京市	**Beijing**	**23079**	**229634**	**79600**
天津市	**Tianjin**	**13268**	**69070**	**31779**
河北省	**Hebei**			
石家庄市	Shijiazhuang	4165	16148	7854
唐山市	Tangshan	2773	17270	4985
秦皇岛市	Qinhuangdao	1458	5968	3815
邯郸市	Handan	2508	8654	5206
邢台市	Xingtai	1408	3536	3010
保定市	Baoding	1688	5532	3728
张家口市	Zhangjiakou	1659	8867	4243
承德市	Chengde	730	6725	2470
沧州市	Cangzhou	1393	8755	2066
廊坊市	Langfang	844	1873	2237
衡水市	Hengshui	1046	4858	1465
山西省	**Shanxi**			
太原市	Taiyuan	3656	24184	8719
大同市	Datong	1356	22592	5666
阳泉市	Yangquan	731	11611	1885
长治市	Changzhi	874	7727	2999
晋城市	Jincheng	904	5169	1919
朔州市	Shuozhou	213	1089	1274
晋中市	Jinzhong	626	2207	1180
运城市	Yuncheng	765	5725	1801
忻州市	Xinzhou	230	1314	712
临汾市	Linfen	458	6100	1862
吕梁市	Lvliang	465	1426	453
内蒙古自治区	**Inner Mongolia**			
呼和浩特市	Hohhot	2750	18664	6568
包头市	Baotou	1237	14229	5827
乌海市	Wuhai	380	1903	1126
赤峰市	Chifeng	688	6042	3873
通辽市	Tongliao	478	3984	2859
鄂尔多斯市	Erdos	610	3812	2325
呼伦贝尔市	Hulunbuir	279	3139	3432
巴彦淖尔市	Bayannur	240	894	1238
乌兰察布市	Ulanqab	477	2567	2176
辽宁省	**Liaoning**			
沈阳市	Shenyang	6262	60426	21055

注：本表中“年末实有巡游出租汽车营运车数”与“年末实有出租汽车营运车数”口径一致。
b)The caliber of "Number of Cruise Taxis under Operation at Year-end" in this table is consistent with that of "Number of Taxis under Operation at Year-end".

2–30 续表 1 continued

城　　市	City	年末实有公共汽(电)车营运车辆数(辆) Number of Buses and Trolley Buses under Operation at Year-end (unit)	全年公共汽(电)车客运总量(万人次) Total Annual Volume of Passengers Transported by Buses and Trolley Buses (10 000 person-times)	年末实有巡游出租汽车营运车数(辆) Number of Cruise Taxis under Operation at Year-end (unit)
大连市	Dalian	5494	64429	11630
鞍山市	Anshan	1935	17855	5375
抚顺市	Fushun	867	14800	4091
本溪市	Benxi	659	12953	2834
丹东市	Dandong	687	7288	1932
锦州市	Jinzhou	797	6253	4018
营口市	Yingkou	825	6227	3093
阜新市	Fuxin	311	3066	2867
辽阳市	Liaoyang	594	5735	2611
盘锦市	Panjin	855	4489	3281
铁岭市	Tieling	300	2294	2372
朝阳市	Chaoyang	270	2471	1968
葫芦岛市	Huludao	591	3676	3079
吉林省	**Jilin**			
长春市	Changchun	4313	52159	18534
吉林市	Jilin	1263	18067	4869
四平市	Siping	342	3230	2974
辽源市	Liaoyuan	327	3600	1207
通化市	Tonghua	580	7238	1504
白山市	Baishan	312	1707	707
松原市	Songyuan	474	3249	2177
白城市	Baicheng	129	497	1815
黑龙江省	**Heilongjiang**			
哈尔滨市	Harbin	6981	58797	17115
齐齐哈尔市	Qiqihar	1754	3406	2376
鸡西市	Jixi	628	5515	2915
鹤岗市	Hegang	482	6828	2037
双鸭山市	Shuangyashan	424	3321	1100
大庆市	Daqing	2098	3818	1890
伊春市	Yichun	379	3165	1944
佳木斯市	Jiamusi	433	7612	2559
七台河市	Qitaihe	468	5125	1005
牡丹江市	Mudanjiang	682	9928	2919
黑河市	Heihe	85	392	1001
绥化市	Suihua	290	1783	2344
上海市	**Shanghai**	**17645**	**149481**	**35317**
江苏省	**Jiangsu**			
南京市	Nanjing	8814	59120	10724
无锡市	Wuxi	2953	22592	4040
徐州市	Xuzhou	2460	9854	4066
常州市	Changzhou	2516	12481	3319
苏州市	Suzhou	6348	36209	5638

2-30 续表 2 continued

城　　市	City	年末实有公共汽(电)车营运车辆数(辆) Number of Buses and Trolley Buses under Operation at Year-end (unit)	全年公共汽(电)车客运总量(万人次) Total Annual Volume of Passengers Transported by Buses and Trolley Buses (10 000 person-times)	年末实有巡游出租汽车营运车数(辆) Number of Cruise Taxis under Operation at Year-end (unit)
南通市	Nantong	2506	10892	1865
连云港市	Lianyungang	1434	10885	1479
淮安市	Huai'an	1659	27673	1373
盐城市	Yancheng	1754	10761	1428
扬州市	Yangzhou	2001	7439	2461
镇江市	Zhenjiang	1366	6939	1623
泰州市	Taizhou	1412	14794	724
宿迁市	Suqian	1219	7925	
浙江省	**Zhejiang**			
杭州市	Hangzhou	10183	65401	13949
宁波市	Ningbo	6066	29375	4767
温州市	Wenzhou	2977	17344	3982
嘉兴市	Jiaxing	1282	5324	1073
湖州市	Huzhou	1194	6650	925
绍兴市	Shaoxing	2322	11660	1655
金华市	Jinhua	1061	7148	824
衢州市	Quzhou	298	2146	521
舟山市	Zhoushan	759	5655	900
台州市	Taizhou	1478	5293	1910
丽水市	Lishui	589	3023	409
安徽省	**Anhui**			
合肥市	Hefei	7734	37593	9402
芜湖市	Wuhu	1598	9126	4297
蚌埠市	Bengbu	1164	9786	3303
淮南市	Huainan	1021	7400	2984
马鞍山市	Ma'anshan	617	4079	2348
淮北市	Huaibei	563	3180	1638
铜陵市	Tongling	692	4995	1584
安庆市	Anqing	559	3555	1782
黄山市	Huangshan	230	957	609
滁州市	Chuzhou	664	4147	1257
阜阳市	Fuyang	749	3357	3794
宿州市	Suzhou	612	2134	1678
六安市	Lu'an	1113	4532	1850
亳州市	Bozhou	694	1469	3004
池州市	Chizhou	221	1570	600
宣城市	Xuancheng	476	2434	999
福建省	**Fujian**			
福州市	Fuzhou	5095	34866	6605
厦门市	Xiamen	4111	55443	5687
莆田市	Putian	1073	3829	1107

2–30 续表 3 continued

城 市	City	年末实有公共汽(电)车营运车辆数(辆) Number of Buses and Trolley Buses under Operation at Year-end (unit)	全年公共汽(电)车客运总量(万人次) Total Annual Volume of Passengers Transported by Buses and Trolley Buses (10 000 person-times)	年末实有巡游出租汽车营运车数(辆) Number of Cruise Taxis under Operation at Year-end (unit)
三明市	Sanming	445	7977	439
泉州市	Quanzhou	1451	5372	1583
漳州市	Zhangzhou	980	4815	960
南平市	Nanping	580	5705	657
龙岩市	Longyan	582	5960	225
宁德市	Ningde	402	4463	1182
江西省	**Jiangxi**			
南昌市	Nanchang	4287	22402	5453
景德镇市	Jingdezhen	394	3200	100
萍乡市	Pingxiang	927	8679	728
九江市	Jiujiang	733	3196	1539
新余市	Xinyu	302	2325	531
鹰潭市	Yingtan	284	1531	271
赣州市	Ganzhou	1181	5237	1273
吉安市	Ji'an	577	4786	393
宜春市	Yichun	550	3873	504
抚州市	Fuzhou	631	9540	531
上饶市	Shangrao	781	2290	625
山东省	**Shandong**			
济南市	Jinan	8628	59083	10112
青岛市	Qingdao	8401	81204	10860
淄博市	Zibo	2401	9944	6110
枣庄市	Zaozhuang	1414	3879	834
东营市	Dongying	1503	5083	3301
烟台市	Yantai	2661	22261	2991
潍坊市	Weifang	1736	8703	2340
济宁市	Jining	2838	10253	2060
泰安市	Tai'an	2494	6021	1292
威海市	Weihai	1456	16035	1895
日照市	Rizhao	1078	5370	1406
临沂市	Linyi	1999	5833	2750
德州市	Dezhou	1169	3100	2525
聊城市	Liaocheng	1263	5321	1441
滨州市	Binzhou	476	1281	120
菏泽市	Heze	2040	5014	1668
河南省	**Henan**			
郑州市	Zhengzhou	6316	50848	11875
开封市	Kaifeng	875	4212	2636
洛阳市	Luoyang	3091	16775	4227
平顶山市	Pingdingshan	1218	5940	2000
安阳市	Anyang	977	5106	1359

2-30 续表 4 continued

城　　市	City	年末实有公共汽(电)车营运车辆数(辆) Number of Buses and Trolley Buses under Operation at Year-end (unit)	全年公共汽(电)车客运总量(万人次) Total Annual Volume of Passengers Transported by Buses and Trolley Buses (10 000 person-times)	年末实有巡游出租汽车营运车数(辆) Number of Cruise Taxis under Operation at Year-end (unit)
鹤壁市	Hebi	590	1737	674
新乡市	Xinxiang	985	5714	1583
焦作市	Jiaozuo	749	4960	1398
濮阳市	Puyang	778	2483	1745
许昌市	Xuchang	1014	3746	1396
漯河市	Luohe	1208	4765	1100
三门峡市	Sanmenxia	581	4868	600
南阳市	Nanyang	1343	6829	1800
商丘市	Shangqiu	2440	6761	2875
信阳市	Xinyang	670	2716	1850
周口市	Zhoukou	920	2179	1195
驻马店市	Zhumadian	1039	3536	1548
湖北省	**Hubei**			
武汉市	Wuhan	9837	89668	18093
黄石市	Huangshi	881	10392	1022
十堰市	Shiyan	1184	18440	1054
宜昌市	Yichang	780	10861	1887
襄阳市	Xiangyang	1931	21258	2200
鄂州市	Ezhou	416	3147	520
荆门市	Jingmen	586	6050	800
孝感市	Xiaogan	431	1749	900
荆州市	Jingzhou	911	7835	1988
黄冈市	Huanggang	337	1720	693
咸宁市	Xianning	352	1158	656
随州市	Suizhou	550	1798	547
湖南省	**Hunan**			
长沙市	Changsha	10063	48203	8164
株洲市	Zhuzhou	1302	13495	2392
湘潭市	Xiangtan	1166	9875	1341
衡阳市	Hengyang	1683	9483	1957
邵阳市	Shaoyang	757	6325	907
岳阳市	Yueyang	984	10506	1753
常德市	Changde	857	6070	1147
张家界市	Zhangjiajie	422	6001	871
益阳市	Yiyang	1432	7111	867
郴州市	Chenzhou	2821	23112	1364
永州市	Yongzhou	706	9767	722
怀化市	Huaihua	316	4651	800
娄底市	Loudi	423	5315	950
广东省	**Guangdong**			
广州市	Guangzhou	15572	135209	21898

2-30 续表 5 continued

城 市	City	年末实有公共汽(电)车营运车辆数(辆) Number of Buses and Trolley Buses under Operation at Year-end (unit)	全年公共汽(电)车客运总量(万人次) Total Annual Volume of Passengers Transported by Buses and Trolley Buses (10 000 person-times)	年末实有巡游出租汽车营运车数(辆) Number of Cruise Taxis under Operation at Year-end (unit)
韶关市	Shaoguan	532	2719	100
深圳市	Shenzhen	37379	142173	21127
珠海市	Zhuhai	2446	30333	3535
汕头市	Shantou	2256	9893	806
佛山市	Foshan	6943	31962	2768
江门市	Jiangmen	1257	6051	130
湛江市	Zhanjiang	1249	3375	481
茂名市	Maoming	804	1999	417
肇庆市	Zhaoqing	798	6085	96
惠州市	Huizhou	2137	11911	1729
梅州市	Meizhou	1384	5000	
汕尾市	Shanwei	576	2271	93
河源市	Heyuan	250	1165	174
阳江市	Yangjiang	260	1000	52
清远市	Qingyuan	567	2952	334
东莞市	Dongguan			
中山市	Zhongshan			
潮州市	Chaozhou	299	954	386
揭阳市	Jieyang	522	2284	102
云浮市	Yunfu	145	366	116
广西壮族自治区	**Guangxi**			
南宁市	Nanning	3781	19657	6138
柳州市	Liuzhou	1317	11449	2479
桂林市	Guilin	725	9726	2249
梧州市	Wuzhou	596	5077	714
北海市	Beihai	482	501	368
防城港市	Fangchenggang	207	669	321
钦州市	Qinzhou	426	765	380
贵港市	Guigang	430	1663	636
玉林市	Yulin	237	1613	554
百色市	Baise	268	1120	300
贺州市	Hezhou	266	1112	183
河池市	Hechi	246	2616	475
来宾市	Laibin	372	908	489
崇左市	Chongzuo	90	263	36
海南省	**Hainan**			
海口市	Haikou	2100	9051	2285
三亚市	Sanya	1180	3061	2550
三沙市	Sansha			
儋州市	Danzhou			

2-30 续表 6 continued

城　市	City	年末实有公共汽(电)车营运车辆数(辆) Number of Buses and Trolley Buses under Operation at Year-end (unit)	全年公共汽(电)车客运总量(万人次) Total Annual Volume of Passengers Transported by Buses and Trolley Buses (10 000 person-times)	年末实有巡游出租汽车营运车数(辆) Number of Cruise Taxis under Operation at Year-end (unit)
重庆市	**Chongqing**	**13968**	**206753**	**22371**
四川省	**Sichuan**			
成都市	Chengdu	14819	110912	14744
自贡市	Zigong	919	19358	1108
攀枝花市	Panzhihua	689	9029	1415
泸州市	Luzhou	1078	18220	1574
德阳市	Deyang	493	3529	892
绵阳市	Mianyang	1311	16450	2565
广元市	Guangyuan	373	3431	638
遂宁市	Suining	342	5911	769
内江市	Neijiang	570	7196	1093
乐山市	Leshan	648	5569	1069
南充市	Nanchong	887	18820	1207
眉山市	Meishan	489	2933	566
宜宾市	Yibin	1020	12676	1448
广安市	Guang'an	229	2519	465
达州市	Dazhou		887	2129
雅安市	Ya'an	144	1882	441
巴中市	Bazhong	217	3970	771
资阳市	Ziyang	224	1792	438
贵州省	**Guizhou**			
贵阳市	Guiyang	3359	42267	19725
六盘水市	Liupanshui	741	18700	1348
遵义市	Zunyi	1234	23161	4054
安顺市	Anshun	560	4000	1230
毕节市	Bijie	400	8838	1031
铜仁市	Tongren	205	2447	2231
云南省	**Yunnan**			
昆明市	Kunming	6581	47684	9357
曲靖市	Qujing	461	7424	1719
玉溪市	Yuxi	993		1018
保山市	Baoshan	273	882	432
昭通市	Zhaotong	386	1698	581
丽江市	Lijiang	330	1870	776
普洱市	Pu'er	98	661	489
临沧市	Lincang	57	420	480
西藏自治区	**Tibet**			
拉萨市	Lhasa	562	7164	1332
日喀则市	Xigazê	128	476	201
昌都市	Qamdo			
林芝市	Nyingchi	24	77	146
山南市	Lhoka	40	56	84
那曲市	Nagqu			

2-30 续表 7 continued

城　市	City	年末实有公共汽(电)车营运车辆数(辆) Number of Buses and Trolley Buses under Operation at Year-end (unit)	全年公共汽(电)车客运总量(万人次) Total Annual Volume of Passengers Transported by Buses and Trolley Buses (10 000 person-times)	年末实有巡游出租汽车营运车数(辆) Number of Cruise Taxis under Operation at Year-end (unit)
陕西省	**Shaanxi**			
西安市	Xi'an	9318	83581	15329
铜川市	Tongchuan	469	3150	1081
宝鸡市	Baoji	1186	16076	2631
咸阳市	Xianyang	831	7108	1719
渭南市	Weinan	461	1898	900
延安市	Yan'an	563	11806	1180
汉中市	Hanzhong	479	3741	694
榆林市	Yulin	439	7255	1061
安康市	Ankang	277	3419	876
商洛市	Shangluo	108	721	319
甘肃省	**Gansu**			
兰州市	Lanzhou	3189	58028	10640
嘉峪关市	Jiayuguan	127	1140	743
金昌市	Jinchang	128	1304	510
白银市	Baiyin	224	4509	1298
天水市	Tianshui	603	10164	1596
武威市	Wuwei	403	5095	1328
张掖市	Zhangye	256		1225
平凉市	Pingliang	193	5800	916
酒泉市	Jiuquan	228	1309	740
庆阳市	Qingyang	150	2450	1079
定西市	Dingxi	118	1274	646
陇南市	Longnan	139	321	730
青海省	**Qinghai**			
西宁市	Xining	1981	29962	5686
海东市	Haidong	301	593	710
宁夏回族自治区	**Ningxia**			
银川市	Yinchuan	1797	18772	5562
石嘴山市	Shizuishan	230	1019	2268
吴忠市	Wuzhong	220		1042
固原市	Guyuan	221	1829	3377
中卫市	Zhongwei	277	913	
新疆维吾尔自治区	**Xinjiang**			
乌鲁木齐市	Urumqi	4523	57335	13134
克拉玛依市	Karamay	406	2799	1524
吐鲁番市	Turpan	43	600	763
哈密市	Hami	277	2485	1070

2-31 公路运输量（全市）
The Volume of Highway Transportation (Total City)

城　市	City	公路客运量（万人）Highway Passenger Traffic (10 000 persons)	公路货运量（万吨）Highway Freight Traffic (10 000 tons)
北京市	**Beijing**	**28059**	**23075**
天津市	**Tianjin**	**8916**	**34527**
河北省	**Hebei**		
石家庄市	Shijiazhuang	923	52602
唐山市	Tangshan	527	47925
秦皇岛市	Qinhuangdao	383	7808
邯郸市	Handan	877	23936
邢台市	Xingtai	125	22477
保定市	Baoding	1516	13200
张家口市	Zhangjiakou	371	15116
承德市	Chengde	616	4700
沧州市	Cangzhou	863	28512
廊坊市	Langfang	748	4061
衡水市	Hengshui	130	6866
山西省	**Shanxi**		
太原市	Taiyuan	335	
大同市	Datong		
阳泉市	Yangquan		
长治市	Changzhi		
晋城市	Jincheng		
朔州市	Shuozhou		
晋中市	Jinzhong	254	
运城市	Yuncheng	565	15225
忻州市	Xinzhou		
临汾市	Linfen		
吕梁市	Lvliang		
内蒙古自治区	**Inner Mongolia**		
呼和浩特市	Hohhot	306	13715
包头市	Baotou	293	12757
乌海市	Wuhai	294	6475
赤峰市	Chifeng	550	20569
通辽市	Tongliao	302	9025
鄂尔多斯市	Erdos	132	29415
呼伦贝尔市	Hulunbuir	234	7870
巴彦淖尔市	Bayannur	170	11688
乌兰察布市	Ulanqab	60	11277
辽宁省	**Liaoning**		
沈阳市	Shenyang	5496	19216
大连市	Dalian	3612	18406
鞍山市	Anshan	2393	16885

2-31 续表 1 continued

城 市	City	公路客运量 (万人) Highway Passenger Traffic (10 000 persons)	公路货运量 (万吨) Highway Freight Traffic (10 000 tons)
抚顺市	Fushun	1052	5436
本溪市	Benxi	667	4184
丹东市	Dandong	861	4938
锦州市	Jinzhou	713	17916
营口市	Yingkou	630	21493
阜新市	Fuxin	256	4511
辽阳市	Liaoyang	716	5285
盘锦市	Panjin	476	9161
铁岭市	Tieling	1023	6794
朝阳市	Chaoyang	691	5926
葫芦岛市	Huludao	775	12426
吉林省	**Jilin**		
长春市	Changchun	2882	20550
吉林市	Jilin	1681	4909
四平市	Siping	732	7811
辽源市	Liaoyuan	468	1539
通化市	Tonghua	666	1645
白山市	Baishan	357	943
松原市	Songyuan	1027	6847
白城市	Baicheng	271	986
黑龙江省	**Heilongjiang**		
哈尔滨市	Harbin	2328	8685
齐齐哈尔市	Qiqihar	698	8427
鸡西市	Jixi	1399	1911
鹤岗市	Hegang	159	843
双鸭山市	Shuangyashan	646	1143
大庆市	Daqing	476	4728
伊春市	Yichun	122	710
佳木斯市	Jiamusi	530	4456
七台河市	Qitaihe	134	914
牡丹江市	Mudanjiang	694	2232
黑河市	Heihe	249	1017
绥化市	Suihua	1011	6742
上海市	**Shanghai**	**1479**	**52899**
江苏省	**Jiangsu**		
南京市	Nanjing	5608	24419
无锡市	Wuxi	6393	19925
徐州市	Xuzhou	3519	31424
常州市	Changzhou	1862	11558
苏州市	Suzhou	14304	27426
南通市	Nantong	2044	12296

2-31 续表 2 continued

城　　市	City	公路客运量 (万人) Highway Passenger Traffic (10 000 persons)	公路货运量 (万吨) Highway Freight Traffic (10 000 tons)
连云港市	Lianyungang	1646	13089
淮安市	Huai'an	1761	5893
盐城市	Yancheng	2847	12601
扬州市	Yangzhou	667	5717
镇江市	Zhenjiang	1661	6283
泰州市	Taizhou	1070	5533
宿迁市	Suqian	303	10547
浙江省	**Zhejiang**		
杭州市	Hangzhou	5042	38804
宁波市	Ningbo	1427	43923
温州市	Wenzhou	4905	15865
嘉兴市	Jiaxing	673	18154
湖州市	Huzhou	573	14167
绍兴市	Shaoxing	760	17754
金华市	Jinhua	2679	17344
衢州市	Quzhou	3394	12986
舟山市	Zhoushan	2631	9880
台州市	Taizhou	1330	18952
丽水市	Lishui	834	5826
安徽省	**Anhui**		
合肥市	Hefei	2626	39324
芜湖市	Wuhu	755	7209
蚌埠市	Bengbu	829	24816
淮南市	Huainan	1061	13933
马鞍山市	Ma'anshan	685	12703
淮北市	Huaibei	404	10145
铜陵市	Tongling	341	5658
安庆市	Anqing	1649	8321
黄山市	Huangshan	1120	4255
滁州市	Chuzhou	1096	17909
阜阳市	Fuyang	1729	36782
宿州市	Suzhou	825	16345
六安市	Lu'an	1213	19315
亳州市	Bozhou	833	21867
池州市	Chizhou	392	7795
宣城市	Xuancheng	728	12667
福建省	**Fujian**		
福州市	Fuzhou	3736	21858
厦门市	Xiamen	1090	25290
莆田市	Putian	117	4443
三明市	Sanming	906	9277

2-31 续表 3 continued

城　市	City	公路客运量 (万人) Highway Passenger Traffic (10 000 persons)	公路货运量 (万吨) Highway Freight Traffic (10 000 tons)
泉州市	Quanzhou	801	17368
漳州市	Zhangzhou	621	8426
南平市	Nanping	734	5433
龙岩市	Longyan	798	11402
宁德市	Ningde	2100	6945
江西省	**Jiangxi**		
南昌市	Nanchang	842	16784
景德镇市	Jingdezhen	505	2161
萍乡市	Pingxiang	1774	5601
九江市	Jiujiang	2475	13053
新余市	Xinyu	350	15430
鹰潭市	Yingtan	550	7440
赣州市	Ganzhou	2469	22955
吉安市	Ji'an	1332	11794
宜春市	Yichun	1168	51481
抚州市	Fuzhou	1221	15682
上饶市	Shangrao	2289	18536
山东省	**Shandong**		
济南市	Jinan	2024	24669
青岛市	Qingdao	3113	28407
淄博市	Zibo	177	18411
枣庄市	Zaozhuang	212	9717
东营市	Dongying	219	4114
烟台市	Yantai	1741	19216
潍坊市	Weifang		27108
济宁市	Jining	855	30405
泰安市	Tai'an	1075	7715
威海市	Weihai	491	6583
日照市	Rizhao	164	7920
临沂市	Linyi	755	36908
德州市	Dezhou	203	15006
聊城市	Liaocheng	1173	21197
滨州市	Binzhou	146	14171
菏泽市	Heze	541	16076
河南省	**Henan**		
郑州市	Zhengzhou	3942	21722
开封市	Kaifeng	1609	5679
洛阳市	Luoyang	3226	21196
平顶山市	Pingdingshan	1623	11532
安阳市	Anyang	1665	17845
鹤壁市	Hebi	428	6072

2-31 续表 4 continued

城　市	City	公路客运量 (万人) Highway Passenger Traffic (10 000 persons)	公路货运量 (万吨) Highway Freight Traffic (10 000 tons)
新乡市	Xinxiang	2453	15243
焦作市	Jiaozuo	771	14295
濮阳市	Puyang	886	6264
许昌市	Xuchang	917	11896
漯河市	Luohe	1195	7918
三门峡市	Sanmenxia	1444	4578
南阳市	Nanyang	3520	24849
商丘市	Shangqiu	2468	13488
信阳市	Xinyang	2603	5234
周口市	Zhoukou	3745	19294
驻马店市	Zhumadian	4482	14499
湖北省	**Hubei**		
武汉市	Wuhan	579	45116
黄石市	Huangshi	1605	6989
十堰市	Shiyan	690	2737
宜昌市	Yichang	2672	13158
襄阳市	Xiangyang	2296	26549
鄂州市	Ezhou	565	1726
荆门市	Jingmen	579	6557
孝感市	Xiaogan	1660	5282
荆州市	Jingzhou	2732	10639
黄冈市	Huanggang	2333	15016
咸宁市	Xianning	950	6902
随州市	Suizhou	1562	8040
湖南省	**Hunan**		
长沙市	Changsha		
株洲市	Zhuzhou	2480	
湘潭市	Xiangtan	940	
衡阳市	Hengyang	3788	7813
邵阳市	Shaoyang	2123	10314
岳阳市	Yueyang	3110	14534
常德市	Changde	3067	19726
张家界市	Zhangjiajie	2690	
益阳市	Yiyang	1621	
郴州市	Chenzhou	25061	
永州市	Yongzhou	4636	7843
怀化市	Huaihua	5241	6403
娄底市	Loudi	2322	
广东省	**Guangdong**		
广州市	Guangzhou	6531	53204
韶关市	Shaoguan	1154	5663

2-31 续表 5 continued

城 市	City	公路客运量 (万人) Highway Passenger Traffic (10 000 persons)	公路货运量 (万吨) Highway Freight Traffic (10 000 tons)
深圳市	Shenzhen	4441	34810
珠海市	Zhuhai	703	4128
汕头市	Shantou	305	8146
佛山市	Foshan	1995	22300
江门市	Jiangmen	1194	15058
湛江市	Zhanjiang	2123	16337
茂名市	Maoming	1407	12456
肇庆市	Zhaoqing	801	8157
惠州市	Huizhou	874	11108
梅州市	Meizhou	339	11207
汕尾市	Shanwei	537	3652
河源市	Heyuan	992	6505
阳江市	Yangjiang	258	7339
清远市	Qingyuan	1116	15777
东莞市	Dongguan	899	10045
中山市	Zhongshan	614	8821
潮州市	Chaozhou	156	2348
揭阳市	Jieyang	658	2830
云浮市	Yunfu	489	7595
广西壮族自治区	**Guangxi**		
南宁市	Nanning	3636	38098
柳州市	Liuzhou	918	16531
桂林市	Guilin	1978	11291
梧州市	Wuzhou	497	6459
北海市	Beihai	677	7315
防城港市	Fangchenggang	170	5159
钦州市	Qinzhou	517	14174
贵港市	Guigang	1470	11066
玉林市	Yulin	2004	26388
百色市	Baise	2748	11463
贺州市	Hezhou	531	5309
河池市	Hechi	1672	8098
来宾市	Laibin	1032	2315
崇左市	Chongzuo	475	5354
海南省	**Hainan**		
海口市	Haikou	1002	3710
三亚市	Sanya	560	251
三沙市	Sansha		
儋州市	Danzhou	913	1911
重庆市	**Chongqing**	**25648**	**121185**

2-31 续表 6 continued

城　市	City	公路客运量(万人) Highway Passenger Traffic (10 000 persons)	公路货运量(万吨) Highway Freight Traffic (10 000 tons)
四川省	**Sichuan**		
成都市	Chengdu	4719	32412
自贡市	Zigong	2064	4569
攀枝花市	Panzhihua	60844	10491
泸州市	Luzhou	3632	9415
德阳市	Deyang	2031	9623
绵阳市	Mianyang	3191	7768
广元市	Guangyuan	1248	3543
遂宁市	Suining	1065	3922
内江市	Neijiang	4088	5768
乐山市	Leshan	1807	13738
南充市	Nanchong	2794	12058
眉山市	Meishan	1567	10319
宜宾市	Yibin	2740	7028
广安市	Guang'an	1377	3575
达州市	Dazhou	2377	8045
雅安市	Ya'an	959	6232
巴中市	Bazhong	2075	4768
资阳市	Ziyang	1319	2389
贵州省	**Guizhou**		
贵阳市	Guiyang	90406	84350
六盘水市	Liupanshui		
遵义市	Zunyi	5156	12530
安顺市	Anshun	9321	7152
毕节市	Bijie	1803	141
铜仁市	Tongren	7534	7951
云南省	**Yunnan**		
昆明市	Kunming	4059	42627
曲靖市	Qujing	5013	27094
玉溪市	Yuxi		13474
保山市	Baoshan	1621	6362
昭通市	Zhaotong	1536	5710
丽江市	Lijiang	2961	4302
普洱市	Pu'er	419	4033
临沧市	Lincang	338	3748
西藏自治区	**Tibet**		
拉萨市	Lhasa	274	1689
日喀则市	Xigazê	202	1182
昌都市	Qamdo	27	506
林芝市	Nyingchi	119	211
山南市	Lhoka	83	462
那曲市	Nagqu		

2-31 续表 7 continued

城　　市	City	公路客运量 (万人) Highway Passenger Traffic (10 000 persons)	公路货运量 (万吨) Highway Freight Traffic (10 000 tons)
陕西省	**Shaanxi**		
西安市	Xi'an	3332	26527
铜川市	Tongchuan	433	8583
宝鸡市	Baoji	1209	11659
咸阳市	Xianyang	1481	12228
渭南市	Weinan	1512	18967
延安市	Yan'an	791	4202
汉中市	Hanzhong	1117	4369
榆林市	Yulin	669	28529
安康市	Ankang	1397	4325
商洛市	Shangluo	829	2028
甘肃省	**Gansu**		
兰州市	Lanzhou	3181	15789
嘉峪关市	Jiayuguan	3924	7344
金昌市	Jinchang	82	1177
白银市	Baiyin	332	11481
天水市	Tianshui	2776	2547
武威市	Wuwei	1676	6852
张掖市	Zhangye	67	381
平凉市	Pingliang	916	5064
酒泉市	Jiuquan	2777	3829
庆阳市	Qingyang	690	2798
定西市	Dingxi	921	5560
陇南市	Longnan	3433	2012
青海省	**Qinghai**		
西宁市	Xining	704	7636
海东市	Haidong	435	2312
宁夏回族自治区	**Ningxia**		
银川市	Yinchuan	1024	
石嘴山市	Shizuishan		
吴忠市	Wuzhong		
固原市	Guyuan	362	
中卫市	Zhongwei		
新疆维吾尔自治区	**Xinjiang**		
乌鲁木齐市	Urumqi	764	4711
克拉玛依市	Karamay	10	575
吐鲁番市	Turpan	147	667
哈密市	Hami	4	32

2-32 邮政、电信业发展情况(全市)
Development of Postal and Telecommunications Industry (Total City)

城　市	City	邮政业务收入(万元) Revenue from Postal Services (10 000 yuan)	电信业务收入(万元) Revenue from Telecommunication Services (10 000 yuan)	移动电话年末用户数(万户) Number of Subscribers of Mobile Telephones at Year-end (10 000 households)	互联网宽带接入用户数(万户) Number of Subscribers of Internet Services (10 000 households)
北京市	**Beijing**	**3842939**	**6827087**	**3972**	**806**
天津市	**Tianjin**	**1636300**	**1533000**	**1745**	**585**
河北省	**Hebei**				
石家庄市	Shijiazhuang	1180641	944407	1428	463
唐山市	Tangshan	300513	567161	967	310
秦皇岛市	Qinhuangdao	123404	238502	385	147
邯郸市	Handan	368691	494586	997	292
邢台市	Xingtai	340916	383326	731	234
保定市	Baoding	912890	791969	1282	399
张家口市	Zhangjiakou	116631	322462	465	156
承德市	Chengde	75656	244771	399	130
沧州市	Cangzhou	507560	469493	849	271
廊坊市	Langfang	799471	530807	647	237
衡水市	Hengshui	218945	232725	493	160
山西省	**Shanxi**				
太原市	Taiyuan	477800	647622	774	276
大同市	Datong	127300	230768	373	108
阳泉市	Yangquan	12379	103474	167	58
长治市	Changzhi	78041	217760	369	117
晋城市	Jincheng	46544	178436	250	79
朔州市	Shuozhou	15398	109696	176	47
晋中市	Jinzhong	91000	251906	393	136
运城市	Yuncheng	163412	287289	520	175
忻州市	Xinzhou	47499	184059	311	94
临汾市	Linfen	106310		468	140
吕梁市	Lvliang	90400		366	111
内蒙古自治区	**Inner Mongolia**				
呼和浩特市	Hohhot	31442	417422	489	128
包头市	Baotou	84639	224190	361	85
乌海市	Wuhai	20281	58800	82	25
赤峰市	Chifeng	113300	314000	462	113
通辽市	Tongliao	58068	214959	342	69
鄂尔多斯市	Erdos	56158	237251	266	68
呼伦贝尔市	Hulunbuir	51921	186123	278	67
巴彦淖尔市	Bayannur	19728	126786	200	50
乌兰察布市	Ulanqab	38912	122536	213	45
辽宁省	**Liaoning**				
沈阳市	Shenyang	852102	1142710	1167	317
大连市	Dalian	459242	872395	932	278
鞍山市	Anshan	123254	296683	381	122

2–32 续表 1 continued

城　市	City	邮政业务收入(万元) Revenue from Postal Services (10 000 yuan)	电信业务收入(万元) Revenue from Telecommunication Services (10 000 yuan)	移动电话年末用户数(万户) Number of Subscribers of Mobile Telephones at Year-end (10 000 households)	互联网宽带接入用户数(万户) Number of Subscribers of Internet Services (10 000 households)
抚顺市	Fushun	57866	159076	208	78
本溪市	Benxi	46929	123574	156	54
丹东市	Dandong	81001	202669	246	83
锦州市	Jinzhou	81158	209581	298	98
营口市	Yingkou	83716	220252	254	83
阜新市	Fuxin	35592	129367	185	61
辽阳市	Liaoyang	62778	142270	185	60
盘锦市	Panjin	122204	142649	169	
铁岭市	Tieling	78416	166852	253	74
朝阳市	Chaoyang	78956	208668	279	91
葫芦岛市	Huludao	74762	177931	262	84
吉林省	**Jilin**				
长春市	Changchun	613071	771761	1150	250
吉林市	Jilin	136297	228740	456	116
四平市	Siping	65118	136862	234	62
辽源市	Liaoyuan	45752	56057	114	32
通化市	Tonghua	78097	118532	212	60
白山市	Baishan	53125	42613	125	37
松原市	Songyuan	52113	129200	275	56
白城市	Baicheng	47030	97023	197	49
黑龙江省	**Heilongjiang**				
哈尔滨市	Harbin	709342	888105	1184	316
齐齐哈尔市	Qiqihar	1144199	228621	403	119
鸡西市	Jixi	61500	308000	191	
鹤岗市	Hegang	20621	58896	128	28
双鸭山市	Shuangyashan	23749	71511	170	39
大庆市	Daqing	105203	302736	391	97
伊春市	Yichun	14641	64949	115	35
佳木斯市	Jiamusi	45333	153000	267	78
七台河市	Qitaihe	8808	46842	52	24
牡丹江市	Mudanjiang	9213	41326	62	29
黑河市	Heihe	36800	82307	167	44
绥化市	Suihua	101800	175328	317	76
上海市	**Shanghai**	**17880715**	**6335562**	**4399**	**995**
江苏省	**Jiangsu**				
南京市	Nanjing	1264400	1668329	1326	590
无锡市	Wuxi	1208400	1202842	978	451
徐州市	Xuzhou	587215	824557	1004	398
常州市	Changzhou	713834	830684	578	295
苏州市	Suzhou	2769221	2412670	1831	685
南通市	Nantong	954784	973184	912	392

2-32 续表 2 continued

城　市	City	邮政业务收入（万元）Revenue from Postal Services (10 000 yuan)	电信业务收入（万元）Revenue from Telecommunication Services (10 000 yuan)	移动电话年末用户数（万户）Number of Subscribers of Mobile Telephones at Year-end (10 000 households)	互联网宽带接入用户数（万户）Number of Subscribers of Internet Services (10 000 households)
连云港市	Lianyungang	398308	470908	529	206
淮安市	Huai'an	323874	406141	485	207
盐城市	Yancheng	320963	642087	717	291
扬州市	Yangzhou	382910	546393	523	219
镇江市	Zhenjiang	343073	383501	379	161
泰州市	Taizhou	331699	500410	507	217
宿迁市	Suqian	412436	466100	501	180
浙江省	**Zhejiang**				
杭州市	Hangzhou	5071180	2388705	1807	579
宁波市	Ningbo	1556554	1327726	1375	471
温州市	Wenzhou	1175106	1471802	1226	447
嘉兴市	Jiaxing	1060660	658123	706	207
湖州市	Huzhou	481673	470759	445	246
绍兴市	Shaoxing	578310	663046	609	240
金华市	Jinhua	3667238	990613	983	196
衢州市	Quzhou	104276	226180	248	100
舟山市	Zhoushan	72299	178574	181	63
台州市	Taizhou	858500	861974	928	283
丽水市	Lishui	163448	236583	275	110
安徽省	**Anhui**				
合肥市	Hefei	1089254	1042649	1109	435
芜湖市	Wuhu	257904	309725	402	158
蚌埠市	Bengbu	147677	240017	322	117
淮南市	Huainan	101762	240617	309	106
马鞍山市	Ma'anshan	89732	173661	244	92
淮北市	Huaibei	61085	136648	212	80
铜陵市	Tongling	57291	98932	138	53
安庆市	Anqing	214604	282100	401	153
黄山市	Huangshan	61458	112468	148	64
滁州市	Chuzhou	171463	242144	392	146
阜阳市	Fuyang	261500	260225	734	262
宿州市	Suzhou	182677	315126	512	188
六安市	Lu'an	171749	312955	452	154
亳州市	Bozhou	209986	284581	455	170
池州市	Chizhou	58871	102996	149	60
宣城市	Xuancheng	111457	209970	275	106
福建省	**Fujian**				
福州市	Fuzhou	849051	1203773	988	402
厦门市	Xiamen	904877	746582	666	263
莆田市	Putian	261685	304886	352	147
三明市	Sanming	105895	217172	273	118

2-32 续表 3 continued

城　　市	City	邮政业务收入（万元）Revenue from Postal Services (10 000 yuan)	电信业务收入（万元）Revenue from Telecommunication Services (10 000 yuan)	移动电话年末用户数（万户）Number of Subscribers of Mobile Telephones at Year-end (10 000 households)	互联网宽带接入用户数（万户）Number of Subscribers of Internet Services (10 000 households)
泉州市	Quanzhou	1444300	1123712	1060	437
漳州市	Zhangzhou	260100	444213	541	208
南平市	Nanping	136987	223984	289	120
龙岩市	Longyan	99475	247496	288	132
宁德市	Ningde	151425	283510	325	145
江西省	**Jiangxi**				
南昌市	Nanchang	725400	692291	784	311
景德镇市	Jingdezhen	26900	46488	169	74
萍乡市	Pingxiang	57700	132877	185	75
九江市	Jiujiang	132038		494	184
新余市	Xinyu	60911	122100	137	51
鹰潭市	Yingtan	37593	91971	121	46
赣州市	Ganzhou	321200	652000	934	294
吉安市	Ji'an	162700	361000	421	160
宜春市	Yichun	147852	319713	472	171
抚州市	Fuzhou	104946	236399	321	127
上饶市	Shangrao	184263	424920	569	199
山东省	**Shandong**				
济南市	Jinan	992400	1079928	123	478
青岛市	Qingdao	1107552	1197595	1295	455
淄博市	Zibo	198725	360760	531	172
枣庄市	Zaozhuang	141855	238848	390	139
东营市	Dongying	78859	197572	290	99
烟台市	Yantai	98230	536525	864	297
潍坊市	Weifang	496586	657157	1057	329
济宁市	Jining	321600	498931	829	272
泰安市	Tai'an	207000	52308	596	181
威海市	Weihai	208300	255319	403	140
日照市	Rizhao	113539	196091	307	117
临沂市	Linyi	749047	731558	1097	379
德州市	Dezhou	416600	305834	547	190
聊城市	Liaocheng	112587	321192	591	197
滨州市	Binzhou	154716	256025	419	152
菏泽市	Heze	333500	447590	834	265
河南省	**Henan**				
郑州市	Zhengzhou	1509319	1631020	1762	577
开封市	Kaifeng	158473	335084	458	174
洛阳市	Luoyang	276500	578599	769	290
平顶山市	Pingdingshan	115528	310303	497	166
安阳市	Anyang	160618	353207	567	193
鹤壁市	Hebi	38961	99756	169	57

2-32 续表 4 continued

城 市	City	邮政业务收入(万元) Revenue from Postal Services (10 000 yuan)	电信业务收入(万元) Revenue from Telecommunication Services (10 000 yuan)	移动电话年末用户数(万户) Number of Subscribers of Mobile Telephones at Year-end (10 000 households)	互联网宽带接入用户数(万户) Number of Subscribers of Internet Services (10 000 households)
新乡市	Xinxiang	282539	425948	655	222
焦作市	Jiaozuo	219670	246266	383	142
濮阳市	Puyang	107811	254961	395	136
许昌市	Xuchang	151452	288410	441	144
漯河市	Luohe	164381	163943	169	82
三门峡市	Sanmenxia	59894	154726	223	84
南阳市	Nanyang	340562	573967	905	289
商丘市	Shangqiu	379805	461856	765	250
信阳市	Xinyang	157500	403918	579	204
周口市	Zhoukou	222364	496656	772	270
驻马店市	Zhumadian	354235	415116	670	221
湖北省	**Hubei**				
武汉市	Wuhan	1706800	1719623	1621	518
黄石市	Huangshi	99099	192723	250	93
十堰市	Shiyan	52937	233424	315	109
宜昌市	Yichang	153168	344664	419	156
襄阳市	Xiangyang	204394	388171	528	192
鄂州市	Ezhou	118500	93557	108	48
荆门市	Jingmen	101104	188386	255	91
孝感市	Xiaogan	232334	266615	371	121
荆州市	Jingzhou	205289	359765	461	179
黄冈市	Huanggang	148406	339500	484	172
咸宁市	Xianning	86404	181721	235	101
随州市	Suizhou	71400	129298	183	70
湖南省	**Hunan**				
长沙市	Changsha	1132400	1328854	1369	489
株洲市	Zhuzhou	158200	386000	450	139
湘潭市	Xiangtan	76670	297400	312	127
衡阳市	Hengyang	203496	358203	609	197
邵阳市	Shaoyang	169300	368208	599	174
岳阳市	Yueyang	136724	423000	525	172
常德市	Changde	139633	452700	544	182
张家界市	Zhangjiajie	30681	127498	170	63
益阳市	Yiyang	125178	266108	398	122
郴州市	Chenzhou	126598	318719	473	151
永州市	Yongzhou	63693	326617	447	144
怀化市	Huaihua	114122	5237000	456	140
娄底市	Loudi	95498	267552	380	109
广东省	**Guangdong**				
广州市	Guangzhou	8252227	3972981	3539	695
韶关市	Shaoguan	101601	238000	288	93

2-32 续表 5 continued

城市	City	邮政业务收入(万元) Revenue from Postal Services (10 000 yuan)	电信业务收入(万元) Revenue from Telecommunication Services (10 000 yuan)	移动电话年末用户数(万户) Number of Subscribers of Mobile Telephones at Year-end (10 000 households)	互联网宽带接入用户数(万户) Number of Subscribers of Internet Services (10 000 households)
深圳市	Shenzhen	6801547	4202632	2804	629
珠海市	Zhuhai	258430	487242	377	114
汕头市	Shantou	1150214	536643	637	164
佛山市	Foshan	1719300	1485020	1228	326
江门市	Jiangmen	309841	524864	548	175
湛江市	Zhanjiang	206100	569000	699	195
茂名市	Maoming	194110	424109	586	145
肇庆市	Zhaoqing	220500	341000	408	118
惠州市	Huizhou	574098	736000	718	255
梅州市	Meizhou	135574	300000	412	123
汕尾市	Shanwei	121991	204363	246	71
河源市	Heyuan	93623	232497	274	85
阳江市	Yangjiang	148204	231080	262	85
清远市	Qingyuan	125143	333871	379	113
东莞市	Dongguan	3019503	1860639	1635	398
中山市	Zhongshan	707741	711429	660	192
潮州市	Chaozhou	292242	224854	276	84
揭阳市	Jieyang	1659682	398070	727	145
云浮市	Yunfu	72155	169000	220	72
广西壮族自治区	**Guangxi**				
南宁市	Nanning	688362	995000	1155	370
柳州市	Liuzhou	172824	370000	498	175
桂林市	Guilin	123595	406807	572	190
梧州市	Wuzhou	67460	173300	287	96
北海市	Beihai	47211	156295	218	82
防城港市	Fangchenggang	31305	95301	129	43
钦州市	Qinzhou	68839	203287	324	101
贵港市	Guigang	92337	236193	392	111
玉林市	Yulin	127909	346000	551	178
百色市	Baise	58581	273979	379	125
贺州市	Hezhou	35046	124245	202	64
河池市	Hechi	59892	238930	353	123
来宾市	Laibin	34692	136128	224	74
崇左市	Chongzuo	31137	153000	232	79
海南省	**Hainan**				
海口市	Haikou	186350	408797	397	147
三亚市	Sanya	61742	148483	142	66
三沙市	Sansha				
儋州市	Danzhou	20417	74461	105	32
重庆市	**Chongqing**	**1683900**	**2922064**	**3751**	**1536**

2-32 续表 6 continued

城 市	City	邮政业务收入(万元) Revenue from Postal Services (10 000 yuan)	电信业务收入(万元) Revenue from Telecommunication Services (10 000 yuan)	移动电话年末用户数(万户) Number of Subscribers of Mobile Telephones at Year-end (10 000 households)	互联网宽带接入用户数(万户) Number of Subscribers of Internet Services (10 000 households)
四川省	**Sichuan**				
成都市	Chengdu	1904700	2571357	2927	834
自贡市	Zigong	74439	175494	278	98
攀枝花市	Panzhihua	73964	101353	107	51
泸州市	Luzhou	147715	363656	480	166
德阳市	Deyang	196245	263747	380	242
绵阳市	Mianyang	142100	406932	684	220
广元市	Guangyuan	58247	183723	272	101
遂宁市	Suining	82145	174774	262	93
内江市	Neijiang	82652	199482	694	251
乐山市	Leshan	78651	371432	380	128
南充市	Nanchong	197789	360765	621	196
眉山市	Meishan	135357	304451	342	124
宜宾市	Yibin	111760	329542	501	163
广安市	Guang'an	76150	184013	324	217
达州市	Dazhou	65821	99365	440	132
雅安市	Ya'an	40637	135323	185	65
巴中市	Bazhong	71575	189116	284	94
资阳市	Ziyang	69628	142117	231	79
贵州省	**Guizhou**				
贵阳市	Guiyang	335867	819900	855	248
六盘水市	Liupanshui	50700	232500	352	89
遵义市	Zunyi	188200	558700	759	202
安顺市	Anshun	45000	194100	268	69
毕节市	Bijie	87100	442300	659	137
铜仁市	Tongren	66800	257000	319	125
云南省	**Yunnan**				
昆明市	Kunming	609073	1114700	1203	316
曲靖市	Qujing	70414	359999	554	157
玉溪市	Yuxi	37713	179844	249	74
保山市	Baoshan	41756	191661	255	74
昭通市	Zhaotong	64724	332055	434	101
丽江市	Lijiang	30011	112304	133	46
普洱市	Pu'er	32737	232884	254	73
临沧市	Lincang	33221	200919	237	66
西藏自治区	**Tibet**				
拉萨市	Lhasa	50300	209018	112	42
日喀则市	Xigazê	5598	98523	70	20
昌都市	Qamdo	5981	59811	41	9
林芝市	Nyingchi	7877	48651	33	12
山南市	Lhoka	53200	23000	31	12
那曲市	Nagqu				

2-32 续表 7 continued

城 市	City	邮政业务收入(万元) Revenue from Postal Services (10 000 yuan)	电信业务收入(万元) Revenue from Telecommunication Services (10 000 yuan)	移动电话年末用户数(万户) Number of Subscribers of Mobile Telephones at Year-end (10 000 households)	互联网宽带接入用户数(万户) Number of Subscribers of Internet Services (10 000 households)
陕西省	**Shaanxi**				
西安市	Xi'an	1015100	1681870	1759	616
铜川市	Tongchuan	19391	62838	82	29
宝鸡市	Baoji	99700	286000	364	153
咸阳市	Xianyang	171000	351544	526	167
渭南市	Weinan	112023	336500	513	182
延安市	Yan'an	58109	224763	281	200
汉中市	Hanzhong	111393	235065	359	115
榆林市	Yulin	83759	345923	431	129
安康市	Ankang	63452	207889	272	104
商洛市	Shangluo	41200	148167	189	57
甘肃省	**Gansu**				
兰州市	Lanzhou	41060	575599	616	230
嘉峪关市	Jiayuguan	11603	34970	46	20
金昌市	Jinchang	11823	600788	54	19
白银市	Baiyin	30606	102705	167	63
天水市	Tianshui	34076	177931	336	110
武威市	Wuwei	29035	102423	176	60
张掖市	Zhangye	23906	59215	137	60
平凉市	Pingliang	30346	117628	208	208
酒泉市	Jiuquan	25199	100680	134	59
庆阳市	Qingyang	47900	162052	237	83
定西市	Dingxi	35184	151640	235	83
陇南市	Longnan	35412	192265	246	73
青海省	**Qinghai**				
西宁市	Xining	69157	3961719	304	104
海东市	Haidong	16778		135	38
宁夏回族自治区	**Ningxia**				
银川市	Yinchuan	167500	336532	378	137
石嘴山市	Shizuishan	16288	55064	94	42
吴忠市	Wuzhong	22600	120200	157	46
固原市	Guyuan	17600	70731	121	40
中卫市	Zhongwei	18360	104000	117	45
新疆维吾尔自治区	**Xinjiang**				
乌鲁木齐市	Urumqi	48207	719294	591	204
克拉玛依市	Karamay	13231	64821	66	28
吐鲁番市	Turpan	10299	60883	82	31
哈密市	Hami	18286	86489	79	34

2−33 煤气及液化石油气供应及利用情况(市辖区) Supply and Consumption of Coal Gas and Liquefied Petroleum Gas(Districts under City)

城市	City	供气总量(煤气、天然气)(万立方米) Total Gas Supply (Coal Gas, Natural Gas) (10 000 cu.m)	居民家庭用量 Consumption of Gas for Residential Use	液化石油气供气总量(吨) Liquefied Petroleum Gas Supply (ton)	居民家庭用量 Consumption of Liquefied Petroleum Gas for Residential Use
北京市	**Beijing**	**1906214**	**175571**	**428603**	**104844**
天津市	**Tianjin**	**664135**	**110393**	**87899**	**44482**
河北省	**Hebei**				
石家庄市	Shijiazhuang	90044	40688	18205	6396
唐山市	Tangshan	117948	12932	12110	11220
秦皇岛市	Qinhuangdao	69717	6301	6547	5006
邯郸市	Handan	61039	29724	396	369
邢台市	Xingtai	27879	12792	1703	1472
保定市	Baoding	53510	26059	1570	1371
张家口市	Zhangjiakou	11936	3915	8343	7434
承德市	Chengde	7510	1320	3657	3509
沧州市	Cangzhou	14595	4401	855	855
廊坊市	Langfang	70031	28016	9074	6540
衡水市	Hengshui	13551	5738	3314	2130
山西省	**Shanxi**				
太原市	Taiyuan	99257	29363	35000	34830
大同市	Datong	23567	8123	4122	2289
阳泉市	Yangquan	45391	7406	1848	678
长治市	Changzhi	30219	10231	4640	4593
晋城市	Jincheng	10741	4069	1877	1312
朔州市	Shuozhou	7272	5555	2352	2294
晋中市	Jinzhong	8731	2697	1261	1261
运城市	Yuncheng	10836	8127	10750	3162
忻州市	Xinzhou	5990	3893	2900	740
临汾市	Linfen	5801	4030	2000	150
吕梁市	Lvliang	1712	1135		
内蒙古自治区	**Inner Mongolia**				
呼和浩特市	Hohhot	64871	15894	15086	7543
包头市	Baotou	117511	56469	7845	496
乌海市	Wuhai	14144	1838	460	40
赤峰市	Chifeng	4468	2546	15577	13734
通辽市	Tongliao	3106	1267	302	260
鄂尔多斯市	Erdos	11346	5838	3360	3150
呼伦贝尔市	Hulunbuir	1841	696	4078	4058
巴彦淖尔市	Bayannur	4522	942	2900	2900
乌兰察布市	Ulanqab	3301	600	2832	2721
辽宁省	**Liaoning**				
沈阳市	Shenyang	94357	24740	65270	19832
大连市	Dalian	66424	19683	301581	12980
鞍山市	Anshan	20910	9297	25934	2022

2-33 续表 1 continued

城　　市	City	供气总量(煤气、天然气)(万立方米) Total Gas Supply (Coal Gas, Natural Gas) (10 000 cubicmeters)	居民家庭用量 Consumption of Gas for Residential Use	液化石油气供气总量(吨) Liquefied Petroleum Gas Supply (ton)	居民家庭用量 Consumption of Liquefied Petroleum Gas for Residential Use
抚顺市	Fushun	43606	3142	23522	13544
本溪市	Benxi	10570	2630	4335	1967
丹东市	Dandong	6232	3974	5507	1438
锦州市	Jinzhou	15057	6027		
营口市	Yingkou	19558	3070	4562	3271
阜新市	Fuxin	4326	656	2326	2256
辽阳市	Liaoyang	13152	1947	6300	5263
盘锦市	Panjin	11132	4414	8220	1028
铁岭市	Tieling	12156	1541	2653	1090
朝阳市	Chaoyang	10494	993	3500	3481
葫芦岛市	Huludao	18186	4110	21074	4156
吉林省	**Jilin**				
长春市	Changchun	93263	22436	42903	5327
吉林市	Jilin	72123	6229	43311	260
四平市	Siping	6120	2824	820	790
辽源市	Liaoyuan	3528	182	4360	1433
通化市	Tonghua	5621	2249	1129	1059
白山市	Baishan	2577	605	2420	2092
松原市	Songyuan	10782	3087	2924	1458
白城市	Baicheng	2134	1025	1658	1147
黑龙江省	**Heilongjiang**				
哈尔滨市	Harbin	82403	19422	37500	16800
齐齐哈尔市	Qiqihar	30815	4734	7253	860
鸡西市	Jixi	1781	369	11300	7199
鹤岗市	Hegang	901	604	4500	4480
双鸭山市	Shuangyashan	1015	773	5568	1257
大庆市	Daqing	37251	11923	10150	3002
伊春市	Yichun	167	42	10369	8250
佳木斯市	Jiamusi	5638	2618	22432	180
七台河市	Qitaihe	3014	1633	1361	1360
牡丹江市	Mudanjiang	3627	1691	9126	5016
黑河市	Heihe	161	43	1689	1493
绥化市	Suihua	1591	226	3500	3498
上海市	**Shanghai**	**952305**		**276367**	
江苏省	**Jiangsu**				
南京市	Nanjing	153394	65599	56080	19687
无锡市	Wuxi	125961	27638	27164	14201
徐州市	Xuzhou	52250	14941	20012	4708
常州市	Changzhou	159838	16299	37085	2412
苏州市	Suzhou	139919	32972	64493	43533
南通市	Nantong	62827	12149	45161	29170

2-33 续表 2 continued

城　市	City	供气总量（煤气、天然气）（万立方米）Total Gas Supply (Coal Gas, Natural Gas) (10 000 cu.m)	居民家庭用量 Consumption of Gas for Residential Use	液化石油气供气总量（吨）Liquefied Petroleum Gas Supply (ton)	居民家庭用量 Consumption of Liquefied Petroleum Gas for Residential Use
连云港市	Lianyungang	69228	14147	19400	16798
淮安市	Huai'an	36467	16198	22035	17196
盐城市	Yancheng	26273	21774	28506	21288
扬州市	Yangzhou	24284	12319	16757	12077
镇江市	Zhenjiang	55454	8102	21502	9135
泰州市	Taizhou	58050	6539	12018	9851
宿迁市	Suqian	32574	4982	3898	2195
浙江省	**Zhejiang**				
杭州市	Hangzhou	279801	49511	130671	72329
宁波市	Ningbo	134335	21118	190152	97384
温州市	Wenzhou	36349	4641	55375	32508
嘉兴市	Jiaxing	57075	6090	32161	11544
湖州市	Huzhou	25378	5146	10272	6317
绍兴市	Shaoxing	170990	8984	53261	38242
金华市	Jinhua	23449	2308	14110	12320
衢州市	Quzhou	22193	2278	7341	6662
舟山市	Zhoushan	9660	2460	28330	28330
台州市	Taizhou	27781	3010	56927	50003
丽水市	Lishui	8074	1078	12976	12200
安徽省	**Anhui**				
合肥市	Hefei	123582	43776	52341	7850
芜湖市	Wuhu	50263	13192	22389	7412
蚌埠市	Bengbu	40683	11439	1649	1647
淮南市	Huainan	17532	6236	7550	7550
马鞍山市	Ma'anshan	34020	6083	2165	343
淮北市	Huaibei	16227	5636	11360	11360
铜陵市	Tongling	23034	3891		
安庆市	Anqing	13266	3673	2900	1100
黄山市	Huangshan	4425	732	6934	6934
滁州市	Chuzhou	23294	4793	2622	771
阜阳市	Fuyang	14700	5391	16670	12800
宿州市	Suzhou	9711	4097	2290	2280
六安市	Lu'an	16170	5578	186	186
亳州市	Bozhou	9195	3739	6610	3300
池州市	Chizhou	5283	1657	2426	768
宣城市	Xuancheng	12221	2306	2210	700
福建省	**Fujian**				
福州市	Fuzhou	32640	8438	49436	14773
厦门市	Xiamen	38112	6008	105971	42641
莆田市	Putian	19847	2288	9911	8893
三明市	Sanming	2807	2475	1760	1743

2-33 续表 3 continued

城 市	City	供气总量(煤气、天然气)(万立方米) Total Gas Supply (Coal Gas, Natural Gas) (10 000 cu.m)	居民家庭用量 Consumption of Gas for Residential Use	液化石油气供气总量(吨) Liquefied Petroleum Gas Supply (ton)	居民家庭用量 Consumption of Liquefied Petroleum Gas for Residential Use
泉州市	Quanzhou	25229	2342	34946	15843
漳州市	Zhangzhou	11761	1506	18203	13240
南平市	Nanping	2432	453	5350	5326
龙岩市	Longyan	9114	2107	8330	6485
宁德市	Ningde	1497	770	5559	4219
江西省	**Jiangxi**				
南昌市	Nanchang	36422	12279	35682	10840
景德镇市	Jingdezhen	30869	2068	4200	2109
萍乡市	Pingxiang	29830	16242	29571	14600
九江市	Jiujiang	36955	6101	9299	2880
新余市	Xinyu	12000	3968	1900	1700
鹰潭市	Yingtan	6701	1033	4240	4100
赣州市	Ganzhou	15079	5218	18778	15300
吉安市	Ji'an	3805	2172	9000	5000
宜春市	Yichun	14770	5266	10070	10010
抚州市	Fuzhou	9538	2243	22230	22109
上饶市	Shangrao	9616	2557	18600	10929
山东省	**Shandong**				
济南市	Jinan	172066	77652	23930	11953
青岛市	Qingdao	147284	36993	31287	12404
淄博市	Zibo	207987	17344	20650	11820
枣庄市	Zaozhuang	12664	4083	8064	6445
东营市	Dongying	45229	13563	1268	689
烟台市	Yantai	42963	10338	35229	12226
潍坊市	Weifang	55900	10699	9000	8930
济宁市	Jining	44007	16855	626	624
泰安市	Tai'an	42731	5267	1351	94
威海市	Weihai	17616	5436	16093	8746
日照市	Rizhao	29243	7019	8147	8060
临沂市	Linyi	89850	12406	17993	16757
德州市	Dezhou	30724	9271	5510	5350
聊城市	Liaocheng	44367	5029	5667	2380
滨州市	Binzhou	27699	8623	5334	5332
菏泽市	Heze	16744	5802	3941	3551
河南省	**Henan**				
郑州市	Zhengzhou	163155	45912	11285	6305
开封市	Kaifeng	20336	7066	26915	25850
洛阳市	Luoyang	83001	47254	15803	15787
平顶山市	Pingdingshan	12070	6088		
安阳市	Anyang	13551	6998	1441	1434
鹤壁市	Hebi	9400	3453	1000	995

2-33 续表 4 continued

城 市	City	供气总量（煤气、天然气）（万立方米）Total Gas Supply (Coal Gas, Natural Gas) (10 000 cu.m)	居民家庭用量 Consumption of Gas for Residential Use	液化石油气供气总量（吨）Liquefied Petroleum Gas Supply (ton)	居民家庭用量 Consumption of Liquefied Petroleum Gas for Residential Use
新乡市	Xinxiang	25707	10108	1265	1170
焦作市	Jiaozuo	37190	6972	2190	292
濮阳市	Puyang	9360	6025		
许昌市	Xuchang	14382	9297	8333	2563
漯河市	Luohe	13389	6515	11981	
三门峡市	Sanmenxia	13752	1477	3089	2857
南阳市	Nanyang	19950	4976	2251	2244
商丘市	Shangqiu	25627	5245	19860	17975
信阳市	Xinyang	15732	5811	8037	6325
周口市	Zhoukou	10826	8864	5546	5446
驻马店市	Zhumadian	8196	4657	2135	2035
湖北省	**Hubei**				
武汉市	Wuhan	266582	80985	124975	51103
黄石市	Huangshi	36620	3541	20488	7407
十堰市	Shiyan	15424	4146	6972	5047
宜昌市	Yichang	26293	10806	5750	5745
襄阳市	Xiangyang	38176	9348	11656	10257
鄂州市	Ezhou	7760	2804	4325	2363
荆门市	Jingmen	12391	4367	8300	8300
孝感市	Xiaogan	11625	2499	4800	4800
荆州市	Jingzhou	19527	5802	6918	6911
黄冈市	Huanggang	5889	2500	1680	1405
咸宁市	Xianning	18320	2171	5102	3915
随州市	Suizhou	7318	2938	2750	1720
湖南省	**Hunan**				
长沙市	Changsha	101748	46873	82835	40656
株洲市	Zhuzhou	28573	12322	7862	6463
湘潭市	Xiangtan	18642	6395	15286	15286
衡阳市	Hengyang	28510	8371	8105	7050
邵阳市	Shaoyang	7562	4454	4100	3100
岳阳市	Yueyang	24398	14639	17951	7180
常德市	Changde	20455	5825	10071	10061
张家界市	Zhangjiajie	2607	1226	7339	7133
益阳市	Yiyang	9880	3882	8500	8500
郴州市	Chenzhou	9563	3084	11414	7990
永州市	Yongzhou	4720	3898	7697	4618
怀化市	Huaihua	3155	1716	6050	6000
娄底市	Loudi	5610	4450	9085	9000
广东省	**Guangdong**				
广州市	Guangzhou	192377	43731	640591	358803
韶关市	Shaoguan	10800	3800	12250	9520

2–33 续表 5 continued

城 市	City	供气总量（煤气、天然气）（万立方米） Total Gas Supply (Coal Gas, Natural Gas) (10 000 cu.m)	居民家庭用量 Consumption of Gas for Residential Use	液化石油气供气总量（吨） Liquefied Petroleum Gas Supply (ton)	居民家庭用量 Consumption of Liquefied Petroleum Gas for Residential Use
深圳市	Shenzhen	1268537	46483	1585841	203427
珠海市	Zhuhai	23744	4956	94237	49974
汕头市	Shantou	10807	2372	163647	117193
佛山市	Foshan	321112	20265	502800	163788
江门市	Jiangmen	65961	2220	86366	33864
湛江市	Zhanjiang	12754	3489	30359	28647
茂名市	Maoming	4433	2110	42931	31572
肇庆市	Zhaoqing	69951	2711	22043	17001
惠州市	Huizhou	22412	8808	94408	69120
梅州市	Meizhou	6796	2946	10007	10007
汕尾市	Shanwei	1120	418	3349	3339
河源市	Heyuan	3624	1651	8151	8151
阳江市	Yangjiang	29820	1440	30091	16041
清远市	Qingyuan	74105	3997	40377	34278
东莞市	Dongguan				
中山市	Zhongshan				
潮州市	Chaozhou	80749	502	67419	16728
揭阳市	Jieyang	8668	626	24306	20316
云浮市	Yunfu	4907	897	4967	4967
广西壮族自治区	**Guangxi**				
南宁市	Nanning	35413	18945	488610	409860
柳州市	Liuzhou	22759	10062	23955	13823
桂林市	Guilin	8994	3969	16702	14686
梧州市	Wuzhou	18263	1772	9940	9900
北海市	Beihai	67857	3495	13799	9912
防城港市	Fangchenggang	3333	806	5512	4357
钦州市	Qinzhou	7059	1777	13875	12458
贵港市	Guigang	4169	2076	18923	16185
玉林市	Yulin	6886	2714	12000	9000
百色市	Baise	9296	697	17723	10228
贺州市	Hezhou	4170	282	9582	5500
河池市	Hechi	1244	507	11910	11260
来宾市	Laibin	2500	1020	4717	4195
崇左市	Chongzuo	1004	1004	3362	3100
海南省	**Hainan**				
海口市	Haikou	22147	15604	37123	37118
三亚市	Sanya	9853	2033	7716	4083
三沙市	Sansha				
儋州市	Danzhou				
重庆市	**Chongqing**	**579515**	**241321**	**64141**	**36607**

2-33 续表 6 continued

城　市	City	供气总量（煤气、天然气）（万立方米）Total Gas Supply (Coal Gas, Natural Gas) (10 000 cu.m)	居民家庭用量 Consumption of Gas for Residential Use	液化石油气供气总量（吨）Liquefied Petroleum Gas Supply (ton)	居民家庭用量 Consumption of Liquefied Petroleum Gas for Residential Use
四川省	**Sichuan**				
成都市	Chengdu	403600	195000	144400	55300
自贡市	Zigong	25894	15507		
攀枝花市	Panzhihua	14746	6461	1261	1253
泸州市	Luzhou	64976	6777	1138	835
德阳市	Deyang	52017	9521	3875	1754
绵阳市	Mianyang	57931	24186	3978	3585
广元市	Guangyuan	15625	8032	1160	781
遂宁市	Suining	33492	7875	180	160
内江市	Neijiang	15356	7583	12437	6227
乐山市	Leshan	27032	11244	5223	2347
南充市	Nanchong	29390	17019	4704	3850
眉山市	Meishan	15708	7931	251	74
宜宾市	Yibin	35215	27264	1071	1008
广安市	Guang'an	9734	6700	235	210
达州市	Dazhou	9214	7553	2254	875
雅安市	Ya'an	9401	4897		
巴中市	Bazhong	13438	8830	2211	1446
资阳市	Ziyang	8814	4161	290	163
贵州省	**Guizhou**				
贵阳市	Guiyang	51588	28886	50000	12500
六盘水市	Liupanshui	6318	3629	1225	180
遵义市	Zunyi	56358	10079	20873	13193
安顺市	Anshun	5220	1378	10439	2318
毕节市	Bijie	3800	1800	4845	2614
铜仁市	Tongren	2132	802	3767	2362
云南省	**Yunnan**				
昆明市	Kunming	25650	10821	109347	26317
曲靖市	Qujing	5456	365	7594	3464
玉溪市	Yuxi	5567	314	6588	2422
保山市	Baoshan	2465	373	2067	868
昭通市	Zhaotong	1953	488	381	366
丽江市	Lijiang	2687	2299	3251	2249
普洱市	Pu'er	300	74	1810	1810
临沧市	Lincang	73	73	1904	987
西藏自治区	**Tibet**				
拉萨市	Lhasa	4559	2084	35154	31234
日喀则市	Xigazê			1913	
昌都市	Qamdo			818	568
林芝市	Nyingchi			4533	4533
山南市	Lhoka				
那曲市	Nagqu				

2-33 续表 7 continued

城　市	City	供气总量(煤气、天然气)(万立方米) Total Gas Supply (Coal Gas, Natural Gas) (10 000 cu.m)	居民家庭用量 Consumption of Gas for Residential Use	液化石油气供气总量(吨) Liquefied Petroleum Gas Supply (ton)	居民家庭用量 Consumption of Liquefied Petroleum Gas for Residential Use
陕西省	**Shaanxi**				
西安市	Xi'an	359901	102583	52681	25374
铜川市	Tongchuan	18939	6439	565	204
宝鸡市	Baoji	34776	20500	256	161
咸阳市	Xianyang	38702	12786	1561	123
渭南市	Weinan	37856	23566	2114	2069
延安市	Yan'an	34219	12636	5946	3940
汉中市	Hanzhong	11115	7536	4882	3442
榆林市	Yulin	34971	16706	89995	82015
安康市	Ankang	5334	3360	5173	5173
商洛市	Shangluo	8944	3921	2036	770
甘肃省	**Gansu**				
兰州市	Lanzhou	149772	40449	14861	8582
嘉峪关市	Jiayuguan	2085	1777	24541	781
金昌市	Jinchang	7146	496	1200	198
白银市	Baiyin	21441	3347	1127	833
天水市	Tianshui	10204	2972	1086	634
武威市	Wuwei	5715	1409	2513	2506
张掖市	Zhangye	5480	2171	9307	4203
平凉市	Pingliang	1942	672	85	81
酒泉市	Jiuquan	2898	1937	1857	1856
庆阳市	Qingyang	4070	2091	3540	3520
定西市	Dingxi	2180	550	892	231
陇南市	Longnan	466	373	1338	1013
青海省	**Qinghai**				
西宁市	Xining	133458	27541	12861	12128
海东市	Haidong	17318	13787		
宁夏回族自治区	**Ningxia**				
银川市	Yinchuan	68993	21810	12013	11680
石嘴山市	Shizuishan	17025	6380		
吴忠市	Wuzhong	9027	3939	1898	664
固原市	Guyuan	3456	2507	1068	1040
中卫市	Zhongwei	20165	7932	1820	895
新疆维吾尔自治区	**Xinjiang**				
乌鲁木齐市	Urumqi	306270	60385	32336	26434
克拉玛依市	Karamay	36673	6322	1493	40
吐鲁番市	Turpan	5418	1488	270	260
哈密市	Hami	14374	2889	600	550

三、县级城市统计资料

Statistical Data of County-level Cities

3-1 人口状况
Population

单位：万人 (10 000 persons)

城 市	City	年末户籍人口 Household Registered Population at Year-end	城 市	City	年末户籍人口 Household Registered Population at Year-end
河北省	**Hebei**		凌海市	Linghai	48.9
辛集市	Xinji	62.9	北镇市	Beizhen	48.4
晋州市	Jinzhou	57.3	盖州市	Gaizhou	66.8
新乐市	Xinle	51.7	大石桥市	Dashiqiao	67.4
遵化市	Zunhua	74.9	灯塔市	Dengta	42.6
迁安市	Qian'an	77.6	调兵山市	Diaobingshan	21.4
滦州市	Luanzhou	56.7	开原市	Kaiyuan	54.3
武安市	Wu'an	85.0	北票市	Beipiao	53.3
南宫市	Nangong	50.3	凌源市	Lingyuan	62.4
沙河市	Shahe	46.5	兴城市	Xingcheng	52.1
涿州市	Zhuozhou	69.8	**吉林省**	**Jilin**	
定州市	Dingzhou	122.8	榆树市	Yushu	119.5
安国市	Anguo	40.4	德惠市	Dehui	86.3
高碑店市	Gaobeidian	56.8	公主岭市	Gongzhuling	101.2
平泉市	Pingquan	47.3	蛟河市	Jiaohe	40.4
泊头市	Botou	62.3	桦甸市	Huadian	40.5
任丘市	Renqiu	81.3	舒兰市	Shulan	58.7
黄骅市	Huanghua	48.4	磐石市	Panshi	49.1
河间市	Hejian	90.0	双辽市	Shuangliao	38.0
霸州市	Bazhou	65.9	梅河口市	Meihekou	57.9
三河市	Sanhe	76.9	集安市	Ji'an	20.6
深州市	Shenzhou	54.7	临江市	Linjiang	14.8
山西省	**Shanxi**		扶余市	Fuyu	70.4
古交市	Gujiao	21.1	洮南市	Taonan	39.5
高平市	Gaoping	48.5	大安市	Daan	36.9
怀仁市	Huairen	29.5	延吉市	Yanji	56.1
介休市	Jiexiu	44.5	图们市	Tumen	10.2
永济市	Yongji	44.2	敦化市	Dunhua	44.2
河津市	Hejin	40.1	珲春市	Hunchun	22.4
原平市	Yuanping	47.5	龙井市	Longjing	14.5
侯马市	Houma	23.7	和龙市	Helong	15.7
霍州市	Huozhou	30.3	**黑龙江省**	**Heilongjiang**	
孝义市	Xiaoyi	48.8	尚志市	Shangzhi	54.1
汾阳市	Fenyang	43.4	五常市	Wuchang	88.3
内蒙古自治区	**Inner Mongolia**		讷河市	Nehe	67.5
霍林郭勒市	Huolinguole	8.4	虎林市	Hulin	26.9
满洲里市	Manzhouli	17.2	密山市	Mishan	38.1
牙克石市	Yakeshi	30.9	铁力市	Tieli	27.8
扎兰屯市	Zhalantun	39.7	同江市	Tongjiang	17.4
额尔古纳市	Eerguna	7.7	富锦市	Fujin	44.7
根河市	Genhe	12.4	抚远市	Fuyuan	8.2
丰镇市	Fengzhen	30.3	绥芬河市	Suifenhe	6.8
乌兰浩特市	Wulanhaote	32.2	海林市	Hailin	34.7
阿尔山市	Aershan	4.2	宁安市	Ning'an	40.0
二连浩特市	Erlianhaote	3.7	穆棱市	Muling	25.8
锡林浩特市	Xilinhaote	20.4	东宁市	Dongning	19.8
辽宁省	**Liaoning**		北安市	Bei'an	40.6
新民市	Xinmin	64.6	五大连池市	Wudalianchi	32.7
瓦房店市	Wafangdian	96.2	嫩江市	Nenjiang	44.2
庄河市	Zhuanghe	86.4	安达市	Anda	43.7
海城市	Haicheng	104.9	肇东市	Zhaodong	84.1
东港市	Donggang	58.4	海伦市	Hailun	74.1
凤城市	Fengcheng	53.8	漠河市	Mohe	6.6

3-1 续表 1 continued

单位：万人 (10 000 persons)

城 市	City	年末户籍人口 Household Registered Population at Year-end	城 市	City	年末户籍人口 Household Registered Population at Year-end
江苏省	**Jiangsu**		广德市	Guangde	51.5
江阴市	Jiangyin	127.0	**福建省**	**Fujian**	
宜兴市	Yixing	107.1	福清市	Fuqing	140.1
新沂市	Xinyi	110.3	永安市	Yong'an	32.6
邳州市	Pizhou	191.8	石狮市	Shishi	36.7
溧阳市	Liyang	78.5	晋江市	Jinjiang	123.2
常熟市	Changshu	106.1	南安市	Nan'an	166.6
张家港市	Zhangjiagang	92.9	邵武市	Shaowu	30.0
昆山市	Kunshan	114.3	武夷山市	Wuyishan	24.8
太仓市	Taicang	52.6	建瓯市	Jian'ou	54.2
启东市	Qidong	108.7	漳平市	Zhangping	29.0
如皋市	Rugao	139.5	福安市	Fu'an	67.4
海安市	Haian	90.8	福鼎市	Fuding	60.5
东台市	Dongtai	105.5	**江西省**	**Jiangxi**	
仪征市	Yizheng	54.8	乐平市	Leping	94.7
高邮市	Gaoyou	78.9	瑞昌市	Ruichang	45.4
丹阳市	Danyang	79.4	共青城市	Gongqingcheng	12.4
扬中市	Yangzhong	28.0	庐山市	Lushan	27.8
句容市	Jurong	58.2	贵溪市	Guixi	64.7
兴化市	Xinghua	150.8	瑞金市	Ruijin	70.8
靖江市	Jingjiang	64.3	龙南市	Longnan	33.8
泰兴市	Taixing	114.7	井冈山市	Jinggangshan	19.0
浙江省	**Zhejiang**		丰城市	Fengcheng	147.0
建德市	Jiande	50.8	樟树市	Zhangshu	60.2
余姚市	Yuyao	83.3	高安市	Gaoan	87.2
慈溪市	Cixi	106.5	德兴市	Dexing	33.3
瑞安市	Rui'an	125.6	**山东省**	**Shandong**	
乐清市	Yueqing	132.0	胶州市	Jiaozhou	87.6
龙港市	Longgang	38.3	平度市	Pingdu	137.4
海宁市	Haining	71.4	莱西市	Laixi	73.9
平湖市	Pinghu	51.3	滕州市	Tengzhou	176.5
桐乡市	Tongxiang	71.2	龙口市	Longkou	63.0
诸暨市	Zhuji	108.0	莱阳市	Laiyang	83.7
嵊州市	Shengzhou	71.4	莱州市	Laizhou	82.7
兰溪市	Lanxi	65.0	招远市	Zhaoyuan	55.2
义乌市	Yiwu	87.2	栖霞市	Qixia	49.7
东阳市	Dongyang	85.1	海阳市	Haiyang	62.7
永康市	Yongkang	62.2	青州市	Qingzhou	96.1
江山市	Jiangshan	61.1	诸城市	Zhucheng	111.8
温岭市	Wenling	121.6	寿光市	Shouguang	111.3
临海市	Linhai	119.9	安丘市	Anqiu	97.6
玉环市	Yuhuan	43.7	高密市	Gaomi	89.5
龙泉市	Longquan	28.8	昌邑市	Changyi	58.0
安徽省	**Anhui**		曲阜市	Qufu	65.9
巢湖市	Chaohu	85.4	邹城市	Zoucheng	121.5
无为市	Wuwei	118.6	新泰市	Xintai	144.6
桐城市	Tongcheng	74.5	肥城市	Feicheng	97.0
潜山市	Qianshan	58.3	荣成市	Rongcheng	64.7
天长市	Tianchang	62.9	乳山市	Rushan	53.2
明光市	Mingguang	64.0	乐陵市	Laoling	71.3
界首市	Jieshou	83.2	禹城市	Yucheng	54.1
宁国市	Ningguo	38.0	临清市	Linqing	83.7

3-1 续表 2 continued

单位：万人 (10 000 persons)

城　市	City	年末户籍人口 Household Registered Population at Year-end	城　市	City	年末户籍人口 Household Registered Population at Year-end
邹平市	Zouping	74.4	醴陵市	Liling	103.5
河南省	**Henan**		湘乡市	Xiangxiang	91.0
巩义市	Gongyi	85.1	韶山市	Shaoshan	11.8
荥阳市	Xingyang	72.0	耒阳市	Leiyang	139.8
新密市	Xinmi	90.3	常宁市	Changning	94.1
新郑市	Xinzheng	65.4	武冈市	Wugang	81.6
登封市	Dengfeng	73.4	邵东市	Shaodong	132.0
舞钢市	Wugang	33.7	汨罗市	Miluo	74.8
汝州市	Ruzhou	118.1	临湘市	Linxiang	53.4
林州市	Linzhou	113.3	津市市	Jinshi	22.4
卫辉市	Weihui	54.1	沅江市	Yuanjiang	70.7
辉县市	Huixian	93.3	资兴市	Zixing	36.6
长垣市	Changyuan	103.5	祁阳市	Qiyang	102.6
沁阳市	Qinyang	49.3	洪江市	Hongjiang	48.7
孟州市	Mengzhou	38.1	冷水江市	Lengshuijiang	35.7
禹州市	Yuzhou	134.0	涟源市	Lianyuan	113.3
长葛市	Changge	78.3	吉首市	Jishou	31.7
义马市	Yima	14.8	**广东省**	**Guangdong**	
灵宝市	Lingbao	74.2	乐昌市	Lechang	52.6
邓州市	Dengzhou	184.9	南雄市	Nanxiong	49.0
永城市	Yongcheng	164.9	台山市	Taishan	96.3
项城市	Xiangcheng	134.5	开平市	Kaiping	68.6
济源市	Jiyuan	73.3	鹤山市	Heshan	39.2
湖北省	**Hubei**		恩平市	Enping	50.4
大冶市	Daye	99.8	廉江市	Lianjiang	187.1
丹江口市	Danjiangkou	45.5	雷州市	Leizhou	188.4
宜都市	Yidu	38.1	吴川市	Wuchuan	124.3
当阳市	Dangyang	46.0	高州市	Gaozhou	186.9
枝江市	Zhijiang	46.9	化州市	Huazhou	181.1
老河口市	Laohekou	50.5	信宜市	Xinyi	151.8
枣阳市	Zaoyang	110.9	四会市	Sihui	43.4
宜城市	Yicheng	55.4	兴宁市	Xingning	115.7
钟祥市	Zhongxiang	102.5	陆丰市	Lufeng	190.9
京山市	Jingshan	67.7	阳春市	Yangchun	122.5
应城市	Yingcheng	62.4	英德市	Yingde	120.7
安陆市	Anlu	59.9	连州市	Lianzhou	54.1
汉川市	Hanchuan	104.4	普宁市	Puning	251.5
石首市	Shishou	60.4	罗定市	Luoding	129.7
洪湖市	Honghu	90.3	**广西壮族自治区**	**Guangxi**	
松滋市	Songzi	80.7	横州市	Hengzhou	126.9
监利市	Jianli	154.6	荔浦市	Lipu	38.4
麻城市	Macheng	114.0	岑溪市	Cenxi	97.4
武穴市	Wuxue	81.6	东兴市	Dongxing	16.2
赤壁市	Chibi	52.6	桂平市	Guiping	205.2
广水市	Guangshui	88.8	北流市	Beiliu	156.6
恩施市	Enshi	82.2	靖西市	Jingxi	66.2
利川市	Lichuan	91.8	平果市	Pingguo	52.4
仙桃市	Xiantao	151.5	合山市	Heshan	13.1
潜江市	Qianjiang	99.3	凭祥市	Pingxiang	11.7
天门市	Tianmen	158.1	**海南省**	**Hainan**	
湖南省	**Hunan**		五指山市	Wuzhishan	10.4
浏阳市	Liuyang	148.1	琼海市	Qionghai	52.3
宁乡市	Ningxiang	141.5	文昌市	Wenchang	59.6

3-1 续表 3 continued

单位：万人 (10 000 persons)

城 市	City	年末户籍人口 Household Registered Population at Year-end	城 市	City	年末户籍人口 Household Registered Population at Year-end
万宁市	Wanning	62.5	**陕西省**	**Shaanxi**	
东方市	Dongfang	46.4	兴平市	Xingping	59.8
四川省	**Sichuan**		彬州市	Binzhou	36.3
都江堰市	Dujiangyan	62.4	韩城市	Hancheng	39.3
彭州市	Pengzhou	79.6	华阴市	Huayin	23.8
邛崃市	Qionglai	64.9	子长市	Zichang	26.4
崇州市	Chongzhou	65.9	神木市	Shenmu	46.2
简阳市	Jianyang	149.9	旬阳市	Xunyang	44.3
广汉市	Guanghan	59.6	**甘肃省**	**Gansu**	
什邡市	Shifang	42.0	华亭市	Huating	19.2
绵竹市	Mianzhu	49.1	玉门市	Yumen	13.8
江油市	Jiangyou	84.7	敦煌市	Dunhuang	14.3
射洪市	Shehong	93.4	临夏市	Linxia	28.8
隆昌市	Longchang	75.3	合作市	Hezuo	9.7
峨眉山市	Emeishan	42.3	**青海省**	**Qinghai**	
阆中市	Langzhong	81.7	同仁市	Tongren	10.2
华蓥市	Huaying	34.7	玉树市	Yushu	11.5
万源市	Wanyuan	55.9	格尔木市	Golmud	13.9
马尔康市	Maerkang	5.3	德令哈市	Delingha	7.3
康定市	Kangding	10.6	茫崖市	Mangya	5.5
西昌市	Xichang	74.0	**宁夏回族自治区**	**Ningxia**	
会理市	Huili	46.0	灵武市	Lingwu	25.6
贵州省	**Guizhou**		青铜峡市	Qingtongxia	27.4
清镇市	Qingzhen	56.2	**新疆维吾尔自治区**	**Xinjiang**	
盘州市	Panzhou	133.8	昌吉市	Changji	40.4
赤水市	Chishui	31.8	阜康市	Fukang	16.1
仁怀市	Renhuai	74.9	博乐市	Bole	18.9
黔西市	Qianxi	102.6	阿拉山口市	Alashankou	0.4
兴义市	Xingyi	93.7	库尔勒市	Korla	48.8
兴仁市	Xingren	58.0	阿克苏市	Akesu	57.1
凯里市	Kaili	58.8	库车市	Kuche	48.3
都匀市	Duyun	51.1	阿图什市	Artux	28.5
福泉市	Fuquan	34.2	喀什市	Kashi	66.8
云南省	**Yunnan**		和田市	Hetian	41.5
安宁市	Anning	28.7	伊宁市	Yining	61.0
宣威市	Xuanwei	155.3	奎屯市	Kuitun	14.5
澄江市	Chengjiang	17.5	霍尔果斯市	Horgos	6.6
腾冲市	Tengchong	69.3	塔城市	Tacheng	14.5
水富市	Shuifu	10.9	乌苏市	Wusu	21.1
楚雄市	Chuxiong	54.7	沙湾市	Shawan	19.7
禄丰市	Lufeng	42.0	阿勒泰市	Aletai	18.5
个旧市	Gejiu	37.4	石河子市	Shihezi	35.1
开远市	Kaiyuan	28.6	阿拉尔市	Alar	32.9
蒙自市	Mengzi	45.1	图木舒克市	Tumushuke	24.5
弥勒市	Mile	55.3	五家渠市	Wujiaqu	9.8
文山市	Wenshan	54.7	北屯市	Beitun	5.4
景洪市	Jinghong	43.5	铁门关市	Tiemenguan	11.9
大理市	Dali	65.3	双河市	Shuanghe	6.4
瑞丽市	Ruili	14.6	可克达拉市	Cocodala	8.7
芒市	Mangshi	41.2	昆玉市	Kunyu	5.7
泸水市	Lushui	19.0	胡杨河市	Huyanghe	3.4
香格里拉市	Shangri-la	15.3			

3-2 行政区域土地面积
Total Land Area of Administrative region

单位：平方公里 (sq.km)

城　市	City	行政区域土地面积 Total Land Area of Administrative region
河北省	**Hebei**	
辛集市	Xinji	951.0
晋州市	Jinzhou	619.0
新乐市	Xinle	525.0
遵化市	Zunhua	1513.6
迁安市	Qian'an	1227.2
滦州市	Luanzhou	1027.2
武安市	Wu'an	1818.1
南宫市	Nangong	861.3
沙河市	Shahe	859.0
涿州市	Zhuozhou	751.0
定州市	Dingzhou	1283.7
安国市	Anguo	486.0
高碑店市	Gaobeidian	620.0
平泉市	Pingquan	3294.1
泊头市	Botou	1008.9
任丘市	Renqiu	872.0
黄骅市	Huanghua	1717.6
河间市	Hejian	1322.4
霸州市	Bazhou	802.0
三河市	Sanhe	634.0
深州市	Shenzhou	1245.2
山西省	**Shanxi**	
古交市	Gujiao	1512.0
高平市	Gaoping	980.0
怀仁市	Huairen	1234.0
介休市	Jiexiu	741.2
永济市	Yongji	1208.0
河津市	Hejin	592.5
原平市	Yuanping	2550.0
侯马市	Houma	220.1
霍州市	Huozhou	765.4
孝义市	Xiaoyi	937.6
汾阳市	Fenyang	1180.6
内蒙古自治区	**Inner Mongolia**	
霍林郭勒市	Huolinguole	585.0
满洲里市	Manzhouli	734.6
牙克石市	Yakeshi	27803.0
扎兰屯市	Zhalantun	16785.0
额尔古纳市	Eerguna	28959.4
根河市	Genhe	20010.0
丰镇市	Fengzhen	2722.0
乌兰浩特市	Wulanhaote	2728.0
阿尔山市	Aershan	7409.0
二连浩特市	Erlianhaote	4013.0
锡林浩特市	Xilinhaote	14778.4
辽宁省	**Liaoning**	
新民市	Xinmin	3318.0
瓦房店市	Wafangdian	3643.0
庄河市	Zhuanghe	4115.1
海城市	Haicheng	2566.0
东港市	Donggang	2399.0
凤城市	Fengcheng	5515.2
凌海市	Linghai	2578.7
北镇市	Beizhen	1693.6
盖州市	Gaizhou	2946.0
大石桥市	Dashiqiao	1610.0
灯塔市	Dengta	1170.3
调兵山市	Diaobingshan	262.0
开原市	Kaiyuan	2838.0
北票市	Beipiao	4418.7
凌源市	Lingyuan	3282.4
兴城市	Xingcheng	2103.4
吉林省	**Jilin**	
榆树市	Yushu	4712.0
德惠市	Dehui	3461.0
公主岭市	Gongzhuling	4140.6
蛟河市	Jiaohe	6370.0
桦甸市	Huadian	6625.0
舒兰市	Shulan	4559.0
磐石市	Panshi	3861.2
双辽市	Shuangliao	3121.0
梅河口市	Meihekou	2179.0
集安市	Ji'an	3341.1
临江市	Linjiang	3009.0
扶余市	Fuyu	4388.0
洮南市	Taonan	5016.8
大安市	Daan	4879.0
延吉市	Yanji	1748.4
图们市	Tumen	1147.0
敦化市	Dunhua	11957.0
珲春市	Hunchun	5171.0
龙井市	Longjing	2209.0
和龙市	Helong	5069.0
黑龙江省	**Heilongjiang**	
尚志市	Shangzhi	8891.0
五常市	Wuchang	7499.2
讷河市	Nehe	6660.0
虎林市	Hulin	9334.0
密山市	Mishan	7728.0
铁力市	Tieli	3776.3
同江市	Tongjiang	6228.9
富锦市	Fujin	8224.0
抚远市	Fuyuan	6040.9
绥芬河市	Suifenhe	422.4
海林市	Hailin	8712.0
宁安市	Ning'an	7200.5
穆棱市	Muling	6040.6
东宁市	Dongning	7116.7
北安市	Bei'an	7194.0
五大连池市	Wudalianchi	8745.0
嫩江市	Nenjiang	15211.4
安达市	Anda	3586.0
肇东市	Zhaodong	4323.0
海伦市	Hailun	4642.3
漠河市	Mohe	18428.1

3-2 续表 1 continued

单位：平方公里 (sq.km)

城 市	City	行政区域土地面积 Total Land Area of Administrative region
江苏省	**Jiangsu**	
江阴市	Jiangyin	987.0
宜兴市	Yixing	1996.6
新沂市	Xinyi	1592.3
邳州市	Pizhou	2084.7
溧阳市	Liyang	1535.0
常熟市	Changshu	1276.3
张家港市	Zhangjiagang	986.7
昆山市	Kunshan	931.5
太仓市	Taicang	809.9
启东市	Qidong	1681.0
如皋市	Rugao	1574.0
海安市	Haian	1184.0
东台市	Dongtai	3557.7
仪征市	Yizheng	902.2
高邮市	Gaoyou	1921.8
丹阳市	Danyang	1047.0
扬中市	Yangzhong	327.0
句容市	Jurong	1378.0
兴化市	Xinghua	2395.0
靖江市	Jingjiang	655.6
泰兴市	Taixing	1169.7
浙江省	**Zhejiang**	
建德市	Jiande	2314.4
余姚市	Yuyao	1501.0
慈溪市	Cixi	1361.0
瑞安市	Rui'an	1341.5
乐清市	Yueqing	1395.5
龙港市	Longgang	184.0
海宁市	Haining	863.0
平湖市	Pinghu	557.4
桐乡市	Tongxiang	727.0
诸暨市	Zhuji	2311.0
嵊州市	Shengzhou	1789.0
兰溪市	Lanxi	1312.0
义乌市	Yiwu	1105.0
东阳市	Dongyang	1747.0
永康市	Yongkang	1047.0
江山市	Jiangshan	2019.0
温岭市	Wenling	1074.3
临海市	Linhai	2251.0
玉环市	Yuhuan	509.6
龙泉市	Longquan	3044.8
安徽省	**Anhui**	
巢湖市	Chaohu	2046.0
无为市	Wuwei	2022.0
桐城市	Tongcheng	1522.7
潜山市	Qianshan	1688.0
天长市	Tianchang	1754.0
明光市	Mingguang	2350.0
界首市	Jieshou	667.3
宁国市	Ningguo	2487.0
广德市	Guangde	2116.0
福建省	**Fujian**	
福清市	Fuqing	1701.0
永安市	Yong'an	2931.2
石狮市	Shishi	188.0
晋江市	Jinjiang	744.0
南安市	Nan'an	2024.0
邵武市	Shaowu	2859.4
武夷山市	Wuyishan	2803.0
建瓯市	Jian'ou	4199.0
漳平市	Zhangping	2955.7
福安市	Fu'an	1810.0
福鼎市	Fuding	1526.0
江西省	**Jiangxi**	
乐平市	Leping	1985.0
瑞昌市	Ruichang	1419.0
共青城市	Gongqingcheng	309.0
庐山市	Lushan	764.5
贵溪市	Guixi	2493.0
瑞金市	Ruijin	2441.4
龙南市	Longnan	1646.0
井冈山市	Jinggangshan	1453.0
丰城市	Fengcheng	2845.0
樟树市	Zhangshu	1289.0
高安市	Gaoan	2429.7
德兴市	Dexing	2079.4
山东省	**Shandong**	
胶州市	Jiaozhou	1324.0
平度市	Pingdu	3176.0
莱西市	Laixi	1568.0
滕州市	Tengzhou	1495.1
龙口市	Longkou	940.7
莱阳市	Laiyang	1730.5
莱州市	Laizhou	1948.5
招远市	Zhaoyuan	1432.3
栖霞市	Qixia	1793.2
海阳市	Haiyang	1916.0
青州市	Qingzhou	1561.3
诸城市	Zhucheng	2151.0
寿光市	Shouguang	1997.4
安丘市	Anqiu	1711.6
高密市	Gaomi	1527.0
昌邑市	Changyi	1628.0
曲阜市	Qufu	814.8
邹城市	Zoucheng	1616.6
新泰市	Xintai	1934.2
肥城市	Feicheng	1277.5
荣成市	Rongcheng	1555.2
乳山市	Rushan	1660.4
乐陵市	Laoling	1173.1
禹城市	Yucheng	992.4
临清市	Linqing	950.8

3-2 续表 2 continued

单位：平方公里 (sq.km)

城 市	City	行政区域土地面积 Total Land Area of Administrative region	城 市	City	行政区域土地面积 Total Land Area of Administrative region
邹平市	Zouping	1250.0	宁乡市	Ningxiang	2905.3
河南省	**Henan**		醴陵市	Liling	2157.0
巩义市	Gongyi	1043.0	湘乡市	Xiangxiang	1966.6
荥阳市	Xingyang	943.2	韶山市	Shaoshan	247.0
新密市	Xinmi	996.4	耒阳市	Leiyang	2648.0
新郑市	Xinzheng	701.7	常宁市	Changning	2048.0
登封市	Dengfeng	1216.8	武冈市	Wugang	1539.0
舞钢市	Wugang	641.0	邵东市	Shaodong	1779.0
汝州市	Ruzhou	1572.0	汨罗市	Miluo	1669.9
林州市	Linzhou	2062.0	临湘市	Linxiang	1718.7
卫辉市	Weihui	859.0	津市市	Jinshi	556.3
辉县市	Huixian	1681.4	沅江市	Yuanjiang	2129.0
长垣市	Changyuan	1051.0	资兴市	Zixing	2730.4
沁阳市	Qinyang	595.0	祁阳市	Qiyang	2537.7
孟州市	Mengzhou	542.0	洪江市	Hongjiang	2223.0
禹州市	Yuzhou	1469.0	冷水江市	Lengshuijiang	438.0
长葛市	Changge	650.0	涟源市	Lianyuan	1813.1
义马市	Yima	112.0	吉首市	Jishou	1082.1
灵宝市	Lingbao	3011.0	**广东省**	**Guangdong**	
邓州市	Dengzhou	2360.0	乐昌市	Lechang	2419.3
永城市	Yongcheng	2020.5	南雄市	Nanxiong	2326.2
项城市	Xiangcheng	1086.3	台山市	Taishan	3308.3
济源市	Jiyuan	1898.7	开平市	Kaiping	1656.9
湖北省	**Hubei**		鹤山市	Heshan	1082.7
大冶市	Daye	1556.0	恩平市	Enping	1693.9
丹江口市	Danjiangkou	3129.2	廉江市	Lianjiang	2867.0
宜都市	Yidu	1352.8	雷州市	Leizhou	3709.0
当阳市	Dangyang	2149.7	吴川市	Wuchuan	870.0
枝江市	Zhijiang	1374.4	高州市	Gaozhou	3270.0
老河口市	Laohekou	1052.0	化州市	Huazhou	2356.5
枣阳市	Zaoyang	3276.0	信宜市	Xinyi	3101.7
宜城市	Yicheng	2115.0	四会市	Sihui	1166.4
钟祥市	Zhongxiang	4488.0	兴宁市	Xingning	2075.0
京山市	Jingshan	3743.0	陆丰市	Lufeng	1561.0
应城市	Yingcheng	1103.0	阳春市	Yangchun	4038.0
安陆市	Anlu	1353.0	英德市	Yingde	5634.3
汉川市	Hanchuan	1659.0	连州市	Lianzhou	2667.6
石首市	Shishou	1406.0	普宁市	Puning	1620.0
洪湖市	Honghu	2444.0	罗定市	Luoding	2328.0
松滋市	Songzi	2177.0	**广西壮族自治区**	**Guangxi**	
监利市	Jianli	3200.8	横州市	Hengzhou	3448.1
麻城市	Macheng	3604.0	荔浦市	Lipu	1760.0
武穴市	Wuxue	1241.7	岑溪市	Cenxi	2770.3
赤壁市	Chibi	1717.7	东兴市	Dongxing	590.1
广水市	Guangshui	2646.0	桂平市	Guiping	4070.6
恩施市	Enshi	3969.0	北流市	Beiliu	2452.3
利川市	Lichuan	4606.0	靖西市	Jingxi	3325.6
仙桃市	Xiantao	2538.0	平果市	Pingguo	2457.2
潜江市	Qianjiang	2004.0	合山市	Heshan	365.7
天门市	Tianmen	2613.5	凭祥市	Pingxiang	645.0
湖南省	**Hunan**		**海南省**	**Hainan**	
浏阳市	Liuyang	4997.5	五指山市	Wuzhishan	1143.3
琼海市	Qionghai	1710.0	文昌市	Wenchang	2459.2

3-2 续表 3 continued

单位：平方公里 (sq.km)

城 市	City	行政区域土地面积 Total Land Area of Administrative region	城 市	City	行政区域土地面积 Total Land Area of Administrative region
万宁市	Wanning	1904.0	**陕西省**	**Shaanxi**	
东方市	Dongfang	2272.6	兴平市	Xingping	508.0
四川省	**Sichuan**		彬州市	Binzhou	1184.0
都江堰市	Dujiangyan	1208.3	韩城市	Hancheng	1621.0
彭州市	Pengzhou	1421.4	华阴市	Huayin	817.0
邛崃市	Qionglai	1376.7	子长市	Zichang	2396.0
崇州市	Chongzhou	1088.7	神木市	Shenmu	7635.0
简阳市	Jianyang	2213.5	旬阳市	Xunyang	3540.7
广汉市	Guanghan	548.7	**甘肃省**	**Gansu**	
什邡市	Shifang	820.0	华亭市	Huating	1200.7
绵竹市	Mianzhu	1246.0	玉门市	Yumen	13496.0
江油市	Jiangyou	2720.2	敦煌市	Dunhuang	26719.5
射洪市	Shehong	1496.0	临夏市	Linxia	89.0
隆昌市	Longchang	794.1	合作市	Hezuo	2091.2
峨眉山市	Emeishan	1181.9	**青海省**	**Qinghai**	
阆中市	Langzhong	1876.2	同仁市	Tongren	3275.0
华蓥市	Huaying	463.6	玉树市	Yushu	15411.0
万源市	Wanyuan	4053.0	格尔木市	Golmud	119263.0
马尔康市	Maerkang	6623.0	德令哈市	Delingha	27700.0
康定市	Kangding	11592.8	茫崖市	Mangya	49859.0
西昌市	Xichang	2881.6	**宁夏回族自治区**	**Ningxia**	
会理市	Huili	4517.9	灵武市	Lingwu	3009.1
贵州省	**Guizhou**		青铜峡市	Qingtongxia	2325.0
清镇市	Qingzhen	1386.6	**新疆维吾尔自治区**	**Xinjiang**	
盘州市	Panzhou	4040.9	昌吉市	Changji	7974.3
赤水市	Chishui	1852.0	阜康市	Fukang	8529.0
仁怀市	Renhuai	1789.9	博乐市	Bole	5947.0
黔西市	Qianxi	2555.3	阿拉山口市	Alashankou	1204.0
兴义市	Xingyi	2908.2	库尔勒市	Korla	6787.3
兴仁市	Xingren	1778.4	阿克苏市	Akesu	13584.0
凯里市	Kaili	1570.0	库车市	Kuche	14603.0
都匀市	Duyun	2285.0	阿图什市	Artux	16161.0
福泉市	Fuquan	1692.4	喀什市	Kashi	1006.6
云南省	**Yunnan**		和田市	Hetian	585.0
安宁市	Anning	1301.8	伊宁市	Yining	693.2
宣威市	Xuanwei	6053.0	奎屯市	Kuitun	909.5
澄江市	Chengjiang	773.0	霍尔果斯市	Horgos	1909.0
腾冲市	Tengchong	5845.0	塔城市	Tacheng	4356.0
水富市	Shuifu	442.9	乌苏市	Wusu	14376.3
楚雄市	Chuxiong	4433.0	沙湾市	Shawan	13110.0
禄丰市	Lufeng	3548.8	阿勒泰市	Aletai	10826.0
个旧市	Gejiu	1587.0	石河子市	Shihezi	460.0
开远市	Kaiyuan	1940.0	阿拉尔市	Alar	6757.0
蒙自市	Mengzi	2228.0	图木舒克市	Tumushuke	3611.6
弥勒市	Mile	4004.0	五家渠市	Wujiaqu	740.0
文山市	Wenshan	2977.0	北屯市	Beitun	910.5
景洪市	Jinghong	6867.0	铁门关市	Tiemenguan	1951.8
大理市	Dali	1815.0	双河市	Shuanghe	742.2
瑞丽市	Ruili	944.8	可克达拉市	Cocodala	979.7
芒市	Mangshi	2901.0	昆玉市	Kunyu	2021.7
泸水市	Lushui	3088.2	胡杨河市	Huyanghe	679.2
香格里拉市	Shangri-la	11419.0			

3-3 地区生产总值
Gross Regional Product

单位：万元 (10 000 yuan)

城市	City	地区生产总值 Gross Regional Product	第一产业增加值 Value-added of the Primary Industry	第二产业增加值 Value-added of the Secondary Industry	第三产业增加值 Value-added of the Tertiary Industry
河北省	**Hebei**				
辛集市	Xinji	4766155	532288	3101177	1132690
晋州市	Jinzhou	1715029	367887	493600	853542
新乐市	Xinle	1574252	357982	458650	757620
遵化市	Zunhua	5072408	562213	2283657	2226538
迁安市	Qian'an	11602895	328941	7790900	3483054
滦州市	Luanzhou	4737752	503268	2863640	1370844
武安市	Wu'an	7581344	290720	4817277	2473347
南宫市	Nangong	1301909	235621	480791	585497
沙河市	Shahe	2106739	75832	890225	1140682
涿州市	Zhuozhou	3714300	246073	909628	2558599
定州市	Dingzhou	3637305	855177	1365811	1416317
安国市	Anguo	1221737	252588	293585	675564
高碑店市	Gaobeidian	2287625	162684	971306	1153635
平泉市	Pingquan	1571236	523325	305233	742678
泊头市	Botou	2812111	211587	1181092	1419432
任丘市	Renqiu	6612278	153098	3140501	3318679
黄骅市	Huanghua	2858312	362783	865007	1630522
河间市	Hejian	2801456	221006	1021911	1558539
霸州市	Bazhou	4356080	108175	2329826	1918079
三河市	Sanhe	5951907	192965	1660433	4098509
深州市	Shenzhou	1709308	391597	533230	784481
山西省	**Shanxi**				
古交市	Gujiao	830753	36063	553808	240882
高平市	Gaoping	3417235	188180	2053019	1176036
怀仁市	Huairen	3046843	214265	1587805	1244773
介休市	Jiexiu	3230667	75016	2239693	915958
永济市	Yongji	1589441	312355	553543	723543
河津市	Hejin	3480896	131309	2349455	1000132
原平市	Yuanping	1928284	204816	1112135	611333
侯马市	Houma	1521011	42732	470210	1008069
霍州市	Huozhou	1005310	45484	560614	399212
孝义市	Xiaoyi	3518703	84924	2150444	1283335
汾阳市	Fenyang	2432124	100072	1418654	913398
内蒙古自治区	**Inner Mongolia**				
霍林郭勒市	Huolinguole	1975900	42200	1525100	408600
满洲里市	Manzhouli	1579403	39192	493263	1046948
牙克石市	Yakeshi	1086060	278477	134232	673351
扎兰屯市	Zhalantun	1793076	599672	656751	536653
额尔古纳市	Eerguna	431833	201616	46447	183770
根河市	Genhe	349208	51865	86995	210348
丰镇市	Fengzhen	954596	127905	476076	350615
乌兰浩特市	Wulanhaote	2021600	122999	948587	950014
阿尔山市	Aershan	205621	42728	35498	127395
二连浩特市	Erlianhaote	745681	9564	172100	564017
锡林浩特市	Xilinhaote	2953354	215536	1476151	1261667

3-3 续表 1 continued

单位：万元 (10 000 yuan)

城　市	City	地区生产总值 Gross Regional Product	第一产业增加值 Value-added of the Primary Industry	第二产业增加值 Value-added of the Secondary Industry	第三产业增加值 Value-added of the Tertiary Industry
辽宁省	**Liaoning**				
新民市	Xinmin	2811332	899392	627189	1284751
瓦房店市	Wafangdian	9340678	1200090	4793603	3346985
庄河市	Zhuanghe	5745222	1304316	2319723	2121183
海城市	Haicheng	5679631	451598	1953114	3274919
东港市	Donggang	2435562	905696	505783	1024083
凤城市	Fengcheng	1788905	328141	568881	891883
凌海市	Linghai	1548723	542331	297415	708977
北镇市	Beizhen	1134844	459930	101319	573595
盖州市	Gaizhou	1704674	480199	462447	762028
大石桥市	Dashiqiao	2969285	446186	1245589	1277510
灯塔市	Dengta	1577673	362311	457037	758325
调兵山市	Diaobingshan	1117428	37303	717502	362623
开原市	Kaiyuan	1171796	408409	210498	552889
北票市	Beipiao	1374172	412417	360997	600758
凌源市	Lingyuan	1613834	508646	272645	832543
兴城市	Xingcheng	1390552	341277	292210	757065
吉林省	**Jilin**				
榆树市	Yushu	2825317	1233387	365270	1226660
德惠市	Dehui	2675009	864848	426758	1383403
公主岭市	Gongzhuling	3458192	889317	807136	1761739
蛟河市	Jiaohe	1020963	282280	222978	515705
桦甸市	Huadian	1077203	346139	242971	488093
舒兰市	Shulan	1319132	564724	210029	544379
磐石市	Panshi	1367231	372445	375980	618806
双辽市	Shuangliao	1044758	421673	207636	415449
梅河口市	Meihekou	2712021	225079	1245357	1241585
集安市	Ji'an	728693	78423	165628	484642
临江市	Linjiang	841646	91351	250925	499370
扶余市	Fuyu	1555052	623033	150812	781207
洮南市	Taonan	930352	336969	73470	519914
大安市	Daan	1028449	298266	193929	536254
延吉市	Yanji	3520803	45724	1379711	2095368
图们市	Tumen	277427	17718	95150	164559
敦化市	Dunhua	1492679	238238	511028	743413
珲春市	Hunchun	1022518	69732	537308	415478
龙井市	Longjing	335250	44751	94361	196138
和龙市	Helong	364579	51770	109185	203624
黑龙江省	**Heilongjiang**				
尚志市	Shangzhi	1858122	702529	233657	921936
五常市	Wuchang	2920739	1145341	370104	1405294
讷河市	Nehe	1113187	543102	150959	419126
虎林市	Hulin	1607884	995379	182644	429861
密山市	Mishan	1439625	649245	130211	660169
铁力市	Tieli	796139	369681	180336	246122
同江市	Tongjiang	1107062	676756	57274	373032
富锦市	Fujin	1670514	710063	210119	750332

3-3 续表 2 continued

单位：万元 (10 000 yuan)

城　市	City	地区生产总值 Gross Regional Product	第一产业增加值 Value-added of the Primary Industry	第二产业增加值 Value-added of the Secondary Industry	第三产业增加值 Value-added of the Tertiary Industry
抚远市	Fuyuan	781363	583637	13225	184501
绥芬河市	Suifenhe	539504	14381	82989	442134
海林市	Hailin	1224292	325954	266104	632234
宁安市	Ning'an	1241313	664267	74510	502536
穆棱市	Muling	1329728	326832	496826	506070
东宁市	Dongning	749816	286790	154521	308505
北安市	Bei'an	1301736	387038	163150	751548
五大连池市	Wudalianchi	1164010	697517	71155	395338
嫩江市	Nenjiang	2470790	1272496	367784	830510
安达市	Anda	1799469	422342	244815	1132312
肇东市	Zhaodong	2221510	1024761	324204	872545
海伦市	Hailun	1309983	858492	53253	398238
漠河市	Mohe	412851	114319	182008	116524
江苏省	**Jiangsu**				
江阴市	Jiangyin	45803300	383000	23833300	21587000
宜兴市	Yixing	20821700	545200	10861100	9415400
新沂市	Xinyi	7814300	931700	2978700	3903900
邳州市	Pizhou	11082200	1650300	4448400	4983500
溧阳市	Liyang	12613000	568000	6488100	5556900
常熟市	Changshu	26720400	396800	13417100	12906500
张家港市	Zhangjiagang	30302100	297500	15508800	14495800
昆山市	Kunshan	47480600	311800	24627400	22541400
太仓市	Taicang	15740500	239800	7823800	7676900
启东市	Qidong	13460000	887000	6570000	6003000
如皋市	Rugao	14324000	822000	7076000	6426000
海安市	Haian	13431000	761000	7259000	5411000
东台市	Dongtai	9860800	1428900	3536100	4895800
仪征市	Yizheng	9107100	238400	4837700	4031000
高邮市	Gaoyou	9293100	933500	4682600	3677000
丹阳市	Danyang	13240100	525200	6900400	5814500
扬中市	Yangzhong	5507700	175100	2890700	2441900
句容市	Jurong	7367500	555400	3130000	3682100
兴化市	Xinghua	10209400	1412700	3975000	4821700
靖江市	Jingjiang	11423800	259800	6217800	4946200
泰兴市	Taixing	12734400	714800	6397700	5621900
浙江省	**Zhejiang**				
建德市	Jiande	4305966	378088	2170948	1756930
余姚市	Yuyao	14415033	506798	8852323	5055912
慈溪市	Cixi	23791693	609549	14553281	8628863
瑞安市	Rui'an	11489832	272305	5333434	5884093
乐清市	Yueqing	14334779	221966	6722255	7390558
龙港市	Longgang	3403368	95960	1588014	1719393
海宁市	Haining	11963029	194153	6920344	4848532
平湖市	Pinghu	9074953	150816	5482756	3441380
桐乡市	Tongxiang	11416927	259481	5643340	5514105
诸暨市	Zhuji	15466300	535900	7345100	7585300
嵊州市	Shengzhou	6583908	418071	2946371	3219466

3-3 续表 3 continued

单位：万元 (10 000 yuan)

城 市	City	地区生产总值 Gross Regional Product	第一产业增加值 Value-added of the Primary Industry	第二产业增加值 Value-added of the Secondary Industry	第三产业增加值 Value-added of the Tertiary Industry
兰溪市	Lanxi	4480300	260700	2307000	1912600
义乌市	Yiwu	17301575	245782	5541735	11514058
东阳市	Dongyang	7308369	187505	3287339	3833525
永康市	Yongkang	7222323	92073	3938352	3191898
江山市	Jiangshan	3657550	224513	1678321	1754715
温岭市	Wenling	12569631	857111	5592166	6120354
临海市	Linhai	8198681	541621	3631771	4025289
玉环市	Yuhuan	7113879	409227	3801400	2903252
龙泉市	Longquan	1617600	168600	572400	876600
安徽省	**Anhui**				
巢湖市	Chaohu	5231019	468456	2065774	2696789
无为市	Wuwei	5770037	589747	2840200	2340090
桐城市	Tongcheng	4191055	366486	2132370	1692199
潜山市	Qianshan	2300976	309432	990217	1001327
天长市	Tianchang	6225024	417149	3765283	2042592
明光市	Mingguang	2734421	437656	784955	1511810
界首市	Jieshou	3875585	347331	2235819	1292435
宁国市	Ningguo	4317032	273679	2526616	1516737
广德市	Guangde	3807005	285873	1881710	1639422
福建省	**Fujian**				
福清市	Fuqing	14140436	1235240	6657319	6247877
永安市	Yong'an	4879903	386471	2854318	1639114
石狮市	Shishi	10725100	277871	4766303	5680926
晋江市	Jinjiang	29864112	207844	18252704	11403564
南安市	Nan'an	15363641	334433	9191525	5837683
邵武市	Shaowu	2570361	326067	1085754	1158540
武夷山市	Wuyishan	2246809	300358	747833	1198618
建瓯市	Jian'ou	2956157	567058	1015740	1373359
漳平市	Zhangping	2950251	374820	1190029	1385402
福安市	Fu'an	6804126	577343	4303938	1922845
福鼎市	Fuding	4542448	693241	2325964	1523243
江西省	**Jiangxi**				
乐平市	Leping	4063342	424464	1930953	1707925
瑞昌市	Ruichang	3085134	227663	1786131	1071340
共青城市	Gongqingcheng	2027180	88168	1028777	910235
庐山市	Lushan	1662065	109518	608072	944475
贵溪市	Guixi	5923221	401120	3593759	1928342
瑞金市	Ruijin	1952348	282534	742560	927254
龙南市	Longnan	2001185	160441	1002169	838575
井冈山市	Jinggangshan	884614	89716	164624	630274
丰城市	Fengcheng	6129286	817894	2803403	2507989
樟树市	Zhangshu	4901809	461379	2222294	2218136
高安市	Gaoan	5299579	472719	1949693	2877167
德兴市	Dexing	1913192	225525	664299	1023368
山东省	**Shandong**				
胶州市	Jiaozhou	14562700	639400	7079000	6844300
平度市	Pingdu	8211431	1241700	3120600	3849131

3–3 续表 4 continued

单位：万元 (10 000 yuan)

城 市	City	地区生产总值 Gross Regional Product	第一产业增加值 Value-added of the Primary Industry	第二产业增加值 Value-added of the Secondary Industry	第三产业增加值 Value-added of the Tertiary Industry
莱西市	Laixi	6255000	743800	2371800	3139400
滕州市	Tengzhou	8584900	877700	3902800	3804400
龙口市	Longkou	12366387	406813	6009756	5949818
莱阳市	Laiyang	4792048	620428	1962681	2208939
莱州市	Laizhou	7013134	933138	3068415	3011581
招远市	Zhaoyuan	7494248	550075	2834978	4109195
栖霞市	Qixia	2727445	592688	592962	1541795
海阳市	Haiyang	4595824	910963	1562012	2122849
青州市	Qingzhou	6767960	723860	2746800	3297300
诸城市	Zhucheng	7673900	795600	2912300	3966000
寿光市	Shouguang	9535800	1269200	3993600	4273000
安丘市	Anqiu	4038600	635000	1157800	2245800
高密市	Gaomi	6145500	555100	2035400	3555000
昌邑市	Changyi	5278600	597400	2221300	2459900
曲阜市	Qufu	4028803	313023	1225341	2490439
邹城市	Zoucheng	9605500	653200	4642400	4309900
新泰市	Xintai	5738985	628523	2295487	2814976
肥城市	Feicheng	7709086	622671	3803729	3282686
荣成市	Rongcheng	10214300	1611300	3128200	5474800
乳山市	Rushan	3287900	624500	1070100	1593300
乐陵市	Laoling	2748927	439505	973464	1335957
禹城市	Yucheng	2844249	533010	923770	1387468
临清市	Linqing	2692700	345100	980300	1367300
邹平市	Zouping	6319930	348679	3245412	2725838
河南省	**Henan**				
巩义市	Gongyi	9018795	135533	5354807	3528455
荥阳市	Xingyang	5542313	327663	2654812	2559838
新密市	Xinmi	7132520	281956	3636994	3213570
新郑市	Xinzheng	7933300	287900	3294064	4351336
登封市	Dengfeng	4661123	281440	2088333	2291350
舞钢市	Wugang	1588559	163164	830187	595208
汝州市	Ruzhou	5345699	439519	2245350	2660830
林州市	Linzhou	6153428	145373	3198578	2809477
卫辉市	Weihui	1862464	240296	692155	930013
辉县市	Huixian	3590386	382225	1614545	1593616
长垣市	Changyuan	5295868	480534	2847454	1967880
沁阳市	Qinyang	3206313	198988	1451884	1555441
孟州市	Mengzhou	2371591	245403	1072874	1053314
禹州市	Yuzhou	9038261	340898	4943769	3753594
长葛市	Changge	8248419	312040	5823267	2113112
义马市	Yima	1468404	18622	924627	525155
灵宝市	Lingbao	4657288	642692	2314105	1700491
邓州市	Dengzhou	4808890	1056500	1330601	2421789
永城市	Yongcheng	7200100	926100	3118500	3155500
项城市	Xiangcheng	4180497	539754	1814804	1825939
济源市	Jiyuan	7622300	260200	4603000	2759100

3-3 续表 5 continued

单位：万元 (10 000 yuan)

城 市	City	地区生产总值 Gross Regional Product	第一产业增加值 Value-added of the Primary Industry	第二产业增加值 Value-added of the Secondary Industry	第三产业增加值 Value-added of the Tertiary Industry
湖北省	**Hubei**				
大冶市	Daye	7511300	546200	4166600	2798500
丹江口市	Danjiangkou	3020564	372681	990446	1657437
宜都市	Yidu	8000605	640786	3902212	3457607
当阳市	Dangyang	5696772	1105173	2120827	2470772
枝江市	Zhijiang	7223594	1099815	3294774	2829005
老河口市	Laohekou	3842737	621593	1531301	1689843
枣阳市	Zaoyang	7560617	1186500	3074686	3299431
宜城市	Yicheng	4094874	684021	1579042	1831811
钟祥市	Zhongxiang	6015600	884700	2563100	2567800
京山市	Jingshan	4258832	712679	1732130	1814023
应城市	Yingcheng	4335014	647992	1805207	1881816
安陆市	Anlu	2883197	455390	1054564	1373243
汉川市	Hanchuan	7531186	841968	3925152	2764066
石首市	Shishou	2393488	503688	761888	1127912
洪湖市	Honghu	3190196	1045253	766921	1378022
松滋市	Songzi	4050149	557970	1706059	1786120
监利市	Jianli	3358329	1250018	623594	1484717
麻城市	Macheng	4102600	731300	1549900	1821400
武穴市	Wuxue	3478649	648424	1143537	1686688
赤壁市	Chibi	5195357	617739	2132102	2445517
广水市	Guangshui	3900726	655414	1699758	1545554
恩施市	Enshi	4162938	386914	1509670	2266354
利川市	Lichuan	2317200	461400	372600	1483200
仙桃市	Xiantao	9299000	1187000	3974600	4137400
潜江市	Qianjiang	8527381	988585	3616181	3922615
天门市	Tianmen	7188900	1051600	3121300	3016000
湖南省	**Hunan**				
浏阳市	Liuyang	16165620	1302121	8409170	6454329
宁乡市	Ningxiang	11670232	1312943	4929943	5427346
醴陵市	Liling	8251853	768769	4412283	3070801
湘乡市	Xiangxiang	5455969	689037	2882801	1884131
韶山市	Shaoshan	1058870	76504	490292	492074
耒阳市	Leiyang	4193682	654719	1183333	2355630
常宁市	Changning	4010624	617019	1320751	2072854
武冈市	Wugang	1858035	592682	444138	821215
邵东市	Shaodong	6852100	595172	2519263	3737665
汨罗市	Miluo	5631800	624900	2544000	2462900
临湘市	Linxiang	3098800	412400	1249300	1437100
津市市	Jinshi	1935557	263920	838657	832980
沅江市	Yuanjiang	2916685	698407	1186871	1031407
资兴市	Zixing	3617937	361167	1958051	1298719
祁阳市	Qiyang	3757013	589505	1199329	1968179
洪江市	Hongjiang	1788466	358429	679867	750170
冷水江市	Lengshuijiang	2572662	123827	1152178	1296656
涟源市	Lianyuan	3296571	531466	1172548	1592557
吉首市	Jishou	2202359	103696	832931	1265732

3-3 续表 6 continued

单位：万元 (10 000 yuan)

城　市	City	地区生产总值 Gross Regional Product	第一产业增加值 Value-added of the Primary Industry	第二产业增加值 Value-added of the Secondary Industry	第三产业增加值 Value-added of the Tertiary Industry
广东省	**Guangdong**				
乐昌市	Lechang	1377114	315014	308890	753210
南雄市	Nanxiong	1318972	365491	329023	624458
台山市	Taishan	5032292	1087399	2017143	1927750
开平市	Kaiping	4384493	522635	2052062	1809796
鹤山市	Heshan	4406936	318966	2227643	1860327
恩平市	Enping	2057226	321104	568237	1167885
廉江市	Lianjiang	5161572	1340719	1663934	2156919
雷州市	Leizhou	3541226	1452817	407940	1680469
吴川市	Wuchuan	3044127	375624	963011	1705493
高州市	Gaozhou	6871647	1658660	1694716	3518271
化州市	Huazhou	6253518	1474677	1544677	3234164
信宜市	Xinyi	5222317	1425433	875005	2921879
四会市	Sihui	4731208	692222	1873350	2165636
兴宁市	Xingning	1963169	523665	335028	1104476
陆丰市	Lufeng	4185235	777478	1701022	1706735
阳春市	Yangchun	3667732	736114	1127882	1803736
英德市	Yingde	4036744	799725	1663920	1573099
连州市	Lianzhou	1814267	467574	520677	826017
普宁市	Puning	6075850	442385	1776333	3857132
罗定市	Luoding	3121854	640424	868174	1613256
广西壮族自治区	**Guangxi**				
横州市	Hengzhou	3544277	989703	1070224	1484349
荔浦市	Lipu	1594504	331797	431968	830739
岑溪市	Cenxi	2325668	492422	844915	988331
东兴市	Dongxing	810003	219463	125628	464912
桂平市	Guiping	3902924	891465	1051084	1960375
北流市	Beiliu	3884147	703878	1260141	1920128
靖西市	Jingxi	1589561	234265	788488	566808
平果市	Pingguo	2331246	252191	1229775	849280
合山市	Heshan	451169	49846	191639	209684
凭祥市	Pingxiang	845535	74243	273185	498107
海南省	**Hainan**				
五指山市	Wuzhishan	367633	77333	61789	228511
琼海市	Qionghai	3378745	1115935	442338	1820472
文昌市	Wenchang	3087284	1041751	692071	1353462
万宁市	Wanning	2760308	810377	665859	1284072
东方市	Dongfang	2150305	567721	801321	781263
四川省	**Sichuan**				
都江堰市	Dujiangyan	4842765	377720	1602343	2862702
彭州市	Pengzhou	6019945	670178	3292261	2057506
邛崃市	Qionglai	3863213	507478	1621788	1733947
崇州市	Chongzhou	4425895	410848	2209864	1805183
简阳市	Jianyang	6200872	840522	1507561	3852789
广汉市	Guanghan	4801979	411452	2473572	1916955
什邡市	Shifang	4092308	386318	2080663	1625327
绵竹市	Mianzhu	3768540	359617	1975917	1433006
江油市	Jiangyou	5282664	614110	2258622	2409932

3-3 续表 7 continued

单位：万元 (10 000 yuan)

城　市	City	地区生产总值 Gross Regional Product	第一产业增加值 Value-added of the Primary Industry	第二产业增加值 Value-added of the Secondary Industry	第三产业增加值 Value-added of the Tertiary Industry
射洪市	Shehong	4900884	831384	2535150	1534350
隆昌市	Longchang	3272511	480689	1068874	1722948
峨眉山市	Emeishan	3857513	338720	1325237	2193556
阆中市	Langzhong	2805344	628624	928485	1248235
华蓥市	Huaying	1859835	157137	912756	789942
万源市	Wanyuan	1451347	397738	327112	726497
马尔康市	Maerkang	607917	46537	177933	383447
康定市	Kangding	1193130	60684	493061	639385
西昌市	Xichang	6304786	572629	2692563	3039594
会理市	Huili	2000463	610238	639933	750292
贵州省	**Guizhou**				
清镇市	Qingzhen	2985264	358743	1156418	1470103
盘州市	Panzhou	6393916	748529	3350738	2294649
赤水市	Chishui	1179734	230941	433616	515177
仁怀市	Renhuai	15644870	364352	11208496	4072022
黔西市	Qianxi	2422400	492900	748400	1181100
兴义市	Xingyi	5483979	510990	1956353	3016637
兴仁市	Xingren	2165500	365200	884000	916300
凯里市	Kaili	2954105	209151	568113	2176841
都匀市	Duyun	2344772	242978	370053	1731741
福泉市	Fuquan	2172200	214300	1113700	844200
云南省	**Yunnan**				
安宁市	Anning	6125833	217254	3675954	2232625
宣威市	Xuanwei	4518598	851819	1572818	2093961
澄江市	Chengjiang	1535832	145918	298073	1091841
腾冲市	Tengchong	3219151	637972	1337456	1243723
水富市	Shuifu	898545	38378	615988	244179
楚雄市	Chuxiong	5634271	477708	2970048	2186515
禄丰市	Lufeng	2384922	538048	897967	948907
个旧市	Gejiu	4010536	238199	2129586	1642751
开远市	Kaiyuan	3033765	300799	1237395	1495571
蒙自市	Mengzi	4477360	398275	2014699	2064386
弥勒市	Mile	4960953	481780	2584801	1894372
文山市	Wenshan	3605279	266052	1663745	1675482
景洪市	Jinghong	3505029	589723	955784	1959522
大理市	Dali	5174384	283608	1623773	3267003
瑞丽市	Ruili	1424593	157159	153230	1114204
芒市	Mangshi	1809871	381487	376112	1052272
泸水市	Lushui	872604	121969	314472	436163
香格里拉市	Shangri-la	1776420	74268	710593	991559
陕西省	**Shaanxi**				
兴平市	Xingping	2809539	342639	1369700	1097200
彬州市	Binzhou	2701583	232324	1821180	648079
韩城市	Hancheng	3745198	274143	2618768	852287
华阴市	Huayin	776000	114600	118600	542800
子长市	Zichang	1356686	93761	858652	404273
神木市	Shenmu	18481700	267500	14934100	3280100
旬阳市	Xunyang	2007363	234817	1038472	734074

3-3 续表 8 continued

单位：万元 (10 000 yuan)

城 市	City	地区生产总值 Gross Regional Product	第一产业增加值 Value-added of the Primary Industry	第二产业增加值 Value-added of the Secondary Industry	第三产业增加值 Value-added of the Tertiary Industry
甘肃省	**Gansu**				
华亭市	Huating	817292	75039	506935	235318
玉门市	Yumen	2224952	237708	1641950	345295
敦煌市	Dunhuang	838304	121646	192776	523882
临夏市	Linxia	1060560	25019	177373	858168
合作市	Hezuo	615054	32204	91465	491385
青海省	**Qinghai**				
同仁市	Tongren	402644	63544	48845	290256
玉树市	Yushu	195087	81163	21460	92464
格尔木市	Golmud	3671374	70843	2506794	1093737
德令哈市	Delingha	949536	83220	437825	428491
茫崖市	Mangya	927600	1700	811100	114800
宁夏回族自治区	**Ningxia**				
灵武市	Lingwu	6390372	159096	5366756	864520
青铜峡市	Qingtongxia	1557915	304430	788500	464985
新疆维吾尔自治区	**Xinjiang**				
昌吉市	Changji	4717572	499951	1552082	2665539
阜康市	Fukang	2492910	413983	1384980	693947
博乐市	Bole	2050530	490759	597353	962418
阿拉山口市	Alashankou	1003763		382225	621538
库尔勒市	Korla	8057594	435526	5607585	2014484
阿克苏市	Akesu	3023583	348508	853398	1821677
库车市	Kuche	3281754	285066	1893667	1103021
阿图什市	Artux	805199	110163	213487	481549
喀什市	Kashi	2647020	111362	639506	1896152
和田市	Hetian	1256816	44990	227337	984489
伊宁市	Yining	3367859	113383	1058013	2196463
奎屯市	Kuitun	2425259	115171	1384445	925644
霍尔果斯市	Horgos	2083723	101882	168909	1812932
塔城市	Tacheng	1233400	368200	153900	711300
乌苏市	Wusu	2355053	1078729	569220	707104
沙湾市	Shawan	2312063	1257851	312959	741253
阿勒泰市	Aletai	1094118	136794	197886	759438
石河子市	Shihezi	4290738	150851	2556276	1583611
阿拉尔市	Alar	3751945	1758423	721778	1271744
图木舒克市	Tumushuke	2179460	720029	554052	905379
五家渠市	Wujiaqu	2637161	130213	1968292	538656
北屯市	Beitun	494715	84980	128980	280755
铁门关市	Tiemenguan	1435491	393998	538899	502594
双河市	Shuanghe	619871	220050	100792	299029
可克达拉市	Cocodala	972663	201726	414754	356183
昆玉市	Kunyu	367552	163652	74915	128985
胡杨河市	Huyanghe	709125	280054	213662	215409

3-4 公共财政收支
Public Finance Income and Expenditure

单位：万元 (10 000 yuan)

城 市	City	一般公共预算收入 General Public Budget Revenue	一般公共预算支出 General Public Budget Expenditure
河北省	**Hebei**		
辛集市	Xinji	273014	564685
晋州市	Jinzhou	122388	379590
新乐市	Xinle	122586	339712
遵化市	Zunhua	184838	468821
迁安市	Qian'an	660205	799976
滦州市	Luanzhou	254670	450263
武安市	Wu'an	550359	788852
南宫市	Nangong	60923	255453
沙河市	Shahe	150718	293291
涿州市	Zhuozhou	342072	662714
定州市	Dingzhou	281290	677796
安国市	Anguo	100264	293356
高碑店市	Gaobeidian	183511	391286
平泉市	Pingquan	72290	346996
泊头市	Botou	108282	363694
任丘市	Renqiu	413567	515812
黄骅市	Huanghua	224666	493800
河间市	Hejian	150451	425196
霸州市	Bazhou	287428	496032
三河市	Sanhe	619942	962163
深州市	Shenzhou	113938	355621
山西省	**Shanxi**		
古交市	Gujiao	187291	248334
高平市	Gaoping	360166	492468
怀仁市	Huairen	160935	259003
介休市	Jiexiu	280560	368028
永济市	Yongji	53754	275624
河津市	Hejin	184206	305605
原平市	Yuanping	99130	342591
侯马市	Houma	55566	177841
霍州市	Huozhou	55951	176870
孝义市	Xiaoyi	312074	332642
汾阳市	Fenyang	281687	317297
内蒙古自治区	**Inner Mongolia**		
霍林郭勒市	Huolinguole	167092	234936
满洲里市	Manzhouli	140027	389413
牙克石市	Yakeshi	28610	287378
扎兰屯市	Zhalantun	53596	358543
额尔古纳市	Eerguna	17632	164473
根河市	Genhe	8695	162151
丰镇市	Fengzhen	49643	267779
乌兰浩特市	Wulanhaote	110193	324700
阿尔山市	Aershan	8952	139009
二连浩特市	Erlianhaote	36009	174921
锡林浩特市	Xilinhaote	258070	373062
辽宁省	**Liaoning**		
新民市	Xinmin	151026	487626
瓦房店市	Wafangdian	694964	944366
庄河市	Zhuanghe	490598	753260
海城市	Haicheng	359012	660982
东港市	Donggang	168809	406011
漠河市	Mohe	42866	162796
凤城市	Fengcheng	109558	345077
凌海市	Linghai	169287	335801
北镇市	Beizhen	71048	263495
盖州市	Gaizhou	100710	463609
大石桥市	Dashiqiao	221397	432206
灯塔市	Dengta	168553	258080
调兵山市	Diaobingshan	85918	136213
开原市	Kaiyuan	60066	237756
北票市	Beipiao	100022	440300
凌源市	Lingyuan	124569	406668
兴城市	Xingcheng	118160	425945
吉林省	**Jilin**		
榆树市	Yushu	127991	708133
德惠市	Dehui	123293	645099
公主岭市	Gongzhuling	196269	777667
蛟河市	Jiaohe	43144	292563
桦甸市	Huadian	45620	334082
舒兰市	Shulan	73075	396970
磐石市	Panshi	85412	350082
双辽市	Shuangliao	73274	411598
梅河口市	Meihekou	391057	632603
集安市	Ji'an	38133	290098
临江市	Linjiang	28016	171287
扶余市	Fuyu	104328	520987
洮南市	Taonan	73507	354723
大安市	Daan	140465	433853
延吉市	Yanji	212093	526141
图们市	Tumen	15910	183754
敦化市	Dunhua	94347	459183
珲春市	Hunchun	75329	269360
龙井市	Longjing	23598	241971
和龙市	Helong	43048	237920
黑龙江省	**Heilongjiang**		
尚志市	Shangzhi	27804	346608
五常市	Wuchang	73237	578599
讷河市	Nehe	56227	525190
虎林市	Hulin	42786	284409
密山市	Mishan	46411	380769
铁力市	Tieli	36241	292364
同江市	Tongjiang	34395	271621
富锦市	Fujin	93930	540922
抚远市	Fuyuan	28443	251555
绥芬河市	Suifenhe	53588	245258
海林市	Hailin	52439	251221
宁安市	Ning'an	37045	267201
穆棱市	Muling	62220	306388
东宁市	Dongning	30176	215386
北安市	Bei'an	60265	457247
五大连池市	Wudalianchi	45202	426287
嫩江市	Nenjiang	95586	543778
安达市	Anda	105904	346317
肇东市	Zhaodong	72355	412241
海伦市	Hailun	42170	613256

3-4 续表 1 continued

单位：万元 (10 000 yuan)

城　市	City	一般公共预算收入 General Public Budget Revenue	一般公共预算支出 General Public Budget Expenditure
江苏省	**Jiangsu**		
江阴市	Jiangyin	2739428	2688007
宜兴市	Yixing	1423919	1882998
新沂市	Xinyi	437092	1030671
邳州市	Pizhou	473418	1270585
溧阳市	Liyang	873251	1099109
常熟市	Changshu	2307515	2733949
张家港市	Zhangjiagang	2641318	2443972
昆山市	Kunshan	4668800	3991135
太仓市	Taicang	1900268	1675569
启东市	Qidong	778054	1182203
如皋市	Rugao	778072	1392441
海安市	Haian	695021	1394200
东台市	Dongtai	602592	1277968
仪征市	Yizheng	482129	713477
高邮市	Gaoyou	390036	881479
丹阳市	Danyang	711076	1075154
扬中市	Yangzhong	380065	658553
句容市	Jurong	576404	857999
兴化市	Xinghua	461636	1249403
靖江市	Jingjiang	675148	1139633
泰兴市	Taixing	931181	1183856
浙江省	**Zhejiang**		
建德市	Jiande	384966	636673
余姚市	Yuyao	1297227	1425209
慈溪市	Cixi	2252655	2465089
瑞安市	Rui'an	842459	1209833
乐清市	Yueqing	970089	1294763
龙港市	Longgang	200334	322848
海宁市	Haining	1143973	1113985
平湖市	Pinghu	965800	1049743
桐乡市	Tongxiang	1093050	1155401
诸暨市	Zhuji	1002043	1191055
嵊州市	Shengzhou	520270	802139
兰溪市	Lanxi	346666	777743
义乌市	Yiwu	1274908	1542997
东阳市	Dongyang	833823	1107660
永康市	Yongkang	710379	862862
江山市	Jiangshan	256328	827575
温岭市	Wenling	803800	1046026
临海市	Linhai	660200	1059684
玉环市	Yuhuan	526318	767709
龙泉市	Longquan	104700	521500
安徽省	**Anhui**		
巢湖市	Chaohu	255215	668083
无为市	Wuwei	287534	652549
桐城市	Tongcheng	196672	575000
潜山市	Qianshan	104443	503767
天长市	Tianchang	440947	703551
明光市	Mingguang	203537	481083
界首市	Jieshou	201152	505206
宁国市	Ningguo	351910	452254
邹平市	Zouping	788225	961947
广德市	Guangde	326442	514177
福建省	**Fujian**		
福清市	Fuqing	1047928	1263551
永安市	Yong'an	200224	310661
石狮市	Shishi	401419	483274
晋江市	Jinjiang	1462000	1247671
南安市	Nan'an	586200	923609
邵武市	Shaowu	141199	336058
武夷山市	Wuyishan	98197	252623
建瓯市	Jian'ou	112026	321663
漳平市	Zhangping	103448	257147
福安市	Fu'an	363022	483856
福鼎市	Fuding	234143	408265
江西省	**Jiangxi**		
乐平市	Leping	343152	730230
瑞昌市	Ruichang	252253	424983
共青城市	Gongqingcheng	208961	351530
庐山市	Lushan	188830	356568
贵溪市	Guixi	413521	626983
瑞金市	Ruijin	158348	639675
龙南市	Longnan	161985	392000
井冈山市	Jinggangshan	69037	256893
丰城市	Fengcheng	501064	1036188
樟树市	Zhangshu	364498	686982
高安市	Gaoan	333135	634957
德兴市	Dexing	237653	534846
山东省	**Shandong**		
胶州市	Jiaozhou	1152567	1294948
平度市	Pingdu	664772	1171639
莱西市	Laixi	600366	904329
滕州市	Tengzhou	613013	795050
龙口市	Longkou	1120055	1094808
莱阳市	Laiyang	246757	475711
莱州市	Laizhou	415136	490365
招远市	Zhaoyuan	466000	521439
栖霞市	Qixia	130007	315085
海阳市	Haiyang	311417	443307
青州市	Qingzhou	538825	606806
诸城市	Zhucheng	641515	817356
寿光市	Shouguang	1033304	1241486
安丘市	Anqiu	312960	510763
高密市	Gaomi	571585	637862
昌邑市	Changyi	376143	563285
曲阜市	Qufu	254666	449603
邹城市	Zoucheng	841799	881264
新泰市	Xintai	375068	760877
肥城市	Feicheng	447017	593232
荣成市	Rongcheng	662368	1055211
乳山市	Rushan	257597	362842
乐陵市	Laoling	151703	361943
禹城市	Yucheng	232129	402759

3-4 续表 2 continued

单位：万元 (10 000 yuan)

城 市	City	一般公共预算收入 General Public Budget Revenue	一般公共预算支出 General Public Budget Expenditure
河南省	**Henan**		
巩义市	Gongyi	516200	698825
荥阳市	Xingyang	490310	672242
新密市	Xinmi	382039	588776
新郑市	Xinzheng	747006	1009644
登封市	Dengfeng	273631	504948
舞钢市	Wugang	153349	266825
汝州市	Ruzhou	376788	752919
林州市	Linzhou	400144	666195
卫辉市	Weihui	108193	517593
辉县市	Huixian	252042	536866
长垣市	Changyuan	407186	786591
沁阳市	Qinyang	183526	323474
孟州市	Mengzhou	166688	219526
禹州市	Yuzhou	272369	534646
长葛市	Changge	372115	424368
义马市	Yima	188899	231956
灵宝市	Lingbao	259668	412395
邓州市	Dengzhou	209596	808580
永城市	Yongcheng	505800	837800
项城市	Xiangcheng	160323	564469
济源市	Jiyuan	591296	784330
湖北省	**Hubei**		
大冶市	Daye	406000	792600
丹江口市	Danjiangkou	124920	476140
宜都市	Yidu	200026	394745
当阳市	Dangyang	140450	365090
枝江市	Zhijiang	171110	416968
老河口市	Laohekou	120638	482042
枣阳市	Zaoyang	212000	631655
宜城市	Yicheng	117946	511498
钟祥市	Zhongxiang	177964	606611
京山市	Jingshan	158814	501769
应城市	Yingcheng	154649	462042
安陆市	Anlu	115300	438000
汉川市	Hanchuan	256630	743087
石首市	Shishou	77963	349643
洪湖市	Honghu	107361	589248
松滋市	Songzi	173750	467603
监利市	Jianli	93984	628022
麻城市	Macheng	201958	677840
武穴市	Wuxue	192125	414245
赤壁市	Chibi	185004	552473
广水市	Guangshui	151513	479812
恩施市	Enshi	183433	664330
利川市	Lichuan	108139	644906
仙桃市	Xiantao	371180	1022553
潜江市	Qianjiang	269098	668378
天门市	Tianmen	213737	867736
湖南省	**Hunan**		
浏阳市	Liuyang	1042573	1637498
宁乡市	Ningxiang	728118	1205398
琼海市	Qionghai	128100	496378
醴陵市	Liling	304641	823435
湘乡市	Xiangxiang	157558	527889
韶山市	Shaoshan	69034	145487
耒阳市	Leiyang	169267	519461
常宁市	Changning	122836	568719
武冈市	Wugang	128284	582681
邵东市	Shaodong	190953	726100
汨罗市	Miluo	137087	522469
临湘市	Linxiang	81742	399954
津市市	Jinshi	87672	124307
沅江市	Yuanjiang	122176	500131
资兴市	Zixing	177242	410623
祁阳市	Qiyang	189346	645235
洪江市	Hongjiang	122059	403175
冷水江市	Lengshuijiang	90984	315394
涟源市	Lianyuan	87096	648865
吉首市	Jishou	113718	354949
广东省	**Guangdong**		
乐昌市	Lechang	82007	410675
南雄市	Nanxiong	68899	395196
台山市	Taishan	356698	771886
开平市	Kaiping	316450	519363
鹤山市	Heshan	365090	495123
恩平市	Enping	138899	400959
廉江市	Lianjiang	175281	830450
雷州市	Leizhou	95504	725211
吴川市	Wuchuan	150060	545034
高州市	Gaozhou	171842	900466
化州市	Huazhou	136960	827933
信宜市	Xinyi	117249	757120
四会市	Sihui	204427	361177
兴宁市	Xingning	106494	691300
陆丰市	Lufeng	101735	909064
阳春市	Yangchun	168309	657162
英德市	Yingde	252618	814403
连州市	Lianzhou	66244	362796
普宁市	Puning	226636	1015656
罗定市	Luoding	199687	764543
广西壮族自治区	**Guangxi**		
横州市	Hengzhou	89897	561517
荔浦市	Lipu	57400	261500
岑溪市	Cenxi	85371	411851
东兴市	Dongxing	54213	267053
桂平市	Guiping	129876	751345
北流市	Beiliu	186424	645084
靖西市	Jingxi	153738	582679
平果市	Pingguo	193251	358658
合山市	Heshan	19537	134037
凭祥市	Pingxiang	37648	207508
海南省	**Hainan**		
五指山市	Wuzhishan	22430	254225

3-4 续表 3 continued

单位：万元 (10 000 yuan)

城 市	City	一般公共预算收入 General Public Budget Revenue	一般公共预算支出 General Public Budget Expenditure	城 市	City	一般公共预算收入 General Public Budget Revenue	一般公共预算支出 General Public Budget Expenditure
文昌市	Wenchang	144208	649979	香格里拉市	Shangri-la	81615	416059
万宁市	Wanning	156745	500984	**陕西省**	**Shaanxi**		
东方市	Dongfang	107674	399676	兴平市	Xingping	70643	318002
四川省	**Sichuan**			彬州市	Binzhou	115108	281904
都江堰市	Dujiangyan	403801	531505	韩城市	Hancheng	331822	475529
彭州市	Pengzhou	402904	591668	华阴市	Huayin	30426	215549
邛崃市	Qionglai	310824	588427	子长市	Zichang	95720	286061
崇州市	Chongzhou	315203	503196	神木市	Shenmu	1214500	1336700
简阳市	Jianyang	380984	1323611	旬阳市	Xunyang	32882	380289
广汉市	Guanghan	281341	421892	**甘肃省**	**Gansu**		
什邡市	Shifang	237634	390186	华亭市	Huating	71487	197617
绵竹市	Mianzhu	244189	386871	玉门市	Yumen	52142	228126
江油市	Jiangyou	243851	460638	敦煌市	Dunhuang	53413	184433
射洪市	Shehong	201739	572054	临夏市	Linxia	70672	306219
隆昌市	Longchang	100123	353478	合作市	Hezuo	24220	181526
峨眉山市	Emeishan	209918	318260	**青海省**	**Qinghai**		
阆中市	Langzhong	151899	533733	同仁市	Tongren	11898	293999
华蓥市	Huaying	95440	244961	玉树市	Yushu	12433	253970
万源市	Wanyuan	61278	373359	格尔木市	Golmud	172613	362875
马尔康市	Maerkang	26781	151746	德令哈市	Delingha	32302	180019
康定市	Kangding	67009	256874	茫崖市	Mangya	19800	78988
西昌市	Xichang	579296	770907	**宁夏回族自治区**	**Ningxia**		
会理市	Huili	109193	326002	灵武市	Lingwu	349506	556506
贵州省	**Guizhou**			青铜峡市	Qingtongxia	81805	352131
清镇市	Qingzhen	190611	426336	**新疆维吾尔自治区**	**Xinjiang**		
盘州市	Panzhou	448891	1077894	昌吉市	Changji	405830	668820
赤水市	Chishui	48586	344092	阜康市	Fukang	193204	325375
仁怀市	Renhuai	858250	980660	博乐市	Bole	150653	434370
黔西市	Qianxi	122369	532546	阿拉山口市	Alashankou	90334	199377
兴义市	Xingyi	381479	753993	库尔勒市	Korla	337999	707043
兴仁市	Xingren	113072	373724	阿克苏市	Akesu	259319	702823
凯里市	Kaili	191019	659265	库车市	Kuche	420531	648041
都匀市	Duyun	176074	397657	阿图什市	Artux	48391	507159
福泉市	Fuquan	130108	337117	喀什市	Kashi	195061	1016852
云南省	**Yunnan**			和田市	Hetian	120200	602800
安宁市	Anning	540168	690189	伊宁市	Yining	300839	749036
宣威市	Xuanwei	166939	867916	奎屯市	Kuitun	164092	319539
澄江市	Chengjiang	90258	234349	霍尔果斯市	Horgos	413087	557730
腾冲市	Tengchong	154609	599660	塔城市	Tacheng	54803	289716
水富市	Shuifu	39079	155979	乌苏市	Wusu	100611	251154
楚雄市	Chuxiong	277448	588599	沙湾市	Shawan	85813	249867
禄丰市	Lufeng	95935	330947	阿勒泰市	Aletai	47307	371868
个旧市	Gejiu	145095	380738	石河子市	Shihezi	495771	865555
开远市	Kaiyuan	165669	384562	阿拉尔市	Alar	150019	1197138
蒙自市	Mengzi	169216	418504	图木舒克市	Tumushuke	82157	1034277
弥勒市	Mile	202571	434289	五家渠市	Wujiaqu	225268	1341904
文山市	Wenshan	234703	546056	北屯市	Beitun	34654	166569
景洪市	Jinghong	126381	451785	铁门关市	Tiemenguan	51060	359300
大理市	Dali	368517	450045	双河市	Shuanghe	30874	380548
瑞丽市	Ruili	80380	507659	可克达拉市	Cocodala	71802	588700
芒市	Mangshi	164845	392099	昆玉市	Kunyu	20184	266341
泸水市	Lushui	40078	354165	胡杨河市	Huyanghe	3969	

3-5 年末金融机构存贷款余额
Deposits and Loans of National Banking System at Year-end

单位：万元 (10 000 yuan)

城　　市	City	住户储蓄存款余额 Household Saving Deposits	年末金融机构各项贷款余额 Loans of Financial Institutions at Year-end
河北省	**Hebei**		
辛集市	Xinji	5105015	3257545
晋州市	Jinzhou	3761502	1784000
新乐市	Xinle	2603844	1348821
遵化市	Zunhua	5940966	3427426
迁安市	Qian'an	8767557	6372327
滦州市	Luanzhou	3867182	2136190
武安市	Wu'an	7334763	6985464
南宫市	Nangong	2624005	1731770
沙河市	Shahe	3378534	2625184
涿州市	Zhuozhou	5295498	6000603
定州市	Dingzhou	6709430	3902965
安国市	Anguo	2645819	1646038
高碑店市	Gaobeidian	5167140	7122597
平泉市	Pingquan	2941142	2426111
泊头市	Botou	4122703	1734115
任丘市	Renqiu	6929453	3344659
黄骅市	Huanghua	3891616	3750006
河间市	Hejian	5031034	2232177
霸州市	Bazhou	6655500	5727200
三河市	Sanhe	8338670	17955728
深州市	Shenzhou	2806391	2041555
山西省	**Shanxi**		
古交市	Gujiao	1943030	1133427
高平市	Gaoping	2942727	1854806
怀仁市	Huairen	3097272	1304114
介休市	Jiexiu	3515720	2826524
永济市	Yongji	1858269	900697
河津市	Hejin	2163098	1331317
原平市	Yuanping	3257617	1377834
侯马市	Houma	2066214	1328127
霍州市	Huozhou	1745389	1232511
孝义市	Xiaoyi	4795941	2347983
汾阳市	Fenyang	2780521	1584175
内蒙古自治区	**Inner Mongolia**		
霍林郭勒市	Huolinguole	953737	1251695
满洲里市	Manzhouli	2069136	1342273
牙克石市	Yakeshi	2095292	894240
扎兰屯市	Zhalantun	1570414	1341420
额尔古纳市	Eerguna	453351	344068
根河市	Genhe	776103	363318
丰镇市	Fengzhen	1213028	761517
乌兰浩特市	Wulanhaote	2533207	3947942
阿尔山市	Aershan	226253	374844
二连浩特市	Erlianhaote	706065	774900
锡林浩特市	Xilinhaote	2523128	4698309
辽宁省	**Liaoning**		
新民市	Xinmin	3556928	2143302
瓦房店市	Wafangdian	7799600	6345645
庄河市	Zhuanghe	6877484	3409291
海城市	Haicheng	10278476	4805533
东港市	Donggang	6066687	3065048
漠河市	Mohe	442348	337358
凤城市	Fengcheng	4185185	1962622
凌海市	Linghai	2993829	859557
北镇市	Beizhen	3463131	1046345
盖州市	Gaizhou	3735819	2466392
大石桥市	Dashiqiao	5745570	3855793
灯塔市	Dengta	2852157	1402491
调兵山市	Diaobingshan	2404771	1174285
开原市	Kaiyuan	2821803	1024663
北票市	Beipiao	2824115	1028844
凌源市	Lingyuan	3754100	1267400
兴城市	Xingcheng	3933921	2687733
吉林省	**Jilin**		
榆树市	Yushu	3708959	2563026
德惠市	Dehui	3883008	1467396
公主岭市	Gongzhuling	5528344	3511807
蛟河市	Jiaohe	2024777	897964
桦甸市	Huadian	1990816	1207276
舒兰市	Shulan	2357813	1436704
磐石市	Panshi	1815790	1561870
双辽市	Shuangliao	1690052	958686
梅河口市	Meihekou	3697556	2094268
集安市	Ji'an	1604542	1045689
临江市	Linjiang	954106	512628
扶余市	Fuyu	2091877	1063865
洮南市	Taonan	1499091	1148545
大安市	Daan	1680842	1397183
延吉市	Yanji	7062947	5512685
图们市	Tumen	814489	310291
敦化市	Dunhua	3135658	2350909
珲春市	Hunchun	1919510	1939786
龙井市	Longjing	1112601	328773
和龙市	Helong	875287	753329
黑龙江省	**Heilongjiang**		
尚志市	Shangzhi	2635236	1088000
五常市	Wuchang	3223602	1555432
讷河市	Nehe	1922917	1295573
虎林市	Hulin	2058377	2699313
密山市	Mishan	2475546	973352
铁力市	Tieli	1880795	331004
同江市	Tongjiang	688386	1021390
富锦市	Fujin	3818727	12220569
抚远市	Fuyuan	501248	419679
绥芬河市	Suifenhe	1323466	620321
海林市	Hailin	1909100	525500
宁安市	Ning'an	1922374	449884
穆棱市	Muling	1277970	381772
东宁市	Dongning	1658636	600954
北安市	Bei'an	2278079	1514391
五大连池市	Wudalianchi	1390067	414148
嫩江市	Nenjiang	2342076	1077083
安达市	Anda	2066175	1164877
肇东市	Zhaodong	3159165	1996700
海伦市	Hailun	2397821	1729717

3-5 续表 1 continued

单位：万元 (10 000 yuan)

城市	City	住户储蓄存款余额 Household Saving Deposits	年末金融机构各项贷款余额 Loans of Financial Institutions at Year-end
江苏省	**Jiangsu**		
江阴市	Jiangyin	17556600	37858100
宜兴市	Yixing	15224000	21804200
新沂市	Xinyi	3790753	5976727
邳州市	Pizhou	5828429	7886082
溧阳市	Liyang	8766912	13244943
常熟市	Changshu	19661854	35419512
张家港市	Zhangjiagang	17278854	34355298
昆山市	Kunshan	20216729	50217394
太仓市	Taicang	8568483	21678610
启东市	Qidong	12277722	14822937
如皋市	Rugao	11591062	15370315
海安市	Haian	11005796	16036702
东台市	Dongtai	8567205	8281847
仪征市	Yizheng	4694985	7145577
高邮市	Gaoyou	5824204	7321856
丹阳市	Danyang	9274608	14764401
扬中市	Yangzhong	4279262	7342878
句容市	Jurong	5176966	14503632
兴化市	Xinghua	8589500	9126200
靖江市	Jingjiang	7698800	13138800
泰兴市	Taixing	7383700	12791200
浙江省	**Zhejiang**		
建德市	Jiande	3863700	6842800
余姚市	Yuyao	12426308	19056572
慈溪市	Cixi	18422319	30581109
瑞安市	Rui'an	14097376	18942292
乐清市	Yueqing	14011960	19363052
龙港市	Longgang	1852667	5708155
海宁市	Haining	10738438	22152560
平湖市	Pinghu	6003291	13814594
桐乡市	Tongxiang	9856459	21331248
诸暨市	Zhuji	12148072	18366208
嵊州市	Shengzhou	6444400	9104100
兰溪市	Lanxi	4303770	7282796
义乌市	Yiwu	21020205	38607952
东阳市	Dongyang	10058906	13752444
永康市	Yongkang	9483000	13024137
江山市	Jiangshan	4234321	5492584
温岭市	Wenling	14653833	22328181
临海市	Linhai	9264581	14845140
玉环市	Yuhuan	6078866	8799381
龙泉市	Longquan	1663483	2425100
安徽省	**Anhui**		
巢湖市	Chaohu	4720089	6311548
无为市	Wuwei	5111500	4297468
桐城市	Tongcheng	4720041	3757396
潜山市	Qianshan	2698600	2179786
天长市	Tianchang	3859962	4877937
明光市	Mingguang	2233215	2752755
界首市	Jieshou	3006011	3367148
宁国市	Ningguo	2449870	3095008
邹平市	Zouping	4803616	7071254
广德市	Guangde	2631218	3969976
福建省	**Fujian**		
福清市	Fuqing	12048587	13493432
永安市	Yong'an	1770962	2673697
石狮市	Shishi	5639663	8141549
晋江市	Jinjiang	12700722	18244469
南安市	Nan'an	9215852	10950082
邵武市	Shaowu	1634785	1818693
武夷山市	Wuyishan	1470330	1873736
建瓯市	Jian'ou	2238181	1866242
漳平市	Zhangping	1118943	1501503
福安市	Fu'an	2181969	3511732
福鼎市	Fuding	2406834	5547712
江西省	**Jiangxi**		
乐平市	Leping	3889562	2811173
瑞昌市	Ruichang	1901104	2302631
共青城市	Gongqingcheng	661643	1659912
庐山市	Lushan	997038	1354960
贵溪市	Guixi	2524835	3799650
瑞金市	Ruijin	2621699	3472592
龙南市	Longnan	1455561	1975770
井冈山市	Jinggangshan	934448	1255314
丰城市	Fengcheng	5420600	5335731
樟树市	Zhangshu	3490700	4006700
高安市	Gaoan	4616475	5449381
德兴市	Dexing	1867268	1865040
山东省	**Shandong**		
胶州市	Jiaozhou	7063340	11758800
平度市	Pingdu	7560093	6420014
莱西市	Laixi	4442722	6530726
滕州市	Tengzhou	7169762	6868127
龙口市	Longkou	7424333	7606020
莱阳市	Laiyang	4700068	2964448
莱州市	Laizhou	7986440	3742779
招远市	Zhaoyuan	5077835	3747749
栖霞市	Qixia	3166074	1452388
海阳市	Haiyang	4399163	3287410
青州市	Qingzhou	8182231	6915936
诸城市	Zhucheng	7461277	7853427
寿光市	Shouguang	8710474	11030742
安丘市	Anqiu	5066616	5448448
高密市	Gaomi	5729349	6953381
昌邑市	Changyi	4687552	3919213
曲阜市	Qufu	3595000	2888048
邹城市	Zoucheng	5785382	9703353
新泰市	Xintai	7336528	5704337
肥城市	Feicheng	6150943	4256105
荣成市	Rongcheng	7439741	8162175
乳山市	Rushan	4274191	2981408
乐陵市	Laoling	2730791	2238484
禹城市	Yucheng	2607919	2654763

3-5 续表 2 continued

单位：万元 (10 000 yuan)

城市	City	住户储蓄存款余额 Household Saving Deposits	年末金融机构各项贷款余额 Loans of Financial Institutions at Year-end
临清市	Linqing	4481275	2581821
河南省	**Henan**		
巩义市	Gongyi	4289145	3323478
荥阳市	Xingyang	3549229	3717486
新密市	Xinmi	4388804	3215827
新郑市	Xinzheng	5070053	7020016
登封市	Dengfeng	3380579	2768074
舞钢市	Wugang	1899300	1667612
汝州市	Ruzhou	3426148	3053759
林州市	Linzhou	6132378	3424612
卫辉市	Weihui	1944081	1195031
辉县市	Huixian	4192123	2703710
长垣市	Changyuan	5735031	3456293
沁阳市	Qinyang	2045512	1853384
孟州市	Mengzhou	1538139	1339219
禹州市	Yuzhou	4379941	3295942
长葛市	Changge	3464350	3137760
义马市	Yima	1041971	905889
灵宝市	Lingbao	3255313	2254457
邓州市	Dengzhou	4607340	3172909
永城市	Yongcheng	5538385	3794036
项城市	Xiangcheng	4518791	1949687
济源市	Jiyuan	4208185	4266842
湖北省	**Hubei**		
大冶市	Daye	3577997	5328875
丹江口市	Danjiangkou	2874111	2623730
宜都市	Yidu	2756700	2920600
当阳市	Dangyang	3148350	2852138
枝江市	Zhijiang	3255657	2951308
老河口市	Laohekou	2455440	2348955
枣阳市	Zaoyang	5183000	3120000
宜城市	Yicheng	2625049	2539027
钟祥市	Zhongxiang	5899739	3257910
京山市	Jingshan	3647200	2573550
应城市	Yingcheng	2962601	2057423
安陆市	Anlu	3064324	2082304
汉川市	Hanchuan	4045493	3037930
石首市	Shishou	2818964	1867201
洪湖市	Honghu	3028173	1971694
松滋市	Songzi	4052111	2469930
监利市	Jianli	4356358	2470743
麻城市	Macheng	4668705	3468637
武穴市	Wuxue	3661836	2660718
赤壁市	Chibi	2387300	2650650
广水市	Guangshui	4252029	2123225
恩施市	Enshi	3645989	6323600
利川市	Lichuan	2594500	2564600
仙桃市	Xiantao	7585100	4910800
潜江市	Qianjiang	6166273	4107414
天门市	Tianmen	7056857	3627498
湖南省	**Hunan**		
浏阳市	Liuyang	7322564	10114231
琼海市	Qionghai	3125047	2729518
宁乡市	Ningxiang	6257078	11000477
醴陵市	Liling	3879503	3554708
湘乡市	Xiangxiang	3736079	3168791
韶山市	Shaoshan	762600	903700
耒阳市	Leiyang	4261636	3166282
常宁市	Changning	2686137	2383421
武冈市	Wugang	2580400	1571500
邵东市	Shaodong	4707840	3722294
汨罗市	Miluo	2381029	2612440
临湘市	Linxiang	1708756	1620411
津市市	Jinshi	1263389	1066355
沅江市	Yuanjiang	2479650	1936689
资兴市	Zixing	1952465	1431003
祁阳市	Qiyang	4018064	2591543
洪江市	Hongjiang	1888812	1220503
冷水江市	Lengshuijiang	2091376	1829838
涟源市	Lianyuan	2813696	2163946
吉首市	Jishou	2497752	4412311
广东省	**Guangdong**		
乐昌市	Lechang	1828077	1317044
南雄市	Nanxiong	1582887	1009077
台山市	Taishan	5868494	5909799
开平市	Kaiping	5742400	4953700
鹤山市	Heshan	3888141	5421149
恩平市	Enping	2606661	1909606
廉江市	Lianjiang	4086123	2964894
雷州市	Leizhou	3062576	2148639
吴川市	Wuchuan	3066451	1796379
高州市	Gaozhou	5439428	3745736
化州市	Huazhou	3960373	2597091
信宜市	Xinyi	3867971	2919328
四会市	Sihui	3104689	4358484
兴宁市	Xingning	3339452	2552354
陆丰市	Lufeng	1728159	1615817
阳春市	Yangchun	3411119	3014404
英德市	Yingde	3746301	3470967
连州市	Lianzhou	1933921	1271085
普宁市	Puning	7393067	4462295
罗定市	Luoding	3311347	2613880
广西壮族自治区	**Guangxi**		
横州市	Hengzhou	3216968	2465845
荔浦市	Lipu	1458349	2204900
岑溪市	Cenxi	2371516	2516766
东兴市	Dongxing	1411968	1270554
桂平市	Guiping	4647355	3917294
北流市	Beiliu	4020451	4178839
靖西市	Jingxi	1271786	1691685
平果市	Pingguo	1454485	2156522
合山市	Heshan	381094	321809
凭祥市	Pingxiang	802359	743477
海南省	**Hainan**		
五指山市	Wuzhishan	599685	588267
文昌市	Wenchang	3156704	2065277

3-5 续表 3 continued

单位：万元 (10 000 yuan)

城 市	City	住户储蓄存款余额 Household Saving Deposits	年末金融机构各项贷款余额 Loans of Financial Institutions at Year-end
万宁市	Wanning	1907967	1832587
东方市	Dongfang	1246734	1085142
四川省	**Sichuan**		
都江堰市	Dujiangyan	5721963	3772197
彭州市	Pengzhou	5833008	4971703
邛崃市	Qionglai	4112473	3444097
崇州市	Chongzhou	5280600	2798300
简阳市	Jianyang	7007877	5412159
广汉市	Guanghan	4198162	4343836
什邡市	Shifang	2919974	2202208
绵竹市	Mianzhu	2791935	1930206
江油市	Jiangyou	4817722	3470610
射洪市	Shehong	4255645	3045010
隆昌市	Longchang	3300968	1858511
峨眉山市	Emeishan	3563084	2938447
阆中市	Langzhong	3830993	2531284
华蓥市	Huaying	1825928	1162093
万源市	Wanyuan	2034673	1435250
马尔康市	Maerkang	412400	1132400
康定市	Kangding	853689	2528990
西昌市	Xichang		8581274
会理市	Huili	1678155	930495
贵州省	**Guizhou**		
清镇市	Qingzhen	1852900	3971500
盘州市	Panzhou	3099100	5398900
赤水市	Chishui	1425803	1962569
仁怀市	Renhuai	3240683	5048721
黔西市	Qianxi	1688800	2565400
兴义市	Xingyi	3827010	8563559
兴仁市	Xingren	1125700	2069100
凯里市	Kaili	2975847	5851375
都匀市	Duyun	2441680	5333463
福泉市	Fuquan	983331	2431703
云南省	**Yunnan**		
安宁市	Anning	2964789	5185168
宣威市	Xuanwei	3368750	2090630
澄江市	Chengjiang	949111	1102560
腾冲市	Tengchong	2618493	3520962
水富市	Shuifu	493500	880423
楚雄市	Chuxiong	3033778	5433037
禄丰市	Lufeng	1414728	1420727
个旧市	Gejiu	2399468	2931408
开远市	Kaiyuan	1679353	1805637
蒙自市	Mengzi	2519648	5432227
弥勒市	Mile	1857552	2609615
文山市	Wenshan	2442159	4737924
景洪市	Jinghong	3001300	4029100
大理市	Dali	5202686	10845589
瑞丽市	Ruili	1792965	1621522
芒市	Mangshi	1661438	2361964
泸水市	Lushui	530018	1235029
香格里拉市	Shangri-la	963683	2534398
陕西省	**Shaanxi**		
兴平市	Xingping	2652700	954300
彬州市	Binzhou	1647237	1073204
韩城市	Hancheng	2898484	2139237
华阴市	Huayin	1127206	814310
子长市	Zichang	793413	675908
神木市	Shenmu	8716200	6648000
旬阳市	Xunyang	1899976	1156731
甘肃省	**Gansu**		
华亭市	Huating	917261	745671
玉门市	Yumen	669779	832239
敦煌市	Dunhuang	1937052	1878599
临夏市	Linxia	2376551	2485618
合作市	Hezuo	305891	897385
青海省	**Qinghai**		
同仁市	Tongren	303595	321877
玉树市	Yushu	373078	399171
格尔木市	Golmud	1523007	1869605
德令哈市	Delingha	582062	1540731
茫崖市	Mangya	150084	8842
宁夏回族自治区	**Ningxia**		
灵武市	Lingwu	1596767	2117843
青铜峡市	Qingtongxia	1174189	1488427
新疆维吾尔自治区	**Xinjiang**		
昌吉市	Changji	4594851	8287437
阜康市	Fukang	1232100	1920900
博乐市	Bole	1603436	2675928
阿拉山口市	Alashankou		72519
库尔勒市	Korla	6694499	6595195
阿克苏市	Akesu	5644137	5857422
库车市	Kuche	1503285	2228537
阿图什市	Artux	642043	724970
喀什市	Kashi	3004233	3622013
和田市	Hetian	1590700	1220700
伊宁市	Yining	3601621	8339012
奎屯市	Kuitun	3316285	3892088
霍尔果斯市	Horgos	103632	218862
塔城市	Tacheng	816100	1617900
乌苏市	Wusu	1734878	1585238
沙湾市	Shawan	1346320	1226837
阿勒泰市	Aletai	744600	1375200
石河子市	Shihezi	4670571	3599336
阿拉尔市	Alar	2172058	2872000
图木舒克市	Tumushuke	578206	912390
五家渠市	Wujiaqu	1242857	1555832
北屯市	Beitun	938778	866938
铁门关市	Tiemenguan	1320000	1161700
双河市	Shuanghe	1023339	1118415
可克达拉市	Cocodala	526342	798069
昆玉市	Kunyu		
胡杨河市	Huyanghe		

3–6 规模以上工业企业情况
Basic Conditions of Industrial Enterprises above Designated Size

城　市	City	规模以上工业企业单位数（个） Number of Industrial Enterprises above Designated Size (unit)	城　市	City	规模以上工业企业单位数（个） Number of Industrial Enterprises above Designated Size (unit)
河北省	**Hebei**		凤城市	Fengcheng	85
辛集市	Xinji	250	凌海市	Linghai	51
晋州市	Jinzhou	190	北镇市	Beizhen	38
新乐市	Xinle	134	盖州市	Gaizhou	79
遵化市	Zunhua	147	大石桥市	Dashiqiao	264
迁安市	Qian'an	146	灯塔市	Dengta	57
滦州市	Luanzhou	84	调兵山市	Diaobingshan	36
武安市	Wu'an	161	开原市	Kaiyuan	48
南宫市	Nangong	87	北票市	Beipiao	68
沙河市	Shahe	103	凌源市	Lingyuan	53
涿州市	Zhuozhou	94	兴城市	Xingcheng	54
定州市	Dingzhou	206	**吉林省**	**Jilin**	
安国市	Anguo	76	榆树市	Yushu	51
高碑店市	Gaobeidian	71	德惠市	Dehui	165
平泉市	Pingquan	57	公主岭市	Gongzhuling	141
泊头市	Botou	225	蛟河市	Jiaohe	27
任丘市	Renqiu	349	桦甸市	Huadian	30
黄骅市	Huanghua	133	舒兰市	Shulan	53
河间市	Hejian	227	磐石市	Panshi	50
霸州市	Bazhou	235	双辽市	Shuangliao	24
三河市	Sanhe	155	梅河口市	Meihekou	140
深州市	Shenzhou	89	集安市	Ji'an	28
山西省	**Shanxi**		临江市	Linjiang	25
古交市	Gujiao	56	扶余市	Fuyu	38
高平市	Gaoping	106	洮南市	Taonan	25
怀仁市	Huairen	138	大安市	Daan	27
介休市	Jiexiu	166	延吉市	Yanji	51
永济市	Yongji	62	图们市	Tumen	21
河津市	Hejin	116	敦化市	Dunhua	83
原平市	Yuanping	61	珲春市	Hunchun	65
侯马市	Houma	40	龙井市	Longjing	17
霍州市	Huozhou	23	和龙市	Helong	23
孝义市	Xiaoyi	148	**黑龙江省**	**Heilongjiang**	
汾阳市	Fenyang	54	尚志市	Shangzhi	32
内蒙古自治区	**Inner Mongolia**		五常市	Wuchang	118
霍林郭勒市	Huolinguole	41	讷河市	Nehe	29
满洲里市	Manzhouli	24	虎林市	Hulin	52
牙克石市	Yakeshi	10	密山市	Mishan	50
扎兰屯市	Zhalantun	11	铁力市	Tieli	19
额尔古纳市	Eerguna	6	同江市	Tongjiang	29
根河市	Genhe	5	富锦市	Fujin	66
丰镇市	Fengzhen	55	抚远市	Fuyuan	9
乌兰浩特市	Wulanhaote	38	绥芬河市	Suifenhe	64
阿尔山市	Aershan	2	海林市	Hailin	36
二连浩特市	Erlianhaote	15	宁安市	Ning'an	37
锡林浩特市	Xilinhaote	44	穆棱市	Muling	43
辽宁省	**Liaoning**		东宁市	Dongning	25
新民市	Xinmin	115	北安市	Bei'an	31
瓦房店市	Wafangdian	228	五大连池市	Wudalianchi	17
庄河市	Zhuanghe	147	嫩江市	Nenjiang	18
海城市	Haicheng	290	安达市	Anda	58
东港市	Donggang	127	肇东市	Zhaodong	40
漠河市	Mohe	8	海伦市	Hailun	31

3-6 续表 1 continued

城　市	City	规模以上工业企业单位数（个）Number of Industrial Enterprises above Designated Size (unit)	城　市	City	规模以上工业企业单位数（个）Number of Industrial Enterprises above Designated Size (unit)
江苏省	**Jiangsu**		广德市	Guangde	421
江阴市	Jiangyin	2340	**福建省**	**Fujian**	
宜兴市	Yixing	1415	福清市	Fuqing	479
新沂市	Xinyi	328	永安市	Yong'an	267
邳州市	Pizhou	416	石狮市	Shishi	535
溧阳市	Liyang	604	晋江市	Jinjiang	2054
常熟市	Changshu	1711	南安市	Nan'an	957
张家港市	Zhangjiagang	1472	邵武市	Shaowu	145
昆山市	Kunshan	2497	武夷山市	Wuyishan	61
太仓市	Taicang	1173	建瓯市	Jian'ou	142
启东市	Qidong	670	漳平市	Zhangping	140
如皋市	Rugao	907	福安市	Fu'an	216
海安市	Haian	1135	福鼎市	Fuding	270
东台市	Dongtai	593	**江西省**	**Jiangxi**	
仪征市	Yizheng	538	乐平市	Leping	148
高邮市	Gaoyou	671	瑞昌市	Ruichang	249
丹阳市	Danyang	824	共青城市	Gongqingcheng	188
扬中市	Yangzhong	416	庐山市	Lushan	95
句容市	Jurong	258	贵溪市	Guixi	166
兴化市	Xinghua	649	瑞金市	Ruijin	94
靖江市	Jingjiang	645	龙南市	Longnan	155
泰兴市	Taixing	700	井冈山市	Jinggangshan	45
浙江省	**Zhejiang**		丰城市	Fengcheng	292
建德市	Jiande	392	樟树市	Zhangshu	316
余姚市	Yuyao	1425	高安市	Gaoan	243
慈溪市	Cixi	1775	德兴市	Dexing	194
瑞安市	Rui'an	1387	**山东省**	**Shandong**	
乐清市	Yueqing	1869	胶州市	Jiaozhou	721
龙港市	Longgang	388	平度市	Pingdu	447
海宁市	Haining	1699	莱西市	Laixi	329
平湖市	Pinghu	830	滕州市	Tengzhou	312
桐乡市	Tongxiang	1260	龙口市	Longkou	250
诸暨市	Zhuji	1121	莱阳市	Laiyang	212
嵊州市	Shengzhou	618	莱州市	Laizhou	254
兰溪市	Lanxi	515	招远市	Zhaoyuan	143
义乌市	Yiwu	744	栖霞市	Qixia	72
东阳市	Dongyang	547	海阳市	Haiyang	194
永康市	Yongkang	1069	青州市	Qingzhou	389
江山市	Jiangshan	335	诸城市	Zhucheng	460
温岭市	Wenling	1274	寿光市	Shouguang	437
临海市	Linhai	564	安丘市	Anqiu	321
玉环市	Yuhuan	1033	高密市	Gaomi	387
龙泉市	Longquan	154	昌邑市	Changyi	286
安徽省	**Anhui**		曲阜市	Qufu	180
巢湖市	Chaohu	141	邹城市	Zoucheng	204
无为市	Wuwei	223	新泰市	Xintai	293
桐城市	Tongcheng	399	肥城市	Feicheng	224
潜山市	Qianshan	154	荣成市	Rongcheng	272
天长市	Tianchang	559	乳山市	Rushan	126
明光市	Mingguang	160	乐陵市	Laoling	102
界首市	Jieshou	343	禹城市	Yucheng	150
宁国市	Ningguo	354	临清市	Linqing	213

3-6 续表 2 continued

城 市	City	规模以上工业企业单位数(个) Number of Industrial Enterprises above Designated Size (unit)	城 市	City	规模以上工业企业单位数(个) Number of Industrial Enterprises above Designated Size (unit)
邹平市	Zouping	361	宁乡市	Ningxiang	622
河南省	**Henan**		醴陵市	Liling	600
巩义市	Gongyi	459	湘乡市	Xiangxiang	283
荥阳市	Xingyang	246	韶山市	Shaoshan	86
新密市	Xinmi	254	耒阳市	Leiyang	157
新郑市	Xinzheng	223	常宁市	Changning	144
登封市	Dengfeng	212	武冈市	Wugang	106
舞钢市	Wugang	71	邵东市	Shaodong	735
汝州市	Ruzhou	186	汨罗市	Miluo	343
林州市	Linzhou	154	临湘市	Linxiang	182
卫辉市	Weihui	74	津市市	Jinshi	145
辉县市	Huixian	171	沅江市	Yuanjiang	166
长垣市	Changyuan	273	资兴市	Zixing	150
沁阳市	Qinyang	158	祁阳市	Qiyang	189
孟州市	Mengzhou	101	洪江市	Hongjiang	99
禹州市	Yuzhou	513	冷水江市	Lengshuijiang	121
长葛市	Changge	542	涟源市	Lianyuan	175
义马市	Yima	39	吉首市	Jishou	97
灵宝市	Lingbao	83	**广东省**	**Guangdong**	
邓州市	Dengzhou	156	乐昌市	Lechang	67
永城市	Yongcheng	332	南雄市	Nanxiong	71
项城市	Xiangcheng	222	台山市	Taishan	269
济源市	Jiyuan	233	开平市	Kaiping	353
湖北省	**Hubei**		鹤山市	Heshan	452
大冶市	Daye	294	恩平市	Enping	139
丹江口市	Danjiangkou	173	廉江市	Lianjiang	177
宜都市	Yidu	259	雷州市	Leizhou	75
当阳市	Dangyang	230	吴川市	Wuchuan	132
枝江市	Zhijiang	221	高州市	Gaozhou	225
老河口市	Laohekou	217	化州市	Huazhou	128
枣阳市	Zaoyang	255	信宜市	Xinyi	84
宜城市	Yicheng	186	四会市	Sihui	301
钟祥市	Zhongxiang	222	兴宁市	Xingning	79
京山市	Jingshan	289	陆丰市	Lufeng	76
应城市	Yingcheng	161	阳春市	Yangchun	70
安陆市	Anlu	94	英德市	Yingde	172
汉川市	Hanchuan	456	连州市	Lianzhou	53
石首市	Shishou	131	普宁市	Puning	297
洪湖市	Honghu	149	罗定市	Luoding	88
松滋市	Songzi	130	**广西壮族自治区**	**Guangxi**	
监利市	Jianli	163	横州市	Hengzhou	158
麻城市	Macheng	299	荔浦市	Lipu	64
武穴市	Wuxue	179	岑溪市	Cenxi	185
赤壁市	Chibi	238	东兴市	Dongxing	28
广水市	Guangshui	199	桂平市	Guiping	139
恩施市	Enshi	105	北流市	Beiliu	197
利川市	Lichuan	54	靖西市	Jingxi	47
仙桃市	Xiantao	454	平果市	Pingguo	78
潜江市	Qianjiang	267	合山市	Heshan	23
天门市	Tianmen	354	凭祥市	Pingxiang	54
湖南省	**Hunan**		**海南省**	**Hainan**	
浏阳市	Liuyang	864	五指山市	Wuzhishan	5
琼海市	Qionghai	13	文昌市	Wenchang	22

3-6 续表 3 continued

城 市	City	规模以上工业企业单位数(个) Number of Industrial Enterprises above Designated Size (unit)
万宁市	Wanning	25
东方市	Dongfang	17
四川省	**Sichuan**	
都江堰市	Dujiangyan	113
彭州市	Pengzhou	219
邛崃市	Qionglai	162
崇州市	Chongzhou	249
简阳市	Jianyang	123
广汉市	Guanghan	368
什邡市	Shifang	238
绵竹市	Mianzhu	155
江油市	Jiangyou	233
射洪市	Shehong	126
隆昌市	Longchang	123
峨眉山市	Emeishan	77
阆中市	Langzhong	85
华蓥市	Huaying	104
万源市	Wanyuan	75
马尔康市	Maerkang	4
康定市	Kangding	20
西昌市	Xichang	80
会理市	Huili	45
贵州省	**Guizhou**	
清镇市	Qingzhen	122
盘州市	Panzhou	159
赤水市	Chishui	73
仁怀市	Renhuai	108
黔西市	Qianxi	43
兴义市	Xingyi	146
兴仁市	Xingren	94
凯里市	Kaili	81
都匀市	Duyun	56
福泉市	Fuquan	98
云南省	**Yunnan**	
安宁市	Anning	100
宣威市	Xuanwei	109
澄江市	Chengjiang	28
腾冲市	Tengchong	64
水富市	Shuifu	12
楚雄市	Chuxiong	81
禄丰市	Lufeng	48
个旧市	Gejiu	86
开远市	Kaiyuan	93
蒙自市	Mengzi	53
弥勒市	Mile	65
文山市	Wenshan	37
景洪市	Jinghong	70
大理市	Dali	56
瑞丽市	Ruili	26
芒市	Mangshi	36
泸水市	Lushui	14
香格里拉市	Shangri-la	19
陕西省	**Shaanxi**	
兴平市	Xingping	141
彬州市	Binzhou	37
韩城市	Hancheng	91
华阴市	Huayin	19
子长市	Zichang	34
神木市	Shenmu	337
旬阳市	Xunyang	86
甘肃省	**Gansu**	
华亭市	Huating	14
玉门市	Yumen	66
敦煌市	Dunhuang	26
临夏市	Linxia	11
合作市	Hezuo	8
青海省	**Qinghai**	
同仁市	Tongren	3
玉树市	Yushu	0
格尔木市	Golmud	74
德令哈市	Delingha	41
茫崖市	Mangya	11
宁夏回族自治区	**Ningxia**	
灵武市	Lingwu	123
青铜峡市	Qingtongxia	85
新疆维吾尔自治区	**Xinjiang**	
昌吉市	Changji	143
阜康市	Fukang	71
博乐市	Bole	47
阿拉山口市	Alashankou	36
库尔勒市	Korla	86
阿克苏市	Akesu	97
库车市	Kuche	80
阿图什市	Artux	17
喀什市	Kashi	40
和田市	Hetian	24
伊宁市	Yining	39
奎屯市	Kuitun	43
霍尔果斯市	Horgos	21
塔城市	Tacheng	7
乌苏市	Wusu	38
沙湾市	Shawan	31
阿勒泰市	Aletai	10
石河子市	Shihezi	113
阿拉尔市	Alar	139
图木舒克市	Tumushuke	77
五家渠市	Wujiaqu	55
北屯市	Beitun	20
铁门关市	Tiemenguan	82
双河市	Shuanghe	22
可克达拉市	Cocodala	21
昆玉市	Kunyu	11
胡杨河市	Huyanghe	54

3-7 在校学生数
Number of Students Enrollment

单位:人 (person)

城市	City	普通中学在校学生数 Total Enrollment of Regular Secondary Schools	普通小学在校学生数 Total Enrollment of Primary Schools
河北省	**Hebei**		
辛集市	Xinji	32296	47469
晋州市	Jinzhou	24009	44993
新乐市	Xinle	34948	48923
遵化市	Zunhua	49484	61014
迁安市	Qian'an	47311	73876
滦州市	Luanzhou	27642	41397
武安市	Wu'an	52484	93689
南宫市	Nangong	32741	44816
沙河市	Shahe	29791	52614
涿州市	Zhuozhou	30566	49421
定州市	Dingzhou	80352	90005
安国市	Anguo	26304	25909
高碑店市	Gaobeidian	26836	45302
平泉市	Pingquan	28918	27135
泊头市	Botou	43931	58089
任丘市	Renqiu	54067	95928
黄骅市	Huanghua	32364	45610
河间市	Hejian	57944	89817
霸州市	Bazhou	39264	77506
三河市	Sanhe	49002	82175
深州市	Shenzhou	25079	35637
山西省	**Shanxi**		
古交市	Gujiao	11469	14132
高平市	Gaoping	19623	23539
怀仁市	Huairen	48258	33135
介休市	Jiexiu	26113	35475
永济市	Yongji	14733	24804
河津市	Hejin	21211	29015
原平市	Yuanping	18977	24674
侯马市	Houma	8600	15729
霍州市	Huozhou	12752	20311
孝义市	Xiaoyi	33754	39107
汾阳市	Fenyang	24002	29733
内蒙古自治区	**Inner Mongolia**		
霍林郭勒市	Huolinguole	6670	9618
满洲里市	Manzhouli	9681	8691
牙克石市	Yakeshi	9344	6642
扎兰屯市	Zhalantun	12968	17001
额尔古纳市	Eerguna	2181	2388
根河市	Genhe	860	1475
丰镇市	Fengzhen	7907	10306
乌兰浩特市	Wulanhaote	22639	21451
阿尔山市	Aershan	526	874
二连浩特市	Erlianhaote	3567	5096
锡林浩特市	Xilinhaote	20890	14241
辽宁省	**Liaoning**		
新民市	Xinmin	22246	21639
瓦房店市	Wafangdian	30106	45573
庄河市	Zhuanghe	23184	27484
海城市	Haicheng	40135	52653
东港市	Donggang	20662	22963
凤城市	Fengcheng	19127	18353
凌海市	Linghai	14160	13948
北镇市	Beizhen	16272	16096
盖州市	Gaizhou	16097	22844
大石桥市	Dashiqiao	16530	28734
灯塔市	Dengta	8502	13970
调兵山市	Diaobingshan	7526	7163
开原市	Kaiyuan	17776	18523
北票市	Beipiao	18235	20068
凌源市	Lingyuan	32306	34288
兴城市	Xingcheng	21219	23044
吉林省	**Jilin**		
榆树市	Yushu	44795	43109
德惠市	Dehui	36062	44221
公主岭市	Gongzhuling	54436	57438
蛟河市	Jiaohe	14914	14273
桦甸市	Huadian	17286	17135
舒兰市	Shulan	20423	18786
磐石市	Panshi	17373	19115
双辽市	Shuangliao	15160	18968
梅河口市	Meihekou	23140	25202
集安市	Ji'an	6150	7064
临江市	Linjiang	5009	5758
扶余市	Fuyu	27027	22551
洮南市	Taonan	12795	15054
大安市	Daan	6349	10206
延吉市	Yanji	25412	31909
图们市	Tumen	1745	2042
敦化市	Dunhua	16454	17247
珲春市	Hunchun	9216	11643
龙井市	Longjing	2504	3099
和龙市	Helong	2986	3545
黑龙江省	**Heilongjiang**		
尚志市	Shangzhi	20750	18803
五常市	Wuchang	17631	25970
讷河市	Nehe	20086	17937
虎林市	Hulin	10172	10285
密山市	Mishan	18102	10276
铁力市	Tieli	8041	8215
同江市	Tongjiang	6965	8894
富锦市	Fujin	19432	18421
抚远市	Fuyuan	3932	4957
绥芬河市	Suifenhe	5856	6579
海林市	Hailin	11326	10320
宁安市	Ning'an	13537	12196
穆棱市	Muling	9413	8438
东宁市	Dongning	8304	9342
北安市	Bei'an	6564	10677
五大连池市	Wudalianchi	8783	8852
嫩江市	Nenjiang	9800	14596
安达市	Anda	11329	11080
肇东市	Zhaodong	24324	22758
海伦市	Hailun	26417	14954
漠河市	Mohe	1461	1627

3-7 续表 1 continued

单位：人 (person)

城市	City	普通中学在校学生数 Total Enrollment of Regular Secondary Schools	普通小学在校学生数 Total Enrollment of Primary Schools
江苏省	**Jiangsu**		
江阴市	Jiangyin	66121	107417
宜兴市	Yixing	44368	72675
新沂市	Xinyi	86176	100723
邳州市	Pizhou	139690	153627
溧阳市	Liyang	29962	42766
常熟市	Changshu	51130	90692
张家港市	Zhangjiagang	54678	98800
昆山市	Kunshan	76329	172932
太仓市	Taicang	27022	54154
启东市	Qidong	28856	40554
如皋市	Rugao	50435	69397
海安市	Haian	26818	37092
东台市	Dongtai	29744	37957
仪征市	Yizheng	19334	24925
高邮市	Gaoyou	23384	29147
丹阳市	Danyang	38689	55711
扬中市	Yangzhong	11113	16781
句容市	Jurong	19875	30179
兴化市	Xinghua	49752	62261
靖江市	Jingjiang	23118	31132
泰兴市	Taixing	40251	49271
浙江省	**Zhejiang**		
建德市	Jiande	17641	23135
余姚市	Yuyao	41364	73414
慈溪市	Cixi	53603	97183
瑞安市	Rui'an	56847	90367
乐清市	Yueqing	65235	109894
龙港市	Longgang	21125	38121
海宁市	Haining	29700	52256
平湖市	Pinghu	20665	35076
桐乡市	Tongxiang	31097	55219
诸暨市	Zhuji	69262	70443
嵊州市	Shengzhou	25200	32400
兰溪市	Lanxi	26146	30179
义乌市	Yiwu	60007	123112
东阳市	Dongyang	47645	76778
永康市	Yongkang	37658	60946
江山市	Jiangshan	25352	30265
温岭市	Wenling	55160	83280
临海市	Linhai	57369	70539
玉环市	Yuhuan	25176	43383
龙泉市	Longquan	11363	15163
安徽省	**Anhui**		
巢湖市	Chaohu	39996	40223
无为市	Wuwei	45477	45664
桐城市	Tongcheng	27798	28076
潜山市	Qianshan	24932	23964
天长市	Tianchang	23017	32700
明光市	Mingguang	27105	31801
界首市	Jieshou	40191	61470
宁国市	Ningguo	14209	20146
临清市	Linqing	55252	83156
广德市	Guangde	20612	25915
福建省	**Fujian**		
福清市	Fuqing	79360	122730
永安市	Yong'an	17728	28678
石狮市	Shishi	40183	68651
晋江市	Jinjiang	104955	189573
南安市	Nan'an	79986	145353
邵武市	Shaowu	13518	19062
武夷山市	Wuyishan	12701	18235
建瓯市	Jian'ou	27623	32896
漳平市	Zhangping	13508	23837
福安市	Fu'an	41262	54568
福鼎市	Fuding	29646	49922
江西省	**Jiangxi**		
乐平市	Leping	65823	82248
瑞昌市	Ruichang	31487	35944
共青城市	Gongqingcheng	10083	15004
庐山市	Lushan	17063	22807
贵溪市	Guixi	37931	39693
瑞金市	Ruijin	55655	55655
龙南市	Longnan	21317	28477
井冈山市	Jinggangshan	12318	16276
丰城市	Fengcheng	77534	89620
樟树市	Zhangshu	32899	44699
高安市	Gaoan	58090	66863
德兴市	Dexing	23500	24741
山东省	**Shandong**		
胶州市	Jiaozhou	50035	67606
平度市	Pingdu	59876	67906
莱西市	Laixi	41493	32479
滕州市	Tengzhou	91147	138698
龙口市	Longkou	31585	32266
莱阳市	Laiyang	32911	29948
莱州市	Laizhou	33262	29831
招远市	Zhaoyuan	23096	20008
栖霞市	Qixia	14516	11316
海阳市	Haiyang	25386	19645
青州市	Qingzhou	36791	59881
诸城市	Zhucheng	60202	60636
寿光市	Shouguang	56415	75383
安丘市	Anqiu	52757	48102
高密市	Gaomi	50523	56581
昌邑市	Changyi	26435	30548
曲阜市	Qufu	30235	40613
邹城市	Zoucheng	54414	80941
新泰市	Xintai	81270	86787
肥城市	Feicheng	48066	47565
荣成市	Rongcheng	28602	27077
乳山市	Rushan	14591	11464
乐陵市	Laoling	35550	47067
禹城市	Yucheng	26067	34313

3-7 续表 2 continued

单位:人 (person)

城市	City	普通中学在校学生数 Total Enrollment of Regular Secondary Schools	普通小学在校学生数 Total Enrollment of Primary Schools	城市	City	普通中学在校学生数 Total Enrollment of Regular Secondary Schools	普通小学在校学生数 Total Enrollment of Primary Schools
邹平市	Zouping	35880	50434	宁乡市	Ningxiang	65262	82971
河南省	**Henan**			醴陵市	Liling	45353	68101
巩义市	Gongyi	40528	56837	湘乡市	Xiangxiang	34509	47462
荥阳市	Xingyang	36011	57679	韶山市	Shaoshan	2578	6157
新密市	Xinmi	52826	69726	耒阳市	Leiyang	86190	109432
新郑市	Xinzheng	64729	110337	常宁市	Changning	52507	55257
登封市	Dengfeng	70163	74937	武冈市	Wugang	49072	58061
舞钢市	Wugang	21186	29404	邵东市	Shaodong	74797	82002
汝州市	Ruzhou	80102	117970	汨罗市	Miluo	22781	43610
林州市	Linzhou	80351	105134	临湘市	Linxiang	25916	32953
卫辉市	Weihui	40641	46851	津市市	Jinshi	6078	8430
辉县市	Huixian	67596	96147	沅江市	Yuanjiang	23027	35502
长垣市	Changyuan	70962	105479	资兴市	Zixing	17386	23683
沁阳市	Qinyang	29732	36199	祁阳市	Qiyang	56948	64538
孟州市	Mengzhou	13516	22594	洪江市	Hongjiang	17958	24624
禹州市	Yuzhou	73468	105876	冷水江市	Lengshuijiang	24695	35595
长葛市	Changge	47228	66487	涟源市	Lianyuan	44714	58889
义马市	Yima	4453	8775	吉首市	Jishou	27396	40015
灵宝市	Lingbao	34022	52279	**广东省**	**Guangdong**		
邓州市	Dengzhou	126056	156934	乐昌市	Lechang	23943	40790
永城市	Yongcheng	106519	153377	南雄市	Nanxiong	20386	31511
项城市	Xiangcheng	76687	109895	台山市	Taishan	39561	54151
济源市	Jiyuan	42600	59300	开平市	Kaiping	39408	55498
湖北省	**Hubei**			鹤山市	Heshan	26149	43014
大冶市	Daye	51512	69719	恩平市	Enping	23844	40259
丹江口市	Danjiangkou	19610	32570	廉江市	Lianjiang	87603	158324
宜都市	Yidu	11188	16452	雷州市	Leizhou	75575	136871
当阳市	Dangyang	13653	16818	吴川市	Wuchuan	56232	96263
枝江市	Zhijiang	10368	15808	高州市	Gaozhou	108697	151433
老河口市	Laohekou	22833	31621	化州市	Huazhou	107626	164658
枣阳市	Zaoyang	50822	68418	信宜市	Xinyi	85005	124265
宜城市	Yicheng	23344	30075	四会市	Sihui	31051	52252
钟祥市	Zhongxiang	35394	47090	兴宁市	Xingning	49553	74686
京山市	Jingshan	19359	27996	陆丰市	Lufeng	79500	129300
应城市	Yingcheng	11152	25617	阳春市	Yangchun	60380	94135
安陆市	Anlu	21230	30226	英德市	Yingde	55027	102934
汉川市	Hanchuan	43112	59862	连州市	Lianzhou	21018	36477
石首市	Shishou	20199	26306	普宁市	Puning	157086	230144
洪湖市	Honghu	31568	44136	罗定市	Luoding	73352	114089
松滋市	Songzi	25930	31552	**广西壮族自治区**	**Guangxi**		
监利市	Jianli	65175	85435	横州市	Hengzhou	65740	97578
麻城市	Macheng	45275	64175	荔浦市	Lipu	17793	24100
武穴市	Wuxue	46350	66500	岑溪市	Cenxi	64229	101171
赤壁市	Chibi	26995	38238	东兴市	Dongxing	11834	27103
广水市	Guangshui	35760	52103	桂平市	Guiping	126595	166365
恩施市	Enshi	54621	54621	北流市	Beiliu	108931	165766
利川市	Lichuan	52915	65863	靖西市	Jingxi	32378	45315
仙桃市	Xiantao	65080	88072	平果市	Pingguo	37684	44130
潜江市	Qianjiang	40954	52271	合山市	Heshan	4970	8894
天门市	Tianmen	61978	77746	凭祥市	Pingxiang	6361	12033
湖南省	**Hunan**			**海南省**	**Hainan**		
浏阳市	Liuyang	81875	112071	五指山市	Wuzhishan	9261	8330
琼海市	Qionghai	33931	43997	文昌市	Wenchang	31519	44091

3-7 续表 3 continued

单位:人 (person)

城 市	City	普通中学在校学生数 Total Enrollment of Regular Secondary Schools	普通小学在校学生数 Total Enrollment of Primary Schools
万宁市	Wanning	30136	46985
东方市	Dongfang	28866	40267
四川省	**Sichuan**		
都江堰市	Dujiangyan	26035	37084
彭州市	Pengzhou	25803	39656
邛崃市	Qionglai	23637	29897
崇州市	Chongzhou	23330	33768
简阳市	Jianyang	66487	61960
广汉市	Guanghan	17468	28718
什邡市	Shifang	13648	18401
绵竹市	Mianzhu	12926	19293
江油市	Jiangyou	29528	36542
射洪市	Shehong	33143	40597
隆昌市	Longchang	37255	36224
峨眉山市	Emeishan	15519	20548
阆中市	Langzhong	28035	33945
华蓥市	Huaying	15648	21022
万源市	Wanyuan	27426	33422
马尔康市	Maerkang	3619	3767
康定市	Kangding	8483	8924
西昌市	Xichang	50772	94665
会理市	Huili	14145	28339
贵州省	**Guizhou**		
清镇市	Qingzhen	34687	56860
盘州市	Panzhou	56784	113119
赤水市	Chishui	17247	20773
仁怀市	Renhuai	37493	62417
黔西市	Qianxi	50445	82593
兴义市	Xingyi	106843	109601
兴仁市	Xingren	33852	48165
凯里市	Kaili	54578	66066
都匀市	Duyun	31516	38230
福泉市	Fuquan	14809	30791
云南省	**Yunnan**		
安宁市	Anning	20309	23754
宣威市	Xuanwei	106338	106474
澄江市	Chengjiang	6451	10664
腾冲市	Tengchong	50111	51592
水富市	Shuifu	11493	8342
楚雄市	Chuxiong	41720	38440
禄丰市	Lufeng	18776	22512
个旧市	Gejiu	22473	30584
开远市	Kaiyuan	16756	25666
蒙自市	Mengzi	30548	47891
弥勒市	Mile	32669	41067
文山市	Wenshan	42817	58079
景洪市	Jinghong	32186	44486
大理市	Dali	36445	47241
瑞丽市	Ruili	11291	19457
芒市	Mangshi	27773	37647
泸水市	Lushui	13792	18533
香格里拉市	Shangri-la	5032	12504
陕西省	**Shaanxi**		
兴平市	Xingping	21976	34687
彬州市	Binzhou	12711	29517
韩城市	Hancheng	15782	27975
华阴市	Huayin	9859	16340
子长市	Zichang	13127	19133
神木市	Shenmu	28978	58282
旬阳市	Xunyang	17642	24613
甘肃省	**Gansu**		
华亭市	Huating	11507	16235
玉门市	Yumen	7178	9604
敦煌市	Dunhuang	7819	8725
临夏市	Linxia	23363	34332
合作市	Hezuo	8452	9691
青海省	**Qinghai**		
同仁市	Tongren	3846	10648
玉树市	Yushu	6129	15241
格尔木市	Golmud	12109	18825
德令哈市	Delingha	4371	6297
茫崖市	Mangy a	440	637
宁夏回族自治区	**Ningxia**		
灵武市	Lingwu	15520	21854
青铜峡市	Qingtongxia	13648	14727
新疆维吾尔自治区	**Xinjiang**		
昌吉市	Changji	28755	35561
阜康市	Fukang	7787	9918
博乐市	Bole	11576	17192
阿拉山口市	A la shan kou	415	594
库尔勒市	Korla	30809	55337
阿克苏市	Akesu	42085	81796
库车市	Kuche	37354	65533
阿图什市	Artux	23884	40282
喀什市	Kashi	63347	120199
和田市	Hetian	31929	95491
伊宁市	Yining	46564	70737
奎屯市	Kuitun	14245	12435
霍尔果斯市	Horgos	2625	3138
塔城市	Tacheng	10173	9386
乌苏市	Wusu	12374	14758
沙湾市	Shawan	10610	12557
阿勒泰市	Aletai	10314	11949
石河子市	Shihezi	14014	20930
阿拉尔市	Alar	19267	27330
图木舒克市	Tumushuke	21434	36674
五家渠市	Wujiaqu	11559	8364
北屯市	Beitun	4586	5259
铁门关市	Tiemenguan	12780	13978
双河市	Shuanghe	4143	3159
可克达拉市	Cocodala	5644	5420
昆玉市	Kunyu	3721	9236
胡杨河市	Huyanghe	1061	1931

附录　主要统计指标解释

Appendix
Explanatory Notes on Main Statistical Indicators

主要统计指标解释

行政区划

行政区划　指国家对行政区域的划分。根据有关法规规定，我国的行政区域划分如下：（1）全国分为省、自治区、直辖市；（2）省、自治区分为自治州、县、自治县、市；（3）自治州分为县、自治县、市；（4）县、自治县分为乡、民族乡、镇；（5）直辖市和较大的市分为区、县；（6）国家在必要时设立的特别行政区。

人口、资源和环境

户籍人口　指每年12月31日24时的户籍登记情况统计的人口数。

建成区面积　指城区（县城）内实际已成片开发建设、市政公用设施和公共设施基本具备的区域。对核心城市，它包括集中连片的部分以及分散的若干个已经成片建设起来，市政公用设施和公共设施基本具备的地区；对一城多镇来说，它包括由几个连片开发建设起来的，市政公用设施和公共设施基本具备的地区组成。因此建成区范围，一般指建成区外轮廓线所能包括的地区，也就是这个城市实际建设用地所达到的范围。

水资源总量　指当地降水形成的地表和地下产水总量，即地表产流量与降水入渗补给地下水量之和。

城市建设用地面积　指城市内的居住用地、公共管理与公共服务设施用地、商业服务业设施用地、工业用地、物流仓储用地、道路交通设施用地、公用设施用地、绿地与广场用地等面积之和。

居住用地面积　指住宅和相应服务设施的用地。

绿地面积　指用作园林和绿化的各种绿地面积。包括公园绿地、生产绿地、防护绿地、附属绿地和其他绿地的面积。

公园绿地面积　指城市中向公众开放的、以游憩为主要功能，有一定的游憩设施和服务设施，同时兼有健全生态、美化景观、防灾减灾等综合作用的绿化用地面积的总和。

建成区绿化覆盖率　指建成区内绿化覆盖面积与建成区面积的比率。

工业颗粒物排放量　指报告期内企业在燃料燃烧和生产工艺过程中排入大气的烟尘及工业粉尘的总质量之和。烟尘或工业粉尘排放量可以通过除尘系统的排风量和除尘设备出口烟尘浓度相乘求得。

工业二氧化硫排放量　指报告期内企业在燃料燃烧和生产工艺过程中排入大气的二氧化硫总质量。工业中二氧化硫主要来源于化石燃料（煤、石油等）的燃烧，还包括含硫矿石的冶炼或含硫酸、磷肥等生产的工业废气排放。

工业氮氧化物排放量　指报告期内企业在燃料燃烧和生产工艺过程中排入大气的氮氧化物总质量。

细颗粒物（PM2.5）年平均浓度　指一个日历年内各日细颗粒物浓度（PM2.5）平均浓度的算术平均值。可采用算术平均法依次计算城市监测点位单点日平均浓度、城市日平均浓度、城市年平均浓度、区域年平均浓度。

污水处理厂集中处理率　指报告期内通过污水处理厂处理的污水量与污水排放总量的比率。

生活垃圾无害化处理率 指报告期生活垃圾无害化处理量与生活垃圾产生量的比率。在统计上，由于生活垃圾产生量不易取得，可用清运量代替。

经济发展

地区生产总值 指按市场价格计算的一个地区所有常住单位在一定时期内生产活动的最终成果。

地方一般公共预算收入 指属于地方一般公共预算的收入，包括城市维护建设税（不含铁道部门、各银行总行、各保险公司总公司集中缴纳的部分），房产税，城镇土地使用税，土地增值税，车船税，耕地占用税，契税，烟叶税，印花税（不含证券交易印花税），增值税 50%部分，纳入共享范围的企业所得税40%部分，个人所得税 40%部分，海洋石油资源税以外的其他资源税，地方非税收入等。为年度决算数。

地方一般公共预算支出 指根据政府在经济和社会活动中的不同职责，划分中央和地方政府的责权，按照政府的责权划分确定的支出。地方一般公共预算支出包括一般公共服务，公共安全支出，地方统筹的各项社会事业支出等。为年度决算数。

科学技术支出 指用于科学技术方面的支出。

教育支出 指政府教育事务支出，包括教育行政管理、学前教育、小学教育、初中教育、普通高中教育、普通高等教育、初等职业教育、中专教育、技校教育、职业高中教育、高等职业教育、广播电视教育、留学生教育、特殊教育、干部继续教育、教育机关服务等。

年末金融机构人民币各项存款余额 指企业、机关、团体和居民根据可以收回的原则，把货币存入银行或其他信用机构保管并取得一定利息的年末货币总量。不包括外币存款。

年末金融机构人民币各项贷款余额 指年终时银行或其他信用机构根据必须归还的原则，按一定利率，为企业、个人等提供资金贷款的总额。不包括外币贷款。

住宅 指专供居住的房屋。包括普通商品房、保障性住房、别墅、公寓、各部门的职工家属宿舍和集体宿舍（包括职工单身宿舍和学生宿舍）等供居住的房屋。不包括住宅楼中作为人防工程用的房屋，也不包括不住人的地下室。

规模以上工业企业数 指年主营业务收入 2000 万元及以上的工业法人企业个数。

流动资产合计 资产满足以下条件之一应归为流动资产：（1）预计在一个正常营业周期中变现、出售或耗用，主要包括存货、应收账款等；（2）主要为交易目的而持有；（3）预计在资产负债表日起一年内（含一年）变现；（4）自资产负债日起一年内，交换其他资产或清偿负债的能力不受限制的现金或现金等价物。包括货币资金、应收票据、应收账款、存货等项目。来源于会计“资产负债表”中“流动资产合计”项目的期末余额数。

利润总额 指企业在一定会计期间的经营成果，是生产经营过程中各种收入扣除各种耗费后的盈余，反映企业在报告期内实现的盈亏总额。利润总额为营业利润加上营业外收入，减去营业外支出后的金额，来源于会计“利润表”中“利润总额”项目的本年累计数。

社会消费品零售总额 指企业（单位、个体户）通过交易直接售给个人、社会集团非生产、非经营用的实物商品金额，以及提供餐饮服务所取得的收入金额。个人包括城乡居民和入境人员，社会集团包括机关、社会团体、部队、学校、企事业单位、居委会或村委会等。

限额以上批发零售业商品销售额 指限额以上批发零售业法人单位对本单位以外的单位和个人出售的商品金额（包括售给本单位消费用的商品，含增值税），在批发和零售业中，本指标反映在国内市场上销售商品以及出口商品的总价值。商品销售包括：（1）售给个人和社会集团消费用的商品；（2）售给农业、工业、建筑业、服务业等国民经济各行业用于生产、经营用的商品，包括售予批发和零售业作为转卖或加工后转卖的商品；（3）对国（境）外直接出口的商品。商品销售不包括：（1）未通过买卖行为付出的商品，如因机构变动移交给其他企业单位的商品、借出的商品、归还受其他单位委托代保管的商品、付出的加工原料和赠送给其他单位的样品等；（2）促销返券所销售的、不计入营业收入的商品；（3）经本单位介绍，由买卖双方直接结算，本单位只收取手续费的业务；（4）未发生所有权转移的商品预付卡销售，如加油卡；（5）汽车维修、电话卡销售等服务性经济活动；（6）购货退回的商品；（7）商品损耗和损失；（8）出售本单位自用的废旧物资；（9）期货交易商品；（10）自来水供应企业、电力企业、天然气供应企业提供的水、电、气。

科技创新

专利授权数 指报告年度经我国国家知识产权局审查合格后依法授予专利权的专利申请数量。

发明 指报告年度由国内外知识产权行政部门向调查单位授予发明专利权的件数。

人民生活

从业人员期末人数（城镇非私营单位） 指报告期末最后一日在本单位工作，并取得工资或其他形式劳动报酬的人员数。该指标为时点指标，不包括最后一日当天及以前已经与单位解除劳动合同关系的人员，是在岗职工、劳务派遣人员及其他从业人员之和。

在岗职工平均人数（城镇非私营单位） 指报告期内平均拥有的在岗职工数。年度平均人数按单位实际月平均人数计算得到，不得用期末人数替代。在岗职工指在本单位工作且与本单位签订劳动合同，并由单位支付各项工资和社会保险、住房公积金的人员，以及上述人员中由于学习、病伤、产假等原因暂未工作仍由单位支付工资的人员。包括劳务派遣人员人数。

在岗职工工资总额（城镇非私营单位） 指本单位在报告期内直接支付给本单位全部在岗职工的劳动报酬总额。在岗职工工资总额由基本工资、绩效工资、工资性津贴和补贴、其他工资四部分组成。工资总额不包括病假、事假等情况的扣款。包括劳务派遣人员劳动报酬总额。

公共服务

普通高等学校 指通过国家普通高等教育招生考试，招收高中毕业生为主要培养对象，实施高等学历教育的全日制大学、独立设置的学院、独立学院和高等专科学校、高等职业学校及其他机构。

中等职业教育学校 指按国家规定的设置标准和审批程序批准建立的，招收初中（或部分高中）毕业生或同等学历者，实施中等职业技术教育，培养中等职业技术人才的学校。招收初中毕业生的，修业年限一般为三至四年；招收高中毕业生的，修业年限一般为二年至三年。包括中等专业学校、技工学校、职业中学（高中）等。

普通中学 指普通初中和普通高中。

普通小学 指招收适龄儿童实施初等教育的独立设置学校。

专任教师数 指具有教师资格、专门从事教学工作的人员数。

在校学生数 指具有学籍并在本学年进行学籍注册的学生数。

公共图书馆图书藏量 指公共图书馆已编目的古籍、图书、期刊和报纸的合订本、小册子、手稿以及缩微制品、录像带、录音带、光盘等听视文献资料数量总和。

城镇职工基本养老保险参保人数 指报告期末按照法律、法规和有关政策规定参加城镇基本养老保险并在社保经办机构已建立缴费记录档案的职工人数，包括中断缴费但未终止养老保险关系的职工和参加城镇职工基本养老保险的离休、退休和退职人员，不包括只登记未建立缴费记录档案的人数。

失业保险参保人数 指报告期末按照法律、法规和有关政策规定参加了失业保险的城镇企业、事业单位的职工及地方政府规定参加失业保险的其他人员的人数。

基础设施

年末实有城市道路面积 指道路实际铺装面积和与道路相通的广场、桥梁、隧道的铺装面积（统计时将人行道面积单独统计）。人行道面积按道路两侧面积相加计算，包括步行街和广场，不含人车混行的道路。

排水管道长度 指所有排水总管、干管、支管、检查井以及连接井进出口等长度之和。

境内公路总里程 指在一定时期内实际达到《公路工程技术标准 JTG B01-2003》规定的技术等级的公路，并经公路主管部门正式验收交付使用的公路里程数。包括大、中城市的郊区公路，以及公路通过小城镇（指县城、集镇）街道的公路里程和公路桥梁长度、隧道长度、渡口的宽度以及分期修建的公路已验收交付使用的里程，不包括大、中城市的街道、厂矿、林区生产用道和农业生产用道的里程。两条或多条公路共同经由同一路段，只计算一次，不得重复计算里程长度。按公路技术等级分为等级公路和等外公路，其中等级公路分为高速公路、一级公路、二级公路、三级公路和四级公路。

高速公路里程 中国交通部《公路工程技术标准》JTG B01-2014 规定，高速公路为专供汽车分方向、分车道行驶，全部控制出入的多车道公路，高速公路的年平均日设计交通量宜在 15000 辆小客车以上。

年末实有公共汽（电）车运营车辆数 指年末实际运营的公共汽车、公共电车的数量。

全年公共汽（电）车客运总量 指一年内公共汽车、公共电车总共搭载的人次。

年末实有巡游出租汽车运营车数 指年末已经领取巡游出租汽车专用牌照的运营车辆，包括技术完好的、在修的、长期行驶的以及拟报废尚未经上级机关批准的车辆。出租汽车一般应符合以下要求：

（1）车辆技术性能、设施完好，车容整洁；

（2）巡游出租汽车应当装置由客运管理机构批准的、并经技术监督部门鉴定合格的计价器；

（3）巡游出租汽车应当装置经公安机关鉴定合格的防劫安全设施；

（4）巡游出租汽车应当固定装置统一的顶灯和显示空车待租的明显标志。

公路客运量 指公路运输企业及由其组织的其他单位在一定时期内实际运送的旅客人数。公路客运量的计算方法：不论乘车路程远近和票价的多少，以客票为依据，“人”为计量单位；不足购票年龄的免票儿童不计算客运量。

公路货运量 指一定时期内由各种公路运输工具实际运送到目的地并卸完的货物数量。反映公路货运量的指标有发送货物吨数、到达货物吨数和运送货物吨数。

供气总量 （煤气、天然气） 指报告期燃气企业（单位）向用户供应的燃气数量。包括销售量和损失量。

Explanatory Notes on Main Statistical Indicators

Divisions of Administrative Areas of Cities in China

Divisions of Administrative Areas refer to the division of administrative areas by the State. The relative laws define the administrative division as follows:(1) the whole country is divided into provinces, autonomous regions and municipalities directly under the Central Government; (2) provinces and autonomous regions are further divided into autonomous prefectures, counties, autonomous counties and cities; (3) autonomous prefectures are further divided into counties, autonomous counties and cities; (4) counties and autonomous counties are further divided into townships, ethnic townships and towns; (5) municipalities directly under the Central Government and large cities are divided into districts and counties,(6) the State shall, when necessary, establish special administrative regions.

Population, Resources and Environment

Household Registered Population refer to the population at the 24 clock, December 31, of the reporting year. The data are register population from public security department.

Built-up Area refers to the area in the urban area (county) that has actually been developed and constructed, and has basic municipal public facilities and public facilities. For core cities, it includes centralized and contiguous parts and several scattered areas that have been built in pieces and have basic municipal public facilities and public facilities; For a city with many towns, it consists of several areas developed and constructed in succession and basically equipped with municipal public facilities and public facilities. Therefore, the scope of built-up area generally refers to the area that can be included by the contour outside the built-up area, that is, the scope of the actual construction land of the city.

Total Water Resources refers to total volume of surface water and groundwater which is from the local precipitation and is measured as the summation of run-off for surface water and recharge of groundwater from local precipitation.

Area of Land Used for Urban Construction refers to the sum of residential land, public management and public service facilities, commercial service facilities, industrial land, logistics and storage land, road traffic facilities, public facilities, green space and square land in the city.

Area of Land Used for Living refers to the area of the residences and residential service facilities, roads, green spaces and so on.

Area of Green Land refers to the total area occupied for gardens and greening.Including park green land, production green land, protection green land, green land attached to institutions, and other green areas.

Area of Parks and Green Land refers to the total area of green land open to the public, with recreation as the main function, certain recreational facilities and service facilities, as well as the comprehensive functions of improving ecology, beautifying landscape, disaster prevention and reduction..

Green Covered Area as % of Completed Area refers to the ratio of the green coverage area in the built-up area to the built-up area.

Volume of Industrial Particulate Emission refers to the aggregate of industrial soot(dust) emission to the air during the production and fuels combustion at factory.

Volume of Sulphur Dioxide Emission refers to the aggregate of sulfur dioxide emission to the air during the production and fuels combustion at factory.Sulfur dioxide in industry mainly comes from the combustion of fossil fuels (coal, oil, etc.), as well as the industrial waste gas emission from the smelting of sulfur-containing ore or the production of sulfuric acid and phosphate fertilizer.

Volume of Nitrogen Dioxide Emission refers to the total mass of nitrogen oxides discharged into the atmosphere during fuel combustion and production process.

Annual Mean Concentration of PM2.5 refers to the arithmetic mean of the average concentration of fine particulate matter (PM2.5) on each day in a calendar year. The arithmetic average method can be used to calculate the daily average concentration of single point, urban daily average concentration, urban annual average concentration and regional annual average concentration of urban monitoring points in turn.

Ratio of Waste Water Centralized Treated of Sewage Work refers to the ratio of waste treated by waste-water treatment plants to the quantity of wastewater effluent during the reporting period.

Rate of Domestic Garbage Harmless Treatment refers to the ratio of the volume of domestic garbage harmlessly treated to the volume of domestic garbage produced during the reference period. In practical statistics, as the volume of domestic garbage produced is difficult to obtain, it can be replaced by the volume of collected and transported.

Economic Development

Gross Regional Product(GRP) or Regional GDP refers to the final products at market prices produced by all resident units in a region during a certain period of time.

Local General Public Budget revenue refers to the revenue belonging to the local general public budget, including city maintenance and construct tax (excluding the part of the Ministry of Railways, head offices of banks, head offices of insurance company, which are handed over to the government in a centralized way), house property tax, urban land use tax, land appreciation tax, tax on vehicles and boat operation, farm land occupation tax, deed tax, and tobacco leaf tax, stamp tax (not including stamp tax on security exchange), 50% of the value added tax, 40% the share part of the corporate income tax, 40% of individual income tax, resource tax other than the tax on offshore petroleum resources, local non-tax revenue, etc.Is the annual final accounts.

Local General Public Budget Expenditure refers to the expenditure determined by dividing the responsibilities and powers of the central and local governments according to the different responsibilities of the government in economic and social activities. Local general public budget expenditure includes mainly the expenditure for general public services, expenditure for public security, and expenditures for social development which are planed by local governments, etc.Is the annual final accounts.

Expenditure for Science and Technology refers to the spending on science and technology.

Expenditure for Education refers to government expenditure on education affairs, including education administration, preschool education, primary education, junior middle school education, general high school education, general higher education, primary vocational education, secondary vocational education, technical school education, vocational high school education, higher vocational education, radio and television education, overseas student education, special education, cadre continuing education, education agency services, etc.

Deposits of Financial Institutions at Year-end refer to CNY aggregates at year-end that had been deposited banks or taken good care by other financial institutions at a certain interest by enterprise, state organs, public organizations and citizens, on the basis of the principle of can take back.Excluding foreign currency deposits.

Loans of Financial Institutions at Year-end refer to the total amount of RMB at year-end loaned to enterprises or individuals provided by banks and other financial institution at a certain interest rate according to the principle of compulsory return at the end of the year.Excluding foreign currency loans.

Residential Buildings refer to a house specially used for living. It includes ordinary commercial houses, indemnificatory houses, villas, apartments, staff family dormitories and collective dormitories of various departments (including single staff dormitories and student dormitories). It does not include houses used as civil air defense projects in residential buildings, nor does it include non habitable basements.

Number of Industrial Enterprises above Designated Size refer to the number of industrial legal person enterprises with annual main business income of 20 million yuan or more.

Total Current Assets refer to the assets that meet one of the following requirements: (1) expected to be cashed, sold or used in a normal operation cycle, mainly including inventory and accounts receivable; (2) owned for transaction purpose mainly; (3) expected to be cashed within one year (including one year) from the day of the Balance Sheet; (4) unlimited cash or cash equivalents that can be exchanged with other assets or capable of settling debts during one year since the day of the Balance Sheet. Included are monetary capital, notes receivable, accounts receivable and inventories. Data on this indicator can be obtained from the year-end figures of total current assets in the Balance Sheet of accounting records.

Total Profits refer to the operational results in a certain accounting period, and it is the balance of various incomes minus various spendings in the course of operation, reflecting the total profits and losses of enterprises in reference period. Data are obtained from current year’ s cumulative amount of total profits in the profit statement of the accounting record of enterprise.

Total Retail Sales of Consumer Goods refer to the revenue received by enterprises (units, self-employed individuals) through direct sales of non-production and non-business physical commodities to individuals and social institutions, and revenue from providing catering services. Individuals include rural and urban households, population from abroad, social institutions include government agencies, social organizations, military units, schools, institutions, neighbourhood (village) committees, etc.

Total Sales of Commodities of Enterprises above Designated Size in Wholesale and Retail Trades refer to the amount of goods sold by the legal entity of wholesale and retail industry above the limit to units and individuals other than the unit (including goods sold for self consumption, including VAT). In the wholesale and retail industry, this indicator reflects the total value of goods sold and exported in the domestic market. The commodities include: (1) commodities sold to individuals and social groups for their consumption; (2) commodities sold to establishments in all industries for their production and operation, including agriculture, industry, construction, and catering services, including commodities sold to wholesale and retail establishments for re-selling, with or without further processing; (3) commodities for direct export to abroad. Excluded are (1) extended commodities without trading, such as goods handed over to other enterprises and institutions because of the change of organizations, lent goods, return of goods kept for others, extended processing materials and samples donated to others, (2) goods sold by coupon rebates that are not included in business income, (3) goods of direct settlement between buyer and seller with handling fees introduced by others, (4) prepaid cards for goods without transfer of ownership, such as gas cards, (5) Service-oriented economic activities such as automobile maintenance and telephone card sales, (6) goods returned after purchase, (7) damaged and spoiled goods, (8) waste and used goods of self-use, (9) futures trading commodities, (10) water, electricity and gas supplied by water supply enterprises, electric power enterprises and natural gas supply enterprises.

Scientific and Technological Innovation

Number of Patent Authorizations refers to the number of patent applications granted according to law after passing the examination of China's State Intellectual Property Office in the reporting year.

Invention refers to the number of invention patents granted by domestic and foreign intellectual property administrative departments to the investigation unit in the reporting year.

People’s Livelihood

Persons Employed in Urban Non-Private Units at Year-end refer to the number of employees who worked in the company and received wages or other forms of labor remuneration on the last day of the reporting period. This indicator is a time point indicator, excluding the personnel who have terminated the labor contract with the unit on the last day and before. It is the sum of on-the-job employees, labor dispatch personnel and other employees.

Average Number of Employed Staff and Workers in Urban Non-Private Units refer to the average number of on-the-job employees owned during the reporting period. The annual average number is calculated according to the actual monthly average number of the unit, and cannot be replaced by the number at the end of the period. On the job employees refer to those who work in the unit and sign labor contracts with the unit, and the unit pays various wages, social insurance and housing provident fund, as well as those who do not work temporarily due to study, illness, injury, maternity leave and other reasons and are still paid by the unit. Including the number of labor dispatch personnel.

Total Wage Bill of Employed Staff and Workers in Urban Non-Private Units refer to the total remuneration payment to all employed staff and workers during the reporting year, including basic salary, performance salary, salary allowances and subsidies, and excluding the deductions for personal leave, sick leave and so on. Units should adjust the corresponding projects when calculating the compositions of total wage bill, and they can minus the basic salary if they can’ t identify the adjusting projects.Including the total labor remuneration of labor dispatch personnel.

Public Service

Regular Higher Education Institutions refer to educational establishments recruiting graduates from senior secondary schools as the main target through National Matriculation TEST. They include full-time universities, independently established schools, independent colleges, higher professional colleges, higher vocational colleges and other regular higher education institutions.

Vocational Secondary Schools refer to educational establishments founded according to the set standards of the state and approval procedures, recruiting graduates from junior high schools (partly senior high schools) or people at the same degree, with the secondary vocational education. The period of schooling for recruiters from junior high schools is 3-4years, and the period of schooling for recruiters from senior high schools is 2-3years. Included are secondary vocational schools, technical schools, vocational high school (high school).

Number of Regular Secondary Schools refer to ordinary junior middle school and ordinary senior high school.

Number of Regular Primary Schools refer to independent schools that recruit school-age children for primary education

Number of Full-time teachers refer to staff who have teaching certificate, mainly engaged in teaching work. The teaching staff sent to help to do other work temporarily(within a year) are included .

Number of Students Enrollment refer to the number of students with student status and registered in the current academic year.

Total Collection of Public Libraries refer to the total number of material that have been cataloged by the public libraries, such as the ancient books, books, periodicals and newspapers volume, pamphlets, manuscripts and miniature products, video tapes, disks.

Number of Employees Joining Urban Basic Pension Insurance refer to the number of employees participating in urban basic old-age insurance in accordance with laws, regulations and relevant policies and having established payment record files in the social security agency at the end of the reporting period, including employees who interrupted payment but did not terminate the old-age insurance relationship and retired, retired and retired employees participating in urban employees' basic old-age insurance, It does not include the number of people who only register without establishing payment record files.

Number of People Covered by Unemployment Insurance refer to staff and workers in urban enterprises or institutions who have participated in the unemployment insurance programme according to related policies and regulations and other people who have participated according to local government regulations at the end of reference period.

Infrastructure

Area of Urban Paved Roads at Year-end refers to the actual area of paved roads and square, bridges, and parking area with connected to the roads.

Length of Urban Sewage Pipes refers to the total length of municipal general drainage, trunks, branch and inspection wells, connection wells, inlets and outlets, etc.

Total Mileage of Domestic Roads refers to the highway mileage that actually reaches the technical grade specified in the technical standard for highway engineering JTG B01-2003 within a certain period of time and has been officially accepted and delivered for use by the highway competent department. It includes the suburban roads of large and medium-sized cities, the road mileage of roads passing through the streets of small towns (referring to counties and market towns), the length of highway bridges, the length of tunnels, the width of ferries, and the mileage of roads built by stages that have been accepted and delivered for use, excluding the mileage of streets, factories, mines, forest production roads and agricultural production roads of large and medium-sized cities. If two or more highways pass through the same section together, the mileage shall be calculated only once, and the mileage length shall not be calculated repeatedly. According to the technical grade of highway, it is divided into grade highway and substandard highway, among which grade highway is divided into expressway, class I highway, class II Highway, class III Highway and class IV Highway.

The Mileage of Expressway according to the technical standard for Highway Engineering (JTG b01-2014) issued by the Ministry of communications of the people's Republic of China, the expressway is a multi lane highway for vehicles to drive in different directions and lanes, and all access is controlled. The annual average daily design traffic volume of the expressway should be more than 15000 passenger cars.

Number of Buses and Trolley Buses under Operation at Year-end refer to the number of buses and trams actually operated at the end of the year.

Total Annual Volume of Passengers Transported by Buses and Trolley Buses refer to the total number of passengers carried by buses and trams in a year.

Number of Cruise Taxis under Operation at Year-end refer to the operating vehicles that have received the special license for cruise taxi at the end of the year, including vehicles with sound technology, under repair, long-term operation and vehicles to be scrapped without the approval of the superior authority. Taxis shall generally meet the following requirements:

(1)The technical performance and facilities of the vehicle are intact and the vehicle appearance is clean;

(2)Cruising taxis shall be equipped with a meter approved by the passenger transport administration and qualified by the technical supervision department;

(3)Cruising taxis shall be equipped with anti robbery safety facilities certified by the public security organ;

(4)Cruising taxis shall be fixed with unified ceiling lights and obvious signs showing empty vehicles for rent.

Highway Passenger Traffic refers to the number of passengers actually transported by highway transportation enterprises and other units organized by them within a certain period of time. Calculation method of highway passenger volume: no matter the distance and fare, it is based on the ticket and "person" is the unit of measurement; Free tickets for children under the age of purchasing tickets will not be counted.

Highway Freight Traffic refers to the quantity of goods actually transported to the destination and unloaded by various road transport means in a certain period of time. The indicators reflecting the highway freight volume include the tonnage of goods sent, the tonnage of goods arrived and the tonnage of goods transported.

Total Gas Supply(Coal Gas, Natural Gas) refers to the total volume of gas provided to users by gas-producing enterprises (units) during the reporting period, including the volume sold and the volume lost.